L'ART

DU

FABRIQUANT

D'ÉTOFFES DE SOIE.

PREMIERE ET SECONDE SECTIONS,

CONTENANT le Devidage des Soies teintes,
& l'Ourdissage des Chaînes.

Par M. PAULET, Dessinateur & Fabriquant en Étoffes de Soie
de la Ville de Nîmes.

M. DCC. LXXIII.

LES MAIRE ET CONSULS

DE LA VILLE DE NISMES.

MESSIEURS,

EN vous priant d'accepter l'hommage du fruit de mes travaux, je ne fais que porter à leur source les connoissances que j'ai puisées parmi Vous, & qui me procurent cet honneur. Jaloux de pouvoir me dire votre Concitoyen, j'ai cherché à n'en être pas indigne.

ÉTOFFES DE SOIE. 1. Part.   *

Honoré du suffrage de la premiere Académie de l'Europe en tout genre de Sciences, j'ai cru qu'il ne manqueroit rien à ma gloire, si l'Art du Fabriquant d'Étoffes de Soie, pouvoit obtenir l'aveu des Artistes les plus éclairés qui me l'ont enseigné. Mes parents ont occupé ma plus tendre enfance à connoître les Soies dans leur origine : bientôt ils m'ont initié dans l'Art de les employer ; enfin les lumieres de vos plus habiles Fabriquants ont perfectionné en moi ce qui, jusques-là, n'étoit qu'ébauché. Couronnez votre Ouvrage, MESSIEURS. Le Traité que je publie vous appartient à tant de titres, que le seul moyen de lui donner quelque prix, est de le faire paroître sous vos auspices : heureux d'avoir pu donner à ma Patrie cette marque publique de mon amour pour elle ; & à Vous, MESSIEURS, celle du plus profond respect avec lequel je suis,

MESSIEURS,

Votre très-humble & très-obéissant
serviteur,

PAULET.

CATALOGUE

DES DIFFÉRENTS CAYERS QUI COMPOSENT

LA DESCRIPTION DES ARTS ET MÉTIERS,

PAR MM. DE L'ACADÉMIE ROYALE DES SCIENCES;

Avec Figures en taille-douce, *in-folio*, grand papier, broché.

A PARIS,

Chez { *Saillant & Nyon*, Libriares, rue S. Jean-de-Beauvais, vis-à-vis le College.
{ *Veuve Desaint*, Libraire, rue du Foin S. Jacques.

Charbonnier, par M. Duhamel du Monceau........................	2ᵗ	12ᶠ
Ancres, (Fabrique des) par MM. de Reaumur & Duhamel....................	5	8
Chandelier, par M. Duhamel du Monceau........................	3	12
Epinglier, par MM. de Reaumur & Duhamel........................	7	
Papetier, par M. de la Lande........................	14	2
Fer, (Forges & Fourneaux à) Iʳᵉ. & IIᵉ. Sections, par MM. de Courtivron & Bouchu........................	8	
Ardoisier, par M. Fougeroux de Bondaroy........................	5	8
Cirier, par M. Duhamel du Monceau........................	9	6
Parcheminier, par M. de la Lande........................	3	16
Cuirs dorés, par M. Fougeroux de Bondaroy........................	3	6
Fer, (Forges & Fourneaux à) IIIᵉ. Section, par MM. de Courtivron & Bouchu....	13	16
—— IVᵉ. Section, par les mêmes........................	13	18
Cartier, par M. Duhamel du Monceau........................	4	6
Cartonnier, par M. de la Lande........................	2	6
Teinture en Soie, par M. Macquer........................	7	10
Fer fondu, (Art d'adoucir le) par M. de Reaumur........................	10	
Chamoiseur, par M. de la Lande........................	4	6
Tuilier & Briquetier, par MM. Duhamel, Fourcroy & Gallon....................	7	8
Tonnelier, par M. Fougeroux de Bondaroy........................	6	4
Rafinage du Sucre, par M. Duhamel du Monceau........................	8	6
Tanneur, par M. de la Lande........................	8	14
Cuivre rouge converti en jaune, par M. Gallon........................	9	2
Drapier, par M. Duhamel du Monceau........................	13	18
Chapelier, par M. l'Abbé Nollet........................	7	10
Mégissier, par M. de la Lande........................	3	12
Couvreur, par M. Duhamel du Monceau........................	4	16
Tapis de la Savonnerie, par le même........................	3	6
Ratine des Etoffes de Laine, par le même........................	2	18
Maroquinier, par M. de la Lande........................	2	2
Hongroyeur, par le même........................	2	8
Chaufournier, par M. Fourcroy........................	10	2
Orgues, Section Iʳᵉ. par D. Bedos........................	30	
Paumier & Raquetier, par M. de Garsault........................	4	4
Corroyeur, par M. de la Lande........................	4	8
Tuilier & Briquetier (Supplément), par M. Jars........................	1	
Meunier, Vermicellier, Boulanger, par M. Malouin........................	21	10
Perruquier, Baigneur-Etuviste, par M. de Garsault........................	4	16
	274ᵗ	16

	274ᵗᵗ	16
Serrurier, par M. Duhamel du Monceau	33	12
Cordonnier, par M. de Garfault	5	4
Instruments de Mathématiques, (division des) par le Duc de Chaulnes	12	
Charbon de Terre, par M. Morand, Iʳᵉ. Partie	15	10
Fil d'Archal, par M. Duhamel du Monceau	4	
Menuisier, par M. Roubo, *Menuisier*, Iʳᵉ. Section	28	18
Tailleur, par M. de Garfault	9	18
Orgues, par D. Bedos, IIᵉ. & IIIᵉ. Section	34	4
Menuisier, par M. Roubo, IIᵉ. Section	75	16
Brodeur, par M. de Saint-Aubin, *Deffinateur*	6	16
Indigotier, par M. de Beauvais de Rafeau	10	16
Charbon de Bois (Supplém.), par M. Duhamel		14
Colles, (Art de faire les) par le même	3	
Menuisier Carroffier, par M. Roubo, IIIᵉ. Section	33	4
Pipes à Tabac, par M. Duhamel	6	10
Lingere, par M. de Garfault	4	18
Coutelier, par M. Perret, *Coutelier*, Iʳᵉ. Section	42	16
Porcelaine, par M. le Comte de Milly	9	16
Relieur, par M. Dudin	12	12
Coutelier en ouvrages communs, par M. Fougeroux	6	4
Coutelier pour les Inftruments de Chirurgie, par M. Perret, IIᵉ. Section	29	4
Menuisier en Meubles, IVᵉ. Section, par M. Roubo	32	
Fabrique des Etoffes de Soie, Iʳᵉ. & IIᵉ. Sections, par M. Paulet, *Fabriquant*	34	

Pesches, (Traité des) par MM. Duhamel & de la Marre, Iʳᵉ. Section	13	8
——— IIᵉ. Section, par les mêmes	12	
——— Suite de la IIᵉ Section, par les mêmes	19	
——— IIIᵉ. Section, par les mêmes	13	8
——— IIᵉ. Partie, Iʳᵉ. Section, par les mêmes	19	18
	804ᵗᵗ	2

Sous Preffe.

Amidonnier, par M. Duhamel.

Bourrelier, par M. de Garfault.

Coutelier, fuite des Inftruments de Chirurgie, IIIᵉ. Section, par M. Perret.

Fabrique des Etoffes de Soie, IIIᵉ. Section, par M. Paulet.

Menuifier en ouvrages d'Ebénifterie, Vᵉ. Section, par M. Roubo.

Facteur d'Orgues, IVᵉ. Section, par Dom Bedos.

Savon, (Art de faire le) par M. Duhamel.

Traité des Pêches, par MM. Duhamel & de la Marre, IIᵉ. Partie. IIᵉ. Section.

Poëles, (Art de faire les) par M. le Comte de Milly.

Tourneur, par M. Hulot, *Tourneur*.

Plombier-Fontainier, par M. ***.

Charbon de Terre, IIᵉ. Partie, par M. Morand.

Potier de Terre, par M. Duhamel.

Diamantaire, par M. Daubenton.

Diftillateur en Eaux-fortes, par M. Demachy.

Vernisseur, par M. Mittoire.

Forges & Fourneaux à Fer, (Supplément) par M. Defmarais.

Fautes à corriger dans la Préface.

Page viij, ligne premiere, cette Prince, lifez : cette Princeffe.

Page 10, lig. 20, La perte, lifez : La pefte.

Page 18, lig. 35, deux points de retors, lifez : deux points de retard.

PRÉFACE.

PRÉFACE.

L'HISTOIRE de la découverte de la Soie, & l'époque de son introduction en Europe, semblent ne pouvoir être mieux placées qu'à la tête de la description d'un Art dont l'industrie des hommes a fait une des plus importantes branches de commerce. Curieux de connoître ce que nos Auteurs modernes ont écrit de l'origine de ce beau travail, j'ai été fort surpris de voir qu'ils se sont copiés dans le peu qu'ils en ont dit : le Dictionnaire de Trévoux rapporte trois ou quatre anecdotes peu intéressantes, qu'on retrouve mot pour mot dans celui du Commerce. L'Encyclopédie même, ce vaste monument de la plus hardie, & en même-temps de la plus belle entreprise qu'on ait jamais formée en matiere de littérature, mais dont l'exécution trop précipitée n'a pas permis de traiter chaque objet dans toute l'étendue dont il étoit susceptible, l'Encyclopédie les a aussi copiés quant à l'origine ; car j'aurai occasion de relever par la suite des erreurs grossieres dans lesquelles les Auteurs d'articles concernant la Soie sont tombés.

Il me paroît difficile de fixer l'époque de l'invention de la Soie. Comme il n'est point d'établissement auquel on ne donne une origine merveilleuse, *on raconte* (je copie ici ce qu'en disent l'Encyclopédie, le Dictionnaire de Trévoux & celui du Commerce) *que ce fut dans l'Isle de Cos, que Pamphila, fille de Platis, trouva la premiere, l'invention de mettre la Soie en œuvre.* Tout ce que j'ai pu apprendre de cette isle de Cos, est que plusieurs Géographes modernes l'appellent autrement *Stanchio* ou *Stancou* : c'est une isle de l'Archipel, près de la Natolie, patrie du fameux Hypocrate le Médecin. Si cette isle est la même où Pamphila travailla en Soie, les Chinois n'auront pas l'honneur de l'invention ; mais pour un ou deux Auteurs qui racontent cette fable, tous les autres conviennent que la Soie a été découverte par des peuples nommés *Seres*, qui sont les Chinois ; le mot *Serica* qui signifie Soie, est en même-temps celui qui rend en latin le *Catay*, partie Orientale de l'Asie, que plusieurs Géographes disent être le nom des sept Provinces Septentrionales de la Chine. Navarette, Voyageur dont les Mémoires sont très-estimés, assure que le mot *Chine* vient de celui de *Chin*, qui signifie Soie, comme qui diroit pays de la ij **Soie.** Vossius rapporte que les Perses ont appris des Chinois à travailler la Soie, & qu'ensuite ils l'ont transmis aux Grecs, puis aux Italiens. Saumaise dit que la premiere Etoffe qu'on ait vue en Europe, fut après la conquête de la Perse par Alexandre. Le P. Kirker assure qu'on connoissoit à la Chine le travail de la Soie, plus de 800 ans avant Jesus-Christ. Quoique les Romains ayent eu très-anciennement connoissance de la Soie, ils ne s'en procuroient que par la voie du commerce avec les Perses & les Grecs ; elle se vendoit au poids de l'or, ainsi que Vopiscus, dans la vie d'Aurelien, le dit expressément ; (*libra auri tunc, libra serici fuit*). Les loix du Code, au titre *de Vestibus Holosericis*, nous apprennent que les Romains avoient une très-grande connoissance des Teintures, tant en Laine qu'en Soie ; les Empereurs Valentinien, Valens, & Gratien, défendirent de faire des habits tout de Soie pour qui que ce fût, & ne permirent ce travail que dans l'appartement de leurs femmes, & pour eux-mêmes ; mais Justinien qui rapporte à l'endroit cité, la constitution de ces trois Empereurs, n'en défendit l'usage qu'aux hommes ; & pour donner aux Ouvriers de l'émulation, il empêcha de vendre de la Soie aux Etrangers, & n'en permit l'achat que sous l'autorité du Magistrat qui présidoit au commerce ; enfin ce Prince voyant avec peine la cherté exhorbitante de cette denrée, envoya en 555, deux Moines en Chine pour y apprendre l'Art d'élever les Vers à Soie, d'en tirer la Soie & de l'employer, & pour en apporter avec eux. Le retour des Moines ne fut pas fort heureux ; car il paroît que s'ils s'étoient chargés de ces Vers, ils moururent en chemin : mais l'Empereur crut qu'on transporteroit plus aisément des œufs, & les y renvoya ; ils en apporterent en effet des millions, & cette espece de culture ne fit qu'augmenter de plus en plus. On avoit cru jusqu'alors que la Soie venoit sur les arbres comme le Coton : peut-être avoit-on déja connoissance de cette espece de Soie plante, dont parlent les Naturalistes, & que Trévoux, le Dictionnaire du Commerce & l'Encyclopédie rapportent encore en se copiant tous trois ; peut-être aussi avoit-on connoissance d'une espece d'Araignée ou Escarbot, qui entortille un peu de Soie autour de petites branches d'arbres. Quoi qu'il en soit, la Soie étoit si précieuse en ces temps reculés, que Lampride reproche à Héliogabale, comme une infâmie, d'avoir porté le premier un habit tout de Soie : quelle différence ! il y en a presque de nos jours à n'en pas porter.

Plusieurs Auteurs prétendent que les Vers à Soie s'élevent dans beaucoup de Provinces de la Chine sans aucun soin, & en pleine campagne, & qu'il suffit de ramasser les cocons quand ils sont faits. Cette opinion, à en juger par les soins sans nombre que le Pere du Halde dit qu'on en prend, & par ceux qu'ils exigent dans nos climats, paroît un peu hasardée; comment en effet imaginer que l'hiver, la pluie, le soleil, les vents & autres intempéries ne leur nuisent pas dans ces contrées, lorsqu'ici on les voit sujets à tant de révolutions diverses, d'où vient cette inégalité dans le prix des Soies? Cependant on ne sauroit nier que le Ver à Soie ne soit une espece d'insecte destiné par sa nature à vivre dans la campagne sur des arbres, plutôt que renfermé dans des chambres où on lui fournit une nourriture champêtre. Quelques Voyageurs assurent même que dans quelques parties de l'Asie on les y recueille comme les fruits.

Il est vrai que quelques autres Voyageurs ont dit que les Vers à Soie, qui en Asie s'élevent tout seuls à la campagne sont une espece plus grossiere que ceux dont on prend un soin particulier, & que leur soie n'est pas aussi belle; qu'ils se nourrissent des feuilles d'un arbre qui a un très-grand rapport avec notre Chêne, & que depuis le temps où ils éclosent jusqu'à ce qu'ils soient en travail, les Chinois à qui ils appartiennent, postent des enfants autour pour épouvanter les oiseaux qui sont fort friands de ces animaux, & écarter les mouches qui laissent sur les feuilles dont les Vers se nourrissent, un venin qui leur est mortel, comme, à-peu-près, dans les Provinces de France où on cultive le Chanvre, on fait garder les Chenevieres. Ces cocons, ajoutent ces Voyageurs, sont plus gros que les autres, & la Soie qui les compose en est moins belle. Aussi les Etoffes qu'on en fait sont-elles semblables à celles de Soie filée au rouet ou à la main.

Le récit de ces Voyageurs est assez conforme avec des Desseins Chinois qui nous sont parvenus, & dont j'ai vu quelques-uns chez M. Delatour, Imprimeur à Paris. Ce sont eux dont j'ai parlé au commencement du Traité de l'Ourdissage, *pag.* 37 : l'un d'eux représente de petits Chinois qui paroissent rôder autour d'une plantation d'arbres, & chasser les oiseaux qui veulent en approcher, ainsi que les mouches. Au bas de quelques-uns de ces Desseins sont des explications de ce qu'ils représentent, conformes à ce que je viens d'en dire. Sur quelques autres sont représentés des cocons en assez grande quantité, fur des arbres où leur couleur aurore les fait diftinguer fuffifamment; on y voit auffi des Chinois occupés à les recueillir : d'autres enfin repréfentent la maniere de tirer la Soie & d'ourdir les chaînes, ainfi que je l'ai rapporté à l'endroit cité.

D'autres Voyageurs prétendent qu'à la Chine & dans le Japon on nourrit les Vers à Soie de toutes fortes de feuilles, tant de Mûriers que d'autres arbres fruitiers; mais ce qui paroîtra incroyable à ceux qui connoiffent ces infectes, c'eft qu'on leur faffe manger des feuilles de choux, de falade & autres légumes. Il faut cependant avouer qu'on eft venu à bout en France d'en nourir avec des feuilles de laitue, & qu'on les a conduits au point de faire leurs cocons; mais le nombre qui y eft parvenu en eft fi petit, que ce n'eft qu'un effai de pure curiofité.

Les Auteurs du Dictionnaire de Trévoux, du Commerce & de l'Encyclopédie, en fe répétant, ont rapporté tous trois un procédé qu'on emploie pour tirer la Soie, tant dans l'Inde que dans le Levant; mais je n'aurai pas de peine à en démontrer la fauffeté. Ils difent que dans ces endroits-là on tire la Soie fans décoction & à fec. Sans doute que celui qui le premier a avancé ce fait a été induit en erreur pour avoir vu tirer à fec la bourre qui environne la bonne Soie fur le cocon, & qui étant filée au rouet compofe ce que nous appellons *Fleuret* ou *Filofele*; & cependant tous ceux qui s'occupent à cette partie fe fervent de feu & d'eau pour la tirer, & affurent que l'opération en eft beaucoup plus aifée, & la matiere beaucoup plus belle.

On diftingue en Europe la Soie fous trois noms différents, felon les différents procédés qu'on lui fait fubir. La Soie *greʐe* ou *grége*, la Soie *crue* ou *écrue*, & la Soie *cuite* ou *teinte*.

La Soie *greʐe* eft celle qu'on emploie telle qu'on l'a tirée des cocons, & elle conferve ce nom tant qu'elle refte en cet état.

La Soie *crue* ou *écrue* eft celle qu'on a moulinée, ce qui confifte à l'apprêter en la tordant & retordant felon fa deftination.

On nomme *Soie cuite* celle qu'effectivement on a fait cuire en la faifant bouillir pendant trois ou quatre heures dans une eau de favon, afin qu'à la teinture elle prenne une plus belle couleur; car celle qu'on teint fans la faire cuire, ne prend qu'une couleur fauffe & terne.

Le détail des différentes fortes de Soie dans lequel je fuis entré,

n'a

n'a pour but que de relever l'erreur où font ceux qui prétendent qu'on peut tirer la Soie fans décoction & à fec ; mais ils n'ont pas fait attention que la Soie, quand le Ver en forme le cocon, eſt imprégnée d'une matiere viſqueuſe qui colle immédiatement tous les brins les uns aux autres. Il eſt peu de perſonnes, qui, au moins dans leur jeuneſſe, n'aient élevé quelques Vers à Soie ; on fait quelle peine on a à devider les cocons, parce que le fil collé fur ce petit œuf ne s'en détache qu'avec un certain effort, & comme ce travail eſt fort long, beaucoup de gens ont eſſayé d'en devider pluſieurs à la fois ; mais on n'en vient à bout qu'avec beaucoup de peine, encore n'en peut-on pas devider plus de trois. Les fils de Soie, tels que ceux qu'on employe dans la Fabrique des Etoffes, font ordinairement compoſés depuis fix brins juſqu'à dix-huit, & cependant ils ne paroiſſent en faire qu'un : voici pourquoi. Au moyen de l'eau preſque bouillante dans laquelle trempent fans ceſſe tous les cocons, cette gomme dont la Soie eſt enduite fe diſſout, & ce nombre de brins plus ou moins grand, paſſe par une filiere où ils fe collent enſemble & ne forment plus qu'un feul fil ; comment feroit-il poſſible d'opérer une telle union fans détremper cette gomme ? Auſſi quelque nombre qu'on en devide à la fois à fec, ils ne s'uniſſent jamais.

Je penſe avoir démontré l'abſurdité de l'aſſertion des Auteurs que je réfute ; les bornes de cette Préface, ne me permettent pas d'en dire davantage ; le Traité abrégé de la culture des Soies, que je me propoſe de mettre en tête de cet Ouvrage, ne laiſſera rien à deſirer làdeſſus. Je crois devoir dire un mot d'une Soie plante, que nous connoiſſons dans ce pays, & dont pluſieurs perſonnes penſent qu'on peut tirer parti.

L'Auteur du Dictionnaire du Commerce, rapporte que dans le Levant, on emploie une autre eſpece de Soie que produit une certaine plante dans des gouſſes, à-peu-près comme le coton, & qu'après l'avoir filée, on en fait des Etoffes preſque auſſi belles que celles de Soie.

Peut-être n'a-t-on pas encore apporté de ces Etoffes en Europe où on ne les connoît pas, à moins que l'Auteur n'ait voulu parler de cette eſpece d'Etoffe qu'on nomme *Ecorce d'arbre*, parce qu'elle eſt faite d'une écorce qu'on enleve par longs filaments fur un certain arbre, à-peu-près comme les Anciens prenoient leur papier fur l'arbre qu'on nommoit *Papyrus*. Si c'eſt-là la production que l'Auteur cité

a eu en vue, il se trompe, puisque ce ne sont point des gousses qui
la donnent, mais une pellicule ou seconde écorce d'arbre : du reste,
elle est fort belle & ressemble assez à de la Soie.

Peut-être aussi parle-t-il de ce qu'on nomme *Ouatechérié*, & qui
ressemble assez à ce qu'il en dit : je n'en connois pas la plante, mais
la gousse, dans laquelle on trouve cette matiere, que bien des gens
prétendent être de la Soie, est commune même à Paris, où je m'en
suis procuré chez un Grainier-Fleuriste; elle a environ deux pouces
de long, & ressemble à une cosse de pois seche, mais brune; en l'ouvrant, on n'y voit d'abord que la graine rangée avec un art admirable; mais au centre est la Soie, qui y tient si peu de place, qu'après
l'avoir écharpie, on est surpris qu'une si petite gousse en puisse contenir autant.

A examiner cette matiere avec attention, on ne sauroit nier que
ce ne soit plutôt un duvet que de la Soie; sa blancheur est éblouis-
sante, & son éclat l'emporte sur celui de la plus belle Soie. Ajoutez
à cela une finesse extraordinaire qui la rend plus douce que le Velours
le mieux fabriqué : mais on connoît cette plante sous le nom de
Chardon, & on la compare à ces chardons sauvages qui, quand
ils sont très-murs, s'épanouissent & remplissent l'air d'un duvet de
même espece, moins beau à la vérité, & dont on a essayé en vain jusqu'ici de tirer quelque parti.

On assure que les peuples du Levant filent cette espece de Soie,
& en font de très-belles Etoffes. Quant à nous, malgré les tentatives
réitérées, nous n'en tirons encore aucun avantage en Europe, &,
quoique quelques Particuliers aient prétendu en avoir trouvé l'emploi, elle entre pour si peu de chose dans les Etoffes où on la met,
qu'on peut dire que ce n'est que cacher sous un nom nouveau un
procédé très-ancien. On voit dans la Forêt de S. Germain-en-Laye,
près d'un Couvent que tout le monde connoît sous le nom *des Loges*,
une Manufacture de Velours, dans lequel les Ouvriers assurent qu'il
entre du chardon. Comme ce travail est leur secret, il ne m'appartient
pas d'y porter des yeux indiscrets. Je dirai seulement que le Velours
qu'on y fabrique m'a paru semblable à celui de coton, quelle qu'en
soit la matiere; mais je ne pense pas qu'on ait encore pu jusqu'à présent former de ce duvet, en le filant, un brin d'une certaine consistance, & d'une étendue capable de composer ni trame, ni chaîne, ni
poil.

Quelques autres perſonnes ont auſſi eſſayé de cultiver cette plante
& d'en tirer parti ; mais je ne crois pas que juſqu'à ce jour l'événement ait répondu à leur attente : le Velours eſt la ſeule Etoffe dans
laquelle on ait, à ma connoiſſance, eſſayé de la faire entrer , encore
n'en emploie-t-on qu'avec le poil ; car dans l'Etoffe que j'ai vue,
la chaîne & la trame étoient de filoſele, & quant au poil , j'ai cru
voir un coton collé ; ce qui m'a fait conjecturer qu'en filant le
coton on y avoit mêlé de ce duvet, & que pour pouvoir le fabriquer, on avoit *paré* (*) , ce poil afin que les frottements que le *peigne*
& le *rémiſſe* lui font éprouver quand on fabrique l'Etoffe, ne puiſſent
ſéparer ce duvet du coton auquel il eſt ſi artiſtement adapté.

La nature de ce duvet ſemble devoir le proſcrire pour jamais ,
du moins pour en faire des Etoffes ; il eſt ſi liſſe & ſi court, qu'à
moins que quelque Voyageur n'apprenne des Levantins la maniere
de le mettre en œuvre, & ne nous en inſtruiſe, on ne peut guere ſe
flatter d'en former de longs fils, comme il en faut pour le genre de
travail auquel on s'obſtine à l'employer.

Ce n'eſt pas que je blâme les recherches qu'on peut faire à ce ſujet ; quand on a l'utilité publique pour but, quelle que ſoit la réuſ-
ſite , on doit être ſatisfait ; & quand il ſeroit impoſſible d'en faire
des Etoffes , je connois des perſonnes qui l'emploient avec avantage
au lieu d'Edredon pour piquer des couvre-pieds & autres choſes
ſemblables. Je reviens à l'introduction des Soies en Europe.

Nous avons dit plus haut que Juſtinien envoya des Moines à la
Chine pour apporter en Europe des œufs de Vers à Soie ; mais je ne
vois pas pourquoi ce Prince envoyoit ſi loin chercher ce qu'il pouvoit trouver chez les Perſes & chez les Grecs , qui avoient déja des
Manufactures : car dans la fameuſe guerre que ces peuples eurent
enſemble , & où les Grecs eurent l'avantage , ils leur enleverent leurs
Ouvriers & l'Art de cultiver la Soie. L'Hiſtoire nous apprend que
Lucullus , amateur des beaux Arts, quand les Romains ſe furent ren-
dus maîtres de la Grece, fit tranſporter à Rome , pour décorer ſon
triomphe , toutes les richeſſes d'Athênes , parmi leſquelles pluſieurs
Auteurs ont conjecturé qu'on trouva des Soies & des Etoffes fabriquées:

Vopiſcus rapporte que l'Empereur Aurelien refuſa à l'Impératrice

---

(*) On nomme *Parer*, l'action de réunir le
duvet d'un brin de Soie ou autre choſe avec
une eſpece de colle ou de gomme , pour que
le frottement qu'il éprouve dans la fabrication
ne le faſſe pas écarter.

son époufe une robe toute de Soie, quoique cette Prince la lui demandât avec inftance, parce qu'elle coûtoit trop cher.

Environ l'an 1130, Roger, Roi de Sicile, établit à Palerme & en Calabre des Manufactures d'Etoffes de Soie, qui furent dirigées par des Ouvriers qu'il avoit amenés d'Athênes, de Corinthe, &c, dont ce Prince avoit fait la conquête lors de fon expédition de la Terre-Sainte. Mezeray ajoute qu'infenfiblement, le refte de l'Italie & l'Efpagne apprirent des Siciliens & des Calabrois, la maniere de gouverner les Vers à Soie, & l'Art de travailler la Soie.

Mezeray rapporte encore que les François, comme voifins des Italiens & des Efpagnols, commencerent à les imiter dans ce précieux travail un peu avant le regne de François premier; ce qui ne fait pas remonter bien haut l'origine de cette partie de nos connoiffances, à laquelle nous avons depuis donné tant de perfection.

Louis XI, en 1470, fit venir à Tours des Ouvriers de la Grece, de Gênes, de Venife & de Florence, pour y établir des Manufactures d'Etoffes de Soie, & en 1480, il leur accorda de très-beaux Priviléges qui leur furent confirmés par Charles VII, fon fils, en 1497. *Dictionn. du Comm.*

Il paroît, par ce rapport, que c'eft à Tours que fe font fabriquées les premieres Etoffes de Soie en France, & cependant les Avignonnois prétendent être les plus anciens dans l'Art de traiter les Vers à Soie, & de fabriquer les Etoffes : voici comment ils le prouvent. Lorfque le Comtat Venaiffin fut donné au Pape, environ l'an 1268, fes Légats en cette contrée, introduifirent, felon eux, à Avignon de la Soie, des Vers à Soie & des Mûriers; & par la fuite les Papes ayant établi dans cette ville le S. Siege Apoftolique, encouragerent cette Manufacture naiffante où on ne faifoit alors que des *Doucettes*, efpece d'Etoffe dont la chaîne étoit de Soie, & la trame de laine. Bientôt après, on parvint à y fabriquer des Etoffes toutes de Soie, & même de façonnées, telles que le Damas. Ils affurent que quelques Ouvriers Avignonnois mécontents, fe joignirent à d'autres Ouvriers Italiens, & établirent des Manufactures à Lyon vers le regne de François I, qui, par la protection qu'il accorda aux Manufactures, donna lieu à ces migrations.

Les Fabriquants de Nîmes conviennent de bonne-foi qu'ils tiennent d'Avignon leurs Manufactures. Quoiqu'il y ait très-long-temps que ce travail y foit en vigueur, on ne fauroit fixer l'époque de fon

établiffement

établiſſement à Nîmes , à cauſe des guerres civiles qu'elle a ſouvent eſſuyées, & qui ont toujours nui aux progrès de cette importante branche de Commerce.

Malgré les ſoins que François I, Charles VII, & ſes Succeſſeurs ſe ſont donnés pour procurer aux Manufactures l'accroiſſement qu'elles ont pris depuis, elles n'ont pas fait de grands progrès dans ces temps-là. Il étoit réſervé à Henri IV, de fournir à ſon peuple cette nouvelle reſſource pour l'induſtrie : il appella en France les meilleurs Ouvriers & Fabriquants , & les y fixa par des Priviléges utiles & des diſtinctions flatteuſes ; il encouragea les Fabriques de Lyon , rectifia les Réglements de celles de Tours , accorda de nouvelles Lettres-Patentes à la ville de Nîmes , & établit des Manufactures dans la Capitale. Quelques-uns prétendent même qu'il accorda des Lettres de Nobleſſe à quatre Particuliers, avec une ſomme conſidérable pour ſoutenir cet établiſſement; car le Commerce n'étoit pas alors dans cet état d'aviliſſement où la Nobleſſe l'a plongé depuis , & d'où la bienfaiſance éclairée du meilleur des Rois, vient de le tirer en accordant aux Commerçants des diſtinctions honorables. Louis XIII, & ſes Succeſſeurs ont auſſi conſtamment donné aux Manufactures des marques de la protection qu'elles leur ont paru mériter ; & depuis cette heureuſe époque, celles de Paris, ſur-tout, ont toujours été en augmentant. Les Gazes y ont cependant encore plus fait de progrès que les Etoffes, puiſqu'on ne compte gueres à Paris que ſix cents métiers pour les Etoffes , & qu'on en compte environ quinze cents à faire des Gazes : enfin on peut dire que les Manufactures d'Etoffes de Soie paroiſſent être parvenues dans ce Siecle au plus haut point de perfection où elles puiſſent atteindre , puiſqu'on compte de nos jours plus de deux cents ſortes d'Etoffes différentes, entre leſquelles plus de cent-cinquante ont été inventées depuis 1730. Nous devons un accroiſſement auſſi conſidérable à la ſageſſe des Loix qu'on a faites depuis cette époque pour cette branche de Commerce. La collection de Lettres-Patentes, d'Edits & de Déclarations du Roi qui la concernent , ſeront à jamais l'hiſtoire la plus exacte de ſon avancement en France.

La prétention des Avignonnois ſur l'ancienneté de leurs Manufactures n'eſt pas ſans fondement. Quelques Egliſes de cette ville ont des ornemens très-anciens & très-riches qu'on prétend y avoir été fabriqués ; de plus, la perfection de leurs Etoffes prouve aſſez l'ancienneté du travail : c'eſt, à mon avis, l'endroit de l'Europe où la Fabrique eſt la plus parfaite, du moins quant à la bonté des Etoffes.

On fabriquoit à Avignon, il y a environ cinquante ans, les Etoffes les plus riches, comme fonds d'or, tiſſu, Brocards, Damas brochés & lizerés, Perſianes, Brocatelles, &c ; c'eſt-là que les Génois ont porté les premiers Damas qu'ils tenoient eux-mêmes de Damas en Syrie, d'où cette Etoffe à pris ſon nom. Les Avignonnois parvinrent à les fabriquer ſi parfaitement, qu'on les préféroit à ceux de Gênes même. Pendant ce temps-là, Lyon faiſoit en ce genre des progrès conſidérables ; la variété & la beauté des Deſſeins, auxquelles elle s'eſt toujours attachée, lui mérita en peu de temps cette réputation qu'elle conſerve encore aujourd'hui à juſte titre. Néanmoins deux qualités eſſentielles dans les Avignonnois, leur donnerent de tout temps beaucoup d'ombrage ; leur eſprit inventif pour le mécaniſme des métiers, & la culture des Soies qui fourniſſoit à leur Fabrique ; au lieu que Lyon n'en recueilloit preſque point du tout : auſſi Avignon eut-il fait des progrès bien rapides, ſi la nature ne l'eût affligée, autant que l'ambition des Lyonnois chercha à lui nuire.

La perte qu'Avignon éprouva dans ce temps, lui emporta dans l'eſpace de neuf à dix mois plus de trente mille Citoyens ; le *tiers ſur taux*, eſpece d'impôt qu'on croit communément à Avignon n'avoir été mis ſur la ſortie de ſes Etoffes qu'à la ſollicitation des Lyonnois, & qui n'a été levé que depuis quelques années, acheva de ruiner de fond en comble le commerce d'un pays, qu'on regardoit alors comme étranger ; tous les Ouvriers furent trop heureux de trouver à Lyon & à Nîmes des reſſources dans ce malheur univerſel. La France dès-lors tiroit cependant de cette Ville beaucoup de Soie pour ſes Manufactures, & y faiſoit mouliner toutes celles qui entrent dans la Fabrique, ainſi qu'on fait encore aujourd'hui. On y voyoit dans ce temps environ dix-huit cents métiers, dont plus de cinq cents pour le Damas & autres Etoffes façonnées pour meubles ; aujourd'hui que le Commerce y a un peu repris vigueur, à peine en compte-t-on huit cents ou mille.

Ce fut-là pour Lyon l'époque du degré d'élévation auquel elle eſt parvenue depuis, & où nous la voyons : les Ouvriers s'y refugierent de toutes parts, & les meilleurs uſtenſiles des métiers à *la tire*, y furent vendus à vil prix.

Quant aux Nîmois, ils n'eurent pas assez d'adresse pour profiter de cette révolution en faveur de leurs Manufactures.

Tous les faits que j'avance ici, font à la connoissance de personnes qui en ont été témoins oculaires, & qui vivent encore; au surplus, c'est peut-être à cette émulation que produit la rivalité entre deux Villes célébres, que Lyon doit toute sa renommée.

Tel a toûjours été le bon goût des Avignonnois, qu'un aussi triste révolution n'a rien diminué de la beauté des Etoffes qu'ils nous fournissent. Cela est si vrai, que leurs *Taffetas Florence*, leurs *Armoisins* & leurs *Taffetas d'Angleterre*, ainsi que leurs *Damas*, font préférés à ceux de Lyon même, puisque bien des Marchands à Paris font passer leurs Taffetas d'Angleterre pour des Taffetas d'Italie, & que leurs Taffetas Florence, font préférés à ceux de Florence même.

Cette décadence n'influa pas moins sur le moulinage des Soies, que sur les Etoffes; car Avignon avoit alors quatre cents Moulins à mouliner la Soie, & à peine y en trouve-t-on à présent cent cinquante; le reste s'est dispersé dans Nîmes, dans le Vivarais, dans le Dauphiné & dans la Provence. Ce qui prouve encore parfaitement combien le moulinage des Soies étoit en vigueur à Avignon, c'est que les bons moulins qu'on trouve dans les endroits que je viens de nommer, en font sortis, & que les bons Ouvriers en ce genre font à Avignon, ou font des Avignonnois.

Il est certain qu'Avignon a rendu de grands services aux Manufactures, tant pour le tirage des Soies, que pour leur moulinage; qu'il n'y a pas encore trente ans que dans le Languedoc, la Provence, le Dauphiné & le Vivarais, les meilleures Ouvrieres qu'on employât à tirer la Soie, y venoient d'Avignon, & qu'aujourd'hui même on les y vient retenir quelque-temps avant cette espece de récolte, & même on leur donne des arrhes, tant on craint qu'elles ne manquent de parole.

Nous avons aussi puisé la connoissance du moulinage chez-eux; car ce n'est que depuis la grande révolution arrivée à Avignon, qu'on a établi à Lyon & à Nîmes les Mouliniers en Maîtrise; avant cette époque, Lyon n'avoit pas plus de dix Moulins, & Nîmes plus de quarante. Il est vrai qu'à Lyon le nombre n'en est pas beaucoup augmenté, puisque les douze ou quatorze Maîtres qui y font actuellement, n'ont pas entr'eux plus de vingt ou vingt-cinq Moulins; mais Nîmes peut en contenir environ cent trente, dont plus de cent ont été faits à Avignon, ou par des Avignonnois.

Ce qui pouvoit avoir procuré à cette Ville tant d'avantage dans cette branche de culture, c'est qu'elle est située sous le plus beau ciel de l'Europe; son terrein est fertile en tout genre de productions, & environné d'eau de toutes parts: d'un côté passe le Rhône, & de l'autre un bras de la Durance; de plus, une branche de la Fontaine de Vaucluse, si fameuse par les amours de Petrarque & de Laure, traverse la Ville d'un côté, & une petite riviere qu'on nomme *Duransole*, la traverse d'un autre. Avec de si belles eaux, est-il surprenant que les teintures y aient été de tout temps aussi belles qu'on les y voit encore aujourd'hui? ses couleurs fines y vont de pair avec celles de Lyon.

On peut dire que l'introduction des Soies, & les genres d'industrie qu'elles ont déployés, ont opéré un changement total dans le systéme politique de l'Europe; il est peu de Provinces qui n'en aient ressenti les douces influences, &, quoiqu'il n'y ait point d'Etat qui ne se soit empressé d'introduire dans son sein des Manufactures, il paroît que le destin de la France est de l'emporter constamment sur tous ses voisins, qui, loin de lui nuire, entretiennent une émulation nécessaire pour faire éclore ces chef-d'œuvres qu'on admire chaque jour, & qui font les fruits des recherches éclairées des Fabriquants de Lyon. Je suis Nîmois, sans doute; mais la vérité est de tous les pays; & je suis forcé de convenir que ce n'est qu'à eux-mêmes, qu'aux soins infatigables qu'ils se donnent sans cesse pour répandre sur leurs Etoffes cette élégance dans le goût, cette richesse dans les desseins, cette variété dans les compositions qu'aucune autre Ville ne porte à un aussi haut degré, qu'ils doivent leur célébrité, qui a fait plus de progrès dans ce siecle seul qu'elle n'en avoit fait pendant trois cents ans. Les moyens qu'ils employent pour cela, sont, à la vérité, très-dispendieux; mais rien ne leur coûte pour les essais, Soie, Dorure, façon d'Ouvriers, travaux de Dessinateurs; tout est sacrifié à un nouveau goût; &, quoiqu'on ne réussisse pas toujours, on n'est jamais rebuté; souvent même, tel Fabriquant qui n'occupe que cinquante ou soixante métiers, a cinq ou six Dessinateurs, auxquels il donne des appointements considérables; encore a-t-il soin d'envoyer tous les ans à Paris le premier d'entr'eux pour prendre connoissance de tout ce que chaque saison précédente a fourni de nouveau dans tous les genres. On sent combien cette politique contribue à perfectionner le goût de chacun, & quelle émulation en

est

eſt néceſſairement la ſuite ; mais malgré cette avidité de connoiſſances & de nouveautés , on ne peut que louer leur attention à ne ſe
jamais copier les uns les autres. Les Fabriquants ont même fait un
Réglement, qui défend à qui que ce ſoit de faire exécuter le Deſſein d'un autre , ſous peine de mille écus d'amende, & d'être dégra-
dé de Maîtriſe en cas de récidive : qu'on s'étonne après cela de la
beauté de leurs productions.

Un autre ſoin qui ne tend pas moins à l'avancement des Manufactures, eſt d'encourager par des récompenſes les recherches qui
peuvent diminuer les opérations , ſimplifier le mécaniſme & autres
de cette eſpece (*). Pourrois-je moi-même, ſans ingratitude , paſſer
ſous ſilence un bienfait que je tiens du Corps des Fabriquants de
Lyon, dans le ſéjour que je fis dans cette Ville , il y a quelques années. Je propoſai une invention qui fut accueillie , & les ſuffrages
ſe réunirent en ma faveur; plût à Dieu que mon paſſage dans chaque Ville de Manufactures eût été marqué par un ſemblable bon-
heur ! ſtérile , à la vérité , pour moi; mais plus ſatisfaiſant pour mon
cœur que les récompenſes pécuniaires.

Après un tel aveu , tout le bien que je rapporte de cette Fabrique paroîtra peut-être ſuſpect ; mais on verra par la ſuite que, ſi les
connoiſſances que j'ai acquiſes m'ont mis à portée de prodiguer les
éloges , elles me ſerviront auſſi à éclairer la critique que l'Ouvrage
que j'ai entrepris me permet de faire de tous les différents procédés.

C'eſt à ces récompenſes que la Fabrique de Lyon a dû l'invention
du métier à *la Maugis* ; ainſi que celui à *la Falconne*, chef-d'œuvre
de l'Art, qui , ſans la dépenſe exceſſive qu'exige ſon *liſage* , l'empor-
teroit ſur tous les autres.

La perfection de la petite *tire*, eſt encore un des fruits des encou-
ragements que Lyon prodigue ſans relâche aux inventeurs ; les noms
de *Galantier* & de *Blache*, tous deux Avignonnois, & tous deux ému-
les contemporains , auxquels on doit l'ordre admirable des métiers
montés à bouton, ſeront à jamais mémorables dans cette Ville. Le
liſage de cette partie a été ſi fort perfectionné par eux, qu'il eſt difficile de le porter à un plus haut degré , ainſi que la ſimplicité du
mécaniſme. C'eſt au génie créateur de Galantier, qu'on doit plus
de cent eſpeces d'Etoffes qu'il a inventées lui-même , ou dont il a

(*) On perçoit aux Douanes de Lyon deux | & le produit en eſt affecté aux nouvelles inven-
ſols ſix deniers par livre de Soie qui y entre , | tions qui peuvent intéreſſer les Manufactures.

occafionné l'invention, & dont la perfection qu'il a donnée à la petite
tire a facilité l'exécution. Il feroit trop long de rapporter les découvertes qu'on doit en grande partie à la fagacité des Lyonnois.

Si les Ouvriers de Lyon font habiles, fi les Deffinateurs y excellent, il faut convenir auffi que les Fabriquants qui les mettent en
œuvre, réuniffent les connoiffances de tout genre. Le Fabriquant
le plus riche n'abandonne pas à des mains étrangeres le fort de fa fortune & de fa réputation ; il commande par lui-même ; & s'il le falloit
il exécuteroit ce qu'il ordonne ; auffi comme il connoît les difficultés, il récompenfe les talents avec générofité, & s'attache les plus
habiles Ouvriers. Il feroit à fouhaiter que les Deffinateurs euffent
une parfaite connoiffance de la Fabrique, les deffeins toujours d'accord avec l'exécution en tireroient un nouveau luftre.

Malgré cette fage conduite pour l'avancement de leur Manufacture, c'eft pourtant à eux-mêmes que les Lyonnois doivent imputer le
paffage de quelques-uns de leurs meilleurs Ouvriers en pays étranger.
Trop de dureté dans le traitement, leur a fait prendre le parti
d'aller porter ailleurs leurs lumieres & leurs talents. Ce n'eft pas auffi
que, tôt ou tard, on n'ait dû s'attendre à de pareils établiffements ;
mais ils ont dû leur rapidité à la fcience de ceux qui ont été mis à la
tête. Tout le monde fait que les Fabriques d'Allemagne, de Suiffe &
d'Efpagne, ne doivent leur origine qu'à des Lyonnois, ou Appren-
tifs de Lyon. Depuis environ trente ans, il s'eft monté chez l'Etranger plus de quinze mille métiers. Le fieur T........ un des plus habiles
Ouvriers de Lyon a établi & conduit à Berlin, où on n'avoit pas la
moindre connoiffance de la Soie, plus de mille métiers. C'eft à lui à
qui Lyon a dû l'invention des *Péruviennes* piquées, qui dans ce temps
furent très-eftimées, & plufieurs petits mécanifmes très-utilles à la
fabrication des Etoffes. Il emmena avec lui plufieurs bons Ouvriers de
Lyon, avec une partie defquels il parcourut toute l'Allemagne & partie de la Hollande, laiffant par-tout des éclairciffements utiles fur la
fabrication des Etoffes, & vendant fort cher fon talent pour monter
les métiers, quand on vouloit fabriquer de nouvelles Etoffes ; & malgré tout cela, il eft mort à Paris, il y a environ quatre ou cinq ans,
peu favorifé de la fortune, comme fi la Providence eût pris plaifir
à punir en lui la trahifon dont il étoit coupable envers fa Patrie.

Vienne en Autriche qui n'avoit pas deux cents métiers il y a trente ans, & dont les Manufactures ont été fondées par des Génois &

Piémontois, en a à présent plus de deux mille cinq cents, dont plus de la moitié fabriquent des Etoffes riches dans le genre de celles de Lyon, & même on y voit encore aujourd'hui des Lyonnois habiles dans le Deſſein, & dans l'art de monter les métiers.

On ne connoît en Hollande la maniere de fabriquer le Velours que par les Lyonnois. Rouillere à attiré en Eſpagne un nombre infini d'Ouvriers de Lyon, pour y établir la Manufacture de Talaver-la-Reine, lorſqu'obligé de quitter ſa Patrie, il choiſit ce Royaume où il fut reçu à bras ouverts, & fait enfin Noble Caſtillan.

François, raſſurez-vous, toutes ces déſertions ne porteront à notre Commerce que de légeres atteintes; le goût dominant de notre nation nous aſſure la victoire dans ce genre d'induſtrie, & nos voiſins feront toujours réduits à nous copier; du moins, c'eſt ainſi que j'aime à le préſager.

Les Anglois ſeuls paroiſſent avoir porté leurs Manufactures à un très-haut degré de perfection; Londres ſeul contient environ huit mille métiers, & voici qu'elle eſt la raiſon de ce grand nombre: comme les Ouvriers qui s'y donnent à un genre d'Etoffes n'en fabriquent jamais d'autres, les métiers une fois conſacrés à telle ou telle Etoffe, ne ſont jamais montés pour une autre; ainſi tel Ouvrier qui fait du ſatin ne fera jamais de Taffetas ou de Velours, & ainſi du reſte: par ce moyen chacun d'eux acquiert dans ſon genre une préciſion à laquelle nul autre ne peut atteindre; parce que le Fabriquant ne change jamais la qualité de la Soie; c'eſt toujours au même apprêt ou au même *denier* pour l'organſin, & à la même groſſeur pour la trame; il y en a même qui refuſeroient de prendre des commiſſions de Satin, de Taffetas, &c, ſi on exigeoit d'eux de changer la quantité ou la qualité de la Soie qu'ils ont coutume d'employer. Un pareil trait peint mieux le génie de cette Nation eſtimable, qu'une longue diſſertation.

Il y a environ neuf ans, qu'on établit à Manheim, en Allemagne, une Manufacture d'Etoffes de Soie, à la tête de laquelle étoient un Deſſinateur & un Monteur de métiers, que je puis aſſurer être tous deux très-entendus dans leur partie; car j'ai occupé l'un à Nîmes, & j'ai travaillé à certains ouvrages avec l'autre.

Ce que j'ai dit juſqu'ici conſtitue ce me ſemble Lyon pour la premiere Ville de Manufacture de l'Europe; c'eſt une juſtice qu'elle obtiendra toujours de tout Ecrivain judicieux: néanmoins on ne

sauroit nier que Nîmes & Tours ne se disputent l'honneur du second rang ; Nîmes emploie plus de métiers, & Tours est plus varié
dans les genres d'Etoffes ; celle-ci copie Lyon dans le riche, & l'autre dans les ouvrages de *petite tire*, dont le mécanisme y est aussi bien
connu qu'à Lyon.

Le travail dominant à Tours est la *grande tire* ; aussi ils y réussissent
si bien, que ce qu'ils y envoyent à Paris passe pour venir de Lyon,
parce que le Réglement pour les Desseins, si strictement observé dans
cette derniere Ville, n'a pas lieu dans les autres. Il en est de même à
Nîmes pour la *petite tire*, les Ouvriers y excellent ; mais les Fabriquants n'osant produire de nouveaux Desseins, ne font exécuter que
ceux qu'on leur envoie ; aussi leurs Dessinateurs sont-ils découragés
par le peu de confiance qu'on a dans leurs productions. Le seul remede qu'on puisse apporter à cet inconvénient, est d'établir dans
chaque Ville une Académie de Dessein relative aux Fabriques ; sans
cela elles seront toujours réduites à copier, & le goût du François
est tel, qu'une Etoffe n'est souvent plus de mode quand on pense à
l'imiter.

Je le répete, le Dessein, en fait d'Etoffes, est la route à la célébrité.
Les Desseins de Damas du fameux Dacier sont immortels, envain
a-t-on voulu les imiter ; on en revient toujours aux siens, & on
doute encore que quelqu'un puisse l'égaler dans ce genre : aussi les
Fabriquants les achetent-ils encore fort cher à ceux à qui ils appartiennent ; car à Lyon les Desseins sont aussi précieux pour les Fabriquants, que des effets commerçables pour ceux qui se mêlent de
banque ; ceux sur-tout à nuances & qui imitent le naturel, sont autant de prodiges admirables.

Les Dessinateurs peuvent choisir parmi six principaux genres, celui pour lequel leur goût penche davantage.

Les Etoffes riches brochées.

Les Etoffes brochées à nuances.

Les Etoffes courantes.

Celles de la petite tire.

Les Velours.

Et les Etoffes chinées.

Chacune de ces divisions offre encore du choix ; car dans les
Etoffes riches, on distingue le petit & le grand riche ; le riche
accompagné de nuances, & celui qui n'est soutenu que par des

couleurs;

couleurs ; les habits & les veſtes à bordures tiennent à ce genre.

Les Etoffes brochées à nuances , n'ont de variété que par les différents genres d'Etoffes où elles entrent ; comme le Taffetas , le Gros-de-Tours , le Satin , la Luſtrine , &c , & la partie des bouquets détachés.

Dans les Etoffes courantes , ſont les Damas pour meubles à une , deux & trois couleurs , & ceux pour robes ; les grandes Florentines , les Perſianes , les Raz-de-Sicile , les Brocatelles , les Brocards , quelques genres de Moëres , &c : quoique toutes ces Etoffes n'employent pas plus de trois ou quatre couleurs , un Deſſinateur peut encore y briller.

Dans les Etoffes qui dépendent de la petite tire , on peut faire bien des diviſions ; les Droguets ordinaires , les Droguets ſatinés , les Pruſſiennes , les petites Florentines , &c , font une partie qu'on peut ſéparer des Péruviennes grandes & petites , des Droguets liſerés , des Satins *deux lacs* , &c ; on peut encore traiter à part les Taffetas façonnés , les Viennoiſes , les Taffetas à l'Angloiſe , les Taffetas Luſtrinés , &c.

On doit auſſi traiter à part tout ce qui concerne les Moëres qui dépendent de la petite tire.

Les Velours ſe diviſent en trois claſſes , les Velours friſés , les Velours ciſelés qu'on appelle communément *Velours friſés & coupés* ou *Velours à jardin* , & les *Velours mignaturé* ; & dans tous ces genres , on traite ſéparément les Velours pour habits & veſtes à bordures en ſoie , en or & en argent.

Quant aux Deſſeins pour les Etoffes chinées , c'eſt encore un goût tout particulier , & qu'il faut traiter d'une toute autre maniere que les autres Etoffes : les opérations & les Deſſeins de ce travail ſont ſi ſinguliers , que bien peu de Deſſinateurs y réuſſiſſent , & malgré ces difficultés les Lyonnois l'ont porté à la plus haute perfection.

Tels ſont les moyens de produire des beautés dans chaque genre ; il faut en adopter quelques-uns ; mais qui voudroit les ſuivre tous , ne ſortira jamais de la médiocrité.

Nîmes a certainement en elle-même tout ce qu'il faut pour aller de pair avec Avignon , tant par la quantité de Soie qu'on y recueille , que pour ſes bonnes teintures ; il eſt vrai que les drogues qui y entrent ſont un peu cheres en ce pays , à proportion du prix qu'on donne aux Etoffes , & c'eſt ce qui y a retardé cette partie d'induſtrie.

Il y a quelques années qu'un Fabriquant de Nîmes y fit teindre en noir les Soies qu'on employoit pour le Velours dans sa Fabrique, & la réussite a été on ne peut pas plus parfaite ; l'expérience ne nous permet pas de douter que la qualité de l'air & de l'eau n'entrent pour beaucoup dans la beauté des teintures ; les noirs de Lyon, tout vantés qu'ils sont, n'approchent pas de ceux de Paris.

Un usage qu'ont les Ouvriers de Nîmes, & qui rend leurs Etoffes défectueuses, est de mouiller les chaînes de leurs Etoffes avec de l'eau gommée, de la colle ou autres ingrédients. Je desire bien sincérement qu'ils abandonnent une pratique qui ternit la beauté de leur travail, & diminue la valeur de leurs Etoffes de dix ou quinze sols par aune ; je sais bien que c'est une ancienne habitude à laquelle on tient, & dont les Ouvriers sont esclaves. Mais si les Fabriquants leur donnoient de la Soie bien *ouvrée*, & que les *rémisses* fussent *de cousi* & faits à petite coulisse, on parviendroit à se passer de gomme.

Ce que je dis ici est fondé sur ma propre expérience : asservi par ma naissance aux préjugés de mes Concitoyens dans le temps où j'avois chez moi douze métiers travaillants, j'ai d'abord suivi la méthode commune du pays ; mais bien-tôt je reconnus l'erreur, & avec les attentions que je recommande, je suis parvenu à m'en écarter. Il ne faut pas non plus pour cela n'employer que les premieres qualités d'Organsin de Piémont ; quel que soit celui dont on se sert, il suffit qu'il ait l'apprêt, qu'en terme de Mouliniers on dit : *depuis dix-sept jusqu'à vingt-un points de filage, & depuis six jusqu'à huit points de retard au tors.*

En vain objecteroit-on le renchérissement des Soies, si on lui donnoit cette façon ; tant parce que la Soie plus torse se raccourcit, & qu'à pareille longueur il y en a davantage au poids, ou bien à cause de la main-d'œuvre que je recommande ; mais cet objet ne sauroit être de grande conséquence : car les Mouliniers de Languedoc, de la Provence & du Vivarais, moulinent les Organsins à raison de deux livres quinze sols la livre au plus, & souvent à moins : or, pour ce prix, ils mettent au filage *treize à quatorze points, & point sur point* ou *deux points de retors* : il est certain que moyennant dix sols par livre, ils donneroient à ces Soies l'apprêt que je recommande, & cette différence qui ne reviendroit guere qu'à un sol par aune, rendroit aux Etoffes l'éclat que la gomme leur ôte, & permettroit de les vendre au moins cinq sols de plus.

Quant à l'objection du raccourcissement de la Soie, on peut employer de la Soie à *trente-deux deniers*, au lieu d'une à *trente-six* ; par-là on gagne sur la finesse au-delà de la longueur que celle de trente-six auroit perdue ; de plus, on gagne toujours d'employer de la Soie bien montée, en ce que la Devideuse & l'Ourdisseuse font moins de déchet ; au lieu que la Soie mal apprêtée donne souvent demi-once & quelquefois une once de déchet par livre, ce qui met le Fabriquant en perte de cinq sols par aune.

On me reprochera peut-être d'entrer dans des détails minutieux ; mais je n'écris que pour l'avancement de mon Art, & si quelqu'une de mes observations peut tourner à l'avantage des Fabriques, je serai amplement récompensé des soins que mon travail exige de moi ; d'ailleurs, qu'on me permette de faire remarquer en passant, que c'est à mes Compatriotes que je fais part de mes réflexions, & le mérite que j'ambitionne le plus, est celui de l'impartialité.

Je prie mes Lecteurs de me pardonner une aussi longue digression au sujet de deux Villes, qui après celle de Lyon tiennent un rang distingué dans celles de Manufactures. J'ajouterai qu'outre plus de dix-huit cents métiers qu'on compte à Tours, on y recueille encore beaucoup de Soie, & on y occupe environ quatre-vingt Moulins pour l'apprêter, tant pour les Etoffes que pour la Passementerie.

Nîmes occupe environ trois mille métiers pour les Etoffes, cent-vingts Moulins pour ouvrer les Soies dont elle recueille une grande quantité : la Passementerie n'y est pas considérable ; mais en récompense on y compte environ huit mille métiers à faire des bas de Soie.

D'après tous ces détails, il est aisé de juger de l'étendue de nos Manufactures ; car outre celles dont j'ai parlé, qui sont les plus considérables, celles de Paris & de Rouen ne leur cédent gueres dans leur genre : nous avons encore celles de Lavaur, de Narbonne, d'Auch, de Marseille, du Puy-en-Velay, d'Amboise, de Toulouse, &c, qui ne sont pas aussi fortes, parce que leur établissement est plus moderne.

Il y a encore beaucoup d'autres Villes où on ne fabrique pas, mais dont l'unique emploi est de recueillir de la Soie ; c'est la richesse de toutes nos Provinces Méridionales, telles que le Languedoc, la Provence, le Vivarais, le Dauphiné, le Comtat Venaissin, la Touraine & les Provinces voisines ; & pour donner une idée précise de l'Etat de nos Fabriques, on compte en France plus de quinze cents Moulins à apprêter les Soies, vingt-huit mille métiers à fabri-

quer les Etoffes; plus de douze mille à faire des rubans & galons,
& environ vingt mille à faire des bas; enforte que le travail des
Soies occupe directement environ deux millions de perfonnes, fans
compter les Ouvriers qui font occupés à conftruire ou réparer toutes les machines.

Tant de fuccès de notre part ont nui fans doute à ceux de plufieurs Fabriques, autrefois accréditées, de l'Italie; Lucques, Pife,
& quelques autres, ont été obligées d'appeller *des Lyonnois*, pour
remonter leurs Manufactures, encore ne font-elles que languir.

Jacques I, Roi d'Angleterre, ne cessa toute fa vie d'engager fes
fujets à faire des plantations de Mûriers, & à fe livrer à la culture
des Vers à Soie, pour augmenter leurs Manufactures qu'il vouloit
élever au pair de celles de France. Peut-être me faura-t-on gré de
faire connoître par une anecdote finguliere, combien l'introduction
d'Etoffes de Soie étrangeres eft rigoureufement défendue en Angleterre: il y a environ huit ans qu'on effaya de paffer un habit de Velours mignature, fabriqué à Lyon pour M. le Duc de Cumberland,
frere du Roi; il fut faifi aux frontieres, & par Sentence juridique,
il fut brûlé publiquement, malgré fa deftination: auffi on peut dire
que fi les Manufactures y font moins brillantes, du moins elles y
éprouvent moins de viciffitudes que chez nous, où on s'obftine à tirer du Levant, & des Indes, des Etoffes que nous fabriquerions
auffi belles & à meilleur marché.

Les différentes opérations qui concernent la Soie font, l'art d'é-
lever & cultiver les Mûriers; l'art de conduire les Vers à Soie depuis l'inftant de leur naiffance, jufqu'à celui où ils s'enferment dans
le magnifique tombeau dont nous tirons de fi grands avantages;
l'art de tirer la Soie de deffus les cocons, & de la mouliner; l'art de
la teinture, fi difficile, & d'où dépend le fuccès de tout le travail
des Soies; celui du devidage, de l'ourdiffage, & enfin de l'emploi
de cette Soie, qui, jufqu'à cet inftant a déja fubi tant d'opérations.

Il auroit peut-être été à propos de commencer l'Ouvrage que je
donne aujourd'hui au Public, par le détail des premieres opérations
qu'on fait fubir à la Soie, & de ne traiter l'emploi qu'on en fait,
qu'après; mais en cela je me fuis conformé au goût des perfonnes
éclairées, qui penfent que le travail des Etoffes eft fi curieux, qu'il
n'eft pas de Lecteurs pour qui il ne foit intéreffant; au lieu que la
préparation des Soies, toute curieufe qu'elle eft, n'intéreffe pas un

auffi

auſſi grand nombre de perſonnes. Au ſurplus, l'accueil du Public pour cette partie, me déterminera à donner ſucceſſivement toutes les autres, ou à m'en tenir à cet eſſai ; & néanmoins pour donner quelque teinture de ces opérations, je joindrai à cette premiere Section un Traité abrégé de la Culture des Vers à Soie, de la maniere de tirer les Soies, & de leur Moulinage.

Il y avoit déja long-temps que je m'occupois du projet que j'exécute aujourd'hui, quand j'appris que mon Art étoit traité dans l'Encyclopédie : curieux de voir comment on l'avoit décrit, je le parcourus avec avidité, & fus fort ſurpris qu'on n'en eût donné qu'un extrait très-ſuccinct, & même plein d'inexactitudes : je ſentis renaître mon zèle, & formai le deſſein d'en faire un Traité complet, qui, faiſant ſuite aux Arts & Métiers décrits par MM. de l'Académie Royale des Sciences, ne fût pas indigne des modeles qu'ils offrent en tout genre. Je ne le cache pas, je ſuis Fabriquant, & j'ai plus encore travaillé par mes mains, que je n'ai fait travailler ; c'eſt la ſeule qualité qui me puiſſe mériter quelque éloge : peu accoutumé à rédiger mes idées par écrit, j'ai fait la triſte expérience qu'il y a loin d'un bon Ouvrier à un Auteur, même médiocre ; mais ſi je me fais entendre, ſi mes deſcriptions ſont claires, j'aurai atteint mon but. D'ailleurs, la quantité des termes techniques, les répétitions néceſſaires, tout cela concourt à rendre le ſtyle peu agréable.

La néceſſité de répandre dans pluſieurs articles d'un Dictionnaire des procédés qui, quoique différents, devroient être préſentés ſous un même point de vue, a ſans doute encore nui aux deſcriptions qu'on trouve dans l'Encyclopédie : j'oſe contredire bien des principes qu'on y avance, & je ne crains pas qu'on me releve : le dirai-je enfin, il n'eſt preſque pas d'opérations dans la Fabrique que je n'aye exécutées moi-même ; point de machines que je n'aye vues, meſurées & ſouvent corrigées. Peu attaché aux méthodes de mon Pays, quand elles ſont inférieures à d'autres, je les condamne par cela ſeul qu'elles ſont inférieures.

Tels ſont les ſentiments dans leſquels j'entreprends de décrire un des Arts qui faſſe le plus d'honneur à l'induſtrie des hommes ; tout y eſt beau ; le principe de notre travail eſt une des merveilles du Créateur ; la nature eſt le livre où nous puiſons nos idées ; les fleurs, les fruits, les oiſeaux, tout nous y offre ſans ceſſe des images riantes, tout nous y porte à admirer la grandeur de Dieu : *Cœli enar-*

rant gloriam Dei. Nos uſtenſiles même ſont des fruits du génie ; chez nous un métier eſt d'autant plus eſtimé que ſes opérations ſont plus ſimples. La Phyſique & la Mécanique ſont ſans relâche miſes en uſage, pour leur procurer cette importante qualité. M. de Vaucanſon, dont le nom eſt ſon éloge, a rendu les plus importans ſervices aux Manufactures dont il s'occupe ſans ceſſe.

Quelques perſonnes ont voulu me détourner de mon entrepriſe, ſous prétexte que c'eſt répandre chez l'Etranger des connoiſſances que nous devons faire tourner à l'avantage de nos Manufactures ; mais à cette frivole objection, la réponſe eſt péremptoire : malgré l'état floriſſant de cette eſpece de commerce en France, à faire le dénombrement de la quantité de métiers dans chaque Etat voiſin, on trouvera que la France en a moins que l'Angleterre, l'Allemagne & l'Italie enſemble, & quand ce nombre augmenteroit chez-eux, où en ſeroit le débouché ? D'ailleurs, c'eſt moins la quantité de nos métiers, que notre goût qui fait notre richeſſe. Ce goût inépuiſable ſe produit ſous mille formes, & une Etoffe eſt déja vieillie chez nous, quand elle arrive à l'Etranger. Qui ne ſait que l'éloge d'une mode ou d'un Etoffe chez nos voiſins, eſt qu'elle vient de France ?

Au ſurplus, je vais propoſer un raiſonnement bien ſimple : on vient de voir à-peu-près l'état de nos Manufactures comparées avec celles de nos voiſins ; leurs mécaniſmes ſont certainement les mêmes, puiſqu'ils fabriquent les mêmes genres, & qu'on n'a jamais pû arrêter les transfuges. Qu'apprendront-ils dans mon Ouvrage ? Que le Satin ſe fait de telle ou telle maniere ? ils en font : Que le Velours doit être traité de telle façon ? ils en fabriquent d'auſſi beau que nous : Connoiſſent-ils donc la petite ou la grande tire ? oui, ſans doute, toutes deux. Eh bien que ne produiſent-ils donc des chef-d'œuvres pareils aux nôtres ? Que leur manque-t-il ? la Soie leur eſt commune avec nous. Faut-il le dire, il leur manque d'être François, d'avoir ce goût qu'ils nous envient ; & quand tous les Ouvriers de Lyon paſſeroient chez l'Etranger, des François s'établiroient à Lyon, & y feroient des chef-d'œuvres qu'on nous envieroit encore. Enfin en traitant cet Art, je trace un point au cercle qu'à projetté l'Académie des Sciences ; ſans mon Art les deux bouts de ce cercle ne ſe toucheront jamais : & puiſque le projet a paru beau, & digne d'une telle Compagnie, a-t-on pu concevoir un tout à qui il manquât quelque partie ?

INTRODUCTION

A LA FABRIQUE DES ÉTOFFES DE SOIE,

Contenant un Traité abrégé de la Culture des Mûriers, des Vers à Soie, du Tirage & du Moulinage des Soies.

Abrégé de la Culture des Vers à Soie en France.

QUI croiroit que l'art d'élever les premiers artifans de notre luxe, eft entre les mains de gens à qui ce travail donne à peine la fubfiftance ! Et pourquoi mon habit de Velours n'a-t-il procuré que du pain à tant de malheureux qui y ont travaillé, avant qu'il vint rehauffer mon peu de mérite, aux yeux d'hommes qui en ont auffi peu que moi.

C'eft à des gens de la campagne qu'eft abandonnée la culture des Vers à Soie ; les plus riches d'entr'eux ont en propriété des plantations de Mûriers, d'autres en louent, d'autres enfin achetent les feuilles au poids, au tas ou bien à la fachée, felon les différents pays.

Il eft certain que l'ufage d'acheter des feuilles de cette maniere eft très-pernicieux, parce que l'expérience a appris qu'il falloit admettre du choix parmi les Mûriers, fuivant les différents âges des Vers à Soie : ainfi ceux dont les feuilles font plus tendres conviennent aux plus jeunes ; & on a foin d'en donner de plus dures, & peut-être à caufe de cela plus nourifiantes, aux plus avancés en âge. Il eft difficile, pour ne pas dire impoffible, de fuivre cette gradation avec des feuilles ramaffées indiftinctement de tous côtés, fouvent gardées, & prefque toujours flétries par le feul tranfport ; auffi les Vers à Soie meurent-ils en très-grande quantité, & ceux qui parviennent à faire leurs cocons, ou bien n'en font que de très-minces, ou bien leur Soie eft de moindre qualité.

Les foins qu'exigent ces précieux infectes font fans nombre ; le froid, le trop grand chaud, l'humidité, la fraîcheur, la mauvaife odeur, le bruit, font pour eux autant d'ennemis mortels, ou pour le moins leur portent un préjudice confidérable. Les Chinois, felon le P. du Halde, en prennent encore de bien plus grands foins, & même en comparant la maniere qu'il rapporte des Chinois dans le traitement des Vers à Soie avec la nôtre, on feroit tenté de croire que notre climat leur convient mieux que l'Afie. Voici comment on s'y prend chez nous.

Généralement parlant, on choifit la quinzaine de Pâques pour faire couver les œufs des Vers à Soie, parce que ce n'eſt guere que dans ce temps qu'on voit paroître en ce Pays-là les feuilles de Mûriers ; il y a même des Payſans qui, ſoit dévotion, ſoit je ne ſais qu'elle autre idée, les mettent couver le Vendredi Saint.

On emploie pluſieurs méthodes pour faire éclorre ces œufs ; les uns les mettent dans une boîte qu'ils placent dans la cheminée, de maniere que la chaleur ne ſe faſſe ſentir que par gradation, & les y laiſſent huit ou dix jours, au bout duquel temps on juge qu'ils doivent être éclos, ſelon la chaleur qu'on leur a fait éprouver ; d'autres mettent cette boîte derriere le four d'un Boulanger ou d'un *Fournier* ; quelques autres mettent les œufs dans un petit linge bien blanc, puis aſſemblant les quatre coins, ils les lient de façon qu'aucun œuf ne puiſſe ſe perdre, ſans pourtant les preſſer : alors une femme les portant dans ſon ſein, ſans diſcontinuer, leur communique la chaleur de ſon corps, & n'a d'autre ſoin que de ne les pas écraſer juſqu'à ce qu'ils ſoient éclos ; quelquefois un homme les met dans ſa chemiſe contre ſa chair ; quelques-uns les mettent dans leur lit ; ceux-ci dans le lit des enfants, comme devant éprouver une chaleur plus ſaine ; & ceux-là les font couver par des chiens. Voilà toutes les méthodes que j'ai vu employer.

Il n'eſt preſque perſonne qui ne connoiſſe les Vers à Soie, & qui n'ait vu de leurs œufs ; ce ſont de petits corps ſphériques un peu applattis, gros comme des grains de millet, & d'une fauſſe couleur lilas foncé.

Quand les Vers à Soie écloſent ils reſſemblent à des fourmis, & cherchent auſſi-tôt à manger : il n'eſt pas poſſible qu'ils écloſent tous dans une même journée ; auſſi quand on prévoit qu'ils ne tarderont pas, on met dans la boîte ou dans le linge quelques feuilles de Mûrier ſur leſquels ils graviſſent auſſi-tôt ; on a ſoin de lever ces feuilles deux fois par jour, & on les met dans une autre boîte ou ſur quelque planche fort propre, & garnie de papier, où on leur donne à manger trois ou quatre fois par jour.

Comme tous ces œufs n'écloſent pas en un même jour, on a ſoin de mettre à part tous les ſoirs ceux de la journée, & on ne les mêle jamais avec d'autres.

La durée de l'exiſtence des Vers à Soie, depuis leur naiſſance juſqu'à leur travail eſt de cinquante jours ou environ, & pendant ce temps ils éprouvent quatre fois une même maladie, qui eſt le changement de peau, à-peu-près tous les dix jours ; la durée de cette criſe eſt d'environ vingt-quatre heures ; ils ſont pendant ce temps comme dans une eſpece de ſommeil & ſans mouvement. Ils ſe cachent ſous les feuilles qu'on leur a données ou ſous les débris de celles qu'ils ont déja mangées, de ſorte qu'on ne les apperçoit point. Ces maladies ſont très-dangereuſes pour eux ; & quoiqu'ils ſoient ſujets à d'autres accidents ; c'eſt-là qu'ils périſſent le plus. Depuis leur naiſſance juſqu'à leur premiere maladie, on les nourrit avec ſoin des plus tendres feuilles, & des Mûriers de l'eſpece

la

la plus tendre ; après chacune de ces quatre maladies, on les nétoye, car ils aiment beaucoup la propreté, & pour y parvenir, on leur jette autant de feuilles qu'il en faut pour les couvrir entiérement ; deux ou trois heures après on s'apperçoit qu'ils ont quitté les vieilles & qu'ils font venus chercher les fraîches ; on enleve avec précaution ces nouvelles feuilles, & par ce moyen on les tranſporte aifément dans une place nette : & il ne reſte au fond que les cotons des vieilles feuilles, ainſi que les ordures.

Le P. du Halde rapporte une méthode très-ingénieuſe, dont ſe ſervent les Chinois pour changer les Vers à Soie, & dont on pourroit tirer parti en Europe. Quand ils font dans une de leurs maladies périodiques, ils ont coutume de ſe cacher ſous leurs feuilles ; lorſque les Chinois prévoient que cette criſe tire à ſa fin, ils les couvrent d'un léger filet, ſur lequel ils arrangent des feuilles fraîches ; quand ils font ſortis de leur eſpece de léthargie, ils cherchent avec avidité de la nourriture, & montent à ces nouvelles feuilles ; au bout de quelque temps, quand on eſt aſſuré qu'ils y font tous, ou à-peu-près, on enleve le filet, & on les change ainſi de place ſans les tourmenter par des mouvements qui leur font inſupportables.

Il faut à meſure que ces animaux groſſiſſent, les loger plus au large ; car c'eſt encore un des moyens de n'en pas perdre beaucoup que de les mettre à l'aiſe ; voici comment on ſe conduit à cet égard dans nos Provinces méridionales.

Chaque Particulier qui s'occupe de ce genre de culture, leur deſtine les chambres de ſa maiſon qu'il croit le plus convenables, & ſi la température de l'air n'étoit pas telle qu'il la leur faut, on y ſupplée au moyen d'un peu de feu dont la chaleur doit être très-douce. On place tout autour & au milieu de cette chambre pluſieurs rangées de tablettes d'environ quatre pieds de largeur & à pluſieurs étages ; & pour fixer à-peu-près le nombre qu'on en peut mettre, il ſuffit de dire que dans une chambre de neuf pieds, hauteur ordinaire, on met ſept rangées de tablettes.

Ces tablettes ne font pas toutes faites de même matiere ; les uns les font de planches aſſemblées ; d'autres prennent des claies d'oſier ou de roſeaux refendus, & dont la ſurface liſſe eſt d'un même côté ; on ſoutient le bord de ces claies avec des lattes, pour y former des rebords ; d'autres font un tiſſu avec de la paille & de la ficelle de *jonquille*, quelques-uns avec de petits roſeaux entiers de deux lignes & demie ou trois lignes de groſſeur ; enfin d'autres tendent de la toile ſur de petits chaſſis faits avec des lattes, & s'en ſervent comme de tablettes pour placer les Vers à Soie.

Il faut avoir attention à chaque changement de peau, de leur donner plus de place qu'ils n'en occupoient auparavant ; car leur accroiſſement eſt très-ſenſible, & ſans cette précaution ils ſe trouveroient trop à l'étroit, & ſe gêneroient les uns les autres. Un Ver à Soie, quand il ſort de l'œuf, eſt preſque noir, & n'a guere plus d'une ligne de longueur, & quand il eſt prêt à faire ſa coque il a environ deux pouces, ce qui fait à-peu-près une ligne d'accroiſſement par jour. Lorſque je recommande de les tenir à l'aiſe, ce n'eſt pas qu'ils puiſſent s'échauffer les uns les autres, car ils ſont en tout temps très-froids, mais leurs excréments dont l'exhalaiſon leur eſt très-préjudiciable, étant plus renfermés, fomenteroient & leur deviendroient mortels.

Depuis la premiere juſqu'à la troiſieme maladie, on leur donne à manger trois fois par jour ; de la troiſieme à la quatrieme on leur en donne cinq fois, à-peu-près toutes les quatre heures & demie, autant la nuit que le jour ; & depuis la quatrieme juſqu'à la montée, on leur en donne toutes les deux heures.

Lorſqu'on a de toutes les eſpeces de Mûriers qui leur conviennent, on leur donne d'abord de l'eſpece la plus délicate tant qu'ils ſont jeunes, & enſuite de plus dure qui les nourrit davantage ; car alors ils ont plus de force pour ronger les feuilles qui ont acquis ſur l'arbre plus de conſiſtance.

Outre les maladies auxquelles les Vers à Soie ſont ſujets, on craint encore beaucoup pour eux les orages, ſur-tout après leur quatrieme criſe, & l'expérience a appris qu'un fort orage peut détruire en un inſtant l'eſpérance de la plus belle récolte.

Après leur quatrieme maladie on redouble de ſoins pour eux, & lorſqu'on voit qu'ils commencent à mûrir, on diſpoſe les cabannes dans leſquelles ils doivent faire leurs cocons. On connoît leur maturité en ce que non-ſeulement ils ceſſent de manger, mais encore ils deviennent tranſparents, ce qui eſt un ſigne non-équivoque qu'ils vont inceſſamment faire leurs cocons. J'ai même remarqué en ouvrant un Ver à Soie prêt à faire ſa coque, dans la partie antérieure de ſon corps, vers ſa tête, une petite botte de matiere verte, & ductile que j'ai cru reconnoître pour la quantité de Soie que chacun doit fournir pour ſa tâche ; mais quoique cette Soie ſoit jaune ou blanche quand ils ſont leur cocon, la couleur verte que j'ai vue m'a fait croire ou que je n'avois pas fait mes obſervations ſur des Vers aſſez prêts à faire leur coque, ou qu'en paſſant par leur bec elle prenoit cette couleur jaune avec la gomme dont toute Soie eſt imprégnée. Je fonde ce raiſonnement ſur la facilité avec laquelle on lui fait perdre cette teinture & cette gomme en la débouillant.

Quand les Vers veulent faire leurs cocons, ils montent à de petites branches de genet ou de bruyere, qu'on leur arrange ſur leurs tablettes comme autant de berceaux, de la maniere ſuivante.

On prend ces branches par poignées, on les aſſemble par le pied comme un balai, & on les place entre les tablettes, de maniere qu'elles y tiennent debout, & même par le haut elles s'arrondiſſent ſous la tablette ſupérieure ; parce que ces petits faiſceaux ſont plus longs que la diſtance d'une tablette à l'autre : ces berceaux ont à-peu-près quatorze à quinze pouces d'écartement, & ſont appuyés les uns contre les autres comme autant d'arcades, puis on leur continue la nourriture, & ils montent travailler quand leur période eſt arrivé.

Quand un Ver à Soie se dispose à faire son cocon, il commence à placer en tout sens des fils auxquels il en attache d'autres, & toujours en s'approchant du centre jusqu'à ce qu'il se soit enfermé dans son riche tombeau ; on le voit travailler pendant deux ou trois jours, mais quand le cocon devient plus épais on ne voit plus rien.

Le temps qu'il met à construire cet admirable édifice est d'environ huit jours, au bout duquel temps il se change en Chrysalide, puis en Papillon , & alors il perce sa coque qui seroit perdue si on n'y obvioit comme on le verra, & enfin il ne songe plus qu'à perpétuer son espece en s'accouplant avec un Papillon d'un autre genre que le sien. Ces Papillons ont d'assez grandes aîles, mais ils ne sauroient cependant voler, quoiqu'on les leur voie battre assez souvent & rapidement ; & l'instant où ils les agitent le plus est quand ils sont accouplés, à-peu-près comme les Pigeons quand ils s'approchent. Telle est en abrégé l'éducation des Vers à Soie ; nous allons voir maintenant la maniere de tirer la Soie de dessus les cocons.

Nous ne répéterons pas ce que nous avons dit de l'impossibilité de tirer la Soie à sec & sans feu ; quoi qu'il en soit, le P. du Halde nous a donné une description de cette opération chez les Chinois, & il assure qu'ils se servent d'une chaudiere & d'eau presque bouillante ; quand aux machines qu'il rapporte pour cet usage, la complication que nous avons été forcés de donner aux nôtres, permet à peine de croire que ce qu'il en dit soit possible ; mais nous ne nous y arrêterons pas, il nous suffit de décrire les opérations qu'on pratique en Europe.

On a vu plus haut qu'on fait trois sortes de Soie, la greze, l'écrue & la cuite. Voici comment on leur donne les divers apprêts qui les différencient entr'elles.

Lorsque les Vers à Soie ont achevé leurs cocons, on choisit les plus beaux pour en avoir de l'espece pour l'année suivante ; (c'est ce qu'on appelle *choisir les cocons pour graine.*) On en prend moitié de mâles & moitié de femelles, qu'on reconnoît à la forme des cocons ; chaque livre produit une once de graine, c'est-à-dire, d'œufs, & cette once produit, année commune, cinquante livres de cocons.

Quand ce choix est fait, il faut de toute nécessité faire périr le Ver dans les cocons ; car autrement étant changé en Papillon il perceroit sa demeure dont on ne pourroit plus tirer aucun parti. Il y a trois maniere de faire mourir les Vers ; les uns les exposent à l'ardeur du soleil, d'autres à la vapeur de l'eau bouillante, d'autres enfin les font passer dans un four suffisamment chaud ; cette derniere méthode est la plus sûre, & la moins nuisible pour la Soie.

Les Vers qu'on expose au soleil ne périssent pas tous ; ceux qu'on met à la vapeur de l'eau bouillante périssent à la vérité, mais cette vapeur dilate la gomme dont la Soie est imprégnée, & les cocons étant les uns sur les autres

s'écrasent, & la Soie n'est pas aussi facile à tirer : ceux qu'on met au four périssent & les cocons conservent leur consistance ; il est vrai qu'il faut prendre
garde que la chaleur du four ne soit trop forte, mais ordinairement les Ouvriers qui emploient cette méthode sont fort au fait, & ne manquent pas leur
coup.

Il est certain que ces trois opérations nuisent à la beauté de la Soie ; mais il est
indispensable de fixer ainsi le Ver dans sa coque, & sans cela la Soie dont le
Papillon est sorti n'est bonne qu'à filer à quenouille. Ce n'est pas, comme le
prétend l'Auteur du Dictionnaire du Commerce, qu'il y ait à craindre que
les Papillons s'envolent, & aillent déposer leurs œufs ailleurs ; quiconque en
a vu, sait que malgré les efforts qu'ils semblent faire pour s'envoler, à peine
en voit-on un seul qui quitte le papier sur lequel il sont pour s'élancer à un
demi-pouce plus loin.

Il faudroit un volume entier pour décrire les différentes machines qu'on
emploie pour tirer la Soie ; c'est toujours une roue dont la forme & la grandeur varient suivant la coutume des pays où l'on s'en sert. Nous donnerons par
la suite dans un Traité particulier le détail de ces opérations. Il suffit présen-
tement de dire qu'on tire de trois sortes de Soie ; l'organsin, la trame & le
poil : chacune de ces especes peuvent être tirées plus ou moins fines selon leur
destination ; mais il est constant que quelque fines qu'on les veuille, un seul
brin de cocon ne peut jamais faire un fil ; le moins qu'on en réunisse est six
pour l'organsin, neuf & dix pour les trames, & treize ou quatorze pour les
poils.

Pour réunir ainsi plusieurs brins de Soie, on met une certaine quantité de
cocons dans une bassine de cuivre rouge, d'environ dix-huit pouces de diamé-
tre, & de cinq ou six de profondeur, pleine d'eau, & portée sur un fourneau
bâti avec de la brique & de la chaux ou sur tel autre qu'on juge à propos ;
mais il doit y avoir à ces fourneaux un tuyau par où s'en va la fumée ; car on
l'échauffe avec du bois aussi bien qu'avec du charbon.

Il faut nécessairement deux personnes pour ce travail, l'une pour conduire
les brins venant des cocons, & l'autre pour tourner la roue sur laquelle on
devide la Soie en écheveaux.

La Tireuse est assise à côté du fourneau à une hauteur convenable, pour
faire, sans être gênée, autour de la bassine tous les mouvements nécessaires ; à
sa droite est placée la roue sur son chevalet, ainsi que la Tourneuse.

Un des bouts du chevalet est appuyé sur le fourneau, & porte deux guides
de fer ou de fil de fer dans lesquels passent tous les brins de Soie, & où ils
se réunissent pour n'en faire qu'un : ces deux premiers guides excédent le chevalet qui les porte, de trois ou quatre pouces, de façon qu'ils sont au-dessus
du milieu, à-peu-près, de la bassine. A ceux-ci répondent deux autres qui sont
sur un *Va-vient*, auquel la roue communique le mouvement. Pour faire les

organsins

organfins & les trames comme il faut, on tire deux écheveaux à la fois, de la maniere qu'on va voir.

La Tireuse affife comme on vient de le dire, met dans la baffine une certaine quantité de cocons, puis avec un petit balai de bouleau ou de bruyere taillé également par le bout, elle effleure en fouettant la fuperficie des cocons qui furnagent, & les bouts s'attachent au balai ; enfuite elle les prend dans fa main gauche & les dépouille d'abord en totalité, & après cela chacun en particulier, de la mauvaife Soie qui les couvre, ce qu'on appelle *purger la Soie* ; enfin elle choifit avec fa main droite parmi tous les fils un nombre fuffifant pour compofer celui qu'elle veut tirer, les paffe dans le trou d'un des deux guides, en paffe autant dans l'autre, & affemblant au fortir des guides ces deux brins, elle les tord d'environ douze ou quinze tours, puis les fépare & les paffe chacun dans un des deux autres guides qui font fur le Va-vient ; delà elle les attache à la *roue* ou *Afple* fur lequel fe forment les écheveaux, & à laquelle la Tourneufe imprime le plus rapide mouvement qu'il lui eft poffible.

Le Va-vient reçoit fon mouvement de la roue : on fait varier la combinaifon de fa courfe à l'infini, afin que chaque tour de Soie n'aille pas fe coucher fur le précédent ; fans cette fage précaution la gomme de la Soie que l'eau prefque bouillante d'où elle fort a dilatée, colleroit néceffairement tous ces brins les uns aux autres, au lieu que chaque tour va occuper une place nouvelle, ou dont la gomme à pu fe fécher par la rapidité du mouvement.

On conçoit affez au feul récit de cette opération que chacun des guides forme un écheveau, & comme les brins des cocons peuvent finir ou fe caffer, la Tireufe ne doit pas les perdre de vue pour en fubftituer de nouveaux quand il en manque, & fur-tout elle n'en doit pas mettre à chaque brin plus ou moins qu'il n'en faut ; elle a foin auffi d'entretenir dans la baffine un nombre fuffifante de cocons prêts à devider, & de tenir, en modérant ou pouffant fon feu à propos, l'eau prefque bouillante, fans jamais bouillir, & fi elle fe trouve furprife de trop de chaleur, elle verfe dans la baffine de l'eau froide qu'elle a à côté d'elle. C'eft de cette attention que dépend la beauté de la Soie.

Il faut avouer que c'eft un travail bien pénible de tirer de la Soie ; car on ne peut fe difpenfer d'avoir continuellement les mains dans de l'eau prefque bouillante ; auffi voit-on les femmes qui s'y occupent avoir les doigts tout pelés, ce qui augmente encore leur douleur ; en vain ont-elles quelques foibles topiques qui pallient un peu leur mal ; & cependant la modicité du prix qu'on leur donne n'eft pas capable de les dédommager ; que de réflexions affligeantes pour un Philofophe fenfible !

La gomme dont la Soie eft naturellement imprégnée fert à lier fur les cocons les brins les uns avec les autres, de façon qu'ils faffent un tout folide tel qu'on le voit ; elle fert encore à lier enfemble tous les brins particuliers dont

au tirage on forme un feul brin, qui, quand il eft fec, ne peut plus fe divifer, à moins qu'on ne le fît bouillir de nouveau. Qu'on juge à préfent fi,
comme le prétendent plufieurs Auteurs, il eft poffible de tirer la Soie à fec.

Il y a encore une autre maniere de tirer la Soie, fur-tout celle qu'on nomme *poil*; on n'en fait qu'un écheveau à la fois, & par conféquent il ne faut
qu'un feul guide; mais pour procurer au brin de Soie le frottement qu'il éprou-
voit en fe tordant avec le fecond, fuivant la méthode qu'on a vue plus haut,
on le fait paffer dans le premier guide, de là il va faire un tour fur chacune
de deux petites bobines, dont les têtes fe terminent en talus vers le milieu
de la longueur, & ne forment entr'elles qu'une rainure circulaire arrondie,
d'environ une ligne de large, fans laquelle ces deux plans inclinés fe rencontre-
roient; & de là va paffer dans le guide qui eft fur le *Va-vient*: le refte de l'o-
pération eft le même qu'à celle que nous avons détaillée ci-deffus.

S'il étoit befoin de démontrer la néceffité de l'eau chaude, tant pour tirer
plus facilement la Soie, que pour unir plufieurs brins en un feul, on pourroit
s'en convaincre par quelques expériences que je vais indiquer. Plufieurs perfonnes, à Paris fur-tout, s'amufent chaque année à élever des Vers à Soie,
& font faire de petits devidoirs pour tirer la Soie des cocons à fec: aucune
d'elles n'a jamais pu faire ufage de cette Soie, fi ce n'eft pour des bas, ou des
gants, encore faut-il la filer au rouet ou à la quenouille comme du Lin, & par
conféquent les brins féparés au devidage font confondus & mêlés; mais pour
plus de certitude, voici quelques expériences très-aifées à faire, & qui démon-
trent l'impoffibilité de la tirer à fec.

Premiere épreuve. Doublez en huit ou dix un brin de Soie tiré à fec, mouil-
lez-le avec de l'eau froide en le paffant plufieurs fois entre les doigts, puis
faites le fécher fans feu; il eft certain que tous ces brins auront entr'eux une
certaine adhérence foible, que la moindre humidité détruira, & de plus la Soie
en fera très-terne, parce que le frottement qu'on lui aura fait éprouver n'eft
pas capable de tendre les replis tortueux que la dureté de la gomme a fait
contracter au brin, dont un cocon eft compofé dans fon pelotonnage.

Seconde épreuve. Doublez de même un brin de Soie, trempez-le dans de
l'eau bouillante en le paffant entre les doigts, & laiffez-le fécher tout naturellement; la Soie fera plus brillante, parce que l'eau chaude en détrempant
davantage la gomme, jointe aux frottements qu'on lui aura fait fubir, aura dé-
truit les crêpillonnements qu'il avoit en fortant de deffus la coque: ainfi il
approchera davantage de la Soie tirée par la méthode reçue.

Troifieme épreuve. Doublez deux brins en pareille quantité & fans les frot-
ter entre les doigts, trempez l'un dans de l'eau bouillante, & l'autre dans de
l'eau froide; on n'aura de tous deux qu'une efpece de filofele, dont l'un fera
plus adhérent & l'autre prefque pas; mais tous deux feront bourrus, ce qui
prouve la néceffité du frottement dans le tirage.

Enfin, fuppofons qu'un brin foit compofé de huit brins primitifs, & qu'on l'ait tordu ; fuppofons auffi qu'on ait tiré par la méthode ufitée un brin compofé auffi de huit brins unis à l'eau bouillante : attachez-les par un bout à quelque point folide, & fufpendez à chacun un poids égal ; on verra que celui qui eft tordu fe rompra bien plutôt que le fecond qui peut fupporter une charge prefque du double.

Dans toutes ces expériences lorfqu'on aura uni les brins à l'eau chaude, on ne pourra les féparer qu'à l'eau chaude, au lieu que la moindre humidité féparera les autres.

Je ne me fuis un peu appéfanti fur tous ces détails, que pour faire fentir l'impoffibilité des procédés que rapportent plufieurs Auteurs eftimés, & dont par cette raifon les erreurs font plus répandues : ainfi toutes ces connoiffances mettent en état tout Lecteur de favoir ce que font les Soies grêfes.

Les Soies crues ne font autre chofe que des Soies grêfes, qu'on a fait tordre & retordre fur des moulins deftinés à cet ufage, au point qu'exige le genre d'étoffes pour lequel on les deftine. Après avoir donné la maniere d'élever les Vers à Soie, & de tirer la Soie, il ne refte plus qu'à donner une idée du moulinage.

Traité abrégé du Moulinage des Soies.

Le Moulinage des Soies eft un apprêt qu'on leur donne après le tirage pour pouvoir les teindre, & leur donner une confiftance capable de réfifter aux efforts qu'elles fubiffent dans les différentes opérations où elles paffent jufqu'à l'entiere fabrication des Etoffes.

Cette partie du travail de la Soie eft un Art très-curieux ; & cette opération qui, au premier coup d'œil, paroît très-fimple, a mérité l'attention d'un des plus habiles Mécaniciens de l'Europe. Le Moulin qui fert à cet ufage, quoique très-compliqué dans fes parties, eft fimple dans fes opérations ; & quoique ce ne foit pas ici le lieu d'en donner la defcription détaillée, nous tâcherons d'en dire affez pour mettre le Lecteur au fait de cet important travail.

Prefque tous les Moulins font ronds ; ceux des Efpagnols font quarrés ; mais ceux qu'à inventés M. de Vaucanfon, font longs, & fans contredit les plus parfaits de tous. Comme les ronds font le plus en ufage, je ne parlerai que de ceux-là : il ne m'appartient pas de donner le détail de celui de ce grand Mécanicien ; quant à ceux des Efpagnols ils font en fi petite quantité que je me crois difpenfé d'en parler.

C'eft des Italiens & des Piémontois que nous avons reçu les Moulins dont nous nous fervons communément en France ; leur hauteur & leur diametre varient à l'infini. On en fait chez nous qui contiennent depuis une *Vargue* jufqu'à quatre ; mais dans le pays d'où nous les tenons ils font communément tous à quatre.

Le diametre de ces Moulins eſt de onze, treize, quinze & dix-ſept pieds ; mais les plus ordinaires en Piémont ſont de quinze pieds , & en France de treize.

Les Moulins de onze pieds de diametre ont douze *guindres* ou *Aſpes* pour chaque *Vargue ;* ceux de treize en ont quatorze , ceux de quinze en ont ſeize , & ceux de dix-ſept en ont dix-huit ; par ce moyen les premiers ont ſoixante-douze fuſeaux à chaque vargue , les ſeconds en ont quatre-vingt-quatre , les troiſiemes en ont quatrevingt-ſeize , & les derniers en ont cent-huit.

La hauteur des Moulins à une vargue eſt d'environ ſept pieds , celle de ceux à deux vargues eſt de neuf , ceux à trois vargues en ont douze , & ceux à quatre en ont quinze. Telles ſont les dimenſions générales de cette machine : nous allons donner la deſcription des principales parties qui la compoſent & la maniere de les faire mouvoir ; celui que je vais prendre pour exemple eſt un Moulin à quatre *vargues* , dont deux ſont deſtinées à donner le premier apprêt à l'organſin , & les autres pour le ſecond , & pour les trames & les poils. Il contient quatorze guindres ; ſon diametre eſt de treize pieds , ſur quinze de haut ; le haut & le bas de ce Moulin ſont compoſés de deux cercles égaux qui en déterminent la circonférence. Ils ſont diviſés ſur cette circonférence en quatorze parties égales , à chacune deſquelles eſt aſſemblé un pilier ou montant ; chaque vargue contient une rangée de quatre-vingt-quatre fuſeaux de fer , poſés verticalement tout autour du Moulin , ainſi qu'on va le voir.

Ces fuſeaux ſont placés ſix par ſix entre chacune des quatorze diviſions formées par les quatorze piliers. Ils ſont ſupportés par deux cercles d'un diametre un peu plus petit que ceux du haut & du bas du Moulin , qui ſont formés de quatorze portions de cercle qu'on aſſemble aux montants de la maniere ſuivante.

Ces deux cercles ne ſont pas d'un égal diametre entr'eux ; celui d'en-bas eſt le plus grand , on le nomme cercle des *Voltes* , & chacune des quatorze parties qui le compoſent eſt ſuſpendue par ſes bouts dans une entaille pratiquée à chacun des piliers , au moyen d'une plaque de fer qui les tient le plus horizontalement qu'il eſt poſſible ; chaque portion de ce cercle eſt diviſée en ſix parties égales , à chacune deſquelles eſt un trou d'un demi-pouce de diametre qui perce toute ſon épaiſſeur ; dans chacun de ces trous on place un *Carcagnol* qui eſt un bouton de verre ſervant de crapaudine au fuſeau dont la pointe porte dans un petit trou conique qui s'y trouve.

Le ſecond cercle , qu'on nomme cercle de *Survolte* , dont le diametre eſt plus petit que celui du précédent , eſt auſſi compoſé de quatorze parties qu'on attache avec des vis ſur la face intérieure des montants : & pour cet effet on les tient un peu plus longues que la diſtance de ces montants ; ce cercle eſt écarté de celui d'en-bas d'environ quatre pouces , & ſa circonférence répond

à-peu-près

à-peu-près au quart de la largeur de celui d'en-bas, de maniere que si la surface de ce dernier étoit divisée en quatre parties égales par trois cercles concentriques, la circonférence de celui d'en-haut répondroit perpendiculairement au
plus petit de ces cercles.

C'est par ces deux cercles que sont retenus verticalement les fuseaux à
chaque *vargue*, au moyen de deux pieces de bois à chacun, dont une qu'on
nomme *Coquette*, est percée d'un trou, de maniere que le fuseau passe jusqu'aux
deux tiers de sa hauteur. Cette *Coquette* est retenue sur le cercle de *Survolte*,
par la seconde piece de bois qu'on nomme *Pontelet*, qui est entaillée de façon
que la *Coquette* entre dedans en largeur & profondeur.

On nomme *Vargue* une rangée de fuseaux; ainsi un Moulin à quatre vargues, a quatre cercles de *Volte*, quatre de *Survolte*, & autant de Coquettes &
de Pontelets que de fuseaux; & comme chaque rangée de fuseaux est de quatre-
vingt-quatre, le nombre qu'en contient un Moulin est de trois cents trente-six,
& d'autant de *Pontelets* & de *Coquettes*.

Chaque fuseau est garni d'un rochet qu'il fait tourner, & d'une *Coronelle* : on
nomme *Coronelle* une noix de bois dur, arrondie par-dessus, & évidée par en-bas
à-peu-près comme une demi-boule ; elle est percée d'outre en outre, & reçoit
la partie supérieure du fuseau qu'on y fixe au moyen d'une petite cheville de
bois qui entre dans un trou pratiqué au haut du fuseau. Cette noix est garnie
d'un fil d'archal qui forme deux bras, l'un en-bas & l'autre en-haut, pour faciliter le déroulement de la Soie à mesure qu'elle se devide sur les *Guindres* ou
sur les *Roquelles*.

Les vargues du haut du Moulin sont ordinairement destinés à donner le
premier apprêt à l'organsin : la Soie devidée sur les rochets se devide de nouveau sur des *Roquelles*, (qui sont des especes de rochets de trois pouces de diametre sur quatre pouces de longueur) à mesure qu'elle se tord dans un sens;
ces Roquelles sont enfilées par une baguette, six par six, pour être en nombre
égal aux divisions des fuseaux, de sorte que chacune reçoit le brin d'un des
rochets qui sont sur les fuseaux où il se répand également au moyen d'un guide
mû par un Va-vient, dont la course détermine l'étendue que ce brin doit occuper sur la longueur du rochet qui le reçoit.

Les Roquelles tournent au moyen d'une roue dentée qui est en-arbrée sur
la baguette où elles sont placées.

Les vargues du second apprêt pour l'organsin servent aussi pour l'apprêt de
la *Trame* & du *Poil* ; & au lieu de se redevider sur des Roquelles comme l'Organsin, c'est sur des *Guindres* ou *Asples* comme on l'a déja dit. Ces guindres
sont composés de quatres lames de bois unies & polies, dont le dos est arrondi ;
ces lames sont portées par deux croix de bois égales dont le milieu tient aux
extrémités de l'arbre où elles sont solidement assemblées, & dont l'écartement est d'environ dix-huit pouces. Ils sont placés horizontalement, & faits

de maniere que la Soie se devide dessus, y forme six écheveaux venant des six fuseaux de chaque division, & y est conduite par six guides immobiles ; & comme chaque face de ces guindres a neuf pouces d'écartement d'une lame à l'autre, l'écheveau a trente-six pouces de circonférence, & non pas quinze, comme dit l'Encyclopédie.

Les croix sont fixées à l'arbre d'un côté par une broche de fer applatie ou quarrée, à laquelle on adapte la roue dentée, & de l'autre par une autre broche de fer à deux pointes plantée dans l'arbre, & dans ce qu'on nomme *la Queue du guindre* ; par ce moyen l'arbre est à la longueur suffisante pour tourner entre deux points d'appui, ainsi qu'il est nécessaire.

Les baguettes & les guindres tournent au moyen des roues qui sont attachées à sept des piliers du Moulin, de sorte que chacun a quatre roues les unes sur les autres, une à chaque vargue, & toutes placées dans l'alignement du centre ; leur diametre est d'environ un pied, & leur circonférence qui est divisée en huit parties égales, porte à chaque division une dent de bois très-dur, ronde & longue de six ou sept pouces.

Au centre du Moulin est un arbre qui porte par le haut une rangée de huit traverses, & autant à environ trois pieds du bas ; au bout de ces traverses sont assemblés huit montants qui forment un corps cylindrique à claire-voie ; sur les piliers sont attachées les *Serpes* ou *Sarpes* ; ce sont autant de portions de cercle d'environ cinq pouces de largeur sur un pouce & demi d'épaisseur ; & comme ces Serpes sont posées obliquement sur les montants, elles doivent avoir environ huit pouces de plus que leur écartement. Pour un Moulin à quatre *Vargues*, tel que celui que je décris ici, il faut trente-deux *sarpes*, huit à chaque *vargue*, ce qui forme sur la hauteur du Moulin une vis sans fin à chacune, par le moyen de laquelle tournent les roues à longues dents dont on vient de parler, qui font elles-mêmes tourner les *baguettes* où sont les *roquelles*, & les *guindres*.

En général les Moulins tournent de gauche à droite, & non pas de droite à gauche comme le prétend l'Auteur du Dictionnaire Encyclopédique ; ce mouvement regle tous les autres, de sorte que pour faire tourner les fuseaux des vargues du premier apprêt, ce sont quatre *Estrafins* à chaque rang de fuseaux, qui, par un frottement alternatif, leur donnent assez de mouvement pour entretenir leur rotation : ce frottement se fait dans l'intérieur du Moulin ; ainsi on peut juger par sa rotation que les fuseaux tournent de droite à gauche, au lieu qu'ils tourneroient dans un sens contraire, si l'Auteur cité ne se trompoit pas.

L'*Estrafin* est une piece de bois de deux pieds de long ou environ, dont la forme est une portion de cercle ; on l'assemble dans l'intérieur du Moulin au bout d'une traverse au moyen d'un tenon au milieu de sa longueur, de maniere à pouvoir balancer horizontalement ; sa partie circulaire est couverte d'une ou plufieurs lifieres de drap pour rendre le frottement plus doux , & garnie par-deffus d'une courroie bien tendue , dont le frottement qu'elle effuie contre les fufeaux les fait tourner ; & du côté de la traverfe où elle eft affemblée, & à l'un de fes bouts, eft une corde au bout de laquelle pend un contrepoids qui porte fans ceffe l'autre bout fur les fufeaux ; quelquefois auffi au lieu de ce contrepoids on y met un reffort qui remplit le même objet.

Les fufeaux des vargues du fecond apprêt tournent au moyen d'une courroie fans fin qui paffe continuellement deffus ; cette courroie eft conduite & foutenue au bout de deux traverfes qui entrent dans l'arbre, & dont la longueur eft telle qu'ayant à leur extrêmité chacune une équerre de fer à laquelle tient la courroie , ces équerres & la courroie elle-même fe trouvent à la hauteur des fufeaux fur lefquels elle frotte fans ceffe , environ à deux pouces au-deffus du cercle des voltes qu'on a vu plus haut être placé dans des entailles pratiquées aux montants du Moulin. On doit fentir que ce frottement de la courroie fur les fufeaux fe fait extérieurement à eux , & intérieurement par rapport aux équerres ; ainfi il eft clair que quoique le Moulin n'ait qu'un mouvement, il fait tourner ces fufeaux du même fens que lui , tandis que l'Eftrafin fait tourner les autres fufeaux dans un fens contraire.

La maniere dont on fait tourner les Moulins n'eft pas par-tout la même ; plufieurs mettent un homme dans le *Châtelet* du Moulin, (c'eft ce que nous avons nommé *Cylindre à claire-voie*) ; cet homme s'appuie contre les traverfes, & pouffant avec fon épaule contre les montants avec une force convenable , il marche continuellement fur une même ligne circulaire ; quelqu'autres mettent des ânes ou des mulets dans les Moulins, ou les attelent à un Cabeftan qui les fait tourner.

Ceux qui ont la commodité d'eaux courantes , comme de rivieres ou fontaines un peu rapides, en tirent parti pour faire tourner leurs Moulins au moyen de rouages qui y communiquent ; d'autres ont une grande roue en forme de lanterne dans laquelle un homme marche fans ceffe, & à l'arbre de laquelle eft un pignon qui engrene dans une roue qui mene plufieurs Moulins à la fois ; d'autres enfin ont des Cabeftans dentés dont l'effet eft le même, & auxquels ils attelent des bœufs, des mulets ou des chevaux.

Telle eft la conftruction du Moulin à apprêter les Soies : il ne nous refte qu'à donner la defcription des opérations en quoi confifte cet apprêt.

L'organfin eft une qualité de Soie qu'on emploie ordinairement à faire la chaîne des Etoffes, & pour lui donner la qualité néceffaire à cet ufage, on la paffe deux fois au Moulin ; la premiere à fimple brin , & non pas à double brin, ainfi que l'Auteur du Dictionnaire du Commerce le dit, & la feconde à brin double & quelquefois triple, mais rarement quadruple.

Le premier apprêt , ainfi qu'on l'a vu ci-deffus, confifte à tordre la Soie fur elle-même en faifant tourner le fufeau de droite à gauche, tandis que le brin fe redevide fur des roquelles ; quand elles font fuffifamment remplies de Soie, on la double ou on la triple en la devidant de nouveau de deux ou trois roquelles fur un rochet pareil à celui où elle étoit d'abord ; & quand elle eft ainfi doublée ou triplée, on met ces rochets fur le Moulin aux var-gues du fecond apprêt, qui confifte à tordre ce brin en fens contraire. Le pre-mier apprêt de l'organfin fe nomme *Filage*, & le fecond s'appelle *Tors*.

Les trames & les poils reçoivent leur apprêt de la même maniere que le fecond des organfins ; mais ceux-ci, tant dans le premier que dans le fecond apprêt, ne font pas tordus également, ainfi que les trames & poils.

Les roquelles tournent au moyen d'une roue dentée qu'on fixe à la baguette fur laquelle elles font fix par fix ; cette roue eft plus ou moins grande felon qu'on veut que la Soie foit plus ou moins tordue, parce qu'elle tourne elle-même au moyen d'une autre roue dentée, dont le nombre des dents eft ordi-nairement fixé à foixante ou foixante-deux, au lieu que celui des roues des baguettes eft depuis onze, toujours par nombre impair, jufqu'à vingt-cinq : c'eft par ce moyen qu'on détermine le plus ou le moins d'apprêt qu'on veut donner à telle ou telle qualité de Soie. Ainfi fi on fait tourner une baguette qui ait une roue de onze dents avec une de foixante-deux, celle de onze fera foixante-deux tours quand l'autre en fera onze, & fi la baguette a une roue de vingt-cinq dents & l'autre encore foixante-deux, celle de vingt-cinq ne fera que vingt-fept tours $\frac{7}{25}$; & pour donner des idées plus claires de ce calcul, pendant que la roue de onze dents fera quinze cents cinquante tours, celle de vingt-cinq n'en fera que fix cents quatre-vingt-deux, & les deux motrices de foixante-deux dents auront fait dans les deux cas deux cents foixante-quinze tours.

Il fuit naturellement de ces calculs que la Soie qui fera tordue par la roue de onze dents, le fera beaucoup moins que par celle de vingt-cinq, parce que la rotation de cette derniere étant plus lente, la Soie fe devide plus lentement fur les roquelles, & par conféquent reçoit plus de *Tors* ; & la proportion de ces deux cas eft comme un eft à deux $\frac{3}{11}$: ainfi moins la petite roue aura de dents plus elle tournera vîte.

De l'attention qu'on prend dans ces différentes combinaifons, il réfulte que les Soies dont on fait les organfins ne font pas toutes également tordues ; il en eft de même des trames & des poils ; il y en a deux raifons ; la premiere eft qu'une Soie fine doit recevoir plus d'apprêt qu'une groffe, parce que cette opération produit dans les Etoffes où entrent ces Soies, des effets différents fe-lon leurs différentes groffeurs ; fecondement, l'apprêt qu'on donne aux Soies dépend de l'emploi auxquelles on les deftine.

Une Soie tordue plus qu'il ne faut eft moins forte, parce qu'alors tous les brins qui compofent le nouveau brin raccourciffent en fe tordant, mais ils ne raccourciffent pas également ; ceux de deffus s'entortillent fur ceux du milieu

qui

qui reftent à-peu-près dans leur longueur ; ainfi fi on fait éprouver un tiraillement à ce brin, ceux de deffus font tout l'effort en raifon de leur *tors*, &
caffent à mefure qu'ils font forcés, ce qui entraîne la deftruction totale du
brin ; au lieu que quand ils font peu tordus, l'effort fe partage fur tous, & la ré-
fiftance eft bien plus grande. C'eft la raifon pour laquelle telle groffeur de Soie
doit recevoir plus ou moins d'apprêt que telle autre, felon le genre d'étoffe
ou d'emploi auxquels on la deftine. Quelle que foit la fageffe qui a dicté les
Réglements des Mouliniers en France & en Piémont, on n'y a fixé que l'apprêt que les Soies exigent en général ; mais il n'a pas été poffible de defcendre dans les plus petits détails, parce qu'il n'appartient qu'au Fabriquant ou à
celui qui doit emploier la Soie d'en déterminer au jufte l'apprêt. Ce n'eft pas
qu'un bon apprêt ne rende la Soie à-peu-près bonne à tout ; mais même en
évitant le trop ou le trop peu, un peu plus ou un peu moins donne à l'é-
toffe plus ou moins d'éclat, & à l'Ouvrier plus ou moins de facilité à l'emploier.

On fait que la Soie qu'on emploie aux Taffetas doit être plus tordue que
pour les Satins, & celle pour les Serges doit tenir un jufte milieu entr'elles.
On en verra les raifons quand je traiterai chaque genre d'étoffe. Souvent auffi
on donne pour les mêmes emplois différents apprêts aux Soies, felon leur nature, ou felon les différents pays d'où elles viennent, à caufe des différentes
manieres de tirer la Soie.

Le fecond apprêt qu'on donne aux organfins leur eft d'un grand fecours,
tant pour conferver leur force, que pour en faciliter l'ufage. En effet, cette
feconde opération rend, en quelque façon, tout ce que le tors qu'on lui avoit
donné, avoit diminué de fon élafticité ; la démonftration en eft à la portée
de tout le monde. Prenez un fil que vous tordrez fur lui-même en arrêtant un
de fes bouts ; lorfqu'il fera parvenu au point de ne pouvoir plus être tordu
fans fe vriller malgré vous, joignez les deux bouts en le prenant par le
milieu pour le tenir toujours tendu, & empêcher qu'il ne fe crocville ; puis
lâchez le milieu & vous verrez ces deux brins fe tordre enfemble, mais le
tors qu'ils prennent n'eft que l'effet du détors auquel on l'abandonne. Tel eft
l'effet du fecond apprêt de l'organfin qu'on appelle *tors*, lors duquel on le
met en petits écheveaux fur des guindres, qui tournent au moyen de roues
dentées qui engrenent dans d'autres roues adaptées à l'axe des étoiles à huit
rayons, que nous avons vu plus haut être mifes en mouvement par les *ferpes*
qui forment la vis fans fin à chaque vargue.

Pour les organfins ordinaires, on met deux roues à pareil nombre de dents
pour que l'une faffe autant de tours que l'autre, ce qu'on appelle *tant* fur *tant*
ou *point* fur *point*.

Lorfqu'on veut donner aux organfins un plus fort apprêt, on leur donne
depuis un jufqu'à huit points de *retard* ; c'eft-à-dire, que la roue fixée au guindre

a depuis une jufqu'à huit dents de plus que celle qui eft fixée à l'axe de la grande étoile.

Les roues dentées des guindres, ont depuis feize jufqu'à vingt-quatre dents en augmentant une par une, & celles qui font aux grandes étoiles en ont ordinairement feize.

Plus on veut donner d'apprêt à l'organfin, & plus les roues du guindre doivent avoir un grand nombre de dents; car fi on met à un guindre une roue de dix-fept dents, & que celle du Moulin n'en ait que feize, lorfque celle-ci aura fait un tour, il s'en faudra d'une dent que la premiere n'en ait fait autant, ce qu'on appelle un *point de retard*; & fi la roue du guindre a vingt dents, ce fera quatre points de retard, qui eft la différence de feize à vingt, & ainfi du refte. La combinaifon des dents faite dans un fens contraire s'appelle *point courant*; ainfi fi on mettoit un roue de quatorze dents au guindre, & que celle du Moulin en eût feize, on appelleroit cela apprêt à *deux points courants*, parce que quand le guindre auroit fait un tour, il s'en faudroit de deux dents que la roue qui le mene eût fait le fien; ces calculs font toujours fort aifés à faire.

Il ne faut cependant pas croire que des roues dentées à un nombre quelconque de dents, puiffent donner le même apprêt aux Soies par la feule différence de leur grandeur; car quatre points de retard procurés par une roue de vingt dents qui engrene dans une de vingt-quatre, ne font pas les mêmes que d'une de feize, menée par une autre de vingt, quoique la différence foit la même: c'eft une erreur où font beaucoup de Mouliniers, & de ceux qui donnent leur Soie à mouliner; car pour donner les points de retard & les points courants, ils fe fervent indiftinctement de roues dentées à un nombre quelconque, pourvu que la différence s'y rencontre, & ils prennent auffi bien une roue de feize dents, avec une autre de vingt pour avoir quatre points de retard, qu'ils en mettroient une de vingt avec une de vingt-quatre, & cependant l'apprêt n'eft pas le même, ainfi qu'on va le voir.

Je vais prouver qu'il s'en faut d'un vingt-cinquieme, qu'une roue de vingt dents menée par une de feize, ne donne le même apprêt qu'une de vingt-quatre, menée par une de vingt.

Suppofons une roue dentée de feize dents, fixée à la grande étoile du Moulin, pour faire tourner un guindre auquel eft fixée une roue de vingt dents.

Suppofons encore une roue de vingt dents fixée à la même grande étoile, pour faire tourner un guindre auquel eft fixée une roue de vingt-quatre dents, de forte que la roue de feize dents & celle de vingt tournent fur le même axe; il eft certain qu'elles feront autant de tours l'une que l'autre, & cependant dans le temps où la roue de feize dents n'a fait faire à celle de vingt dents que vingt-quatre tours, celle de vingt dents qui tient au même axe que celle de feize, a fait faire vingt-cinq tours à celle de vingt-quatre: ainfi la différence de l'apprêt qu'on donne par ces deux différentes combinaisons est d'un vingt-cinquieme, & ce qui paroissoit devoir produire un même effet est tout-à-fait différent, puisque celle qui aura fait vingt-cinq tours sera plus tordue d'un vingt-cinquieme.

Cette observation peut s'appliquer à toutes les manieres de mouliner les Soies; car il est certain que plus les roues qui font tourner les guindres, soit en points courants, soit en points de retard, auront de dents en raison de celles qu'elles font tourner, moins la Soie sera tordue.

J'ai cru devoir faire cette remarque, parce qu'il est essentiel de donner à la Soie un même degré d'apprêt, sur-tout lorsqu'on la destine au même usage: car si dans un même ballot on en trouve de moins *tordue* ou moins *filagée*, on en connoît la différence en l'employant; mais il n'est plus temps, & ce sont sans doute ces inconvénients qui ont déterminé M. de Vaucanson à faire construire de très-beaux Moulins à Aubenas.

Les *trames* sont des Soies qu'on prépare pour servir au tissu des étoffes & des rubans; elles ne reçoivent qu'un apprêt fort léger, c'est-à-dire, qu'on ne les fait presque pas tordre, afin qu'elles ayent plus d'éclat quand elles sont teintes, & pour d'autres raisons qu'on verra ailleurs.

Pour apprêter les trames on les devide à simple brin sur des rochets, ensuite on les redevide à brin double; c'est-à-dire, qu'on met à la fois sur un même rochet les brins de deux des premiers; on les joint autant qu'il est possible, puis on les met au Moulin pour leur donner l'apprêt convenable qui est de douze ou quatorze points courants, de sorte que les roues dentées qui sont à la grande étoile, font de vingt-quatre dents, & celles du guindre font de dix, de onze ou de douze dents. Cet apprêt est si léger qu'il ne fait que lier ensemble les deux brins, & qu'on pourroit aisément les séparer tant que la Soie est crue: l'apprêt de cette Soie se donne dans le même sens que celui de l'organsin au second apprêt.

On nomme *Poil*, une espece de Soie qu'on destine aussi pour le tissu des Etoffes; il differe de la trame, en ce qu'on lui donne l'apprêt à simple brin. On varie cet apprêt suivant la finesse de la Soie, car on donne depuis huit jusqu'à quatorze points courants, & l'on fait toujours tourner les guindres par une roue de vingt-quatre dents, tandis que les leurs en ont quelquefois dix, onze, douze & jusqu'à seize.

Voilà en général l'apprêt qu'on donne aux Soies, & la maniere de le leur donner: j'ai cru qu'il étoit nécessaire de mettre ces opérations sous les yeux des Lecteurs qui ne les connoissent pas, pour qu'ils sentissent mieux les raisons de la beauté de la Soie & ses défectuosités, & qu'ils eussent une idée des moyens qu'on a imaginés, pour lui donner une consistance capable de résister aux opérations qu'on lui fait subir jusqu'à l'entiere fabrication de l'étoffe.

Lorsque les Soies ont reçu l'apprêt nécessaire, il n'est plus question que de les teindre dans les couleurs dont on a befoin. Il n'eft pas de mon objet de dire par quels moyens on vient à bout de leur donner ces couleurs vives & brillantes qui rendent nos étoffes fi recherchées ; on peut confulter l'Art du Teinturier : mais je ne dois pas laiffer ignorer que pour pouvoir leur faire prendre ces belles couleurs, il faut néceffairement les *décruer.*

L'opération de *décruer* la Soie, confifte à la faire bouillir pendant trois ou quatre heures dans une chaudiere remplie d'eau, dans laquelle on a mis une certaine quantité de favon blanc ; par ce moyen on diffout la gomme qui lui donnoit une crudité qu'on fent même en la touchant, & il ne refte plus que la pure Soie, qu'on nomme alors *Soie cuite.*

Ce qui prouve encore la féparation qui fe fait de la gomme & de la Soie, c'eft que fi après l'avoir ainfi fait bouillir, & après l'avoir lavée dans une eau courante autant qu'il eft poffible, on la fait fécher, on s'appercevra qu'elle a perdu un quart de ce qu'elle pefoit auparavant. Ce que j'avance ici eft à la connoiffance de tous les gens de l'Art ; il n'eft point de Fabriquant qui ne fache que le Teinturier ne lui rend que les trois quarts du poids qu'on lui a donné, en quelque couleur que la Soie ait été teinte, excepté en noir : mais ce qui furprendra, fans doute, c'eft que la Soie qui perd ainfi du côté du poids, augmente du côté du volume ; car il eft certain que chaque brin paroît à la feule vue groffi fenfiblement. La raifon de cet événement eft fans doute la folution d'adhérence, entre tous les brins des cocons dont eft formé le brin qui paffe à la teinture où il perd la gomme, qui, au tirage, les avoit unis fi intimement ; au lieu qu'il ne leur refte plus que l'apprêt qui les uniffe, mais ils ne font plus collés les uns aux autres.

C'eft le *décruage* de la Soie qui lui procure cette beauté & cette vivacité de couleurs qu'on admire en elle, la gomme fans cela fe mêleroit à ces couleurs, & les rendroit ternes & fauffes ; d'ailleurs, elles ne pénetreroient pas auffi bien les brins qui compofent chaque fil, parce que la gomme leur en fermeroit le paffage : on fait par expérience que le Lin lui-même reçoit de plus belles couleurs que la Soie crue ; c'eft le décruage qui la rend blanche & poreufe, & tout le monde fait que le blanc eft fufceptible de prendre toute forte de couleurs.

D'un autre côté, fi la Soie qu'on paffe au décruage n'avoit pas été tordue à l'apprêt, on ne retireroit de l'eau bouillante qu'un duvet dont on ne pourroit plus tirer parti, & que la cuiffon en diffolvant la gomme auroit défuni, on auroit à peine une filerie fupportable ; ainfi les opérations du décruage & de la teinture, ne font que lui ajouter un nouveau luftre.

Bien des perfonnes mettent tout ce qui provient des cocons au même rang ; mais celles qui ont quelques connoiffances dans cette partie, favent qu'il n'y a de véritable Soie que celle qu'on tire par le moyen des procédés que nous venons de rapporter, le refte eft ce qu'on nomme *Fleuret, Filofele, Galette, Chryfantin,*

Chryſantin, *premiere Barbe*, *Fantaiſie*, *&c*; tout cela ſe file à la quenouille ou au rouet à-peu-près comme le Lin ou le Chanvre. Après avoir donné la maniere de tirer la bonne Soie, nous allons dire un mot de celle de faire uſage de ces eſpeces de déchets.

D'abord ce ſont les cocons qu'on avoit choiſis pour graine, & dont les Papillons ſont ſortis; comme ils ſont percés en un endroit, on n'en ſauroit faire d'autre uſage; mais on les met en état d'être filés, & même ce qu'ils produi-ſent eſt ce qu'il y a de meilleur en ce genre & qui approche le plus de la belle Soie. On écharpit chacun de ces cocons en particulier, pour en former un duvet moëlleux & liant, de ſorte que dans la touffe que chacun produit, aucun brin ne ſoit lié par la gomme à un autre; dans cet état on en place pluſieurs ſur une quenouille, & on en fait une fort belle filerie à laquelle on donne le nom de *Fantaiſie*. Il y en a de ſi belle qu'on ne ſauroit l'aprécier qu'en la mettant de pair avec la Soie pour la valeur; mais on n'y trouve jamais la même beauté, la comparât-on aux Soies les plus inférieures : on s'en ſert ordinairement pour le tiſſu d'une étoffe dont la chaîne eſt de Soie; quelquefois on emploie cette filerie pour la chaîne d'une autre étoffe dont le tiſſu eſt d'une Filoſelle ou d'un Cryſantin, &c, parce que pour tous les genres d'étoffes quelconques, la chaîne eſt toujours d'une matiere ſupérieure à la trame.

On a encore deux manieres différentes de préparer ces cocons percés, à être filés; on les met ſur un bloc, on les bat avec un gros bâton, de façon cepen-dant à ne les point hacher; quand ils ſont amollis, on les écharpit avec les doigts ou on les carde. L'autre maniere de les préparer eſt de les faire bouil-lir une couple d'heures, de les écharpir un peu étant encore humides, & en-ſuite de les faire carder avec précaution. Cette derniere méthode rend cette matiere un peu moins belle, mais elle eſt beaucoup plus expéditive en tout ce qui la ſuit, parce que la décoction dilate la gomme du cocon, l'en ſépare, & ne laiſſe que la partie ſoyeuſe.

Les cocons produiſent encore d'autres matieres qu'on file, & qu'on appelle *Coſtes* ou *Friſons*: on ſépare cette partie des cocons en les purgeant lorſqu'on tire la Soie; c'eſt la ſuperficie de ces cocons qui ne ſe dépouillant pas comme le reſte qui le compoſe, au lieu de rendre de bonne Soie, ne forme qu'un duvet qui devient groſſier par l'irrégularité avec laquelle il ſort de deſſus le cocon; ce dépouillement en entraîne ſouvent d'entiers qu'on ne peut pas *tirer*; car il y a des Vers à Soie qui font leur coques de maniere qu'on ne peut pas les de-vider. De ces *friſons*, *Coſtes* ou *Eſtraſſes*, on tire les *Chryſantins*, *les Filoſelles* & les *premieres Barbes*; pour y parvenir, on les bat, on les carde ou bien on les fait bouillir ſans les battre, & on les carde enſuite, après quoi on les file.

On tire encore une filerie groſſiere des cocons qu'on ne peut tirer entiérement; il y en a une grande quantité qu'on ne peut devider juſqu'au dernier bout, à cauſe de la trop grande fineſſe de leur brin; ce qui prouve que bien des Vers produi-

fent de trois fortes de Soie , ou pour mieux dire , que dans la longueur du brin
qui compofe un cocon, on en trouve de trois qualités ; la premiere eft celle
que l'on voit fans ordre au-deffus du cocon qui differe par la régularité de fa
forme : c'eft cette partie qui fait le *Frifon* , &c , dont je viens de parler ; la feconde partie eft nette , égale , & à une confiftance qui lui permet de fe joindre
tout d'un trait aux brins des autres cocons, dont on forme celui de la Soie ; &
lorfqu'il vient à la fin , ce brin , tout-à-coup , ou peu-à-peu , perd fa force , &
on ne peut plus rien en tirer ; c'eft quelquefois la vingtieme partie d'un cocon
qu'on perd, quelquefois plus & quelquefois moins : on a donné le nom de *Peau* à
cette partie du cocon, qui reffemble en effet à une peau ou parchemin. Soit que
les cocons foient devidés à fond ou qu'ils ne le foient pas, il n'eft pas moins vrai
que le dernier bout de leur brin eft toujours plus fin que leur commencement ;
cela eft fi vrai, que fi un brin de Soie doit être compofé de dix cocons , & que la
Tireufe voye qu'il y en ait quatre qui tendent à leur fin ; elle augmente fon brin
de deux autres, fans attendre que les peaux foient finies ; de forte qu'on regarde
la groffeur du brin de deux cocons auxquels il ne refte qu'un douzieme à
devider, comme n'en valant qu'un : ainfi pour rendre le brin d'une Soie toujours égal , on augmente le nombre des cocons , fans attendre que ceux auxquels ils doivent fuccéder foient finis. Il ne faut pas cependant croire qu'on
exécute ftriétement ce que je dis ici ; mais ceux qui entendent bien l'art de
faire tirer la Soie , y font prendre autant de précaution que la beauté de la
matiere peut l'exiger ; ainfi les cocons qu'on ne peut pas finir de tirer font encore mis à profit ; la matiere qu'on en file eft très-groffiere , parce que le Ver
qui eft dedans fe met en poudre , & cette pouffiere s'attache au duvet du cocon ,
de forte qu'on a beau la laver, il y en refte toujours affez pour la rendre
bien inférieure aux autres fileries : voilà précifément tout ce qu'on tire des
cocons.

Les Vers à Soie font fi précieux , que, comme on le voit, on tire avantage de
tout ce qu'ils produifent ; on fait plus encore , on tire avantage des Vers même ,
puifqu'on en nourrit des poules , des canards & des poules d'Indes ; pour cet effet
on les fait fécher , & on les donne à manger à ces animaux pendant l'automne
& l'hiver, ce qui tient lieu de grain , & même la volaille qui fe nourrit de ces
Vers devient très-délicate & très-graffe. Toutes ces produétions n'ont befoin
d'autre apprêt que de celui qu'on leur donne en les filant ; quand on les met en
teinture , on en ufe comme de la belle Soie ; il faut néceffairement les décruer ; elles donnent la même diminution , quant à leur poids, excepté celles
qu'on a déja fait bouillir pour les carder & les filer plus commodément : celles-là ,
dis-je , quoiqu'on les faffe recuire ne perdent prefque rien , parce que la premiere fois on a emporté tout ce qui étoit étranger à la Soie , & fi on la fait
recuire , c'eft plutôt pour la nettoyer & ouvrir les pores des brins de Soie dont
la filerie eft compofée, que pour autre chofe ; d'ailleurs, ces fileries prennent

bien en général la *teinture* qu'on leur communique ; mais elle y éclate plus ou moins à proportion de leur beauté. Telles font en général toutes les productions des cocons, & les matieres avec lefquelles on fait les Etoffes de Soie. Voyons maintenant l'ordre qu'on leur fait tenir pour les mettre en état d'être fabriquées.

Au fortir de la teinture, on les devide les unes & les autres, comme on le verra dans la premiere Partie ; on ourdit les chaînes avec l'Organfin, ce qui fera le fujet de la feconde.

Quand les chaînes font ourdies, on les plie fur des Enfuples ; ce fera la troifieme Partie.

La trame & le poil qui font les parties qu'on deftine pour le tiffu des Etoffes, font mifes en *Canettes* & en *Efpolins* ; c'eft une forte de redevidage qui remplira la quatrieme Partie.

Comme les *Remiffes* & les *Peignes* font deux uftenfiles dont la connoiffance eft néceffaire à un Fabriquant, quoiqu'ils occupent particuliérement des gens qui en font leur état, ces deux Arts feront traités féparément, & feront la cinquieme & la fixieme Parties ; & comme ils tiennent de très-près à la Fabrique à caufe de l'accord du compte de dents avec celui des fils, je les traiterai dans toute leur étendue. Je donnerai à la fuite de ces Traités, celui des Etoffes unies & rayées, telles que les *Satins*, les *Serges* & les *Taffetas* ; enfuite les Etoffes demi-façonnées dans tous les genres ; les Etoffes façonnées exécutées par le moyen de la *petite Tire* ; enfuite on verra celles qu'on exécute aux *Xemples* ; qu'on nomme *Etoffes courantes*. On donnera après cela un Traité fur la *grande Tire*, qui eft l'Art de fabriquer les Etoffes brochées en Soie, en or & en argent, &c. Après ce traité on trouvera la defcription de quelques Machines qui fervent à faciliter la fabrication des Etoffes, & à leur plus grande perfection. Cet Ouvrage fera terminé par l'Art de faire toute forte de Velours, Peluches, &c.

Quoique ce projet foit vafte & difficile à exécuter, j'ofe me flatter d'en venir à bout ; je mets ma confiance dans les expériences que j'ai faites fur toutes les différentes parties que je me propofe de traiter : j'ai travaillé généralement à toutes, & je ne crains pas d'avancer que j'ai acquis la connoiffance d'environ deux cent genres d'Etoffes que j'ai exécutées ou fait exécuter.

Je donnerai le moyen de connoître comment on exécute toutes les Etoffes ; en voyant feulement un échantillon : je donnerai auffi des connoiffances à l'aide defquelles on peut inventer des Etoffes nouvelles, & je tracerai une route facile à ceux qui cherchent à faire des inventions dans cette partie. (On trouvera cela dans l'article des Etoffes demi-façonnées, où l'on verra une fuite de combinaifons pour concilier les trois genres d'Etoffes principaux, pour les réunir à un feul ; & j'y prouverai que cela peut fe porter prefque à l'infini).

On ne fauroit fabriquer d'Etoffes à fleurs fans le fecours du deffein ; il faut même que les deſſeins qu'on y emploie ſoient exécutés ſur un *papier réglé*; ce qu'on appelle *deſſein mis en carte* : on trouvera la maniere de les mettre en carte, avec tous les ſoins qu'on doit y prendre, ſuivant que je l'ai toujours exécuté & vu exécuter. J'ajouterai une explication, ou plutôt une diſſertation importante ſur le papier réglé, ſur la maniere de l'employer, de faire les *tranſlatations* qui conviennent à certaines Etoffes, & ce qui eſt plus intéreſſant encore, on y trouvera un moyen ſûr pour ſe ſervir du compte de papier réglé pour une Etoffe, afin de lui donner la qualité qu'on voudra ſans altérer en aucune maniere l'ordre des deſſeins : je prouverai dans cet endroit, que quoique les Manufactures d'Etoffes ayent été pouſſées bien avant, on n'a pas encore ſuivi la véritable route pour connoître la *Réduction* du papier réglé; qu'on ne connoît pas tous les comptes auxquels ils peuvent ſe faire, & tout ceux qu'on pourroit employer; que même on n'a pas encore trouvé le moyen de découvrir dans une Etoffe à fleurs fabriquée, le papier ſur lequel le deſſein qui y eſt porté, a été exécuté.

Je ſuis perſuadé que par les calculs que je donnerai à ce ſujet, on ſera à portée de voir que c'eſt un point d'autant plus eſſentiel pour la perfection des Etoffes, que bien ſouvent les Ouvriers ſont obligés de ſerrer la trame plus dans un endroit que dans l'autre, afin de procurer à un deſſein la rondeur qu'il exige pour n'être pas défectueux; ce qui ne peut s'exécuter qu'en rendant l'Etoffe moins belle en elle-même, parce que l'endroit où la trame eſt plus rapprochée eſt moins éclatant que celui où elle eſt dans ſon écartement naturel.

Cette diſſertation & les connoiſſances que je me ſuis propoſé de donner à cet égard, m'ont paru d'autant plus néceſſaires que dans toutes les Villes où les Manufactures d'Etoffes de Soie ſont établies, on ne trouve qu'un bien petit nombre de Fabriquans qui déterminent à propos le genre de papier qu'il faut pour une Etoffe, lorſqu'on a quelque changement à y faire, ſoit pour la force qu'on veut lui procurer, ſoit pour la groſſeur de la trame qu'on veut y employer, ſoit pour en augmenter ou en diminuer le nombre des fils de la chaîne.

Il eſt certain que mes obſervations à ce ſujet ne deviendront avantageuſes que pour ces changemens ou pour les Etoffes qu'on ne connoît pas, parce que pour celles qu'on fabrique communément dans une Ville, on eſt d'accord ſur le papier qu'on doit y employer; mais comme les changemens ſont fréquens, & que d'ailleurs, telle Ville de Manufacture veut ou mieux fabriquer une Etoffe que l'autre ou moins bien, ou faire quelque changement dans cette même Etoffe, il faut pour la beauté du deſſein que le compte du papier réglé lui ſerve de baſe. Il eſt donc à propos d'avoir un moyen ſûr pour le déterminer, ſans être obligé de faire des eſſais, toujours longs & coûteux. Il eſt donc eſſentiel aux Fabriquans de connoître cette partie, qui ne devroit ſans doute regarder que les Deſſinateurs; mais il faudroit qu'ils euſſent la connoiſſance des

Etoffes,

Etoffes , ce qui n'est pas ordinaire ; car pour un Deſſinateur qui connoît un peu l'Etoffe , il y en a cent qui n'en connoiſſent que le nom : c'eſt pour cela que je me ſuis cru obligé d'inſérer dans mon Traité le moyen de leur procurer cette connoiſſance , ſans qu'ils ſoient obligés de s'attacher au mécaniſme du métier , qu'ils devroient néanmoins entendre à un certain point , pour être plus ſûrs dans leur exécution ; d'ailleurs , quelques-uns m'ont engagé à rendre public ce procédé , & je n'ai pas cru devoir m'y refuſer.

Le mécaniſme du Métier devroit être la ſcience des Ouvriers en général ; mais il eſt certain que tous ne peuvent pas le poſſéder ; cela n'eſt pas même néceſſaire , parce que beaucoup de parties qui le concernent font l'occupa- tion de pluſieurs perſonnes qui ne s'attachent qu'à cela , & l'exécutent avec autant de célérité que de perfection. Il n'y a que dans des Villes où les Manu- factures ſont peu conſidérables , que les Ouvriers ſe donnent la peine d'entre- prendre toutes les parties qui concernent ce mécaniſme , & dans preſque toutes les autres , comme Nîmes , Tours , Avignon , Rouen , Paris & Lyon , on trou- ve des gens qui s'occupent uniquement à certaines parties qui regardent *le Montage* des Métiers , tant pour les Etoffes unies , que pour celles qui ſont façonnées : voici quel eſt l'ordre des connoiſſances qui regardent les Métiers.

On emploie d'abord des Monteurs de métiers : il eſt certain que ces Artiſtes ordinairement connoiſſent & ſont en état d'exécuter tout ce qui dépend du métier ; mais ils s'attachent ſeulement à remplir les objets les plus difficiles , & laiſſent le reſte à ceux qui s'occupent aux parties qui exigent plus d'exacti- tude que de ſcience : ainſi les uns *Liſent* les deſſeins , les autres *paſſent la Soie* , d'autres font les *Lacs* , d'autres font leur unique occupation *d'appareil- ler les corps des Maillons* ; il y a encore des gens qui s'occupent uniquement *à Tordre* les chaînes , de ſorte que les Ouvriers n'ont de ſoin que de fabriquer les Etoffes , & c'eſt le véritable moyen de parvenir à la perfection , parce que ceux qui veulent tout entreprendre , non-ſeulement ne réuſſiſſent pas à tout , mais encore ils ſont forcés d'être longs dans chacune de ces différentes opérations , à cauſe du peu d'uſage qu'ils en ont ; ce qui leur revient plus diſpen- dieux que lorſqu'ils y emploient les gens qui ne font que cela : auſſi preſque tous les Chefs de Manufactures , quand ils entendent bien leurs intérêts , ont- ils des gens propres aux diverſes opérations , ou ſe ſervent de ceux qui les font pour le public ; mais ils n'emploient jamais leur Ouvriers à autre choſe qu'à la fabrication des Etoffes.

Les erreurs les plus conſidérables de l'Encyclopédie ſont celles du montage des Velours , & la préférence qu'on donne aux Gênois ſur leur maniere de fabriquer les Damas , afin de prouver qu'ils le fabriquent mieux que les François. Les raiſons que l'Auteur en donne , prouvent qu'il n'a parlé que par oui-dire ; s'il en étoit autrement , il conviendroit que ſi notre maniere d'étendre les chaî- nes a paru ſuſceptible de perfection , celle qu'il prête aux Gênois eſt d'autant

INTRODUCTION.

plus imparfaite qu'il n'eſt pas poſſible de s'en ſervir ſans que l'Etoffe y perde ; au lieu que par notre maniere de tendre les chaînes, nous ſommes moralement aſſurés de fabriquer toujours également, & que ſi nos Ouvriers ne nous rendent pas les Etoffes auſſi parfaites qu'on devroit les attendre, c'eſt à d'autres cauſes qu'il faut l'attribuer.

Il ſeroit trop long de prouver ici le ridicule de cette prétention ; mais on le trouvera dans l'article des Etoffes courantes, où je mettrai en comparaiſon toutes les manieres poſſibles de procurer à une chaîne la tenſion qu'elle doit avoir ; on verra les raiſons qui doivent faire préférer les unes & rejetter les autres. J'eſpére que mes Lecteurs en ſeront ſatisfaits, & que les Fabriquants y trouveront quelques idées dont ils pourront profiter.

Une erreur encore plus groſſiere, c'eſt la maniere de monter les métiers propres à faire du Velours *Ciſelé* ou *à Jardin* : il ſemble que l'Auteur ait pris plaiſir à induire ſes Lecteurs en erreur, par l'idée la plus ſinguliere ; car il fait commencer cette opération par où tous nos plus habiles Artiſtes dans ce genre la finiſſent.

Comme ce qui regarde le Velours dans cette partie a beaucoup de rapport avec les autres Etoffes façonnées, on n'aura qu'à comparer la maniere de monter les uns & les autres, avec ce qu'on a dit dans ce fameux Ouvrage ; je me flatte qu'on me ſaura bon gré d'avoir fait obſerver ce qui y eſt dit à cet égard.

Indépendamment du mauvais ordre qu'on a fait tenir aux Etoffes qu'on a traitées dans cet Ouvrage, on a ſouvent confondu leurs noms, & on en a décrit certaines qui ne s'entendent pas. Je dois cependant rendre juſtice à un article où l'on parle des Etoffes brochées en riche, & des fonds *Guillochés* ; cet endroit eſt ſupérieurement traité, & j'avoue que j'y ai appris des mouvements que j'ignorois.

La deſcription du Métier à la *Maugis* n'eſt pas aſſez claire ; j'en connois le mécaniſme pour l'avoir vu travailler ; mais je ne l'ai pas reconnu à la deſcription qu'on y en a donnée.

On eſt ſcandaliſé de voir décrier ſi mal à propos le Métier à la Falconne ; il ſemble que celui qui en a donné la critique, ait pris plaiſir non-ſeulement à dénigrer ce chef-d'œuvre de l'Art & ſon Auteur ; mais il n'a pas craint de compromettre les Maîtres Gardes d'une Communauté auſſi conſidérable que celle des Fabriquants de Lyon.

Je connois le Métier à la Falconne, il mérite tous les éloges imaginables, le ſeul défaut qu'on peut lui attribuer, c'eſt la dépenſe du *Liſage* du deſſein ; mais ceux qu'on lui attribue dans l'Encyclopédie n'ont aucun fondement, puiſqu'un enfant de douze ans, à ce métier, peut *Tirer* les deſſeins avec plus de facilité qu'un homme de trente ne le feroit aux métiers ordinaires. Quant à la beauté de la fabrication, il eſt ſupérieur à tout autre uſage ; tellement que ſi fon ufage étoit auffi prompt & auffi peu coûteux que celui des métiers ufités, on ne pourroit fe défendre de le préférer à tous les autres.

Avec le Métier à la Falconne on ne craint point que le changement de temps, ni bien d'autres inconvénients, qui arrivent ordinairement aux autres Métiers, embrouillent les cordes; car fi une feule s'y dérange, elle eft tout de fuite apperçue, & auffi promptement raccommodée : quant à l'avancement de l'ouvrage, il eft plus grand encore ; puifqu'on a vu des Ouvriers faire jufqu'à cinq aunes de Damas par jour, ce qui fait pour le moins un tiers de plus que les journées ordinaires des Métiers à l'ancienne méthode.

Quoiqu'on ait ajouté que ce mécanifme n'avoit eu qu'un feul partifan, qu'on affure même fans réferve avoir vendu fes fuffrages au fieur Falcon; cette calomnie tombe par elle-même ; car j'ai vu des Maîtres à Lyon qui en avoient jufqu'à cinq chez eux, travaillant tous à la fois, & l'on en compte actuellement plus de cent auxquels on a adapté ce mécanifme.

Les Fabriquants qui en connoiffent la perfection, n'ont d'autres empreffement que de déterminer leurs Ouvriers à monter ce Métier, particuliérement pour faire des Damas & des Lampas : ainfi il ne faut pas être furpris fi les Maîtres Gardes ont donné leurs fuffrages en faveur d'une telle invention ; car ils n'auroient pu les refufer qu'en faifant tort à leurs lumieres.

Les gratifications qu'on a données au fieur Falcon, ont été d'autant plus méritées, qu'il a rendu un fervice effentiel à la Fabrique de Lyon, qui fe perpétuera, & qui par la fuite fera peut-être oublier une bonne partie des anciens mécanifmes.

Si l'Auteur de cette critique, qui rapporte lui-même qu'un grand Mécanicien a admiré & préconifé cette machine, avoit fait attention que cet habile homme étoit plus en état d'en juger que lui, il n'auroit pas été affez vain pour en dire ce qu'il en a dit; & maintenant qu'il voit combien elle trouve de partifans dans ceux même qu'il dit l'avoir profcrite, il devroit tout au moins faire réparation d'honneur à un ouvrage dont il ignoroit le mérite.

Il tombe encore dans un défaut auffi groffier que celui que je viens de relever, en parlant contre les Métiers à cylindre comme d'une invention fans utilité : j'ignore où il a vu ce mécanifme ; mais certainement il ne l'a pas connu dans toute fon étendue, ou bien il a pris plaifir à fe montrer ridicule en donnant fon fentiment à tort & à travers, fans approfondir les objets.

Les Métiers à cylindre font encore un chef-d'œuvre dont on ne connoît pas le mérite, parce qu'on n'a pas voulu fans doute l'examiner : je ne fai fi la Fabrique de Lyon l'a connu ; mais je l'ai vu travailler dans Nîmes, où il a été inventé par le fieur Regnier, homme d'un très-grand génie, qui a reçu même des gratifications du Gouvernement & de la Province du Languedoc, comme innovateur.

Ce mécanifme n'eft pas borné, comme le prétend l'Auteur qui s'eft déchaîné contre ; car avec un métier femblable on peut faire toute forte d'Etoffes fur

toute forte de Deffeins ; & ce qui prouve l'ignorance de ce prétendu Réformateur, c'eft qu'il n'a pas prévu que fi la circonférence d'un cylindre n'eft pas
fuffifante pour la hauteur d'un deffein, on peut en employer plufieurs qu'on
change fucceffivement ; de forte que fi un deffein de cent dixaines de hauteur
ne peut pas être *Lu* fur un cylindre d'une circonférence déterminée, on le
continue fur un fecond, fur un troifieme, enfin fur tel nombre que la hauteur
de ce deffein peut exiger ; de forte qu'en numérotant les cylindres, on les
fubftitue les uns aux autres dans le même ordre : le changement d'un cylindre
eft de trois quarts plus prompt que le montage d'un *Xemple.*

Ce que j'avance fur ce mécanifme eft d'après les expériences que l'Auteur
en a faites à Nîmes & à Lavaur, où le fieur Reboul, d'Avignon, avoit établi
une Manufacture qui eft encore en vigueur ; le fieur Regnier avoit monté dans
cette Ville pour le fieur Reboul, un Métier à cylindre pour faire un Damas de
quatre cents cordes *de Rames*, pour un deffein de quatre cents dixaines, ce
qui produifoit deux mille *Lacs*, qu'il avoit diftribués fur un nombre de cylindres convenable à la facilité du travail.

Si ce mécanifme n'a pas eu de partifans, c'eft qu'il n'a pas été affez connu,
ou pour mieux dire, c'eft qu'on ne l'a pas affez répandu ; car fi on avoit eu
foin de le faire monter chez plufieurs Ouvriers, infenfiblement il auroit pré-
valu fur les anciens ufages ; & il faut convenir qu'il eft bien commode pour
un Ouvrier de pouvoir faire feul ce qu'il ne fauroit faire qu'à l'aide d'un fecond, qui, non-feulement lui coûte & lui emporte une partie de fon profit,
mais il arrive très-fouvent qu'on ne peut pas trouver de gens au fait de *Tirer*,
ce qui caufe une perte de temps très-confidérable. Au furplus, l'entretien
d'un Métier à cylindre eft beaucoup moins confidérable que celui d'un Métier
à corde, la dépenfe eft à-peu-près la même ; ainfi quand on a l'avantage de
pouvoir fabriquer feul toute forte d'Etoffes, foit celles de la *petite Tire*, foit
celles du *Courant*, foit les brochées les plus riches, il eft certain qu'on ne
peut qu'y trouver de l'avantage, fur-tout quand on peut avancer l'ouvrage à proportion : car j'ai vu chez l'Auteur de cette machine, un Ouvrier qui faifoit,
journée commune, quatre aunes de Pruffienne, petite étoffe en deux lacs par
la chaîne & par la trame ; c'eft la journée ordinaire de deux qui fabriquent cette
étoffe *à Bouton*.

Le feul défaut que j'ai remarqué à la machine dont je viens de parler, c'eft
d'être trop bruyante ; mais j'ai fait part à l'Auteur dans le temps, d'un changement, qui, fans nuire à la conftruction ni à la folidité, pourroit empêcher
que le bruit ne fût plus fort que celui des Métiers ordinaires ; mais comme
cette invention ne m'appartient pas, je ne crois pas devoir en parler.

Le vif intérêt que je prends à l'avancement des Manufactures de France, me fait
défirer qu'on mette tout à profit pour rendre les opérations plus faciles & plus parfaites encore qu'elles ne le font ; auffi je me ferai un plaifir d'inftruire mes Lecteurs

de

de tout ce que j'aurai pu découvrir d'intéreſſant dans les diverſes Villes de Manufactures que nous avons en France, & d'y ajouter toutes les découvertes que j'aurai faites ſur celles d'Angleterre, de Piémont, d'Italie, de Ruſſie, &c, & ſi mon projet peut porter ombrage à quelque Manufacture de ce Royaume, je ne rapporterai pas leurs procédés, parce que les autres Villes, & ce que j'en ſai me fourniſſent une carriere aſſez vaſte, pour donner au Public tout ce qui convient pour parvenir à fabriquer dans toute la perfection poſſible ; mais je ne réponds pas qu'il ne s'y trouve bien des choſes communes pour le mécaniſme des métiers. Je ne craindrai pas de dire ici en paſſant que ſi j'avois voulu faire comme bien des Artiſtes de la Fabrique des Etoffes, j'aurois pu profiter de beaucoup d'avantages qu'on m'a offerts pluſieurs fois pour paſſer chez l'Etranger ; mais l'amour de ma Patrie l'a emporté ſur l'intérêt, & c'eſt ce même ſentiment qui m'a déterminé à écrire, parce que je ne crains pas de faire connoître aux Etrangers ce qu'on ne leur a que trop enſeigné en l'exécutant chez eux.

Il ſeroit à ſouhaiter que nos Voiſins n'euſſent jamais eu ſur les Manufactures que des leçons par écrit ; au moins la France auroit encore dans ſon ſein tant de grand ſujets qu'elle a perdus, & tous les Ouvriers qu'on a débauchés ſe ſeroient ſans ceſſe occupés à la fabrication des Etoffes, ou à quelqu'autre choſe d'utile à l'Etat, & les Manufactures Etrangeres ne ſeroient pas parvenues au point où on les voit.

Nota. Je n'avois pas cru devoir donner d'indication particuliere, à l'endroit où j'ai parlé de la *Soie plante*, de l'adreſſe du Grainier-Fleuriſte où on en trouve ; mais quelques perſonnes m'ont engagé à en faire part au Public, pour ſatisfaire ſa curioſité.

C'eſt chez le ſieur Regnier, ſur le Quai de la Ferraille, au Coq de la Bonne-foi, à Paris.

EXTRAIT DES REGISTRES

DE L'ACADÉMIE ROYALE DES SCIENCES.

Du 30 Mai 1772.

Nous avons examiné, par ordre de l'Académie, un Traité manuscrit *du Devidage des Soies teintes, propres à la Fabrication des Etoffes*, par M. PAULET. Ce Traité est destiné à former la premiere Partie *de l'Art de Fabriquer les Etoffes en Soie*, dont le plan, tel qu'il a été présenté en Décembre 1770, a été agréé de l'Académie *.

Avant l'invention du Rouet à quatre Guindres, appellé communément *Rouet de Lyon*, la méthode de Devider étoit très-imparfaite ; outre que l'ouvrage alloit beaucoup moins vîte, le lustre de la Soie étoit sensiblement altéré : ainsi *le Rouet de Lyon* devroit être le seul en usage dans toutes les Manufactures ; mais comme l'ancienne méthode se pratique encore en plusieurs endroits, & que d'ailleurs il est utile de la comparer avec la nouvelle, l'Auteur a jugé à propos de décrire trois des anciens Devidoirs des plus connus, & la maniere dont on les emploie. De-là il passe à une description très-détaillée du Rouet de Lyon & de son usage ; & comme la construction de ce Rouet permet à l'Ouvriere de *trafuser*, c'est-à-dire, de débrouiller l'écheveau en même-temps qu'elle devide, il discute les différentes manieres de trafuser, & les avantages des différents Trafusoirs.

Comme M. Paulet a lui-même conduit une Manufacture, & qu'il a pratiqué les différentes parties de *l'Art de Fabriquer les Etoffes en Soie*, ses observations sont appuyées de l'expérience : au surplus, l'Académie ne porte son attention que sur le fond des Ouvrages qu'on lui présente ; c'est pourquoi nous croyons ce Traité digne d'être publié avec son approbation, *Signé* DE MONTIGNY, DE VAUCANSON, & VANDERMONDE.

Je certifie l'Extrait ci-dessus conforme à son original & au jugement de l'Académie. A Paris le 3 Juillet 1772.

GRANDJEAN DE FOUCHY,

Secrétaire perpétuel de l'Académie Royale des Sciences.

* L'Approbation de l'Ourdissage qui fait la seconde Partie de cette Section, se trouvera en tête des deux Parties qui feront la Section suivante.

ERRATA.

PAGE 9 & *suivantes, au titre*, CHAP. III. *lisez* : CHAP. IV.
Page 17, & *suivantes, au titre*, CHAP. IV. *lisez* : CHAP. V.
Page 102, *ligne* 7, qui manque ; *lisez* : qui manquent.
Page 114, *ligne* 32, Fig. 10 ; *lisez* : Fig. 9, Pl. 16.
Page 163, *ligne* 2, *rayé* à 48 *portées* ; *lisez* : à 45 portées.
Page 166, *au-dessus du mot* Remarque ; *lisez* : SECTION TROISIEME.
Page 212, *ligne* 19, sauter le fil D ; *lisez* : sauter le fil ; D, est la main droite, &c.

L'ART

L'ART
DU FABRIQUANT
D'ÉTOFFES DE SOIE.

Par M. PAULET, Deſſinateur & Fabriquant en Étoffes de ſoie de la Ville de Nîmes.

PREMIERE PARTIE.

Traité du Devidage des Soies teintes, trame & organſin, propres à la fabrication des Étoffes.

DEPUIS l'origine des Manufactures d'Étoffes de ſoie, on a ſucceſſivement imaginé diverſes méthodes pour le devidage des Soies teintes ; les machines qu'on a d'abord employées à cet uſage, étoient fort inférieures à celles qu'une induſtrie éclairée leur a fait préférer. Anciennement le devidage étoit une opération longue & embarraſſante, d'où réſultoit une altération ſenſible dans le luſtre de la Soie ; mais le luxe ayant multiplié les beſoins, on eſt devenu plus recherché ſur la qualité & la beauté des Étoffes, & plus ingénieux pour ſatisfaire cette délicateſſe.

La ville de Lyon, remplie d'excellents Artiſtes, eſt celle à qui on doit l'invention du Rouet à quatre guindres, communément appellé *Rouet de Lyon*: nous nous propoſons d'en donner un détail exact ; mais pour mettre le Lecteur plus à portée de juger de ſa ſupériorité ſur tous ceux dont on s'eſt ſervi juſqu'à préſent, nous croyons ne pouvoir nous diſpenſer de donner la deſcription de trois des anciens Devidoirs qui ſont encore en uſage dans certaines Villes de fabrique, & d'expoſer en peu de mots la maniere de s'en ſervir.

CHAPITRE PREMIER.

Description du premier Devidoir ; maniere de s'en servir.

SECTION PREMIERE.

Des différents pieds des Devidoirs.

PLANCHE
I.

LES pieds de ces Devidoirs, différents pour la forme, rempliffent le même objet : ou bien c'eft une tringle de fer *A*, *Pl.* 1, dont le bas eft fendu en trois parties, & forme une patte d'oie ; pour rendre ce pied plus folide, on y paffe une des pierres *B B*, percée par le milieu.

Quelquefois on fe fert d'une tringle de bois *C*, ronde, & plantée folidement dans une bafe de pierre d'une forme à volonté.

On fe fert auffi d'une pareille tringle de bois plantée au milieu d'un banc formé d'une planche quarrée, & monté fur quatre pieds, *Fig. 5.*

SECTION SECONDE.

Description du Guindre.

LA partie fupérieure du Guindre, *Fig. 6*, eft compofée de trois traverfes de rofeau *E*, ou autre bois léger, dont la longueur eft depuis 13 pouces jufqu'à 15 ; au milieu de chacune eft un trou par où elles entrent dans la queue de la noix *D*, pour former l'affemblage qu'on voit *Fig.* 7.

La partie inférieure eft auffi compofée de trois traverfes *F* : elles font pareilles aux précédentes, mais plus longues de 2 pouces ; elles font affemblées les unes aux autres, vers le tiers de leur longueur avec de la ficelle, & forment une figure irréguliere qu'on voit *Fig.* 8.

Les bouts de ces traverfes, tant du haut que du bas, font terminés en pointe pour recevoir les montants dont nous allons parler.

G eft un des 12 montants de rofeau fendu en deux, la partie polie en dehors ; il a environ 11 pouces de long : à chaque bout eft un trou par où il eft fixé fur les traverfes haut & bas.

La noix *D* n'eft autre chofe qu'une cheville, dont la tête ronde & un peu groffe, a un trou au centre ; comme il eft bon de la faire au tour, le trou que laiffe la pointe du tour fera fuffifant.

Il ne s'agit plus que de monter le Guindre : voici comment on doit s'y prendre.

A chaque pointe de la partie fupérieure, on place deux montants qu'on y arrête avec un peu de gros fil ; ce fil doit être d'une longueur fuffifante pour faire deux tours fur chaque pointe , & pour lier fans interruption toutes celles du haut ou du bas ; puis prenant un montant à chaque rayon voifin, on les fait entrer tous deux dans la pointe d'un rayon de la partie inférieure, & continuant ainfi on forme un double hexagone , & les montants décrivent un zig - zag circulaire. L'infpection de la Figure 6, ne laiffera rien à défirer.

Il faut néceffairement fe pourvoir de plufieurs pareils Guindres , mais de différents diametres , à caufe du peu d'accord entre les *Mouliniers* des différentes Villes , dont les uns font des écheveaux fort grands , & les autres fort petits.

Au moyen de ce que les traverfes d'en-bas font plus longues que celles d'en-haut, le Guindre fera un peu conique , ce qui fe pratique ainfi , afin que les écheveaux ne tombent pas de deffus le Devidoir.

Section Troisieme.

Maniere de fe fervir du Devidoir ou *Guindre.*

La Devideufe ayant mis un de fes Guindres fur la tringle de fer ou de bois qui doit lui fervir d'axe , & dont le bout terminé en pointe , entre dans le trou de la tête de la cheville , elle met un écheveau deffus, cherche le bout de la foie , puis étant affife de maniere que le Devidoir foit à quelque diftance d'elle , & un peu à fa gauche , elle prend dans fa main une broche de fer *H* ; cette broche eft longue de 16 à 17 pouces : elle la paffe dans un rochet *I* , ou une bobine *K*, qui y tient à frottement dur ; elle monte le rochet ou la bobine jufques près de la boule , ainfi qu'on le voit en *L* ; & appuyant la partie inférieure de cette broche , qui eft terminée en pointe , dans l'un des trous pratiqués fur la furface d'un petit morceau de bois quarré-long qu'on voit en *M*, qu'elle attache à fa ceinture à droite , dans cet état elle forme avec fes doigts & fon pouce , une efpece de cercle , dont, par un mouvement du poignet, elle fait parcourir tous les points à la broche , qui , par ce moyen , tourne fur elle-même ; & conduifant de la main gauche le fil de foie , elle le diftribue également fur le rochet dans toute fa longueur.

Comme la vîteffe s'accélere en raifon de la maffe du corps mis en mouvement , on adapte au bout fupérieur de la broche , & par-deffus le rochet , une boule de fer ou de plomb , qui facilite cette accélération.

Au lieu de cette broche , on fe fert quelquefois , pour dévider la foie fur le rochet, d'une efpece de Rouet dont nous allons donner une courte defcription.

Planche I.

SECTION QUATRIEME.

Description du Rouet à devider.

LA Figure 1, *Pl.* 2, repréſente un Rouet à devider ſur une baſe *A* , formée par une planche plus longue que large , élevée ſur quatre pieds *B, B, B, B,* aſſemblés comme on le voit, par les traverſes *C, C, D,* & vers un des bouts de cette baſe, ſont deux montants *E, E,* d'environ 19 pouces, y compris les tenons, faiſant avec la longueur de cette baſe, un angle obtus, de maniere qu'ils penchent vers le bout de cette même baſe.

Au haut de ces montants eſt une entaille propre à recevoir l'arbre ou axe d'une roue dont nous allons parler.

Sur un moyeu ou noyau *F*, terminé par deux hémiſpheres pris au même morceau, dont la longueur détermine l'écartement des montants qui le portent, ſont percés 8 trous qui reçoivent les 8 rayons *G, G, G, G, G, G, G, G,* de la roue, dont la circonférence eſt formée par un cercle *H* d'environ 4 pouces de large, & aux deux bords duquel eſt une petite élévation formée par deux autres cercles *i i*, d'environ un pouce de large & cloués deſſus. Au centre du moyeu, eſt un trou dans lequel entre à force l'arbre ou axe *K*, dont les parties qui portent dans les montants, ſont arrondies & limées avec ſoin ; l'un des bouts de cet arbre eſt coudé d'un double coude pour recevoir la poignée ou manivelle *L.*

Preſqu'au milieu du banc & du même côté, ſont deux arcs-boutants *M, M,* qui s'aſſemblent à tenon & mortaiſe dans le banc *A*, & dans les montants *E, E.*

A l'autre bout du banc, ſont deux autres montants *N, N,* moins hauts que les premiers, mais poſés de façon qu'ils vont en s'écartant l'un de l'autre pour pouvoir y placer une broche de fer plus ou moins longue, qu'on voit en *a* même Planche.

Cette broche eſt deſtinée à porter les rochets ou les bobines ; elle eſt de longueur à tenir entre les deux petits montants *N, N,* ainſi qu'on peut l'y voir garnie d'un rochet *O* , & d'une poulie *P* ; ſes deux bouts ſont très-pointus ; vers l'un d'eux eſt réſervée une partie quarrée, ſur laquelle eſt une poulie de bois ſolidement en-arbrée, & le reſte de labroche eſt rond.

La broche étant placée entre les deux montants, on paſſe ſur la grande roue & ſur la poulie *P*, une liſiere *Q* ſans fin, dont les deux bouts ſont couſus enſemble, au moyen de laquelle on fait tourner la broche.

L'uſage de ce Rouet eſt facile à concevoir ; quand on tourne la roue, la broche fait autant de tours que la circonférence de la poulie *P* eſt contenue de fois dans celle de la roue ; ainſi en accélérant la rotation de cette derniere, le dévidage va auſſi vîte qu'on le déſire, la Devideuſe n'a d'attention que de conduire la ſoie avec la main gauche, pour qu'elle ſe diſtribue également ſur le rochet, en ſortant de deſſus le Guindre ou de tout autre Devidoir.

CHAPITRE

CHAPITRE SECOND.

Description d'un second Devidoir; avec la maniere de s'en servir.

LA Figure 2, *Pl.* 2, repréſente ce ſecond Devidoir. Sur un banc *A*, élevé PLANCHE 2.
ſur 4 pieds, *B*, *B*, *B*, *B*, ſont placés deux montants *C*, *C*, d'environ 3
pieds & demi, y compris les tenons; ils ſont aſſemblés par le haut par une
traverſe *D*, d'environ 15 pouces qui font l'écartement des montants, dont
les tenons ſont à queue d'aronde, & par le bas, ils tiennent au moyen d'une
clavette *K*, en deſſous de la baſe *A*; ſur leur hauteur & au milieu de leur largueur eſt percé un nombre ſuffiſant de trous, à un pouce les uns des autres,
pour recevoir & changer, à volonté, l'écartement des deux tournettes *E*, *E*:
ſur ces tournettes eſt un écheveau de ſoie *F*, dont le bout *G* va ſe rouler ſur le
rochet *O*, de la Figure premiere; ces tournettes tournent ſur des petites tringles
de fer *H H* qui leur ſervent d'axe. *I I* même planche, repréſentent ces tournettes; ce ſont deux petits barillets, dont deux planches rondes forment les
bouts. Près de leur circonférence, & à égale diſtance les uns des autres, ſont
percés huit petits trous, dans leſquels on fixe de petites baguettes, ce qui
forme le corps du barillet; au centre de chacune eſt un trou quarré, dans lequel entre une eſpece de cheville à tête percée d'outre en outre, qu'on appelle
noix, faite de bois dur, dans laquelle paſſe une petite tringle de fer, ſur laquelle ils tournent. Il faut faire attention que ces barillets ſoient de longueur ſuffiſante, pour que quand les têtes des noix qu'on met au centre,
ſont en place, ils rempliſſent, à peu-près, l'écartement des montants du
Devidoir.

Deux de ces barillets ou tournettes ſuffiſent; on met un écheveau deſſus,
& on les écarte ſelon la grandeur de l'écheveau. La Figure 3, même Planche, repréſente ce Devidoir tout monté en perſpective, dépourvu de ſes tournettes; d'ailleurs, ſous les mêmes lettres que celui *Fig.* 2, pour en indiquer les pieces qui le compoſent.

CHAPITRE TROISIEME.

Description d'un troisieme Devidoir; & la maniere de s'en servir.

CE Devidoir est celui qu'on voit plus en grand , *Planche* III, *Fig.* 1,
& *Planche* IV , *Fig.* 6 ; c'est sur cette derniere que portera la description:
il est monté sur un banc *A* , quarré-long, porté sur quatre pieds *G , G , G , G* ;
au milieu de la planche qui forme ce banc, suivant sa longueur, est pratiquée
une rainure *B* en queue d'aronde , dans laquelle glissent, à frottement dur,
deux pieces de bois *CC*, de 4 à 5 pouces de long , formant un pied aux
deux tringles de bois *D , D* , qui servent d'axe aux tournettes *E , E* ; l'inspection de la Figure 6 , Planche IV , suffira pour en donner une idée.

PLANCHE
4.

Sur les pieds qu'on voit à côté en *P P* , sont plantées deux tringles de bois
Q Q , au haut desquelles est réservé un trou qu'y laisse la pointe du tour sur
lequel elles ont été faites. Ces tringles sont celles qui servent d'axe aux tournettes, *Fig.* 8 & 9 , même Planche.

Les deux tournettes ou barillets sont, à peu-près, pareils aux précédents ;
mais placés verticalement ; ils servent à contenir l'écheveau, & par la facilité
qu'on a d'écarter ces tournettes, elles se prêtent à la grandeur toujours variée
des écheveaux. Au centre de la partie inférieure de ces tournettes est un trou
rond ; mais au haut on fait un trou quarré , propre à recevoir les noix qu'on
voit en *R R.*

Ces noix, dont la partie inférieure se termine en pointe , est un cône ren-
versé sur la base duquel on réserve une queue quarrée qu'on place au centre de
la planche d'en haut à chaque tournette. On conçoit aisément que la base du
cône sert de rebord qui le retient à sa place, & que le pivot roule dans le
trou qu'on a réservé au haut des tringles de bois.

Au milieu de la longueur du banc, & sur le derriere, est un montant *F*
percé de plusieurs trous dans lesquels on met une cheville *G*, dont l'office est
d'empêcher l'écheveau *H* de tomber de dessus le Devidoir (*). Quant à ce Devidoir on veut se passer de ce montant, il faut que les tournettes soient faites de
maniere que la petite planche qui en forme le bas, ait 2 pouces de diametre
de plus que celle du haut ; par ce moyen , on évitera que les écheveaux
descendent plus bas que ne leur permettra leur écartement.

(*) La rainure dans laquelle sont les pieces les unes des autres , suivant les longueurs des
de bois qui servent de pied aux pivots des tour- écheveaux qu'on veut devider.
nettes, sert à les écarter ou à les rapprocher

Observation *sur les anciens Devidoirs.*

On voit par la maniere d'employer les anciens Devidoirs, qu'on ne sçauroit éviter que le bout de la soie qu'on devide, ne passe continuellement dans la main de la Devideuse, pour être conduit & placé comme il faut sur le rochet ; quelqu'attention qu'on y apporte, le frottement d'une main échauffée, suante ou naturellement huileuse, peut porter au lustre de la soie une altération sensible ; d'ailleurs quand le bout de l'écheveau casse, finit, ou se dérange, il faut nécessairement que la Devideuse porte, sur ce même écheveau, la main droite dont on est enclin à se servir plus fréquemment, soit qu'elle fasse tourner la broche dans sa main, soit qu'elle tourne la roue du Rouet dont elle doit toujours tenir la manivelle.

Si cette main n'est très-propre, & que la Devideuse la porte sur la soie, elle ne peut que nuire à l'éclat d'une matiere qu'on ne sauroit conserver avec trop de soin.

Quant à l'avancement du devidage, on en fera aisément la différence, lorsqu'on aura vu la description du Rouet à quatre guindres, & la maniere de s'en servir.

De plus, indépendamment de ce que la soie perd de son lustre en passant continuellement entre les doigts de la Devideuse, elle perd aussi de sa force par le serrement continuel qu'elle éprouve pour être roulée fortement sur le rochet ou sur la bobine ; ce serrement énerve la soie & lui fait perdre beaucoup de sa qualité ; d'ailleurs ce duvet qui fait paroître aux yeux un espece de velouté, & qui en rend la vue si agréable, est concentré par ce même serrement.

Enfin quand la soie est roulée sur le rochet avec trop de force, & qu'un bout vient à se perdre, il en coûte non-seulement du temps pour le retrouver, mais bien souvent une perte de soie très-considérable. Ainsi tout engage à se servir du Rouet à quatre guindres, & l'on en fera bien plus convaincu, quand on connoîtra qu'il n'a aucun des défauts des anciens Devidoirs ; c'est ce qu'on verra dans la description suivante.

Il ne faut pas cependant abandonner les anciens Devidoirs, parce qu'on en a besoin pour le devidage des fleurets, cotons, filoselles, laine, poil de chevre, &c. Je parlerai de la maniere de devider ces matieres, immédiatement après le devidage des soies.

CHAPITRE QUATRIEME.

Defcription du Rouet à quatre Guindres.

SECTION PREMIERE.

PLANCHE
5.

LA Figure premiere de la Planche 5, repréſente le Rouet tout entier, vu un peu de côté & pardevant, dont on a ôté les quatre Guindres pour l'intelligence de cette machine.

A, A, A, A, ſont les quatre montants du Rouet qui en forment les angles, & qui lui ſervent de pied ; leur hauteur eſt de 32 pouces, tout compris. Les ornements qu'on y voit ne ſont pas néceſſaires ; il ſuffit d'y réſerver une partie quarrée haut & bas pour l'aſſemblage ; chaque face de ces pieds a environ 3 pouces & demi de large.

B, B, ſont deux des quatres traverſes d'en bas , leur longueur eſt de 30 pouces ſans les tenons, la largeur égale à celle des 4 pieds, & l'épaiſſeur d'un pouce & demi.

C, C, ſont les deux autres traverſes d'en bas , dont la longueur, qui eſt de 10 pouces ſans les tenons, détermine la largeur du Rouet ; ces quatre traverſes ont chacune deux tenons à chaque bout.

On voit que ces quatre traverſes ſont aſſemblées de niveau les unes aux autres, à environ deux pouces de terre.

D, D, ſont deux des quatre traverſes ſupérieures, dont les dimenſions ſont les mêmes que celles *CC* d'en bas, & l'aſſemblage le même, à deux pouces de l'extrémité des montants.

E eſt la traverſe ſupérieure de derriere ; elle eſt aſſemblée de niveau avec les deux précédentes.

F eſt la traverſe ſupérieure de devant ; elle eſt aſſemblée à environ 6 ou 7 pouces de l'extrémité des montants ; du reſte ſes dimenſions ſont égales à celles de la traverſe de derriere.

Au milieu de ſa longueur eſt une mortaiſe deſtinée à recevoir le petit montant *G* qu'on y voit : la hauteur de ce petit montant eſt de 6 ou 7 pouces au-deſſus de la traverſe ; il eſt de la même groſſeur des quatre pieds, & terminé de même par le haut.

A trois pouces du bout de la traverſe *E*, & à gauche du Rouet eſt une mortaiſe quarrée qui reçoit un petit montant *H*, pareil à celui dont nous venons de parler, mais il eſt placé par deſſous ; il eſt auſſi de 6 à 7 pouces de longueur, & de même groſſeur que le précédent.

J, J, ſont deux pommettes, dont la forme qu'on voit ici ne ſert qu'à

donner

donner une idée, chacun peut les faire à sa fantaisie; elles tiennent par leur tenon dans un trou pratiqué au haut de la face extérieure des deux montants de devant; leur usage est de porter deux des tringles de bois *K, K, K, K*, qui servent d'axe aux Guindres.

Sur la longueur de la traverse supérieure de derriere le Rouet, sont trois trous, l'un au milieu qui reçoit la tringle de bois *L*, à laquelle on attache la lampe de la Devideuse, au moyen de plusieurs trous qui y sont pratiqués. Les deux autres sont vers les extrémités de cette traverse, & reçoivent les deux autres tringles *K*, qui servent d'axe aux Guindres.

Sur la face du montant de derriere qui regarde le petit montant *H*, & sur la face de celui-ci qui regarde le grand montant à droite, sont deux coulisses pratiquées dans l'épaisseur du bois venant de l'arrête extérieure, en biaisant du haut en bas; on place dans cette rainure un Coulisseau de bois *O*, dans lequel est enchâssée une petite piece *P*, de bois bien dur ou de corne, nommée *grenouille*, *Pl.* 8, dans laquelle roule la pointe de la grande broche *m*, *Fig.* 2, *Pl.* 7, dont nous parlerons bientôt.

Les deux montants de devant, ainsi que le petit montant du milieu, doivent avoir sur les faces qui se regardent, de pareilles coulisses, garnies de même, & pour le même usage.

Les grenouilles, dont il est parlé, sont de petits cubes de corne d'un pouce; au milieu de chacune de ses six faces, est un trou conique, auquel communique une rainure, pour pouvoir ôter les broches de leurs trous & les y remettre.

N, est une piece nommée *porte-courant*, & *F* est le courant. Nous allons en donner le détail.

Le Porte-courant *N* est une piece de bois de trois pieds & demi de long, de trois pouces de large & de deux pouces d'épaisseur; sur sa largeur est une rainure de 15 lignes de large & de 9 de profondeur, bien égale & bien unie; à l'extrémité qu'on doit placer à droite, les deux rebords de la rainure sont abattus environ 3 pouces de long, & cet excédent se termine en pente vers le devant du Rouet, jusqu'à l'arrête inférieure du Porte-courant; c'est sur cette pente qu'on place les deux poulies *L*, qui ont un même axe *I* fait d'une cheville à tête qui entre à frottement dur dans le Porte-courant, comme on le voit, *Fig.* 2, *Pl.* 6, où cette Figure représente le courant hors du Porte-courant, pour découvrir l'arrangement des cordes qui le font mouvoir, ainsi que des roues dentées & des lanternons; à l'autre extrémité du Porte-courant, & au milieu de la rainure, est une entaille dans laquelle on place une poulie *P*, dont l'axe ou cheville traverse la largeur du Porte-courant. Nous verrons ailleurs l'usage de ces poulies.

Le courant *F* est une tringle de bois telle qu'elle puisse couler aisément dans la rainure du Porte-courant *N*, sa longueur est d'environ deux pieds & demi, & son épaisseur d'environ 10 lignes; à celui de ses deux bouts qu'on

Pʟᴀɴᴄʜᴇ
6.

placera à droite eſt une entaille ſur ſon épaiſſeur, & dans laquelle on met une poulie *K*, d'un diametre un peu moins fort que l'épaiſſeur du courant; cette poulie reçoit une corde, dont on détaillera l'uſage.

A l'autre bout du courant eſt une cheville à tête, à laquelle tient une ficelle où pend un contre-poids, & qui paſſe ſur la poulie du bout gauche du Porte-courant.

Le courant eſt percé dans ſa longueur de deux rangées de trous, diſtants les uns des autres d'un demi-pouce, & en quinconce; c'eſt dans ces trous qu'on place les quatre guides.

Les guides ne ſont autre choſe que de petites pieces de bois rondes, au bout deſquelles on plante un fil de verre ou de fer, de 3 ou 4 pouces de hauteur, tortillé en forme de ſpirale, d'un tour & demi; tels qu'on les voit en *R*, *R*, *R*, *R*. Ces trous qu'on voit au courant *F* de cette Figure, ſont faits pour changer les guides de place, afin de diſtribuer plus également la ſoie ſur les rochets.

On a coutume de mettre une planche ſur l'eſpace vuide entre le porte-courant & la traverſe de derriere, pour ſervir de table où la Devideuſe met diverſes choſes à ſon uſage.

Entre le pied droit de derriere du Rouet, & le petit montant placé en-deſſous de la traverſe ſupérieure eſt une broche de fer *m*, *Pl.* 7, dont les deux bouts, très-pointus, roulent dans les deux grenouilles de corne dont on a parlé.

Vers un des bouts de cet arbre ou broche, à droite, eſt fixée une poulie *g* de bois dur, dont la rainure a environ un pouce & demi de large pour recevoir la liſiere ſans fin qui paſſe ſur la grande roue.

Environ au quart de longueur de l'arbre à droite, & près de l'autre extrémité ſont deux autres poulies *h*, *h*, auſſi de bois dur, ayant chacune trois rainures étroites, dans l'une deſquelles paſſe une corde ſans fin, qui va faire tourner les deux broches *P*, *P*, de devant, dont nous allons parler. Il eſt aiſé de voir qu'on pratique ainſi trois rainures à chaque poulie, pour que la corde aille toujours chercher en ligne droite la poulie de devant, & qu'on puiſſe aiſément la changer de rainure.

Les broches *P*, *P*, doivent être aſſez longues pour entrer juſte dans les gre-nouilles qui les reçoivent. Le corps de ces broches eſt rond, & le plus uni qu'il eſt poſſible; au milieu de chacune eſt une partie qu'on réſerve quarrée pour retenir ſolidement une poulie *i*, qui reçoit une des cordes ſans fin, *l l*, dont on vient de parler. La Figure 2 de la Planche 7 repréſente la grande broche de derriere avec celles de devant. Celle de derriere garnie de ſa poulie *g*, & de celles *h*, *h*; & celles de devant garnies chacune de ſa poulie *i*: une de ces broches enfile deux rochets *K*, *K*, dont un eſt couvert de ſoie. Cette même Figure repréſente les deux cordes ſans fin *l*, *l*, telles qu'elles ſont quand il faut devider. C'eſt ſur les broches de devant qu'on place les rochets ſur leſquels s'enveloppe la foie qui paffe par les guides. Ce n'eft pas ici le lieu de parler de la maniere dont le vacillement du courant diftribue la foie fur les rochets : nous réfervons ce détail pour la fin de cet article.

Q Fig. 1, *Pl.* 5, eft une *marche*, au moyen de laquelle on fait tourner la grande roue ; elle eft de la largueur de la traverfe fur laquelle elle eft fixée, & femblable à peu-près à la marche d'un tour ; elle eft arrêtée par une cheville à tête, près du montant de devant à gauche du Rouet. Environ à un pouce de l'autre bout, font deux pitons folidement attachés, à vis, fi l'on veut, ou rivés par-deffous ; dans l'anneau de celui de derriere paffe une corde *R*, qui y tient au moyen d'un gros nœud ; cette corde va paffer de la même maniere dans l'anneau d'un autre piton planté dans la traverfe *E*, par-deffous, & y eft auffi arrêtée par un nœud. Dans cet état la marche ne frotte point par ce bout fur la traverfe, à caufe de la petite élévation où la corde *R* la tient, elle n'a de mouvement que de devant en arriere, & décrit une portion de cercle, parce qu'elle eft fixée par l'autre bout, au moyen de la cheville *m* qui lui fert d'axe.

Affez fouvent on pratique fur la face de devant du pied gauche du Rouet, au niveau de la traverfe, un trou dans lequel on place la cheville *n* ; c'eft-là que la Devideufe met les écheveaux de foie qu'elle a préparés pour remplacer ceux qui finiffent fur les Guindres.

p, *p*, font les deux broches de devant, dont une eft garnie de deux bobines *o*, *o*, avec de la foie deffus, & l'autre eft garnie de deux rochets *r*, *r*, ayant auffi de la foie.

SECTION SECONDE.

Du Banc & des Roues.

La Figure 2 de la même Planche repréfente le banc du Rouet ; il eft fans roue : ce banc eft fait d'une planche *A*, d'environ deux pieds de long, fans les tenons, fur fix pouces de large, & deux pouces d'épaiffeur ; à un de fes bouts font deux tenons, dont l'un entre dans une mortaife pratiquée au bas du montant de devant du Rouet, à droite, & l'autre dans une autre mortaife, prife fur l'épaiffeur de la traverfe *B* du devant du Rouet ; à l'autre bout de cette planche font deux boules *C*, *C*, de bois, qui lui fervent de pieds pour la mettre de niveau avec les traverfes d'en bas du Rouet ; environ au quart de fa longueur font deux montants *B*, *B*, d'une épaiffeur convenable, & d'une largeur à proportion, folidement arrêtés fur les côtés du banc, à tenons & mortaife ; la hauteur de ces montants eft d'environ 21 pouces, fans les tenons ; au haut de chacun d'eux eft une entaille arrondie au fond pour recevoir l'axe, *Fig.* 3, de la roue, *Fig.* 4.

D, *Fig.* 2, eft une piece de bois qui excede le montant fur lequel il eft adapté de l'épaiffeur d'une des roues dentées qu'on voit en *F*, *F*, *Fig.* 1, *Pl.* 6 ;

c'eſt pour tenir la ſeconde de ces roues dentées dans un écartement ſuffiſant, pour que la premiere puiſſe tourner facilement entre elle & le montant.

La roue eſt compoſée de deux planches aſſemblées à languette & rainure, elle a environ trois pieds moins un pouce de diametre ; le bois de noyer ſec eſt fort bon pour cela. Sur les deux bords de ſa circonférence, près de chaque angle, ſont attachés ſur le plat de la roue, avec des pointes, deux cerceaux laiſſant entr'eux l'épaiſſeur de la roue qui ſert de rainure, ainſi qu'on le voit, *Fig. 5*, qui eſt un profil de cette même roue ; *a a* ſont les deux cerceaux, & *b* eſt le corps de la roue ſur lequel paſſe une liſiere ſans fin, telle qu'on en voit une en *F*, *Pl. 2*, *Fig. 1* ; il faut que la roue ait environ 18 lignes d'épaiſſeur. Ces deux cerceaux excédent la ſurface de la roue d'environ 3 à 4 lignes, & ſervent auſſi à contenir l'aſſemblage des deux planches.

Au centre de la roue, *Fig. 4*, eſt un trou quarré *A* dans lequel entre un noyau de bois très-dur, quarré au milieu, & terminé de chaque côté par deux hémiſpheres pris au même morceau ſur le tour. Ce noyau a de longueur la diſtance d'un des montants *B*, *B*, à l'autre, pour que la roue ne puiſſe balotter en tournant : on peut voir ce noyau en *B*, même Planche, vu ſur ſa longueur, & en *C*, vu du côté du trou qui reçoit l'axe.

PLANCHE 5.

L'axe qui porte la roue eſt de fer ; on le voit, *Fig. 3*, dans la poſition qu'il tiendroit s'il étoit au centre de la roue, *Fig. 5* ; il eſt garni de ſon lanternon & de ſa manivelle ; à l'écartement des deux montants ſont pratiqués deux collets ronds ſur leſquels il tourne dans les entailles des montants ; on voit cet arbre en *C*, *Fig. 2*, *Pl. 6*, le renflement qu'on voit au milieu eſt quarré, & entre dans le noyau ; à une de ſes extrémités eſt un quarré auquel on adapte une manivelle, qu'on ſerre avec un écrou, c'eſt le côté de la Devideuſe : à l'autre bout, qui eſt celui de dehors, eſt un lanternon qui tient ſolidement à ſon centre ſur une partie qu'on a réſervée à l'arbre.

Au bout de la manivelle, au lieu de la poignée qu'on y voit ordinairement, eſt une petite poulie qui roule ſur une cheville de fer, dans le même ſens que feroit la manivelle.

Le lanternon eſt fait de deux plaques de fer, l'une eſt toute ronde, & à l'autre eſt réſervée une petite queue à laquelle eſt adaptée une petite cheville de fer, qui ſert d'axe à une petite poulie ſur laquelle l'on fixe un des bouts de la corde, qui fait mouvoir le *va & vient*, ainſi qu'on peut le voir en *F* & en *G*, *Fig. 2*, *Pl. 6*, où l'on voit le bout de cette corde attaché à la poulie dont je veux parler.

Au centre *E* eſt le trou de l'axe commun à toutes deux, enſuite ſont percés trois trous à diſtances égales les uns des autres, dans un même éloignement du centre; ces trois points ſont ceux qui déterminent un triangle équilatéral.

On rive proprement trois fuſeaux dans les trois trous qui ſe correſpondent.

Dans cet état on fixe le lanternon ſur la partie de l'arbre qu'on a deſtinée

à

à le recevoir (la poulie en dehors) au moyen d'un écrou qu'on ferre par-
deſſus.

Sur le montant de dehors de la Figure 1, *Planche 6*, on voit une roue
F dentée de 32 dents, retenue au moyen d'une cheville, dont la tête
entre à fleur dans la ſurface de la roue ; elle tient ſolidement dans le montant,
& cependant permet à la roue de tourner ſur ſon centre, en engrenant dans
le premier lanternon.

Au centre de cette roue eſt un ſecond lanternon, fait comme le précédent,
mais il a quatre fuſeaux ; il fait tourner une ſeconde roue *F* dentée auſſi, &
qui porte le même nombre de dents.

Cette roue, pour venir engrener dans le deuxieme lanternon, doit être
miſe par-deſſus la premiere roue dentée où elle tourne facilement, au moyen
de l'écartement que la piece de bois *D* donne à cette roue, afin d'éviter le
frottement & l'irrégularité de la rotation qu'une ſeule cheville ne pourroit
prévenir.

Sur le côté extérieur de cette ſeconde roue, & auſſi près de ſa circonférence
qu'il eſt poſſible, on place une poulie, au moyen d'une cheville à tête, en
prenant garde, toutefois, que cette poulie dans ſa révolution ne rencontre
celle qu'on a miſe à la queue du ſecond lanternon ; on voit cette poulie en
a, ſur la roue *A* de la Figure 2, *Planche 6*.

Dans cet état la machine eſt toute montée, il ne reſte plus qu'à la faire
mouvoir.

Il faut d'abord faire tourner la grande roue ; pour cela, on attache au piton
de devant de la marche une corde, à l'autre bout de laquelle eſt une boucle
qui paſſe dans la manivelle de la roue ; on voit cette corde en *G*, *Fig.* 1,
Pl. 7, qui eſt une coupe du Rouet où eſt repréſenté cet arrangement. Il ſuffit
pouſſer la marche en avant pour faire tourner la roue.

Comme toute la méchanique qu'on a placée ſur le montant extérieur qui
porte cette roue, a pour objet de faire avancer & reculer le va-vient, ou courant, voici comment on y parvient. Tout ce qui concerne l'explication qui
va ſuivre, eſt repréſenté par les deux Figures de la Planche 6, mais la
Figure 2 eſt celle qui indiquera le mieux.

On fixe dans la poulie *F*, du lanternon *E*, qui tient à l'axe *C* de la grande
roue, le bout *G* de la corde *H* qui doit être d'une groſſeur ſuffiſante pour cette
opération ; de là on la fait paſſer ſur la poulie *i*, qui eſt celle du deſſus des deux
qui ſont au bout à droite du porte-courant, enſuite dans la poulie *K* qui tient
au courant ; de là elle revient ſur celle *L* qui eſt celle de deſſous des deux qui
ſont au bout du porte-courant ; de là ſur la partie *M* du lanternon *D*, & enfin
on la fixe ſur la poulie *a* de la deuxieme roue dentée, au moyen d'une boucle
ou d'un nœud.

A l'autre bout du courant eſt une cheville *b*, à laquelle eſt attachée une corde

O, de même groſſeur que celle de l'autre côté ; elle paſſe ſur la poulie *P* qui eſt à l'autre bout du porte-courant, & deſcend au-deſſous du porte-courant d'environ 15 pouces ; au bout eſt attaché un contre-poids *Q*, de plomb ou de fer, &c. & d'une peſanteur ſuffiſante pour attirer le courant à lui.

Il faut obſerver quand on poſe la corde, que les poulies qui ſont aux lanternons, & celle de la ſeconde roue dentée, ſoient toutes du côté du Rouet, dans la même direction.

Sur la grande roue eſt une liſiere qu'on voit en *G*, *Figure* 1, dont on aſſemble les deux bouts en les couſant ; elle va paſſer ſur la poulie *g* à large rainure, que porte la grande broche *m*, *Fig.* 2, *Pl.* 7, derriere le Rouet, & la fait tourner.

Deux cordes ſans fin paſſent ſur l'une des trois rainures des poulies, *h, h*, que porte la même broche, & de là ſur celles des broches *i, i*, qui ſont devant.

Pour faire les cordes ſans fin, il faut bien ſe garder d'aſſembler les deux bouts avec un nœud : car chaque fois qu'il paſſeroit, il arriveroit un ſautillement nuiſible, & la corde ſortiroit des rainures ; le meilleur eſt d'effiloquer la corde à chaque extrémité, & de les joindre l'une ſur l'autre en les entortillant d'un fil ; ou bien ſans effiloquer, on peut coudre les deux bouts.

Si on ſuppoſe la machine en mouvement, on verra tourner les broches ; le va-vient ira de droite à gauche, & fera ſa révolution de la maniere que nous allons démontrer.

Dans quelqu'inſtant qu'on prenne le va-vient, le calcul eſt le même ; mais pour ſimplifier les idées, prenons-le au bout de ſa révolution ; quand la grande roue aura fait 256 tours, la premiere roue dentée en aura fait 24, la ſeconde en aura fait 3, & le courant ſera revenu au point d'où il eſt parti.

Il a fallu imaginer cette opération pour coucher la ſoie ſur les rochets dans toute leur longueur, & obtenir le bombement qu'on y voit ; encore au moyen du retour périodique & conſtant des mêmes paſſages de la ſoie, ne peut-on parvenir à un bombement parfait ; & c'eſt pour corriger ce défaut, que de temps en temps la Devideuſe eſt obligée de changer les guidés de trous ; ainſi la combinaiſon de ce changement de guides, jointe aux effets du rouage, devient infinie.

Section Troisième.

Description des nouveaux Guindres, & de la maniere de s'en servir.

Les Guindres dont on se sert pour le Rouet de Lyon, ont cet avantage sur les autres, qu'ils se prêtent à l'écartement qu'exige la variété dans la grandeur des écheveaux de soie, au lieu que les autres étant d'une grandeur fixe, il faut en avoir à tout étage.

La Figure 3, Planche 7, représente ce Guindre tout monté. *A & B* sont de petites pieces de bois rondes, de 4 pouces & demi de diametre, dont la circonférence est divisée en six parties égales ; de chaque point de division jusqu'au centre est une rainure en queue d'aronde, dans laquelle glisse à frottement dur une des douze traverses *C*, qui ayant la liberté de s'avancer & reculer, augmente ou diminue à volonté le diametre du Guindre.

Les six traverses qu'on destine pour le haut du Guindre ont environ 6 pouces de long, ce qui donne au plus petit écartement environ 13 pouces de diametre, & celles d'en bas en auront 7, ce qui donnera 15 pouces de diametre ; elles sont terminés en pointes pour recevoir chacune deux des douze montants *D*.

Ces montants *D, D*, &c. sont de roseau fendu en deux, la surface polie en dehors ; ils ont 11 pouces de long ; à chacun de leurs bouts est un trou qui reçoit les pointes des traverses *CC*.

La planche ronde *A* qui porte les traverses qu'on destinera au haut du Guindre, aura un trou quarré à son centre, dans lequel entre une noix *E* de bois dur, *Fig.* 3, qu'on collera à sa place, terminée en pointe très-aiguë, & qui roule sur le haut de la tringle qui porte le Guindre dans un trou qu'on y pratique exprès.

Celle d'en bas *B* aura seulement un trou rond pour recevoir l'axe du Guindre.

Pour monter le Guindre, on fera entrer dans chaque pointe des traverses d'en haut des deux montants *D, D*, qu'on fixera sur ces pointes avec un gros fil ; ensuite prenant un montant de chaque traverse voisine, on les fera entrer dans une pointe des traverses d'en bas, où on les fixera de même avec un fil, ce qui donnera la figure d'un V ; puis prenant, à droite ou à gauche, celui que cette premiere opération aura laissé seul, on le joindra dans la traverse d'en bas, avec un de la traverse suivante d'en haut ; & continuant ainsi jusqu'à la fin, on aura un zig-zag circulaire, & le Guindre aura la forme d'un cône tronqué.

SECTION QUATRIEME.

Des Rochets & Bobines propres à devider la Soie.

LES Rochets font des efpeces de poulies de bois léger, dont la rainure a environ 4 pouces de long, & dont le corps eft égal & uni ; les deux aîles ou rebords font en talud en dedans du rochet, & à angle droit par dehors ; ainfi l'épaif-feur de chaque aîle étant près du corps du rochet de 3 lignes, donne 4 pou-ces & demi pour longueur totale : au centre eft un trou d'environ 3 lignes & demi de diametre, par où paffe la broche ; le diametre des aîles eft d'environ 14 lignes, & celui du corps du rochet eft de 6 lignes. La Figure 4, même Plan-che, repréfente un rochet vu de profil, & la Figure 5 en repréfente un autre rochet vu en perfpective.

Les bobines différent des rochets, en ce qu'elles font un peu plus longues que ceux-ci, & qu'elles n'ont qu'une tête ; on la fait beaucoup plus grande qu'aux rochets, pour pouvoir les placer debout quand elles font pleines ; alors cette tête leur fert de bafe ; le côté oppofé à la tête augmente infenfiblement de diametre, & fe termine en rond. D'ailleurs elles font percées comme les rochets. La Figure 6, même Planche, eft une bobine vue de profil, & la Figure 7 eft une autre bobine vue en perfpective.

Les rochets font deftinés pour le devidage de l'organfin, & les bobines pour celui de la trame.

La raifon qui a fait préférer les rochets pour l'organfin, eft que quand on ourdit, il n'eft pas poffible d'éviter les faccades ; par conféquent, les rochets ne tournant pas uniformément, il y a toujours des tours de foie, qui, fe fentant du relâchement, fortiroient fans le rebord qui les retient ; au contraire quand on a devidé la trame fur les bobines, & qu'on veut faire les canettes, dont il fera parlé en fon lieu, on place la bobine fur fa bafe, & comme le dérou-lement de la foie eft continu & uniforme, on n'a pas à craindre qu'elle fe dé-range, & l'opération en eft plus facile.

La diftinction des bobines & des rochets n'eft pas admife par-tout, il n'y a gueres qu'à Nîmes, à Avignon, & dans quelques Villes voifines qu'on la con-noiffe ; à Lyon on les diftingue plutôt par le terme de *rochets*, à une & deux têtes qu'autrement, & quand ils font pleins de foie, on les appelle *canons* à une & à deux têtes.

A Paris, & dans les lieux voifins, les Fabriquants ont donné le nom de *volants* aux bobines, pour les diftinguer des rochets.

CHAPITRE

CHAPITRE CINQUIEME.

Description des Trafusoirs.

On appelle *Trafusage*, l'opération par laquelle on démêle un écheveau de soie ; l'instrument dont on se sert pour cela, se nomme *Trafusoir* ; il y en a de deux sortes, celui à la Lyonnoise, & celui à la Nîmoise ; tous deux remplissent également leur objet, mais le Trafusoir à la Nîmoise a sur l'autre un degré de perfection, que le Lecteur sera en état de connoître, lorsqu'après la description que je vais donner de tous deux, il pourra en faire la comparaison.

SECTION PREMIERE.

Du Trafusoir à la Lyonnoise.

La Figure 6, *Planche* 5, représente ce Trafusoir sur une base *A*, formée par deux pieces de bois assemblées en croix, au moyen d'une entaille à mi-bois à chacune ; au centre de cette croix est un trou dans lequel on plante avec force un montant *B*, d'environ 5 pieds 3 pouces de hauteur, tel, à peu-près, qu'un pied à perruque ; on fait ordinairement ce montant au tour, soit pour y former quelques moulures, soit pour le rendre plus poli, de peur qu'il n'accroche la soie qu'on met sans cesse dessus pour trafuser ; on peut, pour plus de propreté, former au bas de ce montant un tenon par où il entre dans la base, & qui sert en même temps de cheville pour assembler la croix ; le haut du montant est quarré, ainsi qu'on le voit dans la Figure ; sur une de ses faces est un trou quarré qui perce d'outre en outre, & de grosseur à recevoir juste le tenon d'une grosse cheville *C*, sur laquelle on met les écheveaux pour trafuser.

Cette cheville, longue de 3 pieds, qui a un tenon quarré, entre dans la mortaise pratiquée au haut du montant : elle doit être nécessairement faite au tour, & le plus polie qu'il est possible, pour que la soie ne puisse y être accrochée. Immédiatement après le tenon quarré est un rebord coupé à angle droit de chaque côté, un peu arrondi par-dessus, & élevé d'environ 3 lignes sur la cheville qui va en diminuant insensiblement vers l'autre bout auquel on forme encore un rebord arrondi des deux côtés ; leur effet est d'empêcher la soie de tomber d'un ou d'autre côté.

Sur une face du montant, à angle droit avec la cheville *C*, en est une autre *D* de 6 pouces de long, sans le tenon, faite en petit comme la grande, excepté que son tenon est rond, & qu'étant une fois mise en place on ne l'en ôte plus ; son usage est de recevoir des écheveaux trafusés, que la Devideuse place sur les Guindres à mesure que les autres finissent.

Le Trafusoir est placé devant le Rouet, au côté gauche de la Devideuse, de maniere que la grande cheville soit suivant la longueur du Rouet, pour que la Devideuse puisse trafuser en dévidant. La Fig. 1, *Pl.* 8, représente le Rouet vu géométralement : on voit en *B* la place du Trafusoir, qui doit être fort prés du Rouet, sans nuire au mouvement des Guindres. La Fig. 1, *Pl.* 9, représente l'opération : on y voit la Devideuse occupée à trafuser pendant qu'elle devide, parce que la seule action du pied met en mouvement toute la machine.

SECTION SECONDE.

Du Trafusoir à la Nîmoise.

LA Figure 2, *Pl.* 9, représente ce Trafusoir attaché à deux cordes, solidement fixées au plancher au moyen de deux pitons ou clous : on voit une cheville *A*, à peu-près pareille à la précédente, excepté qu'au lieu du tenon quarré, on en pratique un petit rond à deux rebords, par où elle tient à une des deux cordes *B*, *B* ; l'autre corde a à son extrémité une boucle, que le rebord de l'autre bout empêche de glisser, & qui permet de mettre & d'ôter de dessus la cheville, les écheveaux de soie à la volonté de la Devideuse. Ce Trafusoir est suspendu au-dessus du Rouet, & dans le même sens que l'autre, de façon à ne point gêner le mouvement des Guindres, & à une hauteur convenable, pour que la Devideuse, étant assise, puisse trafuser facilement. Tel est le Trafusoir à la façon de Nîmes : on voit jusqu'à présent qu'il a sur celui de Lyon le mérite de la simplicité ; nous verrons autre part s'il est plus commode.

CHAPITRE SIXIEME.

Maniere de devider & de se servir du Trafusoir, soit de Lyon, soit de Nîmes.

SECTION PREMIERE.

L'un des deux Trafusoirs étant mis en place, la Devideuse s'assied sur une chaise *A, Fig.* 1, *Pl.* 9, un peu haute, & a soin, avant de commencer, de mettre un peu d'huile aux pointes de toutes les broches, & à l'axe de la grande roue, puis passant un *mateau* dans la broche du Trafusoir, elle sépare les *pantimes* qui le composent.

Le *mateau* est composé de plusieurs *pantimes*, & la pantime contient plusieurs écheveaux; la quantité de pantimes dont est composé un mateau n'est pas déterminée. C'est le Teinturier qui le plus souvent regle cela: cependant, pour l'ordinaire les mateaux sont composés depuis 4 jusqu'à 6 pantimes, & les pantimes aussi depuis 4 jusqu'à 6 écheveaux. Le soin de ce détail regarde plus particuliérement le Fabriquant, parce que ces différentes combinaisons sont de sûrs moyens de reconnoître promptement si le Teinturier, qui prétend que la soie a souffert du déchet du côté du poids, ne le trompe pas.

Quand la Devideuse a séparé les pantimes & les écheveaux, elle trafuse ces derniers un à un, & voici comme elle doit s'y prendre. Elle passe les deux mains dans l'écheveau, & le faisant tourner sans cesse sur la cheville & dans ses mains, elle sépare avec le pouce, & le premier doigt de chaque main, les brins de soie, que la teinture peut avoir collés les uns aux autres, avec beaucoup de soin; ensuite elle casse la *centaine* (*), & la refait d'une maniere plus simple. Quand elle a ainsi trafusé 4 écheveaux, elle en met un sur chaque Guindre, place les guides où il convient qu'ils soient, passe la soie dans leur anneau, & en fixe le bout sur chaque rochet, qu'elle a auparavant mis sur les broches, en leur faisant faire avec la main quelques tours dans le sens où ils doivent tourner. Quand tout est ainsi préparé, elle donne avec la main l'impulsion à la roue, & en continue la rotation au moyen de la marche avec son pied, ainsi qu'on l'a déja vu.

Quand le devidage est en train, elle continue de trafuser, afin d'avoir toujours des écheveaux prêts à remplacer ceux qui finissent. Lorsque la soie en devidant casse, finit ou s'arrête, la Devideuse plie son écheveau, le met sur

(*) La centaine est une *Capiure* faite par le Moulinier sur chaque écheveau, afin d'en arrêter le bout, qui sans cela s'embrouilleroit aisément, de tenir tout le corps de l'écheveau, & d'en conserver l'ouverture; par ce moyen on n'a pas à craindre qu'un écheveau se mêle, à moins d'un accident particulier.

la cheville du Trafufoir, de façon que rien ne puiffe accrocher ni gâter la foie, & remédie aux divers accidents qui peuvent arriver. C'eſt ainſi qu'elle s'y prend, quand elle ſe ſert du Trafufoir à la Lyonnoiſe, mais ſi c'eſt de celui à la façon de Nîmes, elle peut y remédier ſans quitter l'écheveau des deux mains ; car alors tenant l'écheveau de la main gauche, elle paſſe ſon bras dans l'écheveau qu'elle trafuſe, & s'en ſert comme d'un point d'appui, d'où elle va remettre en ordre ce qui s'étoit dérangé, au moyen de la faculté qu'a ce Trafufoir de ſe prêter aux divers mouvements du corps ; & c'eſt en quoi il eſt préférable à celui de Lyon, avec lequel il faut quitter ſans ceſſe l'écheveau pour porter remede à ce qui ſe dérange.

La Devideuſe ne doit pas garder, ſur la cheville du Trafuſoir, un grand nombre d'écheveaux trafuſés qui ſe mêleroient enſemble ; mais il eſt à propos qu'elle faſſe un double nœud coulant à chaque écheveau, & qu'elle le place, ou ſur la cheville du montant du Trafuſoir à la Lyonnoiſe, ou ſur celle du montant à gauche du Rouet.

Elle doit auſſi avoir attention de changer de rochets ou bobines, quand ils ſont ſuffiſamment pleins de ſoie.

Il eſt certain que ce Rouet à quatre guindres eſt beaucoup plus expéditif que les autres, puiſqu'une Devideuſe y fait l'ouvrage de quatre autres ; d'un autre côté la ſoie ne ſouffre aucune altération dans ſon luſtre, puiſqu'elle ne fait d'autre effort que celui qu'occaſionne le mouvement qu'on imprime au guindre ; au lieu qu'avec l'autre méthode de devider, elle paſſe ſans ceſſe entre les doigts de la Devideuſe, ce qui ne peut que nuire à ſon éclat.

Envain objecteroit-on que dans le trafuſage, la ſoie paſſe dans les mains de la Devideuſe ; il ſuffit de comparer ces deux ſortes de frottements, l'un eſt continu & échauffe les doigts, au lieu que le ſecond n'en eſt pas un, c'eſt un ſimple contact des doigts, qui étant fait avec ménagement, ne peut faire aucun tort à la ſoie.

Au moyen de ce Rouet la ſoie ſe roule ſur les rochets bien moins ferme que lorſqu'elle paſſe dans la main, & quand quelque bout ſe perd, on le trouve plus aiſément & avec bien moins de déchet.

On peut devider de la trame & de l'organſin, tout à la fois ; on peut auſſi devider de la ſoie de différentes couleurs, car chacun des guindres peut être varié, tant en qualité qu'en couleur.

J'ai dit qu'il falloit que les trous des rochets & bobines, fuſſent plus grands que la broche du Rouet, qui les porte, n'eſt groſſe ; c'eſt par ce moyen que lorſqu'il ſe forme une *tenue* à l'écheveau qu'on devide, le bout ne peut caſſer, parce qu'alors le rochet reſte immobile, & la broche continue de tourner ; de plus, quand quelqu'un des bouts ſe caſſe ou finit, la Devideuſe n'eſt point obligée d'ôter le rochet de deſſus la broche, pour le renouer, puiſqu'elle peut arrêter le rochet ou la bobine pour en chercher le bout

ſans

sans être obligée d'arrêter la broche. Ce n'est pas qu'il ne puisse arriver qu'on soit obligé de retirer les rochets, ou bobines de dessus la broche, comme dans le cas d'un bout perdu sur le rochet, de façon à ne pouvoir le trouver qu'avec la pointe d'une épingle.

La longueur ordinaire des rochets & des bobines étant de 4 pouces & demi ou environ, il est évident qu'elle ne peut remplir celle des broches; ainsi pour empêcher que ces bobines aillent à droite ou à gauche, ce qui nuiroit aux combinaisons du va-vient & des guides, dont l'effet est de produire un bombement ainsi qu'on l'a vu, on retient le rochet à la même place au moyen de 2 petites rondelles de liege qu'on passe dans la broche; ainsi le rochet n'ayant entr'elles que 3 ou 4 lignes de jeu, ne peut pas trop s'écarter.

On ne sauroit disconvenir que cette méthode de devider ne soit, en tout, préférable à toute autre; & même la dépense d'un Rouet, tel que celui dont je viens de parler, ne sauroit détourner ceux qui vondroient s'en servir, puisque le Rouet le mieux fait, de la main des plus habiles Tourneurs de Lyon, ne coûte que 36 livres; cette somme est sûrement trop modique pour en empêcher l'usage, sur-tout dans des villes où les Manufactures prennent quelque accroisement, car l'avancement de l'ouvrage est suffisant pour indemniser en peu de temps d'une aussi petite dépense.

Par la différence que je mets entre les anciens Devidoirs & le Rouet de Lyon, que j'ai annoncé comme une nouvelle méthode de devider, il paroîtroit que ce dernier est absolument nouveau; il ne l'est que pour les fabriques qui ne l'ont adopté que depuis peu de temps, & pour celles où l'on ne s'en sert pas encore; car le Rouet à quatre guindres est connu depuis le milieu du dix-septieme siecle, dans la perfection où il existe actuellement; il y a même apparence qu'on ne trouvera rien de mieux, puisque bien des recherches à ce sujet ont échoué : tout ce qu'on avoit pu trouver de mieux, après celui-là, a été le Rouet à huit guindres, dont on a essayé de se servir; mais il devient si compliqué, & si incommode, qu'on a été obligé de l'abandonner totalement. Je crois qu'on auroit peine à en trouver deux de ces derniers dans tout Lyon, encore ne s'en sert-on pas; le tableau qu'on m'en a fait est si peu avantageux, que j'ai cru ne devoir pas prendre la peine de le décrire.

Au commencement de ce siecle, un Tourneur, à Lyon, imagina un Rouet à trente-deux guindres, mais il eût encore moins de succès que celui à huit.

Voici la meilleure notion que j'aie pu tirer de ce Rouet, & l'idée que l'Auteur en avoit conçue : il pensoit que trois ou quatre filles, tout au plus, pourroient suffire pour faire aller tous les guindres; il en destinoit une pour tourner seulement, une seconde pour trafuser les soies, & les deux autres pour avoir soin chacune de seize guindres, c'est-à-dire, pour veiller à ce qu'il ne manquât jamais de soie sur les guindres, pour dégager les tenues qui se forment sur les écheveaux, pour nouer les bouts cassés ou finis, & pour changer les rochets ou bobines, quand les uns ou les autres sont suffisamment pleins de soie.

Quant à sa forme, ceux qui en ont vu quelques fragments, m'ont dit qu'il étoit long, autant que seize guindres peuvent tenir d'espace l'un à côté de l'autre, y compris l'intervalle nécessaire pour agir librement, ce qui devoit faire, tout au moins, une longueur d'environ 19 pieds. Il devoit y avoir conséquemment deux rangées de guindres, placés de maniere que des deux filles qui en prenoient soin, chacune fût d'un côté de la longueur du Rouet, & en face de l'autre.

Chaque côté avoit huit broches semblables à celles du Rouet à quatre guindres; elles tournoient par le moyen de huit roues, portées sur un seul axe, lesquelles correspondoient aux poulies des huit broches par le secours d'une corde sans fin à chacune des roues. Une fille assise à une extrémité du Rouet faisoit tourner les roues, par le moyen d'une manivelle à un des bouts de leur axe; à l'autre bout étoit un lanternon qui engrenoit dans une roue dentée, pour en faire tourner trois, les unes sur les autres, par autant de lanternons attachés à ces roues; à ces lanternons étoient attachés des ficelles qui faisoient mouvoir deux courants & leurs guides, & au bout de chacun desquels étoit un contre-poids.

La longueur de cette machine, qui ne pouvoit être, comme je l'ai observé, moindre de 19 pieds, & sa largeur moindre de 4 pieds & demi, faisoient sans doute une difficulté pour trouver des emplacements convenables; d'ailleurs, sans entrer dans le détail des défauts que, sans doute on a pas sçu corriger, celui de la dépense a pu seule le faire négliger.

D'aprés la description qu'on m'a donnée de ce Rouet, j'ai jugé que l'idée en avoit été tirée des devidages des soies grefes, communément appellés *tavelles.*

CHAPITRE SEPTIEME.

Usage qu'on doit faire des anciens Devidoirs, décrits dans le premier Chapitre.

SECTION PREMIERE.

J'AI dit sur la fin des observations faites au sujet des anciens Devidoirs, qu'on pouvoit les employer au devidage des filoselles, fleurets, laines, cotons, fils, poils de chevre, &c. On le doit même, parce qu'on ne sauroit devider ces matieres différemment ; le second devidoir est le plus convenable pour cela, à cause des différentes grandeurs des écheveaux des unes & des autres ; car les écheveaux de filoselle ont autant de différentes grandeurs, que de différentes fileuses les ont travaillés. Il en est de même du fil & du coton dont les écheveaux différent souvent entr'eux de plus de la moitié en grandeur, cela vient des différentes personnes qui se mêlent de filer ou de faire filer, & des différents pays où l'on fait ces filatures.

Il n'y a que la laine & le poil de chevre qui aient à peu-près leurs écheveaux égaux, parce que l'une & l'autre sont montés au moulin pour leur donner le double apprêt qui leur est nécessaire : leur variété n'est guere plus considérable que celle des écheveaux de soie.

Toutes ces différentes matieres sont employées dans les Manufactures des étoffes de soie, elles y servent de trame ; c'est pourquoi je me suis cru obligé d'indiquer aussi à la suite du devidage de la soie les moyens nécessaires pour les devider.

J'ai déja dit que le second Devidoir y étoit le plus propre, parce qu'il se prête aux différentes grandeurs des écheveaux ; & qu'au cas que celui dont j'ai parlé ne soit pas assez élevé & assez fort, quant aux tournettes, il est facile d'y pourvoir. Cependant tous les trois peuvent être mis en usage en les renforçant de même.

Le premier est celui qui convient le moins, & malgré cela on peut l'employer facilement ; mais au lieu de se servir d'un guindre fait comme les premiers, il en faut un qui s'élargisse & se rétrecisse selon la grandeur de l'écheveau qu'on lui destine. La modicité de la dépense peut mettre des Devideuses dans le goût de s'en servir, quoique les autres ne soient pas bien coûteux.

SECTION SECONDE.

Description du Guindre ci-deſſus.

PLANCHE
4. CE Guindre eſt celui qu'on voit Planche 4, *Fig.* 1 ; il eſt compoſé de deux pieces de liege *A A*, quarrées & de l'épaiſſeur la plus forte ; ſur une des faces de l'épaiſſeur, ſont pratiqués deux trous, aux deux extrémités de cette face, & traverſent cette épaiſſeur d'outre en outre : ſur l'autre face à angle droit ſont pratiqués deux ſemblables trous, qui ne ſe rencontrent point au milieu de leur longueur, & cependant ſe croiſent avec les deux premiers, *Fig.* 3, & 4.

Une de ces pieces de liege a au centre, ſur le plat, un trou de grandeur ſuffiſante pour tourner ſans gêne ſur la tringle *B*, qui doit ſervir d'axe au Guindre : cette piece ſervira pour la baſe du Guindre.

L'autre piece a auſſi un trou rond, au milieu de ſa largeur, mais moins grand que le précédent ; & quoiqu'il traverſe auſſi la piece d'outre en outre, il eſt plus grand par-deſſous que par-deſſus : il eſt deſtiné à recevoir une noix *a*, faite de bois très-dur, en forme de cône. Au milieu du diametre de ſa baſe en deſſous, eſt un petit trou de deux lignes de diametre & d'autant de profondeur, terminé en pointe pour recevoir la pointe de la tringle *B*, qui ſert d'axe au Guindre, & ſur laquelle la noix doit tourner. Cette piece, dans cet état, ſervira de couronnement au Guindre.

Quatre baguettes *C, C, C, C*, de bois, fort unies, & pointues par un bout, ſont placées chacune dans un des trous de la piece de liege que j'appelle le couronnement du Guindre ; & quatre autres baguettes *D, D, D, D*, ſont dans les trous de celle qui en forme la baſe.

Aux bouts pointus des baguettes *C C C C*, *D D D D*, on fixe avec de la ficelle les montans *E E E E* &c. faits de roſeau, de la maniere qu'on voit *Fig.* 1, qui repréſente le Guindre tout monté.

Les baguettes doivent être d'une longueur convenable, pour qu'en les faiſant couler dans les trous du liege, dans leſquels elles entrent avec un peu de force, on puiſſe agrandir ou diminuer la circonférence du Guindre, ſelon la grandeur de l'écheveau.

Avec tous ces Devidoirs, on pourra ſe ſervir de la broche à la main, ou du Rouet, par préférence, à cauſe de ſon avancement ; mais on pourra ſe ſervir avec bien plus d'avantage de l'eſcouladou.

TROISIEME SECTION.

Description de l'Escouladou ; & de la maniere de s'en servir.

L'ESCOULADOU, *Fig.* 3, *Pl.* 3, eft compofé d'une planche *A*, longue d'environ 20 pouces, & large de 4 : au milieu de fa largeur, & à un demi-pouce de chacun des bouts, eft planté folidement un petit montant de fer, *B*, *B*, applati, d'environ quatre pouces de hauteur, dont le bout arrondi & recourbé forme une demi-boule. Chacune de ces demi-boules eft placée en face de l'autre, à la même hauteur, au moyen d'un écrou par deffous ; au centre de chacune de ces demi-fpheres, eft un petit trou rond, terminé en pointe, d'une ligne, tout au plus, de diametre, & d'autant de profondeur, au trou d'un des deux montants communique une petite rainure d'une demi-ligne de largeur, dont le fond forme un angle aigu, par la rencontre des deux côtés, *Fig.* 4 ; cette rainure vient joindre le trou obliquement du deffus du montant. Ces trous font deftinés à recevoir les pointes d'une broche de fer *C*, qui doit être d'une longueur égale à la diftance qui fe trouve entre les deux montants, dont les boules doivent fervir de grenouille à cette broche ; fa longueur eft divifée en deux groffeurs différentes : au milieu elle eft quarrée ; la partie à droite & jufqu'à un pouce du bout eft octogone, & plus groffe du double, pour le moins, que la partie gauche, qui eft auffi octogone, quoique de beaucoup moins groffe ; chacun des bouts eft rond, & terminé en pointe très-aiguë.

La petite portion quarrée qui eft au milieu de la longueur, porte une roue, qui n'eft formée *D* que par un cercle de fer affemblé fur une croix auffi de fer, percée au centre d'un trou quarré, pour être pofée fur la broche qui lui fert d'arbre.

Sur le côté mince de la broche on place les rochets *a* ou les bobines *b* pour le devidage, & l'autre côté fert à faire tourner la broche. La roue de fer qu'on voit ici, ne fert qu'à accélérer & continuer le mouvement à chaque impulfion.

De quelque Devidoir que fe ferve la Devideufe, elle s'affied & le place devant elle ; enfuite prenant l'efcouladou, elle le met fur fes genoux, & place un rochet ou bobine fur la broche ; il faut que le côté où eft le rochet, foit à la gauche de la Devideufe, & conféquemment le gros côté de la broche à fa droite, ainfi qu'on le voit fur la Figure 3 ; le rochet ou bobine fur lequel on devide, doit tenir ferme fur la broche de l'efcouladou ; afin qu'il ne s'arrête pas lorfque la Devideufe tient le bout de foie un peu ferré.

La Devideufe prend enfuite le bout de l'écheveau, le roule un peu fur le rochet, & avec fa main droite qu'elle tient à plat autant qu'elle peut, elle frappe fur la broche de l'efcouladou, en retirant fa main à elle, & produifant le frottement le plus rude qu'il lui eft poffible, elle imprime à la broche un mouvement de rotation qu'elle entretient en continuant toujours de frapper; par le plus ou le moins de force, ainfi que par le plus ou le moins de fréquence dans les coups de main, elle regle la vîteffe de la rotation de fa broche, felon que la matiere qu'elle devide l'exige.

La Devideufe tient avec fa main gauche le bout de foie qu'elle conduit fur le rochet ou fur la bobine, fur laquelle elle devide, & elle a foin, fi c'eft fur un rochet, de le garnir de foie également par-tout, en promenant fouvent fa main d'un bout à l'autre du rochet, jufqu'à ce qu'il foit plein, c'eft-à-dire, jufqu'à ce que la matiere qu'elle devide foit à la hauteur des aîles du rochet; après quoi, en conduifant bien le bout, elle peut en mettre encore deffus, obfervant d'aller en diminuant jufqu'à une certaine élévation qu'elle termine en arrondiffant. *Voyez la Fig.* 5, *Pl.* 3.

Si c'eft fur une bobine qu'elle devide, le côté de l'aîle de la bobine doit être près de la roue de l'efcouladou; elle doit conduire le bout de foie de maniere à former un cône, c'eft-à-dire, groffiffant toujours du côté de la tête de la bobine, & allant en diminuant du côté de la pointe : quand la matiere devidée eft portée à la hauteur de la tête, & à la diftance convenable de l'autre côté, elle conduit fon bout de maniere à groffir le milieu, & l'élever bien au-deffus de l'aîle, & elle le termine en arrondiffant.

Quelque matiere qu'elle devide, & fur quelque machine que ce foit, c'eft-à-dire, foit fur bobine ou rochet, elle doit en ferrer le bout auffi fortement qu'il eft poffible, & donner à l'un ou l'autre ait affez de fermeté pour empêcher la matiere qui eft deffous, d'en fortir d'elle-même, ce qu'on appelle faire *bien-dur* les bobines ou rochets, afin qu'ils n'éboulent point.

Les bobines & rochets qui fervent à devider des filofelles, laines, &c; doivent être plus longs & plus gros que ceux fur lefquels on devide la foie, & d'un bois plus dur, autant qu'il eft poffible.

Comme c'eft pour trame que ces matieres font deftinées, du devidage elles vont aux canettes. On ne devroit fe fervir que de bobines pour les devider, parce qu'on en fait plus aifément les canettes. Il eft vrai qu'avec le rochet on craint moins le dégât que peut occafionner un devidage mal fait; mais en y faifant apporter toute l'attention qu'exige ce travail, on ne doit rien avoir à craindre.

En devidant avec l'efcouladou, on eft fûr de faire, au moins, trois fois autant de devidage qu'on en feroit avec les autres machines; & d'ailleurs la rapidité avec laquelle on en fait ordinairement tourner la broche, fert extrêmement à rendre les rochets & bobines très-durs. Cette rapidité ne fauroit convenir au devidage des foies teintes, auffi n'emploie-t-on jamais l'efcouladou à cet ufage.

CHAPITRE HUITIEME.

*Explication des Planches concernant les trois anciens Devidoirs,
dont la description est dans les Chapitres précédents.*

SECTION PREMIERE.

Explication de la premiere Planche.

LA Figure premiere de la Planche premiere, représente une Devideuse qui travaille avec le Devidoir à tournettes. *A* est la Femme qui devide ; *B* est la broche de fer qu'elle fait tourner dans sa main droite, garnie d'un rochet sur lequel elle place la soie ; *C* est le morceau de bois qui est attaché à la ceinture de la Devideuse, dans un des trous duquel pose la pointe de la broche de fer ; *D* est le Devidoir à tournette ; *E E* sont les deux tournettes ; *F* est l'écheveau de soie qu'on devide, il est posé sur les deux tournettes ; *G* est le bout de soie de l'écheveau que la Devideuse tient entre les doigts de la main gauche, de maniere à le guider, pour qu'il se roule à propos sur le rochet.

La Figure 2 est une autre Devideuse qui travaille avec le Guindre. *A* est la Femme qui devide ; *B* est la base du Rouet placé devant elle ; *C* est la grande roue de ce même Rouet, qu'elle tourne avec sa main droite ; *D* est le Guindre ; *E* est la tringle qui sert d'axe au guindre ; *F* est la base de la tringle ; *G* est un écheveau de soie placé sur le guindre ; *H* est le bout de l'écheveau que la Devideuse tient avec sa main gauche, de maniere à le conduire à propos, pour que la soie soit bien devidée.

La Figure 3 est un paquet de trois mateaux de soie pendus à une cheville, qui est plantée dans un mur ; ce paquet tient à cette cheville au moyen d'un écheveau qui lie les mateaux par le haut.

La Figure 4 est une planche portée par deux tasseaux, sur laquelle la Devideuse pose ses rochets & bobines.

La Figure 5 est un banc porté sur quatre pieds, c'est la base d'une tringle de fer ou de bois qui sert d'axe aux guindres pour devider.

La Figure 6 est un guindre de roseau.

La Figure 7 est le couronnement de ce même guindre.

La Figure 8 en est la base.

A est une tringle de fer qui se tient droite d'elle-même, au moyen de ce que sa base est faite en patte de poule ; elle sert d'axe aux guindres.

B, B, sont deux pierres percées qu'enfilent les tringles de fer ou de bois qui servent d'axe aux guindres.

C eft une autre tringle de fer plantée dans une piece de bois arrondie, qui lui fert de bafe ; la hauteur de ces deux tringles eft d'environ 3 pieds & demi.

D eft la noix d'un guindre, elle eft de 2 pouces & demi.

E eft une des trois traverfes du couronnement d'un guindre.

F eft une des trois traverfes de la bafe d'un guindre.

G eft un des douze montants d'un guindre.

H eft une broche de fer avec laquelle on devide.

I eft la même broche de fer garnie d'un rochet fur lequel eft un peu de foie.

K eft une bobine vuide.

L eft un rochet vuide.

M eft le morceau de bois que la Devideufe tient attaché à fa ceinture, dans un des trous duquel elle pofe la pointe de la broche de fer avec laquelle elle devide.

Section Seconde.

Explication de la feconde Planche.

La Figure premiere repréfente le Rouet à devider, décrit dans la quatrieme Section du premier Chapitre du Devidage, vu en perfpective du côté de la manivelle.

La Figure 2 repréfente le devidoir à tournettes, décrit dans le Chapitre Second du Devidage, vu en perfpective, garni de fes deux tournettes & d'un écheveau de foie, dont le bout fe roule fur le rochet *o* du Rouet, *Fig.* 1.

La Figure 3 eft le même devidoir, vu prefque en face, mais fans tournettes.

i, i, font les deux tournettes, dont une vue en perfpective, & l'autre vue en face.

l eft une des tringles qui fert d'axe aux tournettes ; l'efpece d'anneau qu'elle forme à un de fes bouts, eft pour pouvoir le prendre avec plus de facilité pour la fortir & la remette.

m eft une des huit petites tringles qui forment la circonférence d'une tournette.

n, n font les deux petites planches rondes qui forment les deux extrémités d'une tournette.

o, o, font les deux noix d'une tournette.

a eft la broche de fer du Rouet, *Fig.* 1, fur laquelle on place le rochet ou les bobines quand on veut devider ; elle eft garnie de la poulie fur laquelle paffe la lifiere qui la fait tourner.

b eft la même broche fur laquelle on voit la partie quarrée qui retient la poulie.

c eft le moyeu de la roue de ce même Rouet, garni de fon axe & de fa manivelle.

d eft

d eft l'axe de ce même moyeu vu de fa place , fur lequel on voit la partie quarrée qui l'empêche de tourner dans le moyeu où il doit être fixement arrêté.

e eft le même moyeu , vu en face du côté du trou de l'axe.

f eft un des huit rayons qui font plantés au moyeu par le côté de leur tenon , & de l'autre, ils portent le grand cerceau avec lequel ils forment la roue du Rouet.

g, g, font les deux arc – boutans qui foutiennent les deux montants qui portent le Rouet.

h, h, font les deux petits montans du devant du Rouet, qui tiennent chacun une des pointes de la broche fur laquelle on place les rochets, à laquelle ils fervent de grenouille.

La Figure 4 repréfente les deux montans qui portent la roue ; ils font vus dans le même fens qu'ils font plantés fur la bafe du Rouet, & de la maniere dont ils font retenus par-deffous, au moyen d'une clavette.

SECTION TROISIEME.

Explication de la troifieme Planche.

La Figure premiere eft une Femme qui devide du fil ou de la laine, &c. avec l'efcouladou. *A* eft la Devideufe ; *B* eft le Devidoir à tournettes, décrit dans le troifieme Chapitre du devidage , *C* eft l'efcouladou, *D* eft la chaife de la Devideufe, *E* eft une boîte dans laquelle elle place fes rochets pleins & vuides.

La Figure 2 eft encore une Femme qui devide du fil, &c. à l'efcouladou ; *A* eft la Devideufe, *B* eft l'efcouladou, *C* eft une pierre qui fert de bafe au guindre *D* : ce Devidoir eft décrit dans la feconde Section du fixieme Chapitre du devidage.

E eft une autre boîte dans laquelle la Devideufe met fes bobines & rochets.

La Figure 3 repréfente l'efcouladou décrit dans la troifieme Section du fixieme Chapitre, vu en perfpective, garni d'une bobine prête à recevoir du fil, de la laine , &c.

La Figure 4 repréfente le même efcouladou dépourvu de fa broche.

La Figure 5 eft un rochet plein de fil, de laine , &c.

La Figure 6 eft une bobine pleine.

a eft un rochet vuide fur lequel on peut devider les fleurets, les cotons, &c.

b eft une bobine au même ufage que le rochet.

C, D, eft la broche de l'efcouladou, vue de profil.

e eft la roue de l'efcouladou, vue en face.

f eft la broche de l'efcouladou, vue fans roue.

g, *g*, font les deux montants de l'efcouladou.

h eft un des écrous qui tiennent les montants de l'efcouladou par-deffous la bafe.

SECTION QUATRIEME.

Explication de la quatrieme Planche.

LA Figure premiere repréfente le guindre ou Devidoir décrit dans la feconde Section du fixieme Chapitre de cet Ouvrage.

La Figure 2 eft le couronnement de ce guindre vu en plan.

La Figure 3 en eft la bafe, vue de même.

La Figure 4 eft cette même bafe, vue en perfpective.

La Figure 5 eft le couronnement vu de même.

La Figure 6 eft le Devidoir décrit dans le troifieme Chapitre.

La Figure 7 eft la bafe de ce même Devidoir, vue par une des extrémités de fa longueur.

La Figure 8 eft une des tournettes de ce Devidoir, vue en face.

La Figure 9 eft une autre des tournettes, vue en perfpective.

P P, *Q Q*, font les bafes & les tringles qui fervent d'axes aux tournettes de ce Devidoir.

R, *R*, font les noix des tournettes, dont une vue en face, & l'autre en perfpective.

S, eft le montant percé du Devidoir, dans les trous duquel entre la cheville *T*, qui retient les écheveaux lorfqu'on devide, afin qu'ils ne tombent pas du Devidoir.

a eft la noix du guindre, *Fig.* 1, vue en perfpective.

b eft la même noix, emmanchée dans la piece de liege, vue de profil.

c eft un des montants du guindre.

d eft une des baguettes du même guindre.

CHAPITRE NEUVIEME.

Suite de l'Explication des Planches de l'Art du Devidage des Soies teintes ; de celles concernant le Rouet à quatre guindres.

SECTION PREMIERE.

Explication de la cinquieme Planche.

La Figure premiere de cette Planche représente le Rouet à quatre guindres, vu en perspective pardevant ; il est dépourvu des guindres, du banc & des roues ; il porte les 4 tringles qui servent d'axe aux guindres & le veilloir ; sur le devant sont deux broches, dont l'une est garnie de deux bobines, & l'autre de deux rochets ; ce Rouet a été ainsi représenté pour en rendre la construction plus intelligible.

La Figure 2 est le banc qui porte la grande roue & les roues dentées qui font varier le courant dans ses révolutions ; *C*, *C*, font les deux pieds du banc ; *E* est le montant extérieur qui porte la grande roue, & par lequel les deux roues dentées sont portées ; *F* est le montant intérieur qui sert à porter la même grande roue.

La Figure 3 est l'axe de la grande roue, garni de son lanternon & de sa manivelle ; *B*, est le moyeu de la grande roue, vu de profil ; *C*, est le même moyeu vu en face.

La Figure 4 est la grande roue, vue en face.

La Figure 5 est la grande roue, vue de profil.

La Figure 6 est le Trafusoir à la Lyonnoise ; *G*, *G* font les deux pieces de bois qui forment sa base ; *H* est la grande cheville du Trafusoir, vue en perspective.

SECTION SECONDE.

Explication de la sixieme Planche.

La Figure premiere de cette Planche représente le bout du Rouet à quatre guindres, vu en face du côté de la grande roue. Cette figure présente les roues dentées, telles qu'elles sont sur le rouet, ainsi que les lanternons ; elle présente aussi la direction de la corde qui fait aller le *va-&-vient*, par le mouvement de ces mêmes roues & de ces mêmes lanternons : on voit aussi en *G* la lisiere qui fait tourner la broche de derriere ; on voit en outre deux guindres, garnis chacun d'un écheveau de soie, & portés chacun sur la tringle qui lui sert d'axe.

EXPLICATION

La Figure 2 repréfente le courant hors du porte-courant, & placé par-deffus pour rendre plus intelligible l'arrangement des cordes qui le font mouvoir : on voit dans cette Figure l'axe de la grande roue garni de fa manivelle & de fon lanternon, avec les deux roues dentées, dans le même fens que quand elles font en travail ; on a ôté la grande roue & le banc, pour les faire voir à découvert, afin de mieux faire concevoir leur arrangement : c'eft de ce même arrangement que dépend le bon ou le mauvais effet du devidage, à caufe de la difperfion de la foie fur les bobines & fur les rochets.

SECTION TROISIEME.

Explication de la feptieme Planche.

LA Figure premiere de cette Planche repréfente une coupe du Rouet à quatre guindres, vue en face. Par le moyen de cette Figure, on voit l'arrangement intérieur des cordes qui font mouvoir toute la machine : on voit en *F* la lifiere fans fin ; en *G* la corde qui fait tourner la grande roue ; elle eft attachée à fa manivelle par un bout, & par l'autre bout, au piton extérieur de la marche : on voit en *H* la corde qui fufpend cette même marche, elle eft attachée par le haut à un piton qui eft au-deffous de la traverfe fupérieure, & par le bas, au piton intérieur de la marche ; *I* eft une des cordes fans fin qui fait tourner les broches de devant : on voit dans cette Figure le prolongement du banc qui porte les roues au niveau des traverfes inférieures ; on y voit auffi deux guindres, garnis chacun d'un écheveau de foie, & portés par les tringles qui leur fervent d'axe.

La Figure 2 repréfente la grande broche de derriere, garnie de fa poulie à large rainure, fur laquelle paffe la lifiere fans fin ; & de fes deux poulies à trois rainures, fur lefquelles paffent les cordes fans fin qu'on y voit ; ainfi que les broches de devant, que chacune de ces cordes fait tourner. On a repréfenté dans cette figure les mouvemens que la grande roue communique aux broches.

La Figure 3 eft un des guindres fur lefquels on place les écheveaux de foie pour devider ; il eft tout monté.

La Figure 4 eft un rochet fur lequel on devide la foie, vu de profil.

La Figure 5 eft un autre rochet, vu en perfpective.

La Figure 6 eft une bobine fur laquelle on devide la trame ; elle eft vue de profil.

La Figure 7 eft une autre bobine, vue en perfpective.

La Figure 8 eft la bafe du guindre, vue en plan.

La Figure 9 eft le couronnement du guindre, vu auffi en plan.

A eft la noix du guindre, vue en perfpective.

B eft

B eſt la petite planche du haut du guindre, vue en plan.
C eſt la petite planche du bas du guindre, vue auſſi en plan.

SECTION QUATRIÈME.

Explication de la huitieme Planche.

LA Figure premiere repréſente le Rouet à quatre guindres, vu géométralement, garni de ſes quatre guindres, avec l'arrangement de la corde qui fait aller
le *va-&-vient* ou *courant*, de celle qui fait tourner la grande roue, de la liſiere
ſans fin, & des deux cordes ſans fin qui font tourner les broches de devant ; on
voit ces broches, dont l'une eſt garnie de deux rochets, & l'autre de deux bobines.
A, eſt la chaiſe de la Devideuſe, dans la place où elle doit être lorſqu'elle
travaille ; on voit en *B* la baſe du Trafuſoir à la Lyonnoiſe, à la place où
elle doit être quand on travaille : le reſte de la Planche repréſente la ſuite
du développement des pieces dont le Rouet eſt compoſé.

C, *C*, ſont les deux montants du devant du Rouet ; ils ſont ſemblables l'un
à l'autre.

D eſt le montant de derriere à gauche.

E eſt le quatrieme montant ; c'eſt celui qui eſt à droite.

F eſt la traverſe inférieure du devant du Rouet, vue en plan.

G eſt la traverſe inférieure de derriere, vue en perſpective.

H eſt la traverſe ſupérieure de devant, vue auſſi en perſpective.

I eſt la traverſe ſupérieure de derriere, vu en plan.

K, *K*, ſont deux des quatre traverſes des bouts du Rouet, vues en perſpective.

L, *L*, ſont les deux autres traverſes, vues en plan.

M eſt le petit montant de devant qu'on fixe ſur la traverſe *H* ; il eſt vu
en perſpective.

N eſt le petit montant de derriere qu'on place ſur la traverſe *I* ; il eſt auſſi
vu en perſpective.

O eſt un des ſix porte-grenouilles qu'on place dans les rainures des montants.

P eſt une des ſix grenouilles.

SECTION CINQUIÈME.

Explication de la neuvieme & derniere Planche, concernant le Devidage des Soies teintes.

LA Figure premiere de cette Planche repréſente une Devideuſe travaillant
au Rouet à quatre guindres : *A* eſt le Rouet, vu en perſpective, garni de ſes
quatre guindres, portés chacun ſur la tringle qui lui ſert d'axe ; ces guindres
ont chacun un écheveau de ſoie : *B* eſt le Trafuſoir, garni de quelques écheveaux de ſoie ; *C* eſt la Devideuſe : on la voit ayant ſa main droite paſſée dans

ETOFFES DE SOIE. I. Part.   I

un écheveau de foie placé fur la grande cheville du Trafufoir ; elle por=
te fa main gauche fur un écheveau de foie pour y dégager une tenue ;
cette derniere action lui fait fufpendre le trafufage où il faut néceffairement
les deux mains ; c'eft pour ne pas perdre tout le temps dont elle peut profiter ,
qu'elle n'abandonne pas l'écheveau de foie qu'elle trafufe ; *D* eft la chaife fur
laquelle la Devideufe eft affife : cet ouvrage ne peut fe faire fans être affis.

La Figure 2 repréfente le Trafufoir à la Nîmoife ; on le voit, comme il a
été dit, fufpendu au plancher avec deux cordes, ce qui prouve qu'en trafufant
on peut conduire les mains qui font dans un écheveau, à celui des quatre guindres du Rouet où l'on a befoin, parce que ce Trafufoir, par fa fufpenfion ,
fe prête à tous les mouvemens.

E eft un rochet plein de foie que la Devideufe a jugé à propos de retirer
de deffus la broche.

F eft une bobine auffi pleine de foie.

Fin de l'Explication des Planches & de la Premiere Partie.

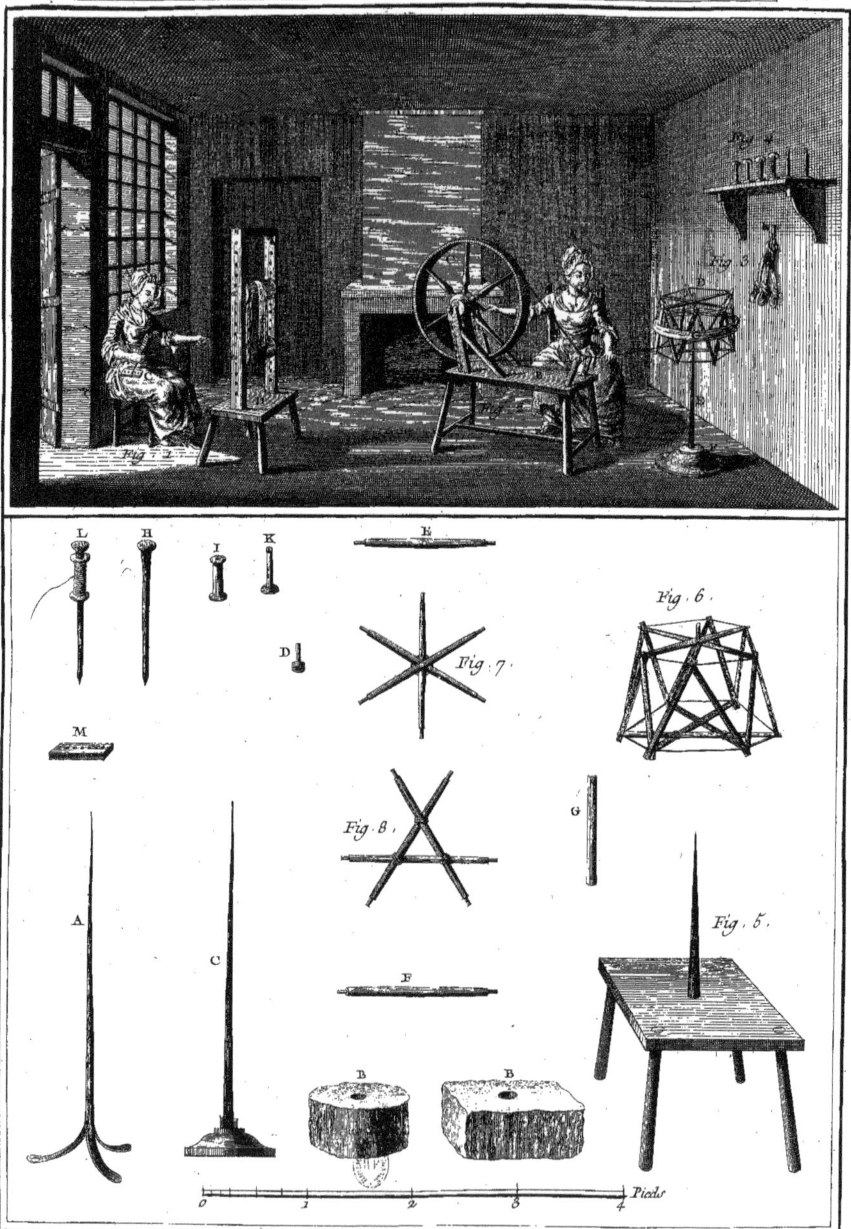

L'ART DU DEVIDAGE DES SOIES TEINTES POUR LES ETOFFES DE SOIE.
Pl. 1.
Fig. 4
Fig. 3
Fig. 2
Fig. 1
L
H
I
K
E
Fig. 6
D
Fig. 7
M
Fig. 8
G
A
C
Fig. 5
B
B
0
1
2
3
4
Pieds
Goussier Del.
Benard Sculp.

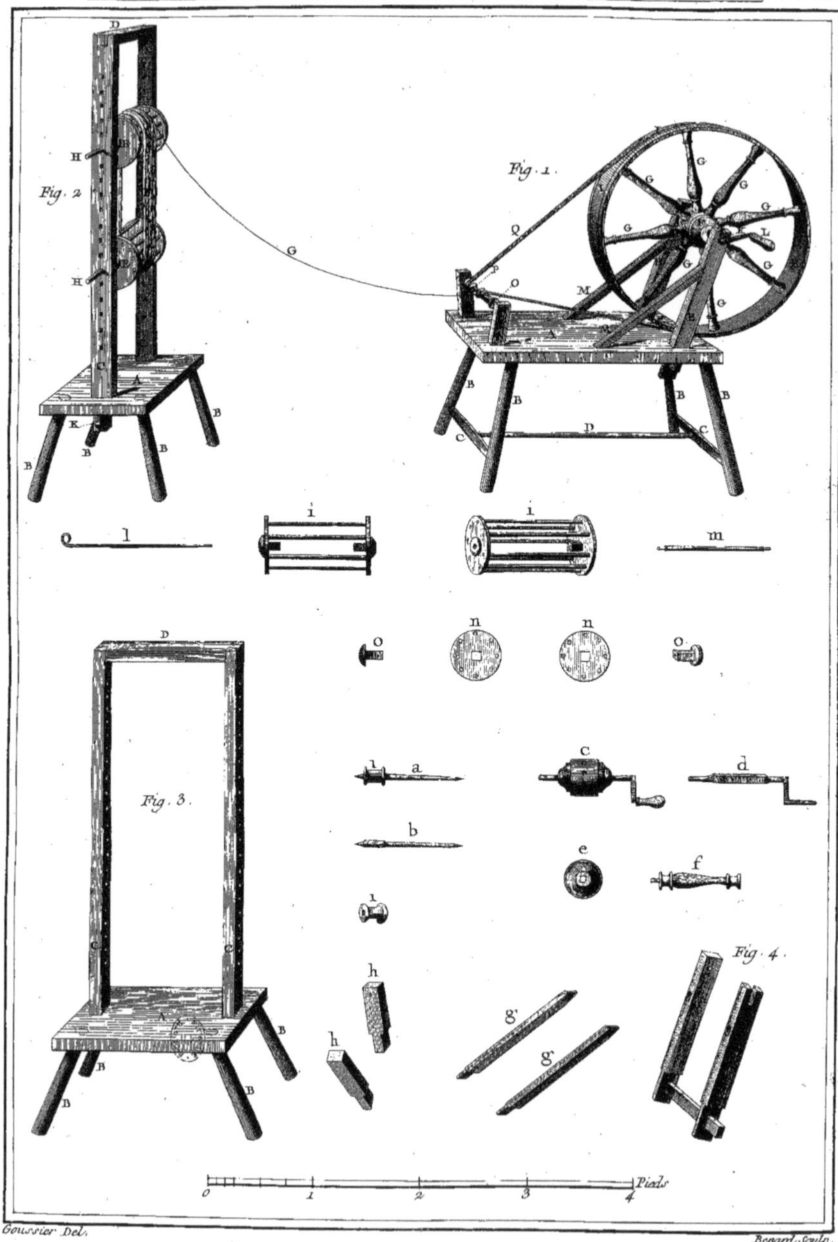

Fig. 2
Fig. 1
Fig. 3
Fig. 4
Goussier Del.
Benard Sculp.
Pieds

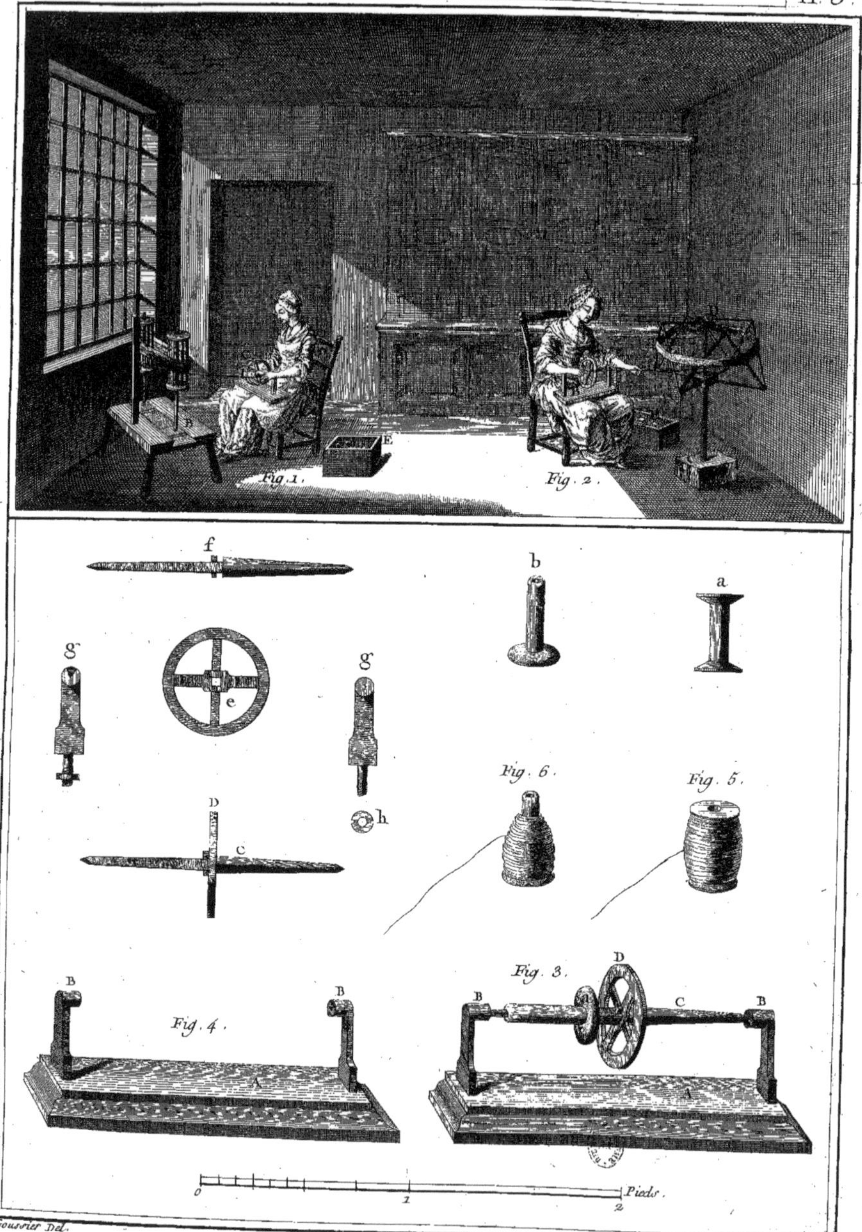

Goussier Del.

Benard Sculp.

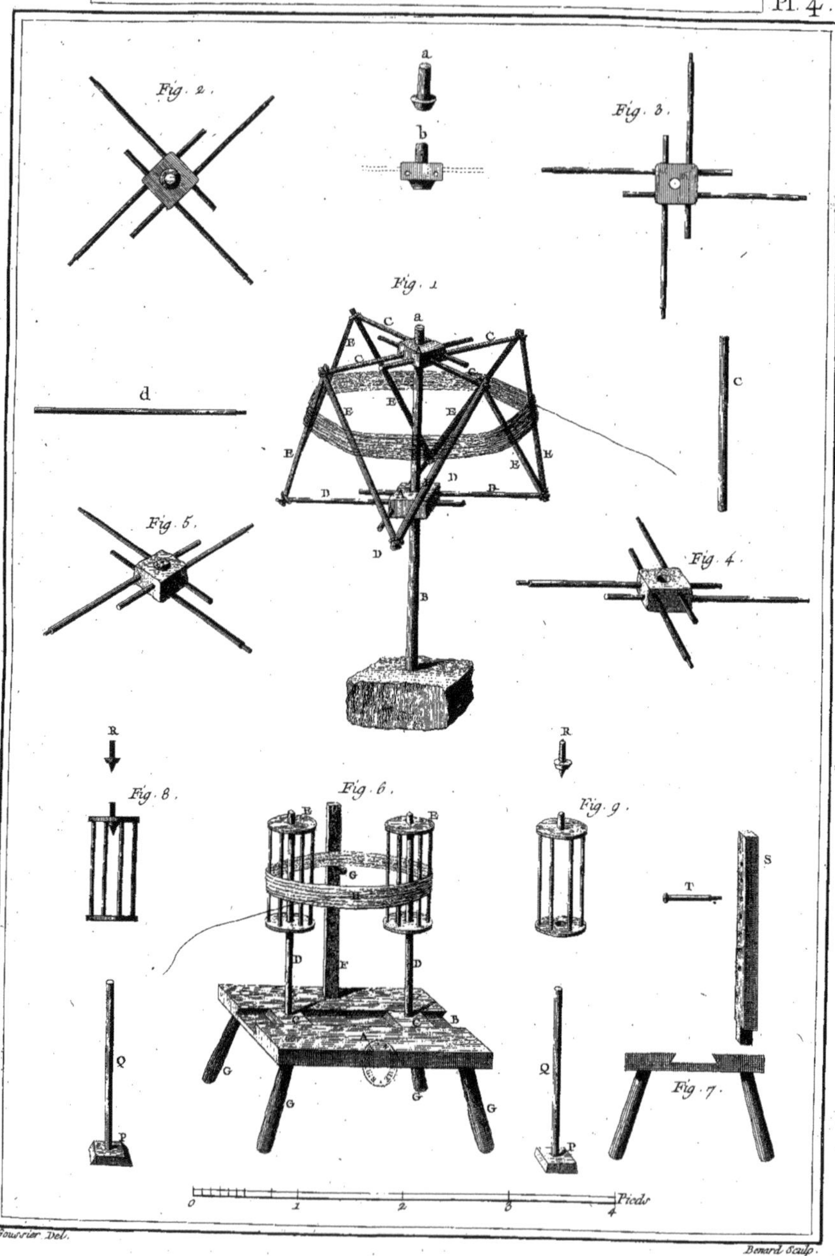

L'Art du Devidage des Soies teintes pour les Etoffes de Soie.
Pl. 4.
Fig. 2.
Fig. 3.
Fig. 1.
a
b
d
c
Fig. 5.
Fig. 4.
R
R
Fig. 8.
Fig. 6.
Fig. 9.
S
T
Q
Q
Fig. 7.
P
P
Pieds
0 1 2 3 4
Goussier Del.
Benard Sculp.

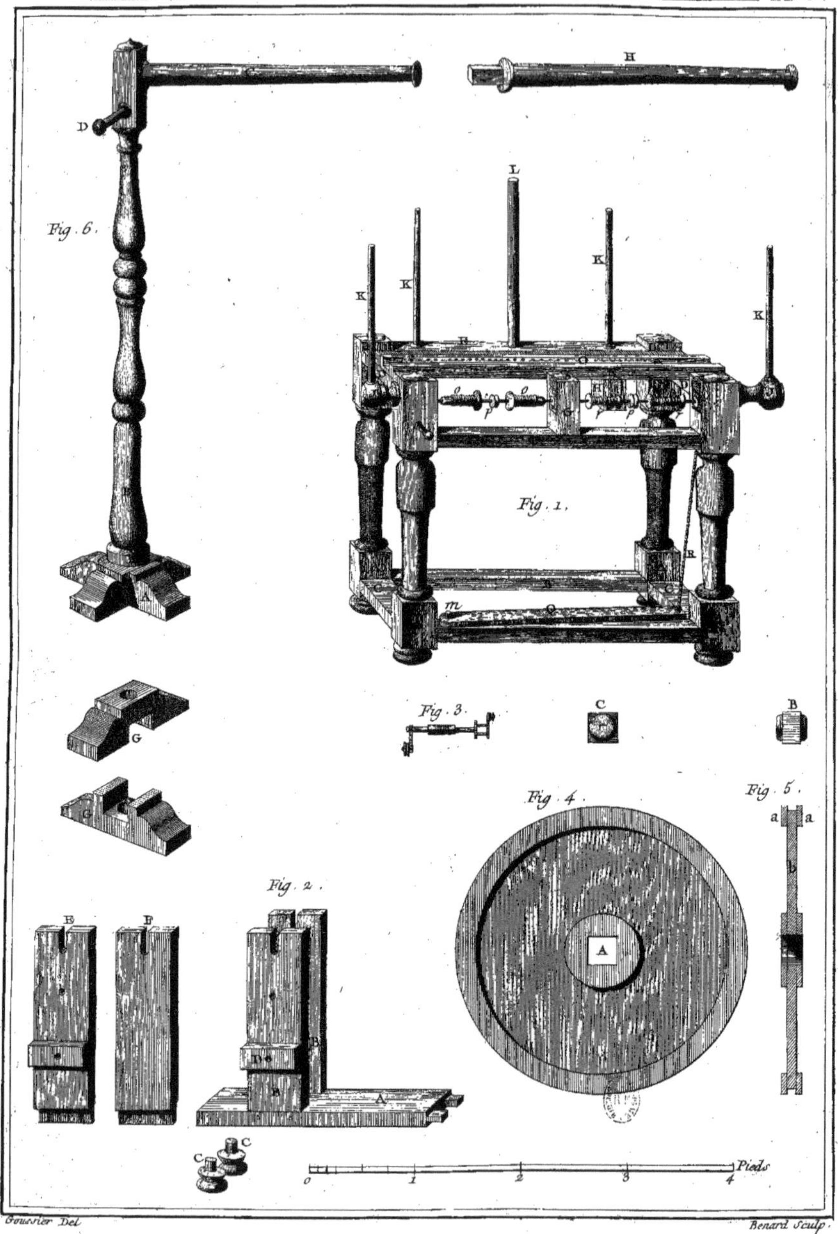

Goussier Del.

Benard Sculp.

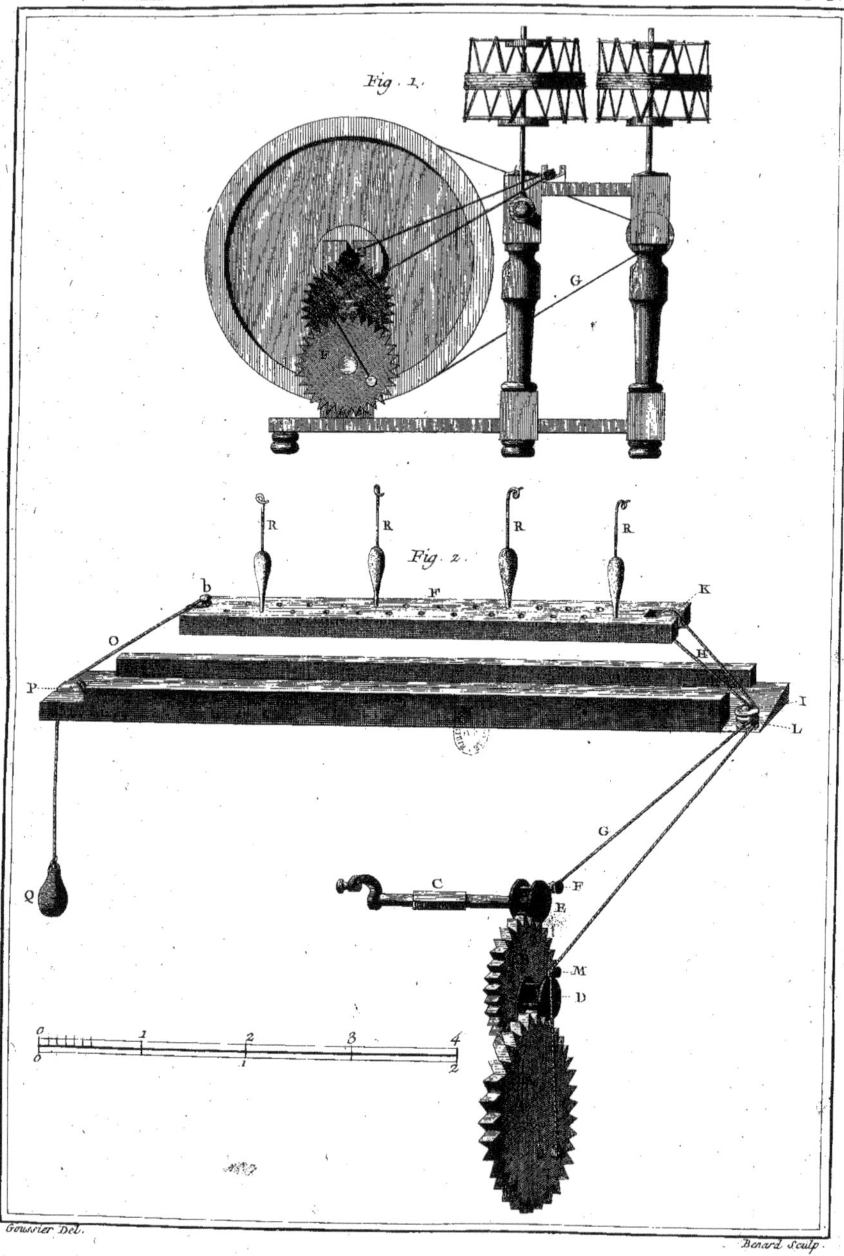

Goussier Del.

Benard Sculp.

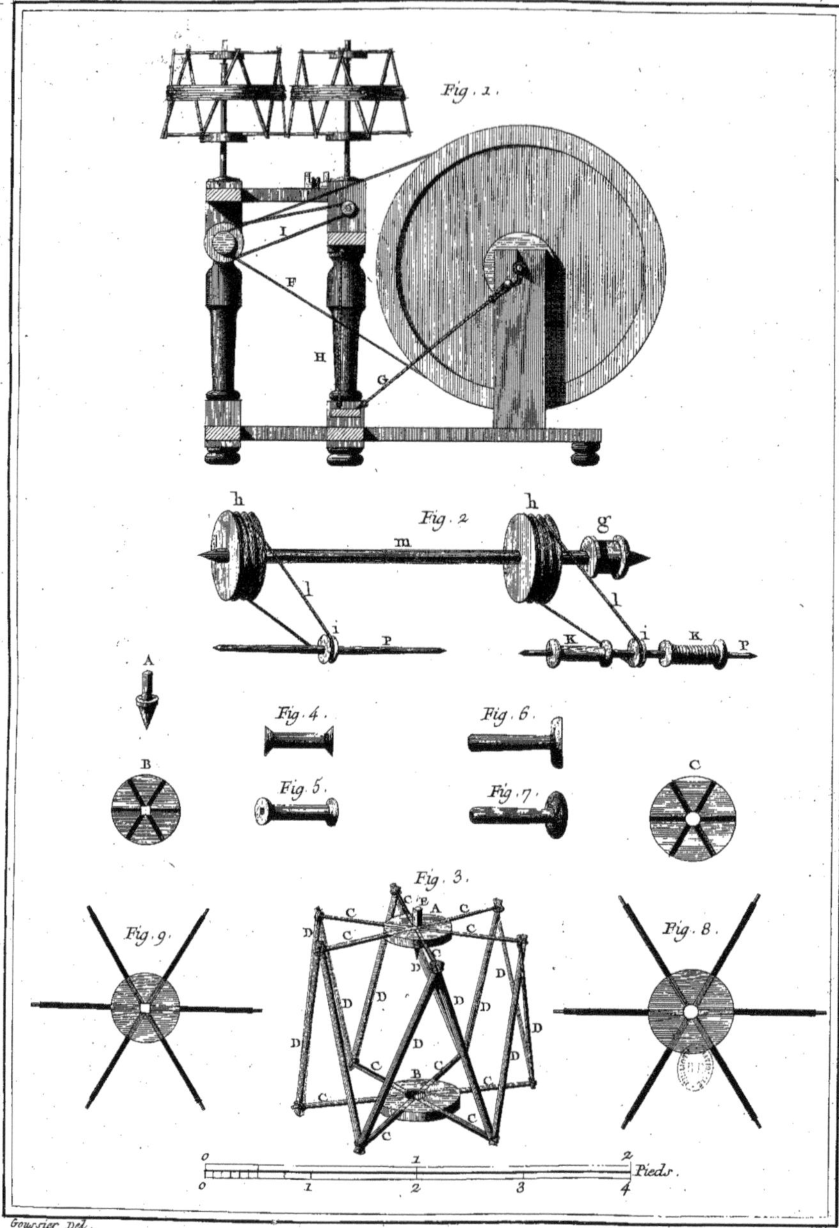
Fig. 1.
I
F
H
G
h
h
g
m
l
l
i
P
i
P
K
K
A
B
Fig. 4.
Fig. 6.
Fig. 5.
Fig. 7.
C
Fig. 3.
Fig. 9.
C
C
C
P A
C
D
C
D
D
C
D
D
D
D
D
D
B
C
C
C
C
C
Fig. 8.
o
1
2
o
1
2
3
4
Pieds.

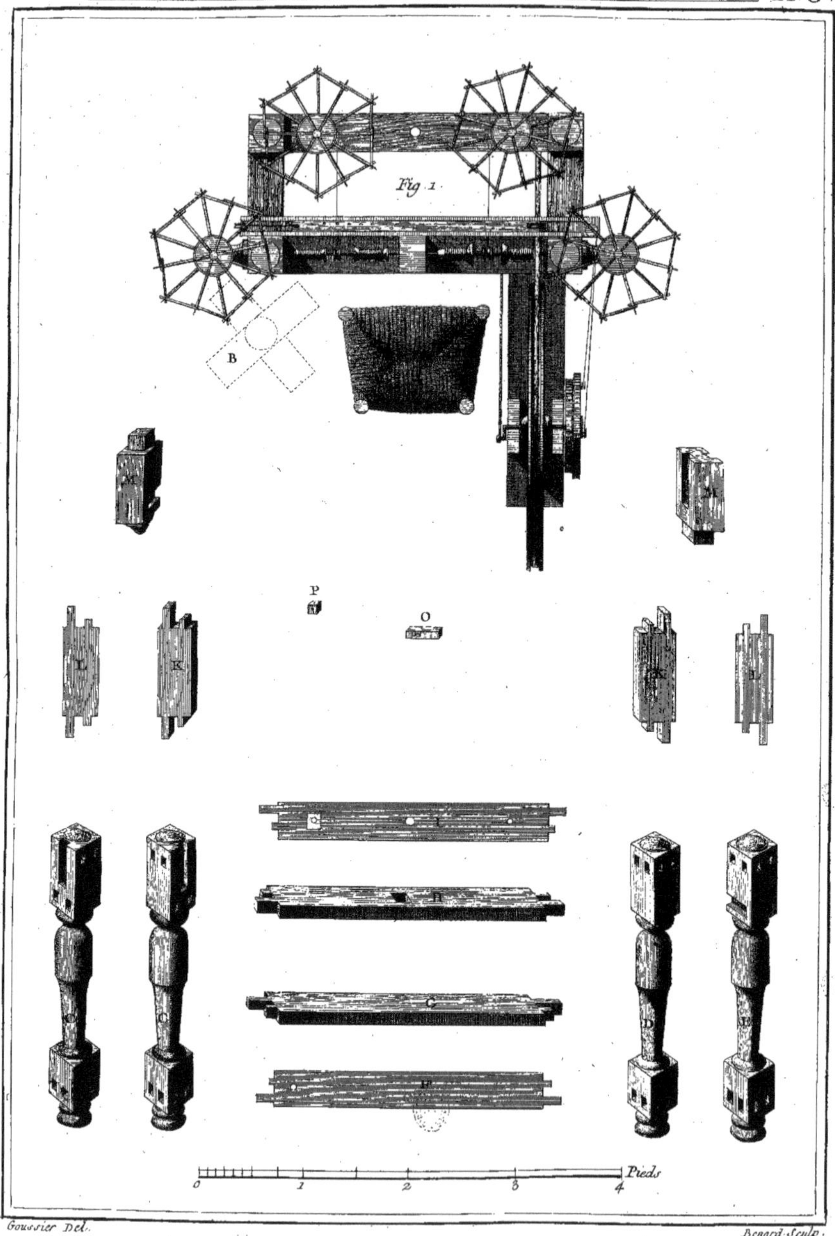

Goussier Del.

Benard Sculp.

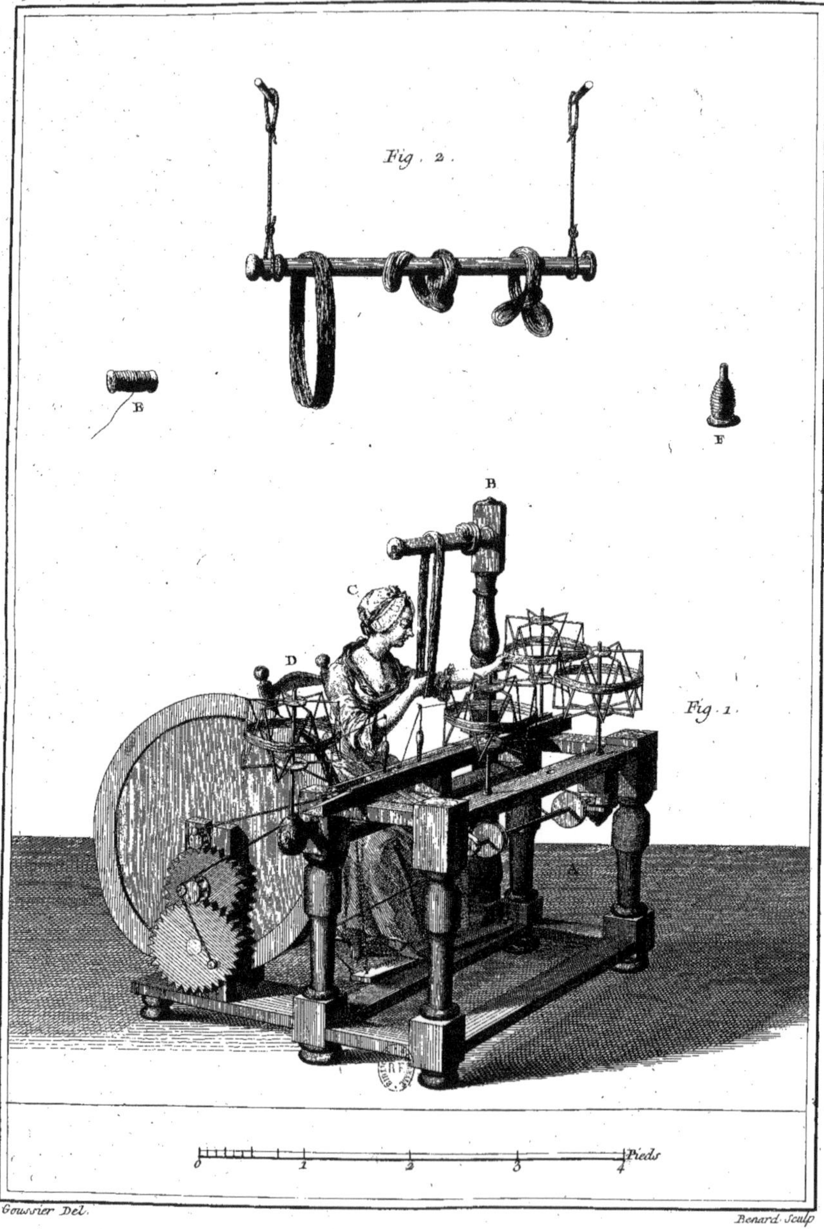

Fig. 2.
B
F
B
C
D
Fig. 1.
A
Pieds
0 1 2 3 4
Goussier Del.
Benard Sculp

SECONDE PARTIE.

L'ART DE L'OURDISSEUR
POUR LES ÉTOFFES DE SOIE.

INTRODUCTION.

L'ART d'ourdir les chaînes & les poils pour les Étoffes de foie, confifte à affembler tous les brins de foie, dont une chaîne ou un poil doivent être compofés.

Les chaînes font compofées d'une quantité déterminée de brins de foie, fuivant le genre d'étoffes pour lefquelles on les deftine ; car toutes n'ont pas la même quantité de fils, ni la même longueur. Ce font les chaînes, qui, avec la trame, forment le corps des étoffes au moyen de la fabrication.

Les poils font de fecondes, troifiemes, quatriemes, &c. chaînes qu'on ajoute aux premieres ; ils font rarement corps avec l'étoffe à laquelle on les adapte ; le plus fouvent on les deftine à former des deffins, des cannelés, des carrelets, &c. fouvent même dans un grand nombre de poils à une même étoffe, partie y forme des deffins, & le refte entre dans le corps de l'étoffe. Le velours ne peut fe fabriquer fans un poil au moins ; il y en a même qui font fufceptibles d'en avoir quatre, & même cinq ; il ne faut pas cependant confondre les uns avec les autres, à caufe du terme de fabrique qui défigne la fupériorité des velours, par le plus grand nombre de poils ; ainfi, quoiqu'on dife, *un velours deux poils, un velours trois poils*, &c. il n'y en a néanmoins qu'un, dont le nombre des brins qui le compofe, eft plus ou moins grand ; mais les poils des velours dont je veux parler, font féparés les uns des autres, & d'une couleur oppofée.

Il y a des poils dont l'ufage eft de lier à l'étoffe la foie, l'or, l'argent, le cordonnet, &c. qui fervent à former les deffins qu'on y voit.

L'ourdiffage de ces poils s'exécute de même que celui des chaînes, ainfi la chaîne ne differe du poil, & ne porte un nom particulier, que par rapport à l'emploi qu'on en fait : je prie mes Lecteurs de ne les entendre que fous le nom de *chaîne*, parce qu'à leur emploi on verra la fonction de chacun.

Il a fallu trouver des moyens pour faire l'affemblage des brins dont on compofe les chaînes, de maniere à pouvoir les féparer les uns des autres, afin de parvenir facilement à fabriquer les étoffes ; il a fallu en même temps trouver d'autres moyens pour donner à tous les brins d'une chaîne une longueur égale,

& les multiplier autant qu'en eſt ſuſceptible une étoffe pour laquelle on veut ourdir.

Il étoit enfin néceſſaire de donner aux chaînes toute la longueur dont on a beſoin.

On n'a pu parvenir à préparer ces chaînes comme il le falloit, qu'au moyen des machines que l'induſtrie a fait imaginer.

Chacun a cherché à ſuivre les méthodes les plus faciles, ſelon les machines qu'il avoit adoptées, & malgré cela les méthodes ont encore varié, ainſi qu'on le verra par la ſuite.

Les différents goûts qu'on a introduits dans les étoffes de ſoie, ont beaucoup multiplié les difficultés dans les ourdiſſages.

Les étoffes rayées en ſont des preuves certaines ; il faut pour ourdir les chaînes pour les étoffes, dont les rayûres ſont nuancées, bien entendre l'art d'ourdir ; il faut y être encore plus expert pour vaincre les obſtacles qu'on trouve dans l'ourdiſſage des rayûres doubletées, tripletées & quadrupletécs ; on ne peut parvenir à ourdir les unes & les autres, qu'en multipliant une des principales machines dont on ſe ſert pour cette opération, je veux dire la *cantre*. On trouve des rayûres dans le genre de celles que je viens d'indiquer, où il faut juſqu'à trente de ces cantres pour un ſeul Ourdiſſoir, afin d'éviter les fautes dans l'ordre qu'on doit faire tenir aux couleurs des ſoies qu'on eſt obligé d'y employer ; cette multiplicité de cantres n'eſt néceſſaire qu'en ourdiſſant à la Lyonnoiſe ; car il y a des Villes de Manufacture où par une intelligence plus éclairée on ſuit une méthode plus expéditive, beaucoup moins embarraſſante, & avec laquelle néanmoins on parvient à ourdir toute ſorte de chaînes, de quelque genre qu'elle ſoit, & de quelque nombre de couleurs & de nuances que les rayûres ſoient compoſées ; une ſeule cantre ſuffit alors pour un Ourdiſſoir. Nîmes, Avignon, & quelques autres villes tiennent à cette méthode.

Il eſt ſurprenant même que Lyon, qui eſt ſans contredit la premiere ville de l'Univers pour la fabrication des étoffes de ſoie, ne ſuive pas cet uſage, que je peux dire, non-ſeulement d'après mon expérience, mais de l'aveu des plus habiles Fabriquants & des premiers Ouvriers, être la plus facile & la plus parfaite de toutes celles qu'on a ſuivies juſqu'à préſent, ainſi qu'on le verra en ſon lieu.

Il a fallu que les Ourdiſſeurs de Lyon, ainſi que ceux des Villes qui ont adopté leur maniere d'ourdir, aient imaginé des cantres moins volumineuſes que celles dont on ſe ſert communément, afin que la quantité qu'on eſt obligé d'en avoir, ne tînt pas un auſſi grand eſpace. Toutes les cantres & tous les Ourdiſſoirs ne ſont pas conſtruits les uns comme les autres, ainſi qu'on le verra par les deſcriptions & par les Planches où ſeront repréſentés les uns & les autres.

La maniere d'ourdir les chaînes pour les étoffes de ſoie, tient en général de celle d'ourdir les chaînes pour les toiles de fil, ou pour les étoffes de laine ;

leur

leur analogie eft, quant à l'affemblage des brins, & quant à l'ordre principal qu'on y obferve pour les longueurs des chaînes, pour l'égalité de la longueur de chaque brin, & pour que ces brins puiffent être féparés, fans que l'un nuife à l'autre dans fa fonction. La différence qu'il y a entre l'ourdiffage des chaînes de foie & ces dernieres, vient des ourdiffoirs & des *cantres*. Les Tifferands & les Drapiers nomment cette derniere machine *canelier*.

Il eft vraifemblable que la maniere d'ourdir les chaînes de foie, eft tirée de celle d'ourdir celles de laine & de fil, pour les toiles, puifque anciennement on fe fervoit pour celles des étoffes de foie d'un Ourdiffoir femblable, à peu-près, à celui du Tifferand, mais plus parfait & plus régulier, comme devant fervir à une matiere plus délicate & plus précieufe que le fil : nous avons encore en France des villes de Manufacture, telles que Tours, où l'on emploie cet Ourdiffoir.

De plus, il eft certain qu'en Europe on a connu les toiles & les étoffes de laine avant que celles de foie y fuffent introduites ; c'eft de la Chine, de la Perfe, & de quelqu'autre partie de l'Afie, que nous avons reçu la maniere de cultiver les foies ; les procédés qu'on employoit dans la fabrique des étoffes de laine & des toiles, a fans doute donné des lumieres pour fabriquer celles de foie ; mais je ne crois pas que nous ayons pénétré dans la méthode des Afiatiques, pour les ourdiffages, &c. Je fonde ce que j'en dis fur quelques rapports vagues qui m'en ont été faits, & encore plus fur des deffeins que j'ai vus au fujet de tout ce qui concerne les foies dans l'Afie ; ces deffeins viennent de Kangton, ville capitale d'une des plus confidérables Provinces de la Chine : un de ces deffeins repréfente une opération d'ourdiffage, qui differe totalement des nôtres ; il paroît par ce deffein que l'ourdiffage & le pliage fe font tout à la fois. Cette maniere d'opérer me paroît d'autant plus impoffible, qu'il faudroit, pour y parvenir, qu'une cantre contînt autant de rochets qu'il faut de brins de foie pour compofer une chaîne ; les rochets qu'on voit à la cantre de cet ourdiffage, y font debout, ils ne tournent pas ; la foie fort par le haut en fe déroulant ; tous les brins paffent fur de petites tringles de fer qui font placées horifontalement par-deffus, de forte que les rochets étant placés fur plufieurs rangs, il y a une tringle pour les brins de foie de chaque rang ; ces tringles font plus élevées les unes que les autres, & forment entr'elles une efpece de gradin, dont la plus haute eft la plus reculée.

J'ai d'autant plus de doute de la poffibilité d'un ourdiffage de cette nature, qu'il eft incompatible avec le foin qu'il faut donner à quatre mille rochets à la fois, & quelquefois à un nombre bien plus confidérable ; car il y a des chaînes compofées de quinze mille fils. Par la maniere dont les rochets font placés, il régneroit une inégalité de tenfion fi grande entre les brins de foie, qu'on ne pourroit aucunement fabriquer les étoffes : ce qui augmente encore mon doute, c'eft que dans le deffein, il n'y a rien qui ferve de guide aux brins de foie, pour les faire pofer par ordre fur l'*Enfuple* qui fert d'ourdiffoir.

Étoffes de soie. II. Part.   K

J'ai préfumé que ces deffeins avoient été faits fur des rapports vagues; car de tous ceux que j'ai vus fur cette matiere, c'eft-à-dire, fur ces différentes opérations des foies, il n'y en a pas un qui préfente une maniere poffible d'opérer.

J'ai jugé par celui qui repréfente l'ourdiffage, qu'on avoit pour méthode d'ourdir portée par portée, comme 80 fils par 80 fils, ou autre nombre déterminé fur chaque rochet, & qu'enfuite on mettoit à la *cantre* autant de rochets qu'il falloit de fois, pour une chaîne, le nombre de fils que contient un rochet; par ce moyen on peut parvenir à finir l'ourdiffage en pliant; mais il faut une machine qui ferve de guide aux portées, pour qu'elles foient placées en bon ordre fur l'enfuple; il faut auffi trouver quelque moyen par rapport aux rochets, pour que toutes les portées foient également tendues, fans quoi on ne fauroit fabriquer l'étoffe.

J'ai cru devoir donner une idée de cet ourdiffage, pour que ceux qui auront vu cette maniere d'ourdir, en la comparant avec la nôtre, ne reftent pas en doute fur fon impoffibilité à caufe de la grande différence qu'ils trouveront entre l'un & l'autre.

Les différentes conftructions des deux efpeces d'Ourdiffoirs dont nous nous fervons en France; (car outre l'Orudiffoir long dont j'ai déja parlé, nous employons encore l'Ourdiffoir rond), & les variétés qu'on rencontre dans la conftruction des *cantres*, m'a fait juger que fi l'on a atteint à la perfection de l'ourdiffage, ce n'a été que par degrés.

J'ai dit plus haut que dans certaines villes on employoit l'Ourdiffoir long; mais dans les villes où la fabrication des étoffes eft mieux entendue, on fe fert par préférence de l'Ourdiffoir rond; non pas que le premier foit inférieur au fecond, car il a l'avantage fur lui, de rendre les longueurs des portées dont une chaîne eft compofée beaucoup plus égales; mais il eft moins expéditif, & beaucoup plus fatiguant pour ceux qui s'en fervent.

L'Ourdiffoir rond a plus de propreté que le précédent, il tient moins d'efpace, la longueur des chaînes eft plus facile à déterminer, & la foie étant plus aifée à conduire, donne une forte de perfection aux chaînes que l'Ourdiffoir long ne fauroit leur donner.

A Paris, & dans quelques autres villes de Manufacture, on emploie l'Ourdiffoir rond; mais on fe fert avec cet Ourdiffoir de la cantre droite, ou du jet, qui eft une efpece de cantre droite inférieure à l'autre.

A Lyon, à Nîmes, à Avignon, &c. on fe fert auffi de l'Ourdiffoir rond, mais on y joint la cantre couchée: la cantre droite lui eft beaucoup inférieure & n'a en fa faveur que l'habitude que l'on a de s'enfervir, & l'avantage de tenir moins de place que l'autre.

Avec l'Ourdiffoir long on ne pourroit employer la cantre droite que très-difficilement; c'eft-à-dire, qu'en ajoutant quelque chofe à fa conftruction: j'en donnerai les raifons quand je traiterai de l'ourdiffage avec cette cantre; mais avec l'Ourdiffoir rond on peut fe fervir de toutes deux.

Il faut nécessairement employer un des deux Ourdissoirs , & une des deux especes de cantres ; quels que soient ceux qu'on adopte , on parvient également à ourdir toute sorte de chaîne ; la différence consiste seulement dans le plus ou le moins de célérité & de perfection qu'on y trouve.

Il faut avoir fait l'expérience de l'un & de l'autre des deux Ourdissoirs ; ainsi que celle des différentes cantres, pour décider de la préférence qu'on doit leur accorder ; car en général, chacun tient à la méthode qu'il a adoptée : j'ai dit mon sentiment à ce sujet , il est fondé sur les expériences que j'ai faites des uns & des autres : au surplus, pour mettre le Lecteur à portée de comparer les deux différents Ourdissoirs , ainsi que les deux cantres, je donnerai une description exacte de chaque espece de l'un & de l'autre , & après que j'aurai relevé leurs défauts & leurs avantages , chacun adoptera ce qui lui paroîtra le plus convenable.

CHAPITRE PREMIER.

Description de l'Ourdissoir long.

L'Ourdissoir long n'est autre chose qu'un chassis de bois de chêne, assez solide pour pouvoir être démonté sans risque ; il est représenté , *Fig.* 1 , *Pl.* 1 , dans toutes ses proportions. J'ai eu soin de faire graver à part toutes les pieces qui le composent, sous les mêmes lettres, afin que le Lecteur puisse aisément les reconnoître. J'aurai dans la suite attention d'en user ainsi dans les descriptions des machines que je donnerai ; c'est le moyen que j'ai cru le plus sûr pour contribuer à l'intelligence de celles qui sont le plus compliquées.

PLANCHE I.

Pour ne pas charger mes descriptions de détails des dimensions , j'ai mieux aimé mettre au bas de chaque planche une échelle graduée avec soin, dont on pourra se servir.

Deux longues traverses *A & B* sont assemblées haut & bas par leurs tenons aux montants *C, D*, qui portent les mortaises. Sur leur longueur, qu'on divise en trois parties égales, sont deux autres montants *E , E*, assemblés aussi à tenons & mortaises.

Tel est l'Ourdissoir long qu'on place contre un mur où on le retient solidement au moyen de *pattes* ou *happes* de fer.

Au milieu de la largeur des deux montants *C, D*, des extrémités, sont pratiqués sur leur longueur, environ 22 trous à égale distance les uns des autres, dans lesquels on fixe à demeure autant de chevilles pareilles à celles *G, G*.

La premiere cheville du montant *C*, doit être placée sur la même ligne que celles *a, a*, qu'on voit à la traverse d'en haut, & dont on expliquera l'usage.

Aux montants du milieu *E, E*, sont deux rangées de trous pareils aux autres ;

dans lesquels on place les chevilles errantes *b*, *b*. On les appelle *errantes*, parce qu'elles n'ont point de place fixe, ainsi qu'on le verra.

Toutes les chevilles ont la même forme que celles qu'on voit en *G*, & leur longueur sans le tenon est de 6 pouces; il est à propos de les faire au tour, pour plus de propreté; alors on y réserve deux rebords pour empêcher la foie de fortir de deffus, & le tenon qu'on y voit est de la groffeur du trou qui le reçoit.

La place néceffaire pour cet Ourdiffoir n'est pas indifférente, il faut, autant qu'on le peut, qu'il foit en face d'une ou de plufieurs fenêtres; on pourroit même le placer au milieu d'une chambre, fi le mur étoit trop loin du jour; alors on le fixeroit par bas avec des pattes dans le plancher, & par le haut avec des étaies roidies contre le plafond dans tous les fens.

On a, pour plus de clarté, repréfenté fur cet Ourdiffoir une chaîne ourdie; il est évident que fi la longueur de l'Ourdiffoir est déterminée & connue, pour ourdir une chaîne d'une longueur donnée, il fuffira de compter les allées & venues: tout ceci s'entendra mieux quand on détaillera l'opération.

Le croifement qu'on voit entre les chevilles *a*, *a*, s'appelle *envergeure*, ainfi que celui que retiennent les chevilles errantes *b*, *b*. L'envergeure est un moyen très-ingénieux de réduire à un ordre affez fimple, une immenfité de fils dans lefquels, fans cela, il ne feroit pas poffible de fe reconnoître; auffi nous verrons quel foin on prend pour la conferver jufqu'à la fabrication entiere de l'étoffe pour laquelle on ourdit une chaîne.

CHAPITRE SECOND.

Defcription de la Cantre couchée, propre à l'Ourdiffoir long.

ON nomme *cantre* un bâti de bois fur lequel font diftribués des rochets pleins de foie dont on forme la chaîne d'une étoffe.

PLANCHE 2. La Figure 1, *Pl.* 2, repréfente une de ces cantres, vue un peu de côté; on la nomme *Cantre couchée*, pour la diftinguer de celles où les rochets font en hauteur, & qu'on verra par la fuite.

A, *A*, font les deux montants de devant, & *B*, *B*, font ceux de derriere; ces derniers ont environ 5 pouces de hauteur plus que ceux de devant; on verra bientôt pourquoi: à environ 3 pouces du bas, ils reçoivent, à tenons & mortaifes, les deux traverfes *C*, *C*, qui déterminent la longueur de la cantre, & celles *D*, *D*, qui en fixent la largeur.

Au milieu de la hauteur des montants de derriere, font affemblées d'autres traverfes *E*, *E*, *F*, *F*, parallelement à celles du bas; le parallélogramme qu'elles forment au milieu est féparé en deux parties égales, par une autre traverfe *G*,

affemblée

assemblée par les deux bouts dans celles *E*, *E*. La traverse *G* est percée sur sa longueur, & au milieu de sa largeur de vingt trous, de deux ou trois lignes de diametre, dont on va faire connoître l'usage.

A pareilles distances & position sont pratiqués sur les faces intérieures des traverses *F*, *F*, de semblables trous, & en même quantité ; mais ils ne percent point ces traverses d'outre en outre, & ne vont qu'environ à moitié de leur épaisseur ; à chacun de ces trous communique une petite rainure qu'on a eu soin de représenter sur la figure, & dont l'usage est de donner entrée à chaque broche de fer qui enfile ces trois trous ; ainsi on conçoit combien il est essentiel que ces trous des trois traverses soient dans un même alignement.

Au haut de chacun des quatre montants est un tenon qui reçoit les traverses *H*, *H*, auxquelles on assemble les deux traverses *J*, *J* ; ces dernieres, auxquelles on attache autant d'anneaux ou d'agraffes de verre qu'il y a de broches, doivent répondre perpendiculairement au milieu de chaque division de la cantre, formée par la traverse *G*.

Lorsqu'on emploie des anneaux, on voit en *L*, la maniere dont on les attache ; si on préfere des agraffes, on a représenté en *M*, le nœud dont on les embrasse ; puis on noue les deux bouts de la ficelle par-dessus la traverse, assez fortement, pour que par la suite ils ne puissent aller d'un ou d'autre côté, chaque anneau devant répondre perpendiculairement à chacun des rochets.

Indépendamment des pieces détachées qu'on a mises sous les mêmes lettres qui les distinguent à la machine toute montée, on a représenté dans la Figure 2 la même cantre, vue par l'extrémité à droite ; car la traverse a anneaux, la plus basse, détermine le devant de la cantre, afin que les deux hauteurs différentes des rangées d'anneaux puissent présenter, au premier coup d'œil, deux divisions ; on verra dans l'opération l'usage qu'on en doit faire.

La Figure 3 représente le devant de la cantre.

N représente une des broches de fer qui sert pour les deux divisions, & qu'en terme de Manufacture on nomme *Estissûres*.

On peut, pour plus de commodité, fermer le dessous des deux divisions avec des planches fort minces, de sorte que les rochets paroîtront être dans un double tiroir.

La hauteur des montants de devant est de 2 pieds 8 pouces, ceux de derriere ont 3 pieds ; la longueur totale de la cantre est de 4 pieds 4 pouces, & sa largeur de 19 pouces ; les rochets sont environ à 21 pouces du bas de la cantre.

CHAPITRE TROISIEME.

Maniere d'ourdir avec l'Ourdiſſoir long, en ſe ſervant de la cantre décrite dans le Chapitre précédent.

L'Ourdisseuse place la cantre en long, en face de l'Ourdiſſoir, & à environ 4 pieds de diſtance, de la maniere qu'on voit en la Planche 3. *Fig.* 1.

La premiere opération eſt de déterminer le nombre de rochets qu'exige la chaîne ou le poil qu'elle va ourdir.

Pour ſimplifier les idées dans une matiere aſſez compliquée ; je ne parlerai pour le préſent que des chaînes unies, me réſervant de parcourir dans un autre temps, tous les genres de rayûres dont une chaîne peut être compoſée.

La quantité de fils dont on forme une chaîne, ſe diviſe en *portées* & *en muſettes.*

Communément parlant, chaque portée eſt compoſée de 80 fils, & on nomme *muſette* la moitié d'une portée. Ce nombre déterminé de 80 fils ne regarde directement que le Fabriquant, qui doit ſavoir de combien de portées la chaîne de telle étoffe ou de tel *poil* doit être compoſée. A Paris, & dans quelques autres villes, la portée n'eſt compoſée que de 40 fils ; mais comme les villes où les fabriques ſont les plus fortes & le mieux entendues ont adopté la portée de 80 fils, j'entendrai toûjours ce nombre, quand je parlerai de portées.

Les poils ne different des chaînes que par les divers emplois qu'on en fait ; on ourdit les uns ainſi que les autres, ſimples, doubles, triples, &c. la méthode eſt la même pour tous, & le calcul du nombre de fils, muſettes & portées, doit quadrer avec la ſomme des fils, dont une chaîne ou un poil doivent être compoſés.

Ourdir ſimple, c'eſt compter un fil pour un.

Ourdir double ou triple, c'eſt compter 2 ou 3 fils pour un, & ainſi du reſte ; de ſorte que, quand on dit qu'on a ourdi telle étoffe à 40 portés ſimples, cela ſignifie que le nombre de fils, à raiſon de 80 par portée, ſera de 3200 ; ſi les portées ſont doubles, le nombre des fils ſera de 6400, & ainſi des autres ; & néanmoins dans l'ordre de l'ourdiſſage, les portées doubles, triples, &c. ne ſont comptées que comme ſimples : on en verra les raiſons, quand je traiterai de la fabrication des étoffes.

J'ai dit qu'en général la portée étoit compoſée de 80 fils ; cela eſt vrai, relativement au calcul qu'en doit faire le Fabriquant ; mais par rapport à l'Ourdiſſeur, elle n'eſt point fixe ; elle peut auſſi bien être de 60, 100 fils, &c. que de 80 : à l'Ourdiſſoir long, ce qui la détermine eſt l'aller & le retour ; c'eſt-à-dire, pour la longueur de l'Ourdiſſoir, le double du nombre de rochets avec lequel on ourdit. Quand à la musette, elle ne varie point, c'est toujours la moitié d'une portée. Il peut arriver que le nombre des portées d'une chaîne, soit pour le Fabriquant de 40, & que pour l'Ourdisseuse il soit de 50, ou plus ou moins, cela dépend du nombre de rochets avec laquelle elle ourdit : je m'explique.

Si pour 40 portées, elle ourdit à 40 rochets, elle n'aura justement que les 40 portées à ourdir, puisqu'alors elle remplit le calcul du Fabriquant ; mais si elle n'emploie que 30 rochets, il faudra nécessairement qu'elle ourdisse un plus grand nombre de portées, pour completter le même nombre de fils ; ainsi elle ourdira 53 portées, & un tiers de portée. Pour cela, il suffira à la premiere musette de la 54e portée, de mettre 20 fils, au lieu de 30.

RÉCAPITULATION.

à 40 *Rochets.*

40 portées font 80 musettes, lesquelles à 40 rochets chacune, donnent pour nombre total de fils. . . . . 3200.

à 30 *Rochets*

53 portées font 106 musettes, lesquelles à 30 rochets chacune, donnent un nombre de fils de . . . . 3180.

Le tiers d'une portée équivaut aux deux tiers d'une musette, qui font de 20 fils, ci. . . . . 20.

Total des fils. . . . 3200.

Si au contraire l'ourdissage se faisoit avec 50 rochets, il faudroit bien moins de portées. Il est vrai que la cantre qu'on a vue ne peut pas contenir ces 50 rochets, mais on verra, par la suite, qu'on en fait même de plus grandes encore ; ainsi, supposons qu'on en ait une de ce nombre, il suffira d'ourdir 32 portées ; car 32 portées font 64 musettes, qui à 50 rochets, donnent 3200 fils.

J'ai jugé à propos de présenter au Lecteur ces calculs, pour que dès les premieres notions d'une opération qui va devenir de plus en plus difficile, on eût sous les yeux les principes qui lui servent de base.

Il seroit, sans doute, plus à propos que l'opération de l'Ourdisseur s'accordât avec les calculs du Fabriquant ; mais outre les méthodes que chacun adopte, & dont on ne veut pas se départir, une partie de soie peut venir à manquer, ou bien on peut n'en avoir pas suffisamment de devidée ; alors quelques Ourdisseurs préferent de multiplier les portées, à ce que d'autres appellent *trancanage*.

On nomme *Trancanage*, une opération qu'il est à propos de faire quand la soie manque ; elle consiste à transporter en parties égales, sur un nombre déterminé de rochets, la soie qui reste sur quelques-uns.

Quand on ourdit avec un plus grand nombre de rochets que les portées du Fabriquant ne le marquent, l'ourdissage en va bien plus vîte ; car alors, ainsi qu'on la vu, le nombre des portées n'est pas si grand ; mais cette précipitation ne peut qu'être nuisible à l'étoffe, attendu que la musette devenant plus grosse, le pliage de la chaîne est moins parfait : on verra dans le traité du pliage, la raison de ce que j'avance ici.

On ne sauroit donc assez recommander d'ourdir à petites musettes ; l'ourdissage, le pliage & conséquemment l'étoffe ne peuvent qu'y gagner.

Dès que l'Ourdisseuse a déterminé le nombre de rochets qu'il convient d'employer, il ne s'agit plus que d'*encantrer*.

On appelle *Encantrer*, l'action de placer les rochets pleins de soie sur les broches de la cantre dans les deux divisions. (On voit, *Fig.* 2, *Pl.* 5, deux rochets sur chaque broche ;) ensuite on passe le bout de soie de chaque rochet dans l'anneau de verre qui lui est perpendiculaire, comme on le voit, *Fig.* 2, *Pl.* 5, ayant soin que la soie se déroule toute du même côté ; par ce moyen, il est aisé d'appercevoir si quelque rochet cesse de tourner, ce qui, sans cela, seroit fort difficile ; d'ailleurs, comme l'Ourdisseuse est obligée d'avoir sans cesse les yeux sur les rochets en ourdissant, cette diversité lui fatigueroit la vue.

Comme les anneaux de verre sont en deux rangées, dont l'une est plus élevée que l'autre, il est évident que les bouts de soie de chaque division sont dans un même alignement, & que, quoiqu'on tienne la totalité de ces bouts, on distingue encore la séparation venant de chaque division, produite par la hauteur différente des traverses à anneaux : on verra par la suite quel précieux avantage on tire de cette séparation.

Quand tous les bouts de soie sont ainsi passés, l'Ourdisseuse les réunit & les noue tous ensemble ; puis tenant ce nœud de la main gauche, elle passe la droite dans la séparation que forment les deux traverses à anneaux, la conduit jusqu'au nœud, & accroche la soie par cette séparation, à la première cheville du montant à gauche de l'Ourdissoir, & reprenant de la main gauche la totalité des fils qu'on nomme *Brasse*, elle les y fait glisser jusqu'à ce que sa main soit parvenue à une hauteur convenable pour *Enverger* plus commodément.

Enverger ou *Encroiser* sont deux termes dont la signification est la même ; mais comme celui d'enverger est plus généralement reçu dans les Manufactures, je m'en servirai habituellement.

Cette opération, fort difficile pour la bien faire, consiste à placer sur deux doigts de la main droite, par ordre, tous les fils de la brasse, de maniere que chaque couple de fils forme une croix ou sautoir ; on a eu soin de représenter dans la Planche 24 cette opération, de différentes manieres pour la rendre plus intelligible.

Le nom d'*encroiser* vient de la croix que forment ces fils, & celui d'*enverger*
vient

vient de ce que quand l'Ourdisseuse à tout envergé, elle place la chaîne dans cet état sur l'Ourdissoir, en substituant à ses deux doigts, les deux verges ou chevilles qu'on voit au haut sur la traverse, près de celle où tient le bout de la chaîne.

Nous avons dit que l'envergeure étoit un moyen sûr de donner de l'ordre à l'immensité de fils dont une brasse est composée ; comment, en effet, trouver autrement la véritable place d'un fil qui se casse ? Plus le Lecteur ira en avant, plus il connoîtra l'utilité de cette invention : je vais entrer dans le détail de l'opération.

L'Ourdisseuse tient la brasse de la main gauche, & enverge avec la droite de la maniere suivante. Pour mieux me faire entendre, j'appellerai premiere division de la cantre, celle qui est plus près de l'Ourdissoir, & l'autre sera la seconde ; elle pose l'index sur le premier fil de son côté appartenant à la seconde division, & relevant le pouce, elle le prend dessus ; puis elle releve l'index sur lequel elle place le premier fil de la premiere division qu'elle met sous le pouce ; dans cet état, il est évident que ces deux fils se croisent entre ses deux doigts, & c'est ce qu'on appelle *enverger* ; elle n'a plus qu'à continuer la même opération jusqu'au dernier fil ; après quoi, si on veut y faire attention, on verra que le premier fil de la seconde division sera sous l'index & sur le pouce ; le premier, premiere division, sur l'index & sous le pouce ; le second, seconde division, sous l'index & sur le pouce ; le second, premiere division, sur l'index & sous le pouce, & ainsi des autres : de sorte que quand l'envergeure sera finie, tous les fils de la premiere division seront sur l'index & sous le pouce, & tous ceux de la seconde seront sur le pouce & sous l'index.

Cette opération une fois bien entendue, n'exige plus que de l'attention, pour ne pas changer l'ordre prescrit.

Comme, par ce moyen, chaque fil est placé à l'envergeure dans un sens contraire à celui qui le précede ou le suit, il est clair que chacun sert de séparation à ses deux voisins, qui, sans lui, se trouveroient dans une même direction. Cette position respective de chaque brin de soie procure un moyen sûr de reconnoître si quelque fil s'est cassé, ou si l'Ourdisseuse a manqué à l'alternative ; ce qui seroit, sans cela, presqu'impossible à réparer, devient on ne peut plus aisé ; si c'est un fil cassé, on peut aisément le renouer ; si l'envergeure est mal faite, il faut la recommencer de l'endroit où est la faute.

On a dû voir, par le détail dans lequel je suis entré, que les deux divisions de la cantre sont d'un grand secours pour faciliter l'envergeure ; ce n'est cependant pas pour cela qu'on les a imaginées, puisqu'on peut aisément enverger les fils d'une seule division, en prenant sur un doigt le premier fil, sur l'autre le second, & ainsi du reste ; deux autres raisons les ont rendu nécessaires ; la premiere, est qu'il faut conserver, autant qu'il est possible, les deux *pas* d'envergeure pour celui qui fabriquera l'étoffe, afin qu'il faſſe *couler ſes verges* plus facilement : on verra lors de la fabrication, en quoi cela conſiſte.

La ſeconde raiſon eſt qu'une cantre ſeroit trop longue, ſi elle contenoit 50 ou 60 rochets dans une ſeule diviſion, & les fils des extrémités devant être réunis au même point entre les doigts, ſeroient trop en riſque de caſſer.

Quand l'Ourdiſſeuſſe a envergé toute la braſſe, elle va placer cette envergeure, comme elle eſt ſur les deux chevilles qu'on voit au haut de l'Ourdiſſoir long, près du montant à gauche, ce qui conſiſte à mettre la cheville à gauche en place du pouce, & l'autre en place de l'index. Enſuite tenant de la main droite une cheville à deux têtes, telle qu'on la voit, *Fig. 6*, *Pl.* 1, elle l'appuie contre la braſſe, & marchant vers l'autre bout de l'Ourdiſſoir, *Fig.* 1, *Pl.* 3, elle fait couler la ſoie ſur ſa cheville juſqu'à ce qu'y étant arrivée, elle la place ſur la premiere cheville en haut, & reprenant encore cette braſſe, elle revient ſur ſes pas de l'autre côté, & continue ainſi d'un bout à l'autre, juſqu'à ce qu'en comptant le nombre de chevilles, & calculant le nombre d'aunes, elle ait atteint la longueur qu'on lui a ordonnée pour la chaîne qu'elle termine aux chevilles errantes, ainſi qu'on le voit, *Fig.* 1, *Pl.* 1.

On a déja vu dans la deſcription de l'Ourdiſſoir long, ce que ſont les chevilles errantes ; ce ſont elles auxquelles on plie l'extrémité d'une chaîne de la maniere qu'on va voir.

On voit, *Fig.* 1, *Pl.* 3, ces deux chevilles errantes. L'Ourdiſſeuſe paſſe la braſſe ſur la premiere des deux qu'elle rencontre, de quelque côté qu'elle vienne, de là ſous la ſeconde où elle fait preſque un tour, & va repaſſer ſous la premiere. La figure que ce croiſement décrit, reſſemble on ne peut davantage à l'envergeure dont nous avons parlé ci-deſſus ; c'en eſt une en effet, mais au lieu que l'une eſt formée par les fils un à un, celle-ci ſera formée par les muſettes, puiſqu'à chaque bout de la chaîne l'Ourdiſſeuſe mettra la braſſe ſur ces chevilles de la même maniere.

Cette ſeconde envergeure eſt abſolument néceſſaire pour le bon ordre de l'Ourdiſſage ; car quand on veut ſavoir combien on a déja ourdi de portées, il ſuffit de compter cette envergeure ; mais elle eſt encore plus indiſpenſable pour le *pliage*, puiſque ſans elle on ne ſauroit plier une chaîne ſur l'*enſuple*. On verra ce que c'eſt qu'un enſuple dans le traité du pliage des chaînes qui ſuivra immédiatement celui de l'ourdiſſage.

Après cette ſeconde envergeure, l'Ourdiſſeuſe retourne ſur ſes pas dans un ordre rétrograde à celui qu'elle avoit tenu d'abord ; ainſi, ſi on ſuppoſe qu'elle a occupé dix chevilles tant à droite qu'à gauche, elle repaſſe par la vingtieme, puis par la dix-neuvieme, enſuite la dix-huitieme, & ainſi de ſuite juſqu'à la premiere d'où elle eſt partie.

Quand l'Ourdiſſeuſe eſt parvenue en rétrogradant aux chevilles d'envergeure d'en haut, comme alors elle se trouve avoir la cantre à sa gauche, elle passe sous la brasse pour l'avoir à sa droite ; puis quittant la cheville, elle prend cette brasse de la main gauche, & enverge de la droite, comme la premiere fois ; (ce qu'elle répete à chaque tour, tant en haut qu'en bas ; avec cette différence, qu'en haut l'envergeure se fait de fil à fil, au lieu qu'en bas, c'est de musette par musette) ; elle place cette envergeure sur les chevilles *a*, *b*, *Pl.* 1, *Fig.* 1 ; mais comme après avoir placé sa brasse sur la premiere cheville du montant à gauche, il faudroit enverger de nouveau en revenant aux chevilles d'envergeure, & qu'il est toujours avantageux de simplifier les opérations : voici comme elle s'y prend ; elle passe la main gauche dans l'envergeure en mettant l'index à la place du pouce, & le pouce à la place de l'index, puis passant un doigt, n'importe lequel, dans l'ouverture du pouce gauche, elle la fait glisser plus loin que la premiere cheville du montant à gauche, place son envergeure sur les chevilles, & met la brasse entiere sur la premiere cheville du montant à gauche ; & comme la séparation qu'elle a conservée forme naturellement avec la séparation des traverses à anneaux de la cantre, une seconde envergeure, elle la place sur les chevilles destinées à la recevoir, ayant soin de faire *sauter le fil*.

On appelle faire *sauter le fil*, une opération qui n'a lieu que dans les chaînes unies, & qui consiste à faire passer le dernier fil envergé par-dessous la brasse, pour le faire devenir le premier de toute la musette, sans lui faire perdre la position qu'il tenoit ; autrement on feroit un *seulere* en devant. J'espere suppléer à ce qui manque à cette description, par une explication détaillée de la Planche vingt-quatrieme, qui contiendra tous ces différents procédés.

Le *seulere*, que quelques-uns nomment *seurelle*, est occasionné lors qu'en envergeant on prend deux fils de suite du même sens ; & comme le nombre de rochets est ordinairement pair, il est évident que deux fils pris ainsi pour un, le rendent impair, & par conséquent occasionneront un second seulere ; quand le *Remetteur* ou le *Tordeur* s'en apperçoivent, ils les comptent pour un, & sont obligés d'ajouter aux bords de la chaîne autant de fils qu'il s'est trouvé de *seuleres*.

Avec toutes ces précautions, l'Ourdisseuse continue son travail jusqu'à ce qu'elle ait completté le nombre de portées nécessaire pour la chaîne ou poil qu'elle ourdit ; quand elle a fini, elle coupe sa brasse, l'arrête à la cheville où elle a accroché le premier bout, passe un cordon de soie dans les séparations de l'envergeure que tiennent les chevilles, ainsi qu'on voit, *Pl.* 1, *Fig.* 4 ; en noue les deux bouts, & en fait autant à l'envergeure des musettes, *Fig.* 5.

Dans cet état, il ne s'agit plus que de lever la chaîne de dessus l'Ourdissoir ; pour cet effet l'Ourdisseuse se sert d'une cheville *H*, *Pl.* 1, d'environ 2 pieds de long, faite au tour, polie autant qu'il est possible, allant en diminuant vers les deux bouts, & au milieu de laquelle est une rainure : on a coutume de percer un trou à l'une de ses extrémités , & d'y passer un bout de ficelle pour pouvoir la placer contre un mur , à un clou ou autrement.

D'abord l'Ourdisseuse ôte la chaîne de dessus les chevilles errantes , & prenant la boucle que laisse au bout la derniere de ces deux chevilles , elle tord un peu la soie sur elle-même , puis passant la main dans cette boucle , elle saisit la chaîne qu'elle fait passer par-là en retirant sa main , & forme un nœud coulant dans lequel elle met la cheville à relever à l'endroit de la rainure ; ensuite par une forte tension, elle serre ce nœud , & fixe le bout de la chaîne solidement sur cette cheville.

L'Ourdisseuse roule la chaîne sur la cheville avec force , & en fait croiser tous les tours de la même maniere que les Arpenteurs relevent leur cordeau, & les enfans la corde de leur cerf-volant. On a représenté cette opération dans la Planche 4 , où la posture de l'Ourdisseuse exprime la force qu'elle y emploie : quand elle est arrivée au premier bout de la chaîne, elle retire la soie de dessus les chevilles de la premiere envergeure, ainsi que de dessus la premiere cheville , puis passant le doigt dans la boucle que forme cette derniere ; elle tord ce bout comme elle a fait à l'autre , & le roule sur la cheville en venant vers une de ses extrémités , & enfin passe le bout de la chaîne sous un des derniers tours , & serre ce nœud en tirant fortement à elle : on voit, *Pl. 5 , Fig. 9 ,* une chaîne relevée sur la cheville , & la maniere dont on en arrête le bout.

Maniere de nouer les fils qui cassent en ourdissant , & de substituer des rochets à ceux qui finissent.

LORSQUE l'Ourdisseuse est occupée à conduire sa brasse d'un bout à l'autre de l'Ourdissoir, il arrive souvent que quelque fil casse, ou que des rochets se vuident ; aussi doit-elle toujours avoir les yeux sur la cantre, afin de voir ce qui s'y passe , & d'y remédier sur le champ.

Dans l'endroit où l'on ourdit, vers les montants du milieu de l'Ourdissoir , on suspend au plancher deux bâtons , tels qu'on les voit en *I I , Pl.* 1 , au moyen de deux pitons dans lesquels on passe la ficelle qui est à un de leurs bouts, & à l'autre est un tenon qui entre dans une cheville à deux têtes : comme le passage de l'Ourdisseuse doit être libre , il faut que ces deux bâtons soient plus près de la cantre que de l'Ourdissoir.

Si quelque fil casse ou qu'un rochet finisse, & que l'Ourdisseuse ne s'en soit pas apperçue dans l'instant , & même qu'elle ait fait plusieurs tours depuis, c'est à l'un de ces bâtons qu'elle attache sa brasse pour remettre en ordre , de la maniere suivante , les fils qui se sont dérangés.

L'Ourdisseuse prend d'une main à la cantre la séparation que forment les deux divisions à l'endroit où le fil ne va plus , & de l'autre elle arrête au bout du bâton le plus prochain , en faisant quelques tours sur la cheville , la brasse qui

doit

doit être tendue entre l'Ourdissoir & cette cheville ; ensuite elle fait couler cette séparation sur son ourdissage, en rétrogradant jusqu'à ce qu'elle ait trouvé le bout fini ou cassé, & tâchant de le placer dans la séparation qu'elle tient, elle le noue avec celui du rochet qui n'alloit plus, auquel elle fait suivre l'ordre de l'ourdissage, le mettant par-tout où il manque, & le conduit jusqu'au bâton, d'où elle retire la brasse à laquelle elle joint ce fil, & continue d'ourdir.

Une attention que doit avoir l'Ourdisseuse en allant & venant d'un bout à l'autre de l'Ourdissoir, est de ne passer aucune cheville, & de ne pas prendre plusieurs fois la même ; en effet, on conçoit que la longueur de cette portée seroit considérablement augmentée ou diminuée. Il est aisé de s'appercevoir d'une pareille erreur, car dans l'un de ces deux cas, cette musette croiseroit sur les autres

Observation sur les longueurs qu'on peut donner aux Chaînes & Poils.

J'ai dit plus haut que c'est le nombre des chevilles qu'on emploie, qui détermine la longueur d'une chaîne ou d'un poil : cela posé, si on connoît une fois la longueur d'un Ourdissoir, il est très-aisé de fixer le nombre de chevilles que doit occuper telle ou telle chaîne.

L'Ourdissoir qu'on a vu, *Planche* I, est supposé avoir trois aunes de long ; chaque montant du milieu le divise par aunes, au moyen dequoi il sera aisé d'ourdir une chaîne à telle longueur qu'on voudra ; on peut ajouter une ou deux aunes, en fixant au premier ou au second montant les chevilles errantes ; ainsi, si l'Ourdissoir porte 22 chevilles de chaque côté, & qu'on les emploie toutes, on aura trois fois 44 aunes, qui font 132 aunes. Un Ourdissoir suffit ordinairement dans cette proportion ; cependant il est aisé d'en construire un plus haut & plus long, ou bien de rapprocher davantage les chevilles les unes des autres, & alors le nombre en sera augmenté.

CHAPITRE QUATRIEME.

Description de l'Ourdiſſoir rond, & des différentes pieces qui le compoſent.

SECTION PREMIERE.

De la Cage de l'Ourdiſſoir.

PLANCHE 6.

Lʌ Cage de l'Ourdiſſoir qui eſt repréſentée, *Fig. 1, Pl. 6*, eſt compoſée par le bas des deux traverſes *A*, *B* aſſemblées au milieu en croix, au moyen d'une entaille priſe ſur leur épaiſſeur à mi-bois. Deux autres pareilles traverſes aſſemblées de même, forment le ſommet de cette cage. Dans des mortaiſes pratiquées à quelque diſtance des extrémités de ces traverſes, haut & bas, ſont aſſemblés les quatre montants *E*, *E*, *E*, *E*, dont la largeur & l'épaiſſeur ſont égales à celles des traverſes miſes en croix. Pour mieux faire comprendre les dimenſions de ces pieces, & leurs mortaiſes, ainſi que leurs tenons : on les a repréſentées à part ſous les mêmes lettres.

Comme on eſt dans le cas de changer quelquefois cet Ourdiſſoir de place, les pieces qui en compoſent la cage ne ſont point chevillées ; mais on la rend ſolide en mettant au bout de chaque bras de la croix ſupérieure, deux étaies qu'on roidit obliquement, tant ſur le côté que ſur le devant, contre le plancher ou contre la muraille la plus voiſine de la maniere qu'on juge le plus convenable.

Il faut que cette cage, ainſi que l'Ourdiſſoir, ſoient poſés bien à-plomb ; & pour la monter, comme elle doit l'être, on poſe d'abord la croix inférieure par terre, le plus de niveau qu'il eſt poſſible ; enſuite on met deux montants ſur la traverſe *A*, & on y aſſemble la traverſe *C* par le haut, après cela les deux autres montants, & enfin la traverſe *D* ; ayant ſoin de paſſer dans le montant qu'on deſtine à être en devant, le plot *F*, dont on donnera plus bas l'explication.

Le petit montant *G* qu'on voit au-deſſus de celui qui reçoit le plot eſt aſſemblé à tenon & mortaiſe, à environ 6 pouces du bout de la traverſe *D*, & y eſt chevillé ; au haut eſt une entaille dans laquelle on met une poulie où paſſe une corde à boyau dont on verra l'uſage.

Au bout de cette même traverſe *D*, eſt une petite mortaiſe qui la perce d'outre en outre, & dans laquelle on met auſſi une poulie dans le même ſens que la précédente.

C'eſt alors qu'on peut placer les étaies pour rendre cette cage ſolide ; mais une attention qu'il faut avoir, eſt que le trou qu'on a pratiqué au centre de la croix supérieure, soit bien perpendiculaire avec celui d'en bas; l'usage de celui d'en haut est de recevoir un boulon qui y tourne, ainsi il doit être rond; mais celui d'en bas n'est qu'une entaille quarrée dans laquelle on place un cube *b*, de fer ou de cuivre, qui sert de grenouille, & sur lequel tourne le pivot de l'Ourdissoir.

Quand cette cage est solidement arrêtée, on pose l'arbre en passant son boulon dans le trou d'en haut, & on l'abandonne à son propre poids, en mettant la pointe de son pivot dans le trou de la grenouille *b* : si l'arbre est bien fait, & que la cage soit de niveau, il doit tourner aisément, & ne pas s'arrêter toujours d'un même côté, ce qui feroit voir que la cage penche par-là.

La hauteur totale de cette cage est de 6 pieds & demi, & la longueur des traverses est de 5 pieds 2 pouces.

Section Seconde.

Description de l'Ourdissoir rond.

On a cru, pour simplifier la description de cette machine très-composée par elle-même, devoir la représenter hors de la cage dont on vient de donner l'explication.

La Planche 7 représente l'Ourdissoir rond tout monté, & vu en face hors de sa cage : on a représenté à part, dans cette planche, les différentes pieces qui le composent, dans leurs proportions, suivant l'échelle graduée, & sous les mêmes lettres.

Planche
7.

La pièce du milieu *A* est l'arbre; c'est une pièce de bois à huit pans comme l'Ourdissoir, dont la hauteur détermine celle qu'on veut donner à l'Ourdissoir, mais qui doit avoir environ 6 à 8 pouces de moins que la hauteur de la cage; son diametre est d'environ 8 pouces.

Au centre d'un de ses bouts est planté solidement un boulon de fer *L*, d'environ 2 pieds de long, dont un bout est terminé en pointe & quarré; à l'autre bout de l'arbre est plantée, aussi au centre, une pièce de fer *N*, quarrée, pointue par un bout, & percée de l'autre : c'est dans ce trou qu'entre le pivot de fer *M*, au moyen du tenon qu'on y voit. Il semble qu'il seroit plus simple de faire le pivot tout d'une pièce, mais la pointe venant à s'émousser, il faudroit démonter l'Ourdissoir pour mettre un autre pivot, au lieu qu'on change celui-ci très-facilement.

Sur la hauteur de l'arbre sont trois divisions de mortaises qu'il est à propos de détailler.

A environ 6 pouces du haut de l'arbre on tire un trait à l'équerre sur chaque pan, ce qui indique que toutes les mortaises sont à égale hauteur; on en tire plus bas un second, à 1 pouce & demi de distance du premier, qui en fixe la longueur. Sur une des faces de l'arbre on trace une de ces mortaises, de 3 pouces plus longue que les autres, & comme elle va par le diametre fur la face parallele, elle n'a de ce côté que quatre pouces; on peut voir fur l'arbre féparé, en haut, cette mortaife plus longue que les autres.

Sur la face de l'arbre qui eft à angles droits avec celle dont nous venons de parler, la mortaife n'a qu'un pouce & demi, comme on l'a dit; mais elle perce d'outre en outre, & rencontre la premiere au centre, les quatre autres n'ont qu'environ deux pouces de profondeur.

A pareille diftance de l'autre bout de l'arbre, & au milieu de fa longueur, font de pareilles mortaifes. On voit fur cet arbre que celles qui font plus longues font placées fur le même pan, & que leur excédent eft pris vers le bas.

On conçoit affez à l'infpection de la Figure premiere que ces trois divifions de mortaifes reçoivent les trois hauteurs de rayons qu'on y voit; mais examinons de qu'elle maniere ils y font affemblés.

A chaque divifion font deux traverfes qu'on voit en *B, B,* dont la longueur détermine le diametre de l'Ourdiffoir; au milieu eft une entaille à mi-bois par où elles s'affemblent en croix au centre de l'arbre, de la maniere fuivante:

On paffe d'abord une de ces deux traverfes dans la plus petite des deux mortaifes qui percent l'arbre d'outre en outre; enfuite on met la feconde dans la plus longue, jufqu'à ce qu'étant arrivée entaille fur entaille, on oblige avec un coin, ou autrement, celle-ci de monter jufqu'à ce qu'elle rencontre le trait qui met toutes les mortaifes au même niveau.

Quand ces traverfes font placées par-tout, on prend exactement la longueur de leur faillie hors de l'arbre; on y ajoute 2 pouces, & c'eft la longueur des quatre petites traverfes qu'il faut mettre à chaque divifion, fur les quatre pans qui n'en ont pas encore.

Il ne faut pas oublier, avant de mettre aucune de ces traverfes en place, de faire à leurs extrémités un tenon, tel qu'on le voit en *B, B, C, C.*

Au-deffous de chaque divifion de rayons eft une planche, telle qu'on la voit repréfentée féparément en *D,* & qu'on nomme *tourteau;* elle eft à 8 pans, & percée au milieu de même, pour recevoir jufte l'arbre. Sur fa furface font huit entailles concentriques, de la largeur des rayons ou traverfes qu'elle reçoit, & profondes de la moitié de fon épaiffeur; quand elles font en place, on met par-deffous une clef, ou coin de bois, dans la mortaife qu'on a pratiquée à l'arbre, plus longue que les autres; par ce moyen on ferre à une égale hauteur tous les rayons, & comme ceux qui n'entrent que de deux pouces dans l'arbre, n'y tiendroient pas affez folidement, on les fixe fur le tourteau chacun avec deux chevilles à tête, qui peuvent s'ôter quand on veut démonter l'Ourdiffoir.

On voit au fond de quatre des huit rainures du tourteau, les trous de ces chevilles, ainfi que fur deux des quatre petits rayons *C, C.*

On n'a pu repréfenter fur l'Ourdiffoir tout monté, ces tourteaux & leurs clefs, qu'aux rayons du haut & du bas, à caufe du point de vue qui ne permet pas de voir celui du milieu.   Sur

Sur chaque pan de l'arbre dans toute sa hauteur sont, ainsi qu'on vient de le voir, trois rayons, au bout de chacun desquels on a réservé un tenon ; c'est-là qu'on assemble un des huit montants *F*, *F*, *F*, &c, un peu plus larges qu'épais ; les mortaises qu'on y pratique sur l'épaisseur, sont au même écartement que celles qu'on a tracées sur l'arbre ; l'autre face de leur épaisseur est arrondie & très-polie pour ne point accrocher la soie.

Dans cet état l'Ourdissoir est à peu-près fini ; mais comme dans l'ourdissage la soie venant à en serrer les aîles, pourroit les faire écarter à droite ou à gauche, ce qui diminueroit le diametre de la machine, & en hâteroit la destruction ; il a été nécessaire de conserver ces aîles dans un même écartement respectif, au moyen des traverses *G*, *G*, *H*, *H*, *I*, *I*, qui sont en totalité au nombre de 24 de même longueur ; savoir, 12 comme celle qu'on voit à part en *G*, 8 comme celle qu'on voit en *H*, & 4 comme celle *I*.

Sur quatre pans de l'Ourdissoir, à angles droits, les aîles sont retenues par trois traverses égales & semblables *G*, *G*, *G* ; mais l'usage & la construction des autres ont besoin d'être expliqués.

On se rappelle sans doute avoir vu à l'Ourdissoir long deux montants au milieu, destinés à porter les chevilles errantes qui terminent la longueur des chaînes ; on n'en a représenté que deux ici en *K*, *K*, les deux autres ne pouvant se voir comme il faut.

La longueur de ces montants qu'on voit séparément en *K*, sans les tenons, est égale à la distance d'une traverse *H*, supérieure, à celle d'en bas, prise juste ; leur largeur doit être suffisante pour y percer deux rangées de trous qu'on y voit, & leur épaisseur est moindre que celle des traverses *H*, *H*, au milieu desquelles ils sont assemblés à tenons & mortaises : on voit cette mortaise sur la traverse séparée *H* ; la traverse du milieu *I* a une entaille de plus de la moitié de son épaisseur, & de la largeur du montant qui doit y entrer sans effort. Toutes ces pieces doivent être coupées assez juste pour tenir les aîles dans un écartement convenable, sans trop les forcer.

Il ne reste plus qu'à percer au bas de chaque montant *F*, un trou dans lequel on met une cheville saillante d'environ 9 lignes, dont l'office est d'empêcher la corde sans fin qui fait tourner l'Ourdissoir de tomber par terre.

Les chevilles qui portent la chaîne, dont on voit une en *O*, sont en tout pareilles à celles de l'Ourdissoir long, ainsi nous nous dispenserons d'en rien dire de plus.

La hauteur de cet Ourdissoir est de 6 pieds, & son diametre de 4 pieds 4 pouces ; comme il n'est pas possible de le mettre dans sa cage tout monté, on y place d'abord l'arbre, & on monte ensuite toutes les pieces : un pareil instrument, quand il est solidement construit, doit durer très-long-temps ; mais le bois le plus sain se gerce à la longue ; ainsi, il est bon d'avoir la précaution de garnir les deux extrémités de l'arbre de deux cercles de fer qu'on fait entrer avec force dans une certissure entaillée sur l'arbre, & qui affleurent sa superficie: on a eu soin de les représenter sur la Figure.

SECTION TROISIEME

Description des différents Plots qu'on emploie avec l'Ourdissoir rond.

ON nomme *Plot* une piece de bois qui coule le long du montant de la cage de l'Ourdissoir, *Planches 6 & 10*, & dont l'effet est de conduire la brasse haut & bas, tandis qu'elle se place sur l'Ourdissoir qui tourne : on fait de ces plots de plusieurs especes, qu'on a toutes rassemblées dans la Planche 9, & dont il n'est pas possible de se dispenser de donner le détail, pour faire connoître les différentes manieres d'ourdir dans différentes Provinces.

Celui qu'on voit sur l'Ourdissoir de la Planche 10, est représenté, *Fig. 1*, *Planche 9*; il est, ainsi que les trois autres qu'on voit sur la même ligne, formé d'une piece de bois plus longue que large & haute, & d'une figure que les Géometres appellent *parallélipipede*: à peu-près à la moitié de sa longueur, on donne un trait de scie qui se rencontrant à angle droit avec un autre qu'on fait sur un de ses bouts, produit l'échancrure qu'on voit aux Figures 1, 2, 3 & 4: sur la partie qui est restée en son entier, on perce une mortaise d'outre en outre, propre à recevoir le montant de la cage; ainsi, on ne peut lui donner ici de dimension fixe; lorsqu'il s'agit d'en construire un, il suffit de prendre celles du montant, pour qu'il puisse y entrer à l'aise. On doit avoir soin quand on construit l'un de ceux, *Fig. 1, 2, 4*, de réserver un peu plus d'épaisseur de bois en devant, pour y pratiquer la mortaise qu'on voit à ces plots. C'est dans cette mortaise qu'on place une poulie qui doit la remplir sans être gênée, & sur laquelle passe une corde à boyau, dont nous verrons bien-tôt l'usage.

Pour plus de clarté, nous allons reprendre en détail la construction de chacun des *plots* qu'on a représentés dans la Planche 9.

Celui qu'on voit dans la Figure premiere a sur chaque angle de sa partie inférieure une tringle de fer très-polie, sur laquelle passe la soie tant du côté de la cantre que de l'Ourdissoir; on en a représenté une à part en *e*, dont un bout recourbé & applati en patte, se met sur le bout du plot, où on le fixe avec un clou; l'autre est aussi applati, & s'attache de même sur la partie du plot qu'on a laissée en son entier; il a fallu ainsi garantir les angles qui n'étant que de bois, se seroient promptement usés : l'autre tringle qu'on y voit est celle qu'on a représentée en *f*; elle est arrondie par un bout & applatie par l'autre, avec trois trous par où on la fixe sur le devant du plot; mais comme cette partie du plot est un point où viennent se réunir des fils de toute la longueur de la cantre, il a fallu les y tenir assemblés; c'est ce qu'on a obtenu au moyen des deux especes de rochets qu'on voit en *i*, & qui tournent sur une cheville à tête *h* ; ainsi de quelque côté que tourne l'Ourdissoir, une de ces deux poulies ou rochets empêche que la brasse ne sorte de dessus le plot, tandis que les deux tringles la retiennent entr'elles. Voyons maintenant de quelle maniere on fait monter & descendre le plot. Pour cela, il faut nous reporter à la Figure 1, *Planche* 10.

Il faut, avant que de planter le boulon dans l'arbre de l'Ourdissoir, avoir eu la précaution d'y percer un trou qui doit se trouver un peu au-dessus de la cage ; on y passe une corde à boyau, au bout de laquelle on fait un nœud ; on met cette corde sur la poulie du petit montant, puis sur celle du bout de la traverse, de là dans la mortaise du plot ; après quoi on y met la poulie, que l'on y retient avec une petite cheville ; on fixe l'autre bout au moyen d'un nœud, dans un trou qu'on fait au bout de la traverse d'en haut à côté de la poulie. *Fig.* 1, *Pl.* 10.

Quand on pose cette corde, il faut pour faire le dernier nœud, que le plot se trouve au bas du montant, au-dessus des chevilles qui retiennent la corde sans fin, sur l'Ourdissoir.

Dans cet état l'Ourdissoir est complet, & prêt à travailler. Nous passerions tout de suite à la description de la cantre, sans laquelle on ne peut ourdir, si ce n'étoit ici le lieu de parler des divers plots, dont on fait usage dans beaucoup de Manufactures ; nous en verrons de simples & de composés ; tous ont leurs avantages & leurs inconvéniens : mais comme la description d'un Art n'est complette, qu'autant que tout ce qui le concerne est détaillé, nous allons remplir la nécessité que notre engagement nous impose.

Le plot que représente la Figure 2, *même planche*, ne differe du précédent, qu'en ce qu'au lieu de la tringle supérieure, & des poulies ou rochets qu'on y a vus, on se contente de mettre, au milieu de sa partie entaillée, une tringle de fer poli, terminée en spirale, telle à peu-près qu'on en met aux guides du courant du Rouet de Lyon, pour le devidage, & qu'on peut voir en *a*, *même planche* ; du reste, les angles intérieur & extérieur sont, comme au précédent, garnis d'une tringle de fer poli, faite & placée de même.

Comme aux deux plots qu'on vient de voir, la poulie est sur le devant, il est évident que sa pesanteur est toute en arriere, ce qui augmente le frottement ; on a cherché à remédier à ce défaut, & c'est ce qui a donné lieu à celui que représente la Figure 3.

C'est un principe invariable de Physique, que dans un corps de forme réguliere, le centre de gravité est au centre de la figure, ce qui ne peut avoir d'application rigoureuse dans un plot, puisque son poids se trouve diminué d'un côté par l'entaille ; mais en reculant un peu son point de suspension, l'équilibre renaîtra ; il a donc fallu que ce plot fût suspendu par cet endroit, & c'est ce qui arrive dans celui dont nous allons donner la description.

Au lieu d'une mortaise pour le montant, on en pratique deux, entre lesquelles on réserve la place de la poulie de suspension ; ainsi on conçoit que ce plot glisse le long de deux montants ; c'eſt ce qu'on peut voir dans la Figure 11 ; qui repréſente ces deux montants vus de face, aſſemblés haut & bas dans les traverſes de la cage ; on voit au bout de la traverſe d'en haut la poulie ſur laquelle paſſe la corde, & à côté, le point où elle eſt fixée par le bout.

Entre les deux montants eſt une poulie placée dans une mortaiſe faite ſur le plot, & dont la cheville ſe met avant de le placer : par ce moyen la montée & la deſcente de ce plot ſont uniformes, au lieu que les autres vont par ſauts à cauſe du frottement oblique.

Sur les angles de ſa partie entaillée ſont des tringles de fer poli, de deux ou trois lignes de diametre ; à environ un pouce au-deſſus de celle de devant en eſt une ſeconde arrondie par un bout & applatie par l'autre, qu'on fixe ſur le devant du plot parallélement à celle de l'angle, avec trois petits clous : on la voit en *f*, *Planche* 9., ainſi que ſur le plot ; au milieu de ces deux tringles en eſt une troiſieme fichée dans le côté de l'entaille, à environ un demi pouce de la ſurface ſur laquelle eſt clouée la précédente. La propriété de cette derniere eſt de conſerver à la *braſſe* la ſéparation formée par les deux diviſions de la cantre ; au milieu de la partie entaillée, & à un demi-pouce l'une de l'autre ſont deux poulies longues ou rochets, dont la rainure eſt arrondie, comme on le voit en *i*, & qui tournent ſur une cheville à tête *h*. Quoique le plot repréſenté, *Fig.* 3, *Pl.* 10, ne ſoit pas préciſément celui dont nous parlons ici, la maniere dont les trois tringles, ainſi que les poulies ou rochets, y ſont poſés, ne laiſſe rien à deſirer.

Ce plot eſt, ſans contredit, le plus parfait de tous ceux dont on ſe ſert dans les Manufactures : il ſeroit à ſouhaiter que tous les Ourdiſſeurs l'adoptaſſent ; mais le préjugé & l'habitude, ennemis du progrès des Arts, ne permettent à la plûpart des Ouvriers que de ſuivre la route qu'on leur a frayée.

La Figure 4, *même planche*, repréſente un plot qui coule ſur un ſeul montant ; les angles de ſa partie entaillée ſont garnis de tringles de fer : mais au lieu des deux autres que nous venons de voir au troiſieme plot, ce ſont deux rouleaux de bois dur *c*, *c*, qui tournent par un bout dans le côté de l'entaille, & par l'autre, dans un petit montant *d*, qu'on plante au bout de l'entaille : on met auſſi deux poulies ou rochets, ainſi qu'aux autres plots pour retenir la braſſe en un même point.

L'idée de ces tringles tournantes eſt très-ingénieuſe, mais elle eſt ſuſceptible d'une perfection qu'on ne lui a pas encore donnée. Il ſeroit à ſouhaiter que ces rouleaux fuſſent de fer, percés dans toute leur longueur, & qu'ils tournaſſent ſur des tringles de fer faites au tour ; il eſt certain que de cette maniere la braſſe en paſſant ſur ces rouleaux n'y eſſuyeroit preſque aucun frottement. On pourroit encore, pour plus de perfection, au moyen de deux autres rouleaux mis un peu plus loin, conſerver la ſéparation des diviſions de la cantre. La Figure 5 qui repréſente ce plot, tel que je l'ai imaginé, vû par le bout,

fait

fait voir l'effet de ces rouleaux, en en montrant la coupe ; comme il faut à chaque inftant retirer la braffe de deffus ces tringles, elles ne peuvent être fixées que par un bout fur la partie forte du plot. On pourroit auffi faire couler ce plot fur deux montants, comme le précédent, il feroit alors le plus parfait de tous ceux que nous avons vus jufqu'ici.

Il nous refte encore un plot à décrire, c'eft celui que repréfente la Figure 6 ; ce qu'il a de particulier confifte à réferver dans l'endroit de fa grande mortaife, deux languettes aux deux bouts, ainfi qu'on les voit fur la figure ; alors il eft ouvert par derriere, & le devant eft double d'épaiffeur. On conçoit à la fimple infpection qu'il doit couler dans une rainure qu'on pratique au montant de la cage ; & pour pouvoir l'ôter & le rémettre en place, fans démonter cette cage, on entaille un des côtés de la rainure au haut du montant à droite & à gauche, de toute l'épaiffeur du plot : au furplus, on y voit un petit montant dans l'entaille duquel eft une poulie où paffe la corde à boyau. Les deux angles du plot font garnis de tringles de fer, comme les autres, & portent auffi deux poulies entre lefquelles paffe la braffe ; mais pour la mieux retenir haut & bas, on place la tringle courbée *g*, par fon tenon *i*, dans un trou qu'on pratique exprès au plot en *a* ; l'autre bout de cette tringle eft arrondi ; & quand on veut paffer la braffe entre les deux tringles de devant & les deux poulies, on tourne en devant celle qui eft courbée, & enfuite on la retourne jufqu'à ce qu'elle foit parallele à celle de deffous.

On a auffi repréfenté en *K* une coupe géométrale du montant, fur lequel coule le plot ; on y voit les deux rainures qui en reçoivent les languettes.

Dans l'obligation où je fuis de parler des différentes manieres d'ourdir, je n'ai pu me difpenfer de donner une defcription des différents plots qui font en ufage ; chacun choifira celui qui lui paroîtra le plus commode.

On a vu dans la defcription du troifieme plot, que fa perfection étoit de monter & defcendre bien parallélement à lui-même, au moyen de l'équilibre qui s'y trouve ; quel que foit celui des autres qu'on adopte, on peut lui donner cet équilibre en le chargeant avec du fer ou du plomb du côté où il eft trop léger ; c'eft ainfi qu'on en ufe dans les Manufactures.

SECTION QUATRIEME.

Maniere de fe fervir du Plot.

On a vu, en parlant du premier plot, de quelle maniere on le place fur le montant, & comment on paffe la corde à boyau fur le boulon & fur les poulies pour le faire monter & defcendre.

Le plot étant tout en bas du montant, en quelque fens qu'on faffe tourner l'Ourdiffoir, comme la corde à boyau fe roule fur le boulon qui tient à l'arbre, il eft évident que le plot doit monter, & qu'il doit defcendre, fi on tourne l'Ourdiſſoir en ſens contraire ; mais il eſt généralement reçu que pour le faire monter on doit tourner l'Ourdiſſoir de gauche à droite , & qu'en tournant de droite à gauche , il deſcend ; parce moyen les Ourdiſſeurs ſont d'accord enſemble , & ſi quelqu'un veut continuer un ourdiſſage commencé par un autre , il n'a pas de peine à ſuivre ſa maniere.

Le plot dans l'ourdiſſage eſt le guide de la braſſe , ſes révolutions ſont toujours exactement les mêmes , & la ſoie en ſe roulant ſur l'Ourdiſſoir y décrit une hélice.

Le premier ſoin qu'on doit avoir eſt de meſurer la circonférence de l'Ourdiſſoir ; car il ſuffira enſuite de compter les tours pour connoître la longueur de la chaîne qu'on ourdit.

On ſent aiſément que , plus le plot monte vîte , & plûtot il eſt arrivé au haut du montant , dans un nombre déterminé de révolutions , moins il y a de tours de ſoie ſur l'Ourdiſſoir ; ainſi , par exemple , ſi l'Ourdiſſoir fait 20 tours dans le temps que le plot parcourt la longueur du montant , il y aura 20 tours de ſoie ; s'il montoit de moitié moins vîte , il y en auroit le double. Par cette même raiſon la diſtance qui ſe trouvera entre chaque tour de ſoie ſur l'Ourdiſſoir , dépend de la groſſeur du boulon ; ainſi , s'il a 3 pouces de diametre , la corde étant doublée , comme on l'a vu , le plot deſcendra d'un pouce & demi par tour ; par conſéquent l'écartement de chaque tour ſera d'un pouce & demi. Ce calcul a lieu pour le cas où la corde à boyau eſt doublée ; car ſi le plot étoit ſimplement ſuſpendu au bout , il deſcendroit de 3 pouces par tour. Auſſi quand on veut ralentir la montée & la deſcente du plot pour multiplier les tours , on triple la corde au moyen d'une poulie qu'on place au haut du montant , comme on le voit en la Figure 8 ; on peut même la quadrupler : voyez la Figure 9 , & le plot montera & deſcendra en même raiſon inverſe.

Je ne penſe pas que ce ſoit ici le lieu de donner la démonſtration géométrique de ces combinaiſons de la corde ; les Ouvriers n'en ont pas beſoin , & les gens d'étude la connoiſſent.

Ordinairement la corde n'eſt que doublée ſur un Ourdiſſoir , on ne la triple ou quadruple gueres que dans le cas où on auroit à ourdir une chaîne plus longue que l'Ourdiſſoir ne le permet à corde double.

Au lieu de doubler ou tripler la corde , il ſuffit de mettre un boulon beaucoup moins gros , & même avec un tel boulon , ſi on double la corde , on aura aſſez de longueur ſur l'Ourdiſſoir , quelle que ſoit la chaîne. Il ſuffit ici d'indiquer les moyens dont on peut ſe ſervir ; c'eſt à l'induſtrie à en tirer parti , & à imaginer ce qu'il eſt à propos de faire dans chaque circonſtance.

Au moyen de ce que le retour périodique du plot eſt toujours le même ſur tous les points de la circonférence , il eſt évident que le diametre de l'Ourdiſſoir doit augmenter à chaque tour , conſéquemment , les dernieres portées ſeront plus longues que les premieres. On a cherché à remédier à ce défaut ,

Planche 2.

qui nuiroit à la fabrication de l'étoffe : voici le procédé dont on se sert pour cela.

On fixe au montant une petite crémaillere, telle qu'on la voit *Fig.* 14, *Pl.* 9 , on passe le bout de la corde à boyau dans le petit trou du double anneau *I*, & après un certain nombre de portées on change de cran , ce qui alonge ou racourcit la corde ; alors la soie se couche un peu à côté des tours précédents. Il faut pourtant avoir attention de ne pas tellement user de cette ressource, qu'on ne voie plus d'intervalle entre les tours de soie , car il ne seroit plus possible de les compter.

Quoique ce moyen de rétablir l'égalité entre les portées soit fort connu , il n'est cependant pas autant en usage qu'il devroit l'être ; combien d'excellentes inventions ne sont pas admises, parce que dans tous les Arts , les Ouvriers tiennent sans discernement à la méthode qu'on leur a enseignée , & rejettent tout ce qu'on leur propose sans examen, & par cela seul qu'il est nouveau. Il faut pourtant convenir qu'à moins que les tours de la chaîne sur l'Ourdissoir, ne soient fort éloignés les uns des autres, on ne sauroit gueres faire usage de la crémaillere.

Section Cinquieme.

Observation sur les différents Ourdissoirs.

L'Ourdissoir rond dont on vient de donner la description est dans les proportions de 4 pieds 4 pouces de diametre , ce qui fait, à peu-près, 12 pieds de circonférence , qui équivalent à trois aunes un quart par chaque tour ; la hauteur de l'Ourdissoir, en prenant celle de ses aîles , est de 5 pieds & demi.

Tous les Ourdissoirs ronds ont , à peu de chose près, la même forme que celui-ci, mais ils varient dans leurs grandeurs ; celui dont nous parlons est plus convenable , & sa construction la mieux entendue.

Quelques-uns n'ont que deux montants pour recevoir les chevilles errantes , mais il vaut mieux qu'il y en ait quatre, car on ourdit plus exactement une chaîne de longueur prescrite ; autrement il faut ourdir un peu plus ou un peu moins de longueur, ce qui peut donner un faux aunage ou quelque perte de soie.

D'autres n'ont aucun de ces montants, mais on place à volonté entre les aîles de l'Ourdissoir une traverse de longueur exacte , qu'on y retient avec deux bouts de ficelle , & on y met les chevilles errantes. Cette méthode seroit fort bonne , si pour placer cette traverse , comme il faut , on n'étoit pas obligé de forcer quelquefois les aîles pour la faire entrer , tandis qu'elle seroit trop lâche entre d'autres.

Une différence qui se rencontre assez souvent entre les Ourdissoirs ordinaires , & celui dont nous avons donné la description, c'est que les traverses auxquelles sont attachés les montants qui en forment les aîles, ne sont pas placées sur l'arbre en trois parties ou rangées, comme on l'a vu ; alors, comme chaque traverse est double de longueur, elle passe au travers de l'arbre, & par conséquent les mortaises sont pratiquées les unes au-dessus des autres, & les traverses sont placées par-tout indifféremment sur l'arbre. Cette construction est très-incommode, en ce qu'il faut, pour faire les mortaises sur les montants, prendre exactement la position des traverses auxquelles ils appartiendront ; & comme un montant une fois ajusté, ne peut convenir qu'à ses trois rayons ou à ceux qui sont diamétralement opposés, il faut de toute nécessité marquer, & ces traverses & les montants, pour que, quand on démonte un Ourdissoir, on puisse s'y reconnoître, & le remonter aisément.

D'ailleurs, cet arrangement présente à la vue une irrégularité qui déplaît. Enfin, il se trouve entre les traverses une distance qui ne retient pas suffisamment l'effort concentrique de la soie ; un montant peut plier aux derniers tours, les premiers godent, la soie s'arrache, ou bien les portées sont de différentes longueurs. On peut encore ajouter que, si une ou plusieurs traverses viennent à glisser dans leur mortaise, l'aîle s'écarte de l'arbre par ce côté, le diametre de l'Ourdissoir & par conséquent sa circonférence en sont tout changés. On ne sauroit donc construire trop solidement & trop réguliérement, une machine destinée à une opération aussi importante.

D'autres Ourdissoirs ont au bas de l'arbre une poulie d'un assez grand diametre, sur laquelle passe la corde sans fin qui le fait tourner, comme on le verra, au lieu des petites chevilles que nous avons vu qu'on met au bas de chaque montant.

Cet usage, qui au premier coup-d'œil paroîtroit préférable, a ses inconvéniens ; la corde sans fin qui fait tourner l'Ourdissoir, peut quitter très-aisément la rainure de cette poulie, ou de celle du banc dont nous parlerons ; il faut sans cesse s'occuper à la remetre en place, & si les deux roues ne sont pas parfaitement de niveau, la corde prend le bord d'une des deux rainures & s'échappe d'un autre côté ; à moins que cette poulie n'eût toute la circonférence de l'Ourdissoir, il ne seroit pas possible d'éviter que sa rotation ne fût trop rapide ; car supposons que la circonférence de la roue du banc soit contenue trois fois dans celle de l'Ourdissoir, au bout de trois tours de cette roue, l'Ourdissoir n'en aura fait qu'un ; mais si les roues sont égales, elles feront tour pour tour, & de cette maniere l'Ourdissoir sera difficile à faire tourner, à cause de l'inégalité des leviers, & de la résistance de la part de la soie.

De quelque plot qu'on veuille se servir, l'emploi qu'on en fait dans différentes Manufactures, prouve assez qu'on peut également parvenir à ourdir une chaîne ; mais le plus parfait est, sans contredit, celui que représente la Figure 3, Planche 9.

Au moyen des trois tringles de fer qu'on y voit, la brasse est divisée en deux parties égales dans toute la longueur de la musette, c'est la division de la

cantre

cantre que donnent les traverfes à anneaux par leur différente hauteur. Cette féparation facilite l'envergeure, ainfi qu'on l'a déja vu : de plus, fi quelque fil vient à caffer entre le plot & la cantre, elle fert à faire connoître quelle direction il doit tenir dans l'envergeure, tous avantages qu'on ne rencontre point aux autres plots où il n'eft pas poffible de former cette féparation.

L'ufage de ce plot ne devient difficile que quand, pour ourdir, on emploie une cantre droite, dont nous n'avons pas encore parlé ; la féparation qu'y forment les deux divifions étant perpendiculaire, ne pourroit paffer auffi aifément par une tringle, dont la pofition eft horifontale. Mais, à la rigueur, en tordant la braffe d'un quart de tour, on peut encore l'y faire paffer.

On n'a encore vu de cantre, que celle qu'on nomme *couchée* ; chaque Province de Manufacture en a, ou de particulieres, ou qui ne different que peu les unes des autres ; celle dont nous avons parlé fuffifoit pour faire entendre l'ourdiffage, qui eft le même avec toutes les cantres ; nous nous propofons de les réunir toutes fous un même point de vue, dans un même Chapitre.

Tous les plots fe placent fur le montant, de la maniere dont ils font repréfentés fur la Planche 9, l'entaille à gauche. Je crois que ce que nous venons de dire de leur conftruction & de leur pofition, ne laiffe rien à defirer : on aura occafion de les voir bientôt en œuvre.

CHAPITRE CINQUIEME.

Defcription du Banc à roue.

Ce Banc eft formé d'une planche montée fur quatre pieds, ainfi qu'on le voit, *Pl.* 10, *Fig.* 2 : ces pieds font affemblés folidement, au moyen de trois traverfes : fur celle du milieu *D*, & vers un de fes bouts, font deux petits montants *E E*, fur lefquels eft affemblée, à queue d'aronde, la traverfe *M*, qu'on ne voit pas fur la Figure 2, à caufe de la roue qui la cache. Entre ces deux montants, fur la traverfe *D*, eft une entaille quarrée & peu profonde, propre à recevoir un cube de fer, ou mieux encore de cuivre, fur lequel tourne le pivot de la roue. Perpendiculairement à ce cube eft percé fur le banc un trou rond, dans lequel paffe l'arbre de cette roue.

F, eft cet arbre, qui doit, quand il eft fur fon pivot, furpaffer la hauteur du banc de deux ou trois pouces : on l'a repréfenté à part pour qu'on pût y diftinguer une partie quarrée, fur laquelle on fixe la roue *I*. Le refte de l'arbre eft à pans ou rond, à volonté ; au-deffous du quarré qu'on y a réfervé eft un trou qui reçoit une piece de fer ou d'acier trempé légérement, terminée en pointe, qui fert de pivot à la roue ; & la partie fupérieure de cet arbre eft applatie

Etoffes de soie. II. Part.   Q

à la lime fur deux faces, pour recevoir la piece de bois *K*, fur laquelle eſt là poignée ou *mainotte* de la manivelle.

On doit difpofer ce banc de maniere que la poulie foit à un pouce au-deſſus du niveau des chevilles qu'on a miſes au bas de l'Ourdiſſoir, pour que la corde fans fin, qui paſſe dans ſa rainure, foit un peu plus haut qu'elles. On peut voir dans la Planche 10, la poſition de ce banc par rapport à l'Ourdiſſoir. L'Ourdiſſeuſe s'aſſied deſſus ayant la manivelle à ſa gauche, & la cantre à ſa droite ; de cette façon elle peut avoir l'œil ſur l'Ourdiſſoir & ſur la cantre.

La meilleure maniere de fixer ce banc en ſa place, eſt de le charger de pierres à l'autre bout fur la rencontre des traverſes *C, D.*

CHAPITRE SIXIEME.

Defcription des Cantres droites.

SECTION PREMIERE.

De la cantre droite ſimple.

ON nomme *cantres droites*, celles où les rochets ſont placés en hauteur pour les diſtinguer de celles qu'on nomme *couchées* où ils ſont placés en long ; la Figure 1, *Pl.* 11, repréſente une cantre droite ſimple, formée par trois montants *C, C, D*, d'environ 5 pieds ½ de haut, y compris les tenons. Ils ſon tarrêtés par le bas ſur une eſpece de petit banc, monté ſur 4 pieds qui vont en s'écartant dans tous les ſens, au moyen d'une clavette chacun par-deſſous ; & par le haut, au moyen d'une traverſe *E*, à queue d'aronde par les bouts, & à tenons & mortaiſes au milieu ; le montant *D*, eſt percé dans ſa longueur & ſur ſa largeur de trente trous, de deux ou trois lignes de diametre, auxquels correſpondent bien horiſontalement d'autres trous faits ſur la face intérieure des montants *C, C*, juſqu'à un quart de leur épaiſſeur ; à chacun de ces trous communique une petite rainure venant obliquement de devant la cantre, par où on met en place les tringles ſur leſquelles tournent les rochets.

PLANCHE 11.

Une pareille cantre contient, au moyen des deux diviſions qu'on y voit, 60 rochets, nombre aſſez ordinaire pour l'ourdiſſage.

La baſe a environ 2 pieds de long ſur un de large, l'écartement entre chaque montant eſt de 7 pouces & demi, & la longueur de chaque broche eſt d'environ 8 pouces ; il faut 60 de ces broches pour cette cantre.

Section Seconde.

Description de la Cantre double en largeur.

La Figure 2, *Pl.* 11, repréſente une cantre, dont la largeur eſt double de la précédente, & qui par conſéquent contient le double de rochets ; ſa baſe, ſemblable à la premiere, eſt auſſi double ſur ſa longueur, & n'a rien de différent pour la conſtruction, ſi ce n'eſt que le montant du milieu qui ſembleroit pouvoir être percé de trous, comme ſes deux voiſins, ne l'eſt pas entiérement par ceux qu'on voit ſur ſes deux faces, qui ne ſe rencontrent pas ; ainſi on pratique à chaque trou une rainure oblique ſur chaque face. La raiſon pour laquelle ces cinq montants ne ſont pas tous percés de trous qui ſe correſpondent, eſt que, quand on voudroit ôter un rochet d'une des deux diviſions du milieu, il faudroit néceſſairement en ôter un de la diviſion du bout ; la diſtance des deux montants extrêmes eſt d'environ 2 pieds 8 pouces. Comme l'inſpection de la figure ſuffit après les dimenſions de la cantre précédente, nous ne nous y arrêterons pas davantage.

Section Troisieme.

Description de la Cantre à deux faces ſimples.

Le grand nombre de cantres dont on a quelquefois beſoin pour ourdir une chaîne, en a fait imaginer de doubles, de quadruples, &c. pour éviter l'embarras ; celle qu'on voit, *Fig.* 3, même planche, n'eſt autre choſe que deux cantres ſimples, miſes l'une devant l'autre, ſur un même pied ou banc, à environ 6 pouces de diſtance. Pour ne pas fatiguer le Lecteur par des deſcriptions inutiles, nous nous contenterons d'indiquer la ſuivante.

Section Quatrieme.

Description de la Cantre double à deux faces.

La cantre que repréſente la Figure 4, *même planche*, eſt un aſſemblage de deux pareilles à celle qu'on a vue dans la Section ſeconde, *Fig.* 2, miſes l'une devant l'autre, à 6 pouces de diſtance ; les dimenſions des doubles ſont les mêmes que celles de leur ſimple, aux baſes près, qu'il eſt très-aiſé de conſtruire dans les proportions convenables.

SECTION CINQUIEME.

Observations sur une Cantre à trois divisions, comparée à celle qui n'en a que deux.

RIEN n'est aussi facile que d'augmenter le nombre des divisions aux cantres droites, un montant de plus est tout ce qu'il faut. On a imaginé d'ajouter un quatrieme montant à la cantre simple, pour avoir une troisieme division ; mais l'usage en est si défectueux, que je n'ai pas jugé à propos de la représenter. On n'a eu pour but que de diminuer la hauteur de la cantre simple ; mais il n'est pas possible de s'en servir, sans courir risque de faire des fautes très-grossieres dans les rayûres *ombrées*, à cause du mélange des *teintes*, dont je traiterai amplement. Il n'y a donc que les chaînes unies qui puissent y être ourdies ; encore l'entre-lassement que produit l'envergeure parmi tous les fils, ne peut se débrouiller qu'avec beaucoup de peine, sur-tout, quand les qualités de soie ne sont pas bien *moulinées*, ou qu'elles sont trop fines, & l'Ouvrier qui fabrique l'étoffe ne peut faire couler les verges qui retiennent les séparations de l'en-vergure, sans casser quelques fils : d'ailleurs, quoique le plot rassemble en un point toute la brasse ; on apperçoit toujours sur la chaîne la marque des trois divisions, à cause de la direction qu'elles ont suivie : au contraire, les deux divisions d'une cantre ordinaire se faisant sentir jusqu'à la fin de l'our-dissage, facilitent l'envergeure, & au bout de chaque portée, chaque fil reprend sa direction naturelle.

Ce qu'on vient de dire de la cantre à trois divisions, ne doit pas s'entendre de celles qui en ont quatre, & davantage ; car alors, comme on se sert des divisions, deux à deux, chaque couple de divisions tient lieu d'une cantre simple, & une des deux forme constamment la partie supérieure de l'enver-geure, & l'autre sa partie inférieure.

Quoique les cantres droites ne soient pas toutes conformes à celles qu'on vient de voir, on peut dire que celles-ci sont plus parfaites. On en fait de tant de combinaisons différentes, que je ne me crois obligé de faire con-noître que celles qui sont généralement en usage.

Souvent elles ne different que dans la quantité de rochets dont on les garnit ; je crois que le nombre le plus convenable pour chaque division est de trente ; un plus grand ne peut que nuire à la perfection de toutes les opé-rations qu'on fait subir à la soie jusqu'à la fabrication même.

Quand à la forme, au lieu d'un espace vuide & inutile au-dessous des rochets, quelques Ourdisseurs ont imaginé d'en faire une armoire, dans laquelle on met la soie & les rochets à l'abri de la poussiere & des mains infidelles ; d'autres se contentent de faire, du bas, une caisse dans laquelle on jette les rochets vuides.

De

De quelque maniere qu'on emploie cette base, l'ourdissage n'y perd rien ; ainsi, chacun peut là-dessus consulter son goût, il suffira de lui conserver assez d'assiette pour ne pouvoir être aisément renversée par terre.

Section Sixieme.

Description du Jet simple.

On nomme *Jet*, un montant de bois garni de chevilles de petites tringles de fer, tel qu'on le voit *Fig.* 1, *Pl.* 12, sur lesquelles on place les rochets pour ourdir, & dont l'usage est le même que celui de la cantre.

Il est planté sur un petit banc élevé sur 4 pieds posés obliquement ; ce montant, dont la hauteur est d'environ 5 pieds, la largeur de 3 pouces, & l'épaisseur de 2, est percé sur sa largeur de trente trous obliques, dans lesquels on met autant de broches de fer d'environ 6 pouces & demi de saillie.

On conçoit que l'obliquité de ces broches sert à empêcher les rochets de sortir de dessus, & que par ce moyen leur poids les ramene toujours vers le montant.

L'usage de ce jet est fort connu à Paris & dans quelques autres Villes de Manufactures ; on en a même imaginé de doubles & de quadruples de plusieurs sortes, que nous ne pouvons nous dispenser d'indiquer.

Section Septieme.

Description du Jet double.

Il y a deux sortes de jets doubles, l'un est composé de deux jets simples, tels que le précédent, & c'est celui qu'on voit, *Fig.* 2, *Pl.* 12, sa construction s'entendra aisément, d'après la connoissance qu'on a de celui dont on a déja parlé.

L'autre est double, parce que sur un même montant, on met deux rangées de tringles au lieu d'une, & pour cela on le tient d'environ 3 pouces plus large ; il faut observer entre ces tringles assez d'espace en tout sens, pour que les rochets ne puissent jamais se toucher ; le montant est claveté comme le précédent par-dessous sa base, qui doit être un peu lourde pour résister aux efforts réunis des brins de soie.

SECTION HUITIEME.

Description des Jets quadruples.

Il y a aussi deux sortes de jets quadruples ; la Figure 4 en représente un qui n'est autre chose qu'un assemblage de deux jets doubles, comme celui de la Figure 2, mis sur une même base à côté l'un de l'autre. Ce seroit ennuyer le Lecteur que de donner les dimensions de celui-ci, il suffit d'avertir qu'un couple de montants est éloigné de l'autre de 21 pouces, pour pouvoir ôter & remettre aisément les rochets, sans toucher aux chevilles d'à-côté, & chaque montant est éloigné de son pareil de 4 pouces seulement ; ainsi les broches paralleles se trouvent écartées de 6 à 7 pouces.

Quant à l'autre jet quadruple, ce sont deux montants pareils à celui de la Figure 3, mis à côté l'un de l'autre ; ainsi, comme on a vu que chacun de ces montants porte deux rangées de tringles de chaque côté, ce jet en contiendra quatre ; il n'est personne qui, après cette description de tous les genres de jets, ne soit en état d'en construire de semblables : au surplus, on ne peut trop recommander de faire les bases un peu lourdes pour résister aux efforts de la soie.

SECTION NEUVIEME.

Observations sur la multiplicité & la variété des Cantres & des Jets.

On sera peut-être surpris d'une multiplicité de cantres si variée ; mais on verra par la suite de quel usage elles sont pour ourdir des chaînes un peu considérables.

Il est certain que si on n'eût eu besoin d'ourdir que des chaînes d'une seule couleur, on auroit pu se contenter d'une seule cantre ou d'un seul jet pour chaque Ourdissoir ; mais la nécessité de fabriquer des étoffes rayées a fait imaginer des moyens d'en ourdir les chaînes avec plus de célérité & d'exactitude. Autrefois quand on avoit ourdi une raye ou une partie de raye, on ôtoit de la cantre les rochets de cette couleur, & on y en substituoit d'autres pour la rayûre suivante, & ainsi de suite, rayûre par rayûre, ce qui causoit beaucoup d'embarras, faisoit perdre du temps, & occasionnoit souvent des *fautes* dans l'ordre des rayûres, d'où résultoient des défectuosités dans l'étoffe ; mais aujourd'hui que l'industrie ne laisse rien désirer aux Arts, avant de commencer l'ourdissage, on peut encantrer toutes les couleurs dans l'ordre qu'elles doivent tenir sur l'étoffe, & il n'y a plus de difficulté qu'à les faire succéder les unes aux autres, comme il convient, au moyen de quoi il n'est presque pas possible de faire des fautes en ourdissant.

Il y a certaines rayûres qui exigent jufqu'à vingt encantrages, & plus : quelles précautions ne doit-on pas prendre pour ne pas fe tromper dans la conduite d'un tel ourdiffage, fur-tout s'il falloit encantrer & défencantrer à chaque *baguette* ? Mais fi les cantres font toutes prêtes, & qu'on n'ait plus qu'à s'en fervir par ordre, l'opération en fera plus exacte plus fûre, & plus prompte. Il n'y a plus d'inconvénient, que pour la place qu'exige une pareille quantité de cantres ou de jets.

On voit maintenant ce qui a donné lieu au doublement des cantres & des jets. Une cantre double ne tient gueres plus de place qu'une fimple, & un jet ou une cantre quadruple n'en occupent pas beaucoup plus qu'une double ; ainfi, fi pour une rayûre, on fuppofe qu'il faille douze cantres ou jets, trois cantres quadruples feront l'affaire ; fans cela, il auroit fallu un emplacement immenfe.

On peut objecter qu'en augmentant le volume de ces cantres, on augmente leur pefanteur, & qu'il eft très-difficile de remuer fouvent & promptement, une machine devenue, par-là, fort lourde ; mais un peu d'induftrie va lever la difficulté : ne peut-on pas, fous chaque pied, mettre une roulette, au moyen de quoi un enfant pourra avancer & reculer la plus lourde cantre ?

Quoique les différentes cantres droites qu'on a décrites femblent remplir le même objet que les jets, il eft cependant certain que l'ufage des cantres eft préférable : en effet, l'obliquité que fouffrent les rochets fur les jets, leur fait éprouver, contre le montant, un frottement qu'ils n'effuyeroient pas fur la cantre ; d'ailleurs, ce frottement eft encore augmenté par la tenfion des brins de foie réunis en un feul point, qui les tient fans ceffe appuyés contre ce montant ; auffi au moindre choc voit-on plufieurs fils fe caffer. S'il eft néceffaire de renouer fans ceffe les bouts, la foie fouvent maniée perd de fon luftre, & l'étoffe ne peut que perdre de fon éclat.

La fupériorité qu'obtient fur les jets la cantre droite, fera bientôt effacée par le parallele que nous ferons plus bas de cette derniere, & de la cantre couchée. Néanmoins, comme il y a beaucoup de Manufactures où on tient à la cantre droite, qu'on me permette de propofer ici une cantre droite quadruple que j'ai imaginée, & dont le fervice eft très-facile.

Section Dixieme.

Defcription d'une nouvelle Cantre droite quadruple.

Sur une Planche *A*, *Fig.* 1, *Pl.* 14, de deux pieds en quarré, & de deux pouces d'épaiffeur, fervant de bafe, eft percé au centre un trou quarré qui reçoit le tenon de l'arbre *B*, fait fur le tour, de 5 pieds 8 pouces de haut ou environ, & de deux pouces de diametre. C'eft fur cet arbre que tourne, comme fur un pivot, la cantre à quatre faces dont on va donner les dimenfions ; ainfi il ne peut être planté trop folidement fur fa bafe.

Planche
14.

Sur deux planches *C, D*, de moindre longueur & largeur que la bafe, mais un peu plus minces, on fait à quelque diftance, de chaque côté, trois mortaifes de deux pouces de long ou environ, ainfi qu'on les voit en *D*, dans lefquelles on affemble les montants *E, F*, haut & bas; au milieu de celle qu'on deftine à être en bas *D*, on fait un trou dont le diametre eft égal à celui du bas de l'arbre: on en fait un auffi au milieu de celle d'en haut, mais il eft plus petit, & propre à recevoir le tenon qu'on voit au haut de ce même arbre.

Quatre montants comme *E*, font placés dans les mortaifes du milieu de chaque côté, & quatre autres comme *F*, occupent celles des angles de la cantre, ils font tous huit affemblés dans les planches *C, D*. Sur chacune des faces de ces huit montants qui fe regardent, font percés trente trous de 6 lignes de profondeur; mais à chacun de ceux des angles communique une rainure oblique par où on met en place la tringle de fer qui fert d'axe à chaque rochet.

Il eft aifé de voir que chaque côté de cette cantre en préfente une fimple, telle qu'on l'a vue plus haut; ainfi, au lieu de déplacer fans ceffe une machine fort lourde, il fuffit de faire tourner celle-ci, pour fe fervir du côté dont on a befoin; & comme en paffant, & même en travaillant elle pourroit varier fans ceffe, on la fixe au moyen d'un crochet de fer *a*, dont la tête percée eft retenue par la vis *b*, fur un des côtés de la bafe, & fa partie crochue entre dans un piton *c*, qu'on met fur chaque bord de la planche d'en bas *D*, à l'écartement qu'exige la longueur du crochet pour que la cantre foit parallele à fa bafe.

La hauteur totale de cette cantre eft d'environ 6 pieds; étant pleine de rochets, elle en contiendra 240 en tout, ce qui fait 60 pour chaque face, nombre avantageux pour l'ourdiffage des chaînes rayées.

On a, pour mieux la faire comprendre, repréfenté cette cantre, *Fig. 2, même planche*, garnie de rochets, telle qu'elle eft quand on travaille.

Obfervations fur les propriétés de la nouvelle Cantre quadruple.

Il eft certain que la cantre qu'on vient de voir a fur les cantres droites ordinaires un double avantage, celui de tenir moins de place, & de fe mouvoir plus aifément.

De quelque efpece de cantre qu'on fe ferve, il faut néceffairement pour ourdir une chaîne rayée, les changer dans l'ordre que prefcrit le retour des rayûres; ainfi, fi on doit employer huit cantres, chaque fois qu'on aura pris fur une d'elles ce qu'elle doit fournir, il faudra néceffairement en changer; ce qui, felon l'ordre fymmétrique qu'on obferve ordinairement dans la compofition des rayûres, donnera au moins quinze mutations: & fi dans la combinaifon une même cantre devoit avoir un double emploi, le nombre de ces changements feroit confidérablement augmenté. Mais au moyen des cantres quadruples, il fuffira d'en

changer

changer quatre fois, parce que quatre fois quatre faces font seize, & qu'on suppose qu'il n'en faut que quinze ; encore peut-il arriver qu'une division d'une de ces cantres contienne la couleur dont on a besoin, & que l'autre moitié soit contenue dans une des divisions d'une pareille cantre, ce qui diminueroit les changements.

On peut aussi mettre sous sa base quatre roulettes, ainsi qu'on l'a déja dit pour les autres ; & l'Ourdisseuse, sans quitter sa place, pourra se la faire approcher, même par un enfant.

Ce n'est pas qu'une pareille cantre influe en rien sur l'Ourdissage plus que tout autre cantre droite ; mais la facilité du transport fait gagner du temps, dont l'emploi est toujours précieux : au reste, je pense, qu'en fait d'Ourdissage, les cantres couchées sont infiniment préférables aux droites, quelle que soit leur perfection. Je me propose de donner la description de plusieurs especes de cantres couchées, dont l'usage est très-commode.

CHAPITRE SEPTIEME.

SECTION PREMIERE.

De la maniere d'ourdir les chaînes & poils simples unis, ou à une seule couleur, avec l'Ourdissoir rond, & la cantre droite ou le jet.

L'OURDISSEUSE place la cantre ou le jet en face du montant où est le plot, à environ 4 pieds de distance, voyez la *Fig.* 1, *Pl.* 15, puis elle encantre le nombre de rochets convenable, *Fig.* 3. (On se souvient que l'encantrage doit être réglé par la quantité de portées dont la chaîne doit être composée, *pages* 42 & 43.)

Pl. 15, *Fig.* 1 ; *pages* 42 & 43

Si on veut ourdir à quarante rochets, on en met vingt dans chaque division de la cantre ou du jet ; (comme l'ourdissage se fait également avec l'un ou l'autre, on doit entendre de tous deux, ce que je dirai d'un seul), & en général, quand on veut ourdir simple, *page* 42, on met la moitié des rochets dans chaque division ; ayant soin que la soie se déroule du même sens. Ensuite l'Ourdisseuse noue ensemble tous les bouts de soie, passe sa main dans la séparation que forment les deux divisions de la cantre, puis elle accroche cette brasse à la cheville *a*, qu'on voit en haut de l'Ourdissoir, *Pl.* 15, *Fig.* 1 ; ensuite elle enverge avec la main droite.

La maniere d'enverger à la cantre droite est à peu-près la même que celle qu'on a vue à la cantre couchée ; on a fait passer sous l'index & sur le pouce, le premier fil de la division supérieure des anneaux, & mis sur l'index & sous le pouce le premier de la division inférieure ; comme à la cantre droite les

PLANCHE 15.

divifions font perpendiculaires, cette diftinction de fupérieure & d'inférieure ne peut avoir lieu ; ainfi la maniere de commencer l'envergeure eft un peu différente : on commence par le fil du rochet le plus bas de la premiere divifion ; (on nomme ici premiere divifion celle qui, la cantre étant à la droite de l'Ourdiffeufe, fe préfente la premiere), on le met fous l'index & fur le pouce : de-là on va à la feconde divifion, dont on met le fil le plus bas fur l'index & fous le pouce ; & ainfi de fuite en remontant on prend alternativement dans le même ordre tous les fils de chaque divifion, de forte que tous ceux de la premiere fe trouveront fous l'index & fur le pouce, & tous ceux de la feconde fur l'index & fous le pouce.

Cette opération qu'on a repréfentée, *Pl.* 24, *Fig.* 5, doit toujours fe faire de la main droite, & pendant ce temps la gauche tient la braffe à poignée ; ainfi deux doigts de la main droite fuffifent pour cela.

Comme la main en envergeant avance & recule pour aller d'une divifion à l'autre, & qu'on pourroit, en la retirant, laiffer échapper quelques fils, on prévient cet inconvénient en relevant les doigts & baiffant le poignet : un peu d'ufage en apprend plus là-deffus, que les préceptes les plus clairs. Tel eft l'avantage de la pratique fur la théorie, qu'on conçoit mieux l'opération la plus compliquée, par un coup d'œil, qu'on n'entend la plus fimple, le mieux expliquée. On a repréfenté dans la Planche 24 tous les effets de l'envergeure, & pour ne laiffer rien à defirer, on efpere que l'explication des Planches fuppléera à ce qui manque ici.

Quand tous les fils font envergés, elle met cette envergeure fur les chevilles qui font deftinées pour la retenir *b*, *c*, *Fig.* 1, favoir celle *b*, en place du pouce, & celle *c*, en place de l'index, & les croifements qui étoient entre les doigts fubfiftent encore entre les deux chevilles.

Après cela l'Ourdiffeufe place fa braffe fur le plot *d*, foit entre les deux poulies, foit dans le guide, &c. felon la difpofition de celui dont elle fe fert ; & comme le plot à trois tringles eft le plus parfait, fi c'eft de lui qu'elle fe fert, elle y place la braffe de façon que la tringle du milieu foit mife dans la féparation des deux divifions de la cantre, pour les raifons qu'on a déduites en parlant des plots.

Quand la braffe eft ainfi placée, l'Ourdiffeufe s'affied fur le banc, *Fig.* 2, fait tourner la manivelle avec la main gauche, de maniere que l'Ourdiffoir tourne de droite à gauche, pour que le plot defcende ; (car on doit avoir foin, avant de commencer l'ourdiffage, de le faire monter tout en haut).

L'Ourdiffeufe qui fait à quelle longueur elle doit ourdir, doit avoir calculé, d'après la circonférence de fon Ourdiffoir, combien il doit faire de tours pour remplir cette longueur, & la terminer en plaçant les chevilles errantes. Ainfi, fuppofons qu'elle ourdiffe à foixante aunes, & que l'Ourdiffoir ait trois aunes de circonférence, elle doit lui faire faire vingt tours ; & comme il y a quatre montants pour les chevilles errantes fur cet Ourdiffoir, il eft certain qu'elle terminera fa chaîne où elle voudra, en y ajoutant à volonté trois quarts de plus, ou en les diminuant, felon qu'il fera néceffaire.

Comme il eft rare de rencontrer plufieurs Ourdiffoirs dans les mêmes dimenfions, il eft néceffaire, avant de s'en fervir, d'en connoître la circonférence, pour ne pas faire fur l'un, un calcul qui ne convient qu'à un autre.

L'Ourdiffeufe doit auffi favoir fi la longueur qu'on lui demande eft celle qu'on veut à la chaîne, ou fi c'eft celle qu'on prétend donner à l'étoffe, ce qui eft fort différent; car la chaîne doit être plus longue que ne doit être l'étoffe; ainfi l'Ourdiffeufe doit s'informer du genre d'étoffe pour lequel elle ourdit; fi elle s'*éboit* de beaucoup ou de peu, & fe le faire expliquer par le Fabriquant, afin d'ourdir affez jufte pour ne pas perdre de foie, ou faire une piece trop courte. Il eft vrai qu'à la rigueur on pourroit, fi la chaîne étoit trop courte, en ourdir de nouveau une certaine quantité; mais il n'eft pas poffible de le faire fans perte de foie; ainfi il faut néceffairement qu'elle y apporte tous fes foins.

Il y a encore une raifon, purement d'économie, qui engage à prendre toutes ces précautions; c'eft que fouvent un Fabriquant fait ourdir une partie de foie qui lui refte, & il ne feroit pas poffible de l'affortir parfaitement, foit pour la couleur, foit pour la qualité; dans ce cas, on n'en peut venir à bout qu'en pefant la portée, & fur la quantité qu'il en faut, on détermine la longueur: voici de quelle maniere on pefe cette portée.

On ourdit une portée de la longueur qu'on croit devoir fuffire, à peu-près; on la pefe très-exactement après l'avoir levée de deffus l'Ourdiffoir, & on voit par-là fi on aura affez de foie pour continuer à cette longueur, ou s'il faut diminuer ou augmenter la chaîne. Suppofons donc qu'on ait une partie de foie de deux livres & demie, qui font quarante onces, & qu'on ourdiffe à quatre-vingt portées; fi la portée d'effai pefe fix gros, il eft évident qu'elle fera d'un tiers trop longue, puifque chaque portée, fuivant le calcul, doit pefer quatre gros.

Perfonne n'ignore ce que c'eft, en fait de poids, que *tarer*; cette opération confifte à connoître le poids de l'inftrument ou vaiffeau qui contient ce qu'on veut pefer, & à le déduire du poids total; par exemple, les rochets font en général affez égaux entr'eux, & leur poids ne varie gueres; fi donc on veut favoir au jufte combien pefe la foie que contiennent cinquante rochets, on les mettra tous dans un plateau de la balance, & de l'autre côté on mettra autant de rochets vuides; tout le poids excédent fera certainement celui de la foie, à peu de chofe près.

On fe rappelle, fans doute, comment fe fait à l'Ourdiffoir long l'envergeure des mufettes aux chevilles errantes; comme celle qu'on fait au bout de la chaîne fur l'Ourdiffoir rond eft abfolument la même, je crois pouvoir répéter ici ce que j'en ai dit alors. Quand la mufette eft affez longue, on va jufqu'au montant à chevilles le plus prochain; on y en place deux, ainfi qu'on le voit en *e, f,*

Fig. 1, *Pl.* 19. On passe la brasse sous la premiere en venant, de là sur la seconde, sur laquelle on fait presqu'un tour en passant par-dessous, & enfin sur la premiere, après quoi on tourne l'Ourdissoir dans un sens contraire, pour faire remonter le plot & retourner aux premieres chevilles d'en haut où elle enverge de nouveau, ainsi qu'on va le voir.

Lorsque le plot est monté à peu-près à la hauteur des chevilles d'envergeure, elle arrête l'Ourdissoir; puis prend la brasse tout contre le plot, de la main gauche, & elle enverge de la droite, ainsi qu'on l'a vu la premiere fois; elle fait sortir la brasse du plot sans quitter l'envergeure, & la place sur les chevilles d'envergeure, comme elle a déja fait.

On doit se rappeller la maniere dont on a vu à l'Ourdissoir long, que l'Ourdisseuse faisoit couler l'envergeure, en profitant de celle que lui offrent les divisions de la cantre; comme cette opération est fort difficile à décrire, on va essayer de nouveau de la rendre sensible: elle passe un des doigts de la main gauche dans la séparation de l'envergeure que tenoit le pouce droit, & fait couler cette séparation jusqu'à ce qu'elle ait placé la brasse sur la premiere cheville où elle a accroché le bout de la chaîne: la Figure 6 de la Planche 24, fait assez comprendre que les divisions de la cantre forment, avec la séparation qu'elle vient de conserver, une nouvelle envergeure dont elle profite, en ayant soin de faire *sauter le fil*; on se rappelle aussi que cette opération consiste à prendre le fil qui, quand l'envergeure est sur les deux doigts de de la main droite, se trouve le dernier vers le bout des doigts, en le faisant passer par-dessous la brasse pour le placer avant celui qu'on a pris le premier en envergeant; & comme on change l'envergeure de main, il se trouve, quoique changé de place, au bout des doigts de la main gauche. On remarquera qu'on ne peut faire sauter le fil qu'aux chaînes d'une seule couleur; en effet, il n'est pas possible dans une rayûre, de porter un fil à côté d'une baguette ou raie de couleur souvent opposée. De plus, la raie dont on le retireroit, auroit par-là un fil de moins. Dans ce cas, il faut à chaque portée enverger de nouveau, comme la premiere fois, & ne tirer aucun parti de cette seconde envergeure.

La maniere d'enverger qu'on a vue, *page* 45, est celle qu'on suit dans tout l'ourdissage: je crois que c'étoit-là le lieu de donner une définition générale; mais je dois observer ici qu'à la premiere musette de chaque portée, on enverge dans un sens contraire; c'est-à-dire, qu'au lieu de prendre d'abord le premier fil de la division supérieure, (qui est la seconde), & ensuite le premier de l'inférieure, (qui est la premiere), on doit prendre à cette premiere musette le premier de la premiere, qui est celle d'en bas, puis celui de la seconde, & ainsi de suite, ce qui est une exception de la regle générale.

La raison de cette maniere d'opérer est facile à concevoir: on n'a besoin de seconde envergeure, que lorsqu'arrivé aux chevilles d'en haut qui retiennent celle qu'on vient de faire en remontant, on est dans le cas d'en faire sur le

champ

champ une seconde, quand après avoir placé la brasse sur la cheville du haut de l'Ourdissoir, on va repasser par ces mêmes chevilles en descendant, & qu'on auroit besoin d'enverger de nouveau ; en se servant de l'expédient qu'on a vu, on à une demie envergeure après qu'on a fait couler la séparation du pouce, & les divisions de la cantre la complettent aussi-tôt ; ainsi, ce n'est que pour mettre le temps à profit qu'on emploie cette méthode ; & lorsque dans les chaînes rayées on ne peut profiter de cette seconde, on se sert de la méthode générale qu'on a donnée, *pag.* 45. Lors donc qu'on descend pour aller trouver les chevilles errantes, on n'a pas besoin de cette demie envergeure, & elle ne feroit que mêler les fils, ce qui empêcheroit l'Ouvrier de faire couler ses verges, comme il le doit, en fabriquant l'étoffe ; aussi cette méthode n'en donne-t-elle pas.

On est cependant maître, en ourdissant, de profiter, ou non, de cette seconde envergeure ; dans ce cas on enverge à chaque fois tout-à-fait, ce qui n'empêche pas que l'Ourdissage soit aussi bon ; on repasse la brasse dans le plot, comme elle doit l'être, & on continue d'ourdir.

L'Ourdisseuse doit avoir grande attention de voir si quelque fil casse, ou si un rochet finit ou quitte la brasse avant que d'arriver au plot ; car si le bout étoit déja sur l'Ourdissoir, elle ne pourroit se dispenser de le détourner pour renouer ce fil de la maniere qu'on va voir.

SECTION SECONDE.

Maniere de reprendre les fils cassés en ourdissant avec la cantre droite ou le jet.

LORSQU'EN ourdissant on s'apperçoit qu'un fil casse, il est très-facile de le renouer sur le champ ; mais si on ne le voit que long-temps après, & que l'Ourdissoir ait déja fait quelques tours depuis, il faut nécessairement dérouler la brasse en tournant dans un sens contraire, jusqu'à ce qu'on ait trouvé le bout ; on le noue & on remet la soie comme elle étoit.

Il y a trois manieres de réparer cet accident ; mais toutes ne sont pas également bonnes, quoiqu'elles parviennent au même but.

Quelques Ourdisseuses déroulent la brasse & la couchent par terre, de peur qu'elle ne se mêle, jusqu'à ce qu'elles trouvent le bout cassé.

D'autres en déroulant passent un doigt de la main gauche dans la séparation des deux divisions, pour mieux connoître à laquelle des deux il appartient ; cette méthode est préférable à la précédente.

D'autres enfin, en même temps qu'elles passent un doigt dans la séparation des divisions de la cantre, en font couler un second entre les fils où devroit être celui qui ne va plus ; cette précaution est infiniment meilleure : par-là on ne peut manquer de placer le fil où il doit être ; mais quelle que soit celle de ces trois manieres d'opérer qu'on suive, on ne peut empêcher la brasse de se

ETOFFES DE SOIE. II. Part.   T

mêler, les brins s'entordent les uns avec les autres, & l'Ouvrier qui fabrique l'étoffe est quelquefois obligé de couper des musettes entieres pour remettre ces fils en ordre. On sent quelle perte de temps & de soie résulte de-là, & l'étoffe elle-même ne peut qu'en souffrir, quelque soin qu'on y apporte. D'ailleurs, la soie en traînant par terre, se salit & s'accroche par-tout, même aux habillemens de l'Ourdisseuse ; & si quelqu'un passe, qu'on ouvre une porte ou une fenêtre, le vent fait envoler toute la soie & augmente le désordre ; alors le seul remede est de couper toute la brasse & de la renouer plus bas, ce qui perd beaucoup de soie.

Quelques Ourdisseuses en cherchant un bout fini ou cassé, ont la précaution d'entortiller la brasse sur les quatre doigts de la main droite, & conduisent deux doigts de la gauche dans les séparations, ainsi qu'on vient de voir ; mais quand le bout est trouvé, elles ont besoin de leurs deux mains pour le renouer ; la soie qui les couvre s'accroche par-tout, & quand elle la remettent sur l'Ourdissoir, il est impossible d'éviter que quelque brin ne soit arrêté, mêlé ou cassé de nouveau. Cette méthode n'est pas encore la meilleure, quoique préférable aux trois autres.

Quoique presque tous les Ourdisseurs & Ourdisseuses, connoissent une cinquieme méthode, infiniment préférable à toutes les autres, je ne sais par quelle obstination, qui semble concertée contre le progrès des Arts, c'est la seule qu'ils ne veuillent pas mettre en usage, la voici :

Quand un bout est cassé ou fini, on roule la brasse sur une *Mainotte*, dont on va donner la description.

On appelle *Mainotte* une piece de bois dur, d'environ 6 pouces de long, sur un pouce & demi de diametre, faite au tour, très-polie, un peu plus grosse par le haut que par le bas, & terminée par les deux bouts en arrondissant, telle qu'on la voit, *Fig.* 4, *Pl.* 15 ; à l'un de ses bouts est un trou d'environ 3 pouces de profondeur, un peu plus large à l'entrée qu'au fond, & d'environ 10 lignes de diametre ; c'est sur cette mainotte qu'on entoure la brasse à mesure qu'on la déroule, & quand l'endroit où est le bout est trouvé, on met cette mainotte sur un pied qui est fait de la maniere suivante.

Au centre d'une planche quarrée ou octogone, d'environ 1 pied de diametre, & un peu épaisse pour lui donner de l'assiette, on plante un bâton fait au tour, si on veut, d'environ 2 pieds, ou même plus de hauteur, terminé en pointe par un bout, pour recevoir aisément la mainotte quand on renoue la soie. La place de cette mainotte est entre la cantre & l'Ourdissoir, ainsi qu'on le voit en la Planche 15, *Fig.* 4, pour que l'Ourdisseuse puisse aisément l'atteindre quand elle veut s'en servir.

Lorsqu'un fil est cassé l'Ourdisseuse passe un doigt de la main gauche dans la séparation des divisions de la cantre, & un autre dans celle du fil qui manque ; on se sert ordinairement, pour cela, du pouce & de l'index : on doit observer auffi que la pofition la plus convenable eft d'avoir l'Ourdiffoir à gauche , & la cantre à droite ; elle prend la mainotte entre l'index & le pouce de la main droite , & ferrant la partie de la braffe qui va depuis fa main jufqu'à la cantre , entre le troifieme & le quatrieme doigt , de façon que cette braffe paffe par dedans la main , & forte par-deffus les deux derniers doigts ; elle la tient ainfi fixée à cet endroit , pour que les rochets ne tournent plus ; enfuite elle fe fert des autres doigts de la main gauche qui font reftés libres , c'eft-à-dire, des troifieme , quatrieme & cinquieme , pour rouler la braffe fur la mainotte en détournant peu-à-peu l'Ourdiffoir jufqu'à ce qu'elle ait trouvé le bout caffé ; alors elle met la mainotte fur fon pied, noue le fil caffé avec celui qu'elle prend au rochet en le paffant dans fon anneau , & tournant l'Ourdiffoir avec la main gauche , elle tient dans fa droite , perpendiculairement fur la mainotte , la braffe qui fe déroule fans fe mêler , parce qu'on a vu que cette mainotte étoit plus groffe du haut que du bas, & rétablit ainfi le défordre que ce fil avoit caufé.

De quelque cantre qu'on fe ferve , cette maniere de renouer les fils eft fans contredit la meilleure , c'eft celle qui ménage le plus la foie ; mais on ne peut s'en fervir qu'à l'Ourdiffoir rond : on doit fe rappeller qu'à l'Ourdiffoir long on fe fert , pour cela , du bâton pendu au plancher , *page* 48 & fuivantes.

SECTION TROISIEME.

De la maniere de lever les chaînes ou poils de deffus l'Ourdiffoir rond.

ON a déja vu plus haut que l'opération qui fuit immédiatement l'ourdiffage, eft de relever la chaîne de deffus l'Ourdiffoir ; on fait auffi qu'on doit conferver les envergures avec de petits cordons de foie faits exprès pour cela ; ces cordons, quand ils font arrêtés avec un nœud, prennent eux-mêmes le nom d'envergeure , parce qu'ils femblent ne faire qu'un avec elle , & qu'ils reftent en place jufqu'à ce que le *Plieur* ait pris l'envergeure des mufettes, ou du bout inférieur de la chaîne avec fon *compafteur* , & que le *Tordeur* ait pris , avec fes *verges* , l'envergeure , proprement dite, du bout d'en haut.

On nomme *compafteur* , une petite verge de bois que le *Plieur* met à la place de la derniere des chevilles errantes , dans la boucle qu'elle formoit au bout de la chaîne ou du poil ; à l'un des bouts de ce compafteur eft un trou dans lequel on paffe un cordon de foie , & qu'on y retient au moyen d'un nœud ; on paffe ce cordon dans la féparation que tenoit l'autre cheville errante , & par ce moyen l'envergeure des mufettes fe trouve confervée d'une maniere invariable. Je ne fais qu'annoncer ici cette opération , me réfervant de la décrire à fond dans le Traité du Pliage , qui fuivra immédiatement celui-ci.

Quand l'Ourdiffeufe a foigneufement noué les envergeures , elle fait defcendre le plot jufqu'aux chevilles errantes, d'où elle retire la chaîne , la tord un peu à l'endroit de la boucle que forme la derniere cheville, & la met entre les deux poulies où étoit la braſſe, ainſi qu'entre deux tringles ; puis repaſſant la main dans cette boucle, elle fait paſſer par-là la chaîne, & forme un nœud-coulant, comme on l'a déja vu, quand il s'eſt agi de lever une chaîne à l'Ourdiſſoir long, & qu'on peut voir de nouveau, *Fig.* 2, *Pl.* 16, ainſi que la maniere dont la chaîne eſt arrêtée par le bout, ſur une cheville pareille à celle dont on a déja parlé, où elle eſt fixée ſolidement.

L'Ourdiſſeuſe s'aſſied ſur une chaiſe, & non pas ſur le banc, entre l'Our-diſſoir & la cantre, au devant du montant du plot, de maniere à pouvoir retenir avec le pied l'Ourdiſſoir, & ne le laiſſer tourner qu'autant qu'il eſt néceſſaire.

On a repréſenté, *Fig.* 1, *Pl.* 16, une Ourdiſſeuſe relevant une chaîne ; elle a le pied contre l'Ourdiſſoir, & ſa poſture exprime la force qu'elle emploie pour relever la chaîne ſur la cheville, avec le plus de tenſion poſſible. On peut voir de quelle maniere chaque tour eſt couché ſur la cheville dans le même ordre, *Fig.* 3, *même Planche.*

On conçoit que le plot, dans cette opération, ſert de guide à la braſſe, en ne montant qu'à meſure que l'Ourdiſſoir tourne ; & quand il eſt parvenu vis-à-vis des chevilles d'envergeure, elle entortille le cordon qu'elle a placé ſur la chaîne entre ces deux chevilles : voyez, *Fig.* 4, *Pl.* 16, la maniere dont ces cordons entourent la chaîne ; enſuite elle retire la ſoie de ces mêmes chevilles, ôte la chaîne de deſſus le plot, ainſi que de la cheville d'en haut, tord ſur elle-même l'ouverture qu'elle y faiſoit, & l'arrête au bout ſur la cheville en paſſant quelques tours, *Fig.* 3, ſous leurs précédents, ainſi qu'on pratique à l'Ourdiſſoir long, pour que la ſoie ne puiſſe s'échapper ni s'accrocher.

CHAPITRE HUITIEME.

Section Première.

De la maniere d'ourdir les Chaînes ou poils doubles ; les Chaînes doubles & simples ; celles doubles & triples, &c. & la différence qu'il y a dans cet Ourdissage, entre l'usage de la Cantre droite & celui de la Cantre couchée.

L'Ourdissage des chaînes doubles fait avec la cantre droite, ne differe de celui des chaînes simples, dont ont vient de parler, que par rapport à l'envergeure & au double nombre de portées.

Par rapport à l'envergeure, en ce qu'au lieu de prendre un fil simple, on en prend deux dans la même division qui ne comptent que pour un ; ainsi, on commence par prendre sous l'index & sur le pouce, les deux plus bas fils de la premiere division ; ensuite sur l'index & sous le pouce, les deux plus bas de la seconde, & ainsi des autres, & l'on voit que quoiqu'il n'y ait encore qu'un croisement ou envergeure, il y a quatre fils de pris.

Maintenant la différence, quant au double des portées, consiste en ce que ces deux fils étant joints à l'envergeure, ne comptent que pour un dans l'Ourdissage & dans la fabrication ; ainsi, si on doit ourdir à 50 portées pour un taffetas à chaîne simple, il en faudra 100 pour un à chaîne double ; ou ce qui revient au même, on dit ordinairement qu'il faut 50 portées doubles. Il en est de même pour les chaînes triples & quadruples, les fils doubles ou triples n'étant comptés que pour un. Ainsi les ustensiles dont on se sert pour les unes, servent aussi pour les autres ; le nombre des portées seul augmente en raison de l'augmentation des fils : je vais donner quelques exemples.

Nous avons vu que si on ourdit une chaîne simple à 40 rochets, la portée sera de 80 fils, & si cette chaîne est destinée pour un taffetas à 50 portées, il est certain que 40 rochets la pourront fournir ; mais si c'est pour une chaîne double d'un taffetas à 50 portées, il est clair qu'il faudra 100 portées.

Si on veut se rappeller, qu'ourdir triple, c'est prendre trois fils pour un, on sentira que si on ourdissoit de cette maniere à 40 rochets, il y en auroit un de trop, ou deux de moins, parce que 13 fois 3 font 39 ; il en reste un, ou bien il en manque deux : dans ce cas, il faut encantrer à 42, 48, 54, où 60 rochets, & on se trouvera juste.

Plus on prendra de fils pour un, moins le nombre de rochets ordinaire suffira ; ainsi, pour une chaîne triple de 50 portées, 48 rochets donneront 16 fils triples ; une chaîne à 50 portées doit avoir 4000 fils ; (car la portée a toujours 80 fils), la portée à 48 rochets ne produit que 16 fils ; il faut diviser 4000 , nombre des fils, par 16 , & on aura 125 portées.

Pour enverger ces fortes de chaînes, on s'y prend comme aux autres, en mettant l'index fur les trois plus bas fils de la premiere divifion de la cantre, & les prenant fur le pouce, puis fur l'index & fous le pouce, les trois plus bas de l'autre divifion , & ainfi de fuite, en remontant, trois par trois.

Quoiqu'il arrive rarement qu'on ourdiffe une chaîne quadruple ; néanmoins, comme certaines étoffes en font fufceptibles, & qu'on en fabrique par extraordinaire, ainfi qu'on le verra dans le Traité de la fabrication des Étoffes unies : je dois en faire mention ; on les ourdit comme les doubles & les triples, en prenant quatre fils pour un. Le calcul qu'on a fait pour les fils triples doit fe faire pour les quadruples ; c'eft-à-dire, que la cantre doit contenir dans chaque divifion, un nombre de rochets multiple de quatre , & qui s'accorde avec la quantité de portées dont une chaîne eft compofée. Ainfi , fi on ourdit à 48 rochets, en les envergeant par quatre, on aura 12 fils ; c'eft-à-dire, 24 par portées ; & fi cette chaîne eft deftinée à un taffetas à 40 portées, fuppofons qu'elle fût fimple & ourdie à 48 rochets , il faudroit 33 portées & un tiers ; mais étant ourdie quadruple, il en faudra quatre fois autant, ce qui fait 133 portées & 8 fils. Après tous ces exemples, je ne crois pas qu'il puiffe y avoir rien d'obfcur fur la maniere dont on ourdit toutes les chaînes. Il ne refte plus à traiter que celles où le nombre de rochets eft inégal dans les divifions de la cantre : c'eft ce que nous allons faire de la maniere la plus méthodique.

On verra dans la fuite que la variété des étoffes exige des ourdiffages de bien des efpeces ; mais il doit nous fuffire , pour le préfent, de favoir qu'on ourdit des chaînes fimples & doubles, fimples & triples, fimples & quadruples, doubles & triples, doubles & quadruples, & enfin de triples & quadruples : on ne fauroit nier que l'encantrage de ces chaînes, leur envergeure & leur ourdiffage, ne demandent la plus grande attention , fur-tout quand on fe fert de la cantre droite ; les figures qu'on va mettre fous les yeux du Lecteur ne laifferont rien à defirer fur ces difficultés.

Planche 17.

La Figure premiere , *Pl.* 17 , repréfente une des faces d'une cantre droite: le détail dans lequel nous allons entrer fera fuffifamment comprendre l'ordre qu'on a fuivi en y plaçant les rochets.

Suppofons qu'on veuille ourdir double & fimple , la divifion à gauche contient 30 rochets, & l'autre n'en contient que 15 ; on voit que deux bouts de foie viennent fe croifer fur un de l'autre divifion, ce qui indique que pour un fil qu'on prend dans l'une, on en prend deux dans l'autre. Quand à l'ordre des rochets fur deux broches, on en laiffe continuellement une vuide , ainfi qu'on le voit ; & quand on enverge on prend , fans avoir égard au nombre, un & deux fils alternativement.

Depuis l'Ourdiffage jufqu'à l'entiere fabrication de l'étoffe, ces deux fils ne feront jamais comptés que pour un, & les portées dans l'Ourdissage feront augmentées d'un tiers de plus qu'il n'y en auroit, si on ourdissoit simple ; ainsi on mettra 30 rochets dans une division, & 15 dans l'autre ; ce nombre de 45 fils ne fera compté que comme 30, savoir 15 doubles & 15 simples ; & chaque portée, quoique contenant 90 fils, sera réputée n'en contenir que 60.

Quant à la maniere d'enverger, nous ne croyons pas qu'il soit nécessaire de répéter ce que nous avons détaillé dans les chaînes doubles, triples & quadruples, nous y renvoyons le Lecteur ; la seule différence est, qu'alors on prenoit deux fils par-tout, ou trois ou quatre, & qu'ici on en prendra deux & un, deux & trois, &c.

Si la chaîne doit être simple & triple, on placera dans une des divisions de la cantre trois fois autant de rochets que dans l'autre ; la Figure 2 de la *même Planche* représente cet encantrage, où l'on voit que le rochet seul est vis-à-vis, sur la même broche de celui du milieu des trois de l'autre division ; ainsi, l'une contiendra 30 rochets, & l'autre 10, & en envergeant on prendra trois fils d'un côté à la fois, & un de l'autre.

Si la chaîne doit être double & triple, on mettra deux rochets d'un côté, sur trois de l'autre ; par exemple, 20 dans la premiere division, & 30 dans la seconde : voyez la Figure 3, *même planche*, où sur trois broches, deux sont garnies, & la troisieme est vuide ; ainsi on prendra trois fils d'un côté, & deux de l'autre.

Quoique l'on ait employé 50 rochets à cet encantrage, savoir 30 & 20, la musette ne sera comptée que pour 20, nombre plus foible ; & d'après ces calculs, on pourra connoître le nombre de rochets qu'on doit employer pour l'Ourdissage proposé.

Pour les chaînes doubles & quadruples, la Figure 4 fait voir la maniere de mettre quatre rochets d'un côté & deux de l'autre, de façon que les deux seuls soient vis-à-vis de ceux du milieu des quatre ; par ce moyen il se trouvera toujours deux broches vuides, & deux pleines alternativement ; & pour vingt-huit fils dans une division, on en mettra quatorze dans l'autre ; cet encantrage ne donnera à la musette que quatorze fils ; savoir sept doubles, & sept quadruples, aussi on se réglera là-dessus pour completer le nombre qu'exigera la chaîne qu'on veut ourdir.

Il nous reste encore une combinaison à faire, c'est celle de triple & quadruple représentée par la Figure 5. Tout ce que nous venons de dire des autres, nous dispense d'entrer dans aucun détail sur celle-ci. On ne peut se tromper sur le nombre de fils à prendre en envergeant ; comme vis-à-vis des quatre broches il y en a une vuide ; on pourra reconnoître l'endroit où commencent & finissent les brins de soie qu'on doit prendre ensemble.

Nous ne nous sommes un peu appefantis sur tous ces détails, que pour faire sentir les difficultés & l'attention qu'on doit y apporter, quoique les fautes qu'on pourroit y faire ne foient pas d'une conféquence infinie, il en réfulte toujours une imperfection dans l'étoffe qu'il eft à propos de prévenir.

La cantre couchée n'offre pas tant de difficultés dans ces fortes d'ourdiffages, parce qu'en envergeant on fuit à peu-près l'ordre des chaînes fimples, ainfi qu'on va le voir.

SECTION SECONDE.

Maniere d'encantrer les chaînes qu'on vient de voir, en fe fervant de la cantre couchée.

LES encantrages que nous avons vus jufqu'ici, ont été fuppofés faits fur des cantres droites ou des jets ; nous allons maintenant voir de quelle maniere on opere fur des cantres couchées.

De quelque combinaifon que foit cet encantrage, on met le plus grand nombre de rochets dans une des deux divifions, & le plus petit dans l'autre ; mais, ce qui rend l'envergeure bien plus facile, c'eft qu'on paffe les fils dans les anneaux de verre, en ne les comptant jamais que pour un.

Suppofons donc qu'on veuille ourdir fimple & double, on met le double de rochets dans une des deux divifions, & prenant les fils deux à deux, on les fait paffer dans un des deux anneaux qui font perpendiculaires à leurs rochets, faifant attention de fuivre toujours le même ordre : je veux dire que fi on a paffé ces deux fils dans le premier anneau d'un des bouts de la cantre, on paffera les deux fuivants dans le troifieme, enfuite dans le cinquieme, le feptieme, &c. fi c'eft dans le fecond, on continuera par les quatriemes, fixiemes, huitiemes, &c. ainfi, il y toujours a alternativement un anneau occupé, & l'autre vuide. Il eft aifé de fentir que l'envergeure devient par-là très-facile, puifqu'on n'a plus qu'à prendre fil par fil, fans avoir égard fi les uns font doubles & les autres fimples. La Figure 6, *Pl.* 17, repréfente les deux divifions de cette cantre, dont l'une eft pleine de rochets, & l'autre n'en contient que la moitié. Ce moindre nombre eft arrangé de façon que les anneaux dans lefquels leur foie paffe, foient en ligne droite avec ceux où paffe celle de la divifion précédente, de forte que chaque broche & fon anneau qui reftent vuides, foient vis-à-vis de celui qui eft refté vuide à l'autre divifion.

La Figure 7, *même planche*, repréfente un encantrage fimple & triple : on peut voir de quelle maniere on paffe trois fils dans l'anneau du milieu des trois qui leur correfpondent, de forte que deux anneaux reftent toujours alternativement vuides, & dans l'autre divifion on met un rochet fur la broche du milieu de ces trois.

Pour une chaîne double & triple, repréfentée par la Figure 8, *même planche*, on met un tiers de rochets dans une divifion plus que dans l'autre ; dans l'une on paffe trois fils dans un anneau, & dans l'autre on en paffe deux. L'ordre qu'on qu'on leur fait tenir s'entendra mieux en voyant la figure, que par le discours ; la seule regle générale qu'on peut établir, est qu'il faut que les fils, soit simples, soit doubles, triples, &c. sortant des anneaux, soient vis-à-vis l'un de l'autre ; par ce moyen les écartements étant les mêmes, l'envergeure se fait très-aisément.

On pourra aussi prendre l'idée d'une chaîne double & quadruple sur la Figure 9, & d'une triple & quadruple sur la Figure 10 : comme la difficulté ne consiste qu'à placer les rochets & à passer dans les anneaux, il n'est pas possible qu'on rencontre encore aucun obstacle après l'inspection de ces figures : tout ce que nous dirions ici ne pourroit qu'ennuyer.

On a, pour plus de clarté, représenté les envergeures de ces encantrages dans la même Planche, *Fig.* 11, 12, 13, 14 & 15.

Section Troisieme

Observation sur les deux especes de Cantres, droite & couchée, par rapport aux ourdissages dont on vient de parler.

On peut dès-à-présent avoir senti la différence qui se rencontre entre les deux especes de cantres, ainsi que la supériorité de la cantre couchée sur la cantre droite ; dans celle - ci, en ourdissant les chaînes dont on vient de parler, malgré le vuide des rochets qu'on a observé, les fils ne sont pas assez distincts pour qu'on ne soit pas obligé de les compter quand on les enverge ; ainsi la moindre erreur devient de la plus grande conséquence, & cette attention retarde l'opération. Mais avec la cantre couchée, comme le nombre de fils, quel qu'il soit, est réuni dans les anneaux, on enverge sans précaution en comptant tous ces fils pour un, & on ne peut se tromper, à cause de l'espace vuide qu'on rencontre souvent, & qui sert à se reconnoître.

Dans les exemples que j'ai donnés dans la section précédente, je n'ai fait aucune mention de nombre de fils, ni de genre d'étoffe, parce que pour établir une regle générale, on n'a pas besoin d'application particuliere.

CHAPITRE NEUVIEME.

Description de la Cantre couchée à la Lyonnoise, propre à l'Ourdissoir rond.

LA cantre à la Lyonnoise a beaucoup de ressemblance avec celle que nous avons décrite dans le Chapitre Second de cet Ouvrage, & qu'on a vue *Pl.* 2 ; mais elle a sur elle des perfections qu'on sera à portée de connoître quand on l'aura vue en œuvre.

PLANCHE 18.

Quatre montants *A, A, A, A, Fig.* 1, *Pl.* 18, de 22 pouces de haut, formant les angles de la cantre, sont assemblés en bas par les traverses *B, B, C, C,* & par le haut au moyen de celles *D, D, E, E*; celles qui constituent la longueur de la cantre *B, B, D, D,* ont 5 pieds de long sans les tenons ; les autres qui en forment la largeur, ont environ 15 pouces, aussi sans les tenons.

Au milieu du *parallélogramme* que forment au haut de cette cage les traverses supérieures, est assemblée une troisieme traverse *F,* à tenons & mortaises, qui le divise en deux parties égales, & qui forme les deux divisions de la cantre.

Sur chacune des deux traverses *E, E,* sont assemblés, à tenons & mortaises, deux montants *G, G, H, H,* précisément au milieu des deux divisions ; la hauteur de ceux *H, H,* est d'environ 18 pouces, sans leurs tenons ; les autres *G, G,* de devant ont environ 6 pouces de moins ; ils sont retenus dans leur écartement par les traverses *I, I,* à tenons & mortaises ; l'extrémité supérieure de ces quatre petits montants reçoit à queue d'aronde les deux traverses *K, K,* qui portent les anneaux qu'on y place de la maniere suivante.

On perce sur chacune, dans sa longueur, trente trous à égale distance les uns des autres ; ensuite on prend un bout de ficelle d'environ 8 à 10 pieds de long, qu'on arrête au moyen d'un nœud par-dessus à un des bouts de ces traverses : voyez la Planche 13, *Fig.* 4, qui représente un bout de traverse où sont placés des anneaux. On passe la ficelle dans un anneau, puis on la repasse dans le même premier trou, & par ce moyen l'anneau est fixé contre la traverse ; ensuite on passe cette ficelle dans le second trou par-dessus ; on prend un anneau, on la repasse dans le même trou, & on continue ainsi jusqu'au bout. Cette maniere d'enlasser les anneaux que représente la même Figure 4, est le moyen le plus sûr de les fixer invariablement sous les traverses. On pourroit de même se servir d'agraffes en passant la ficelle dans leurs deux yeux, mais le ferrement pourroit en faire casser, ainsi les anneaux sont préférables.

Les trois traverses du haut de la cantre doivent aussi être percées sur leur longueur de trente trous qui répondent perpendiculairement à ceux des traverses à anneaux ; c'est-là qu'on place les broches sur lesquelles tournent les rochets ; ainsi chacun doit être dans un même alignement avec ceux des deux autres traverses.

On doit se rappeller qu'aux autres cantres on met les broches à leur place, au moyen d'une rainure pratiquée à chaque trou qui n'entre qu'à mi-bois de la traverse ; à celle-ci, le moyen de retenir ces broches en place est moins vétilleux & plus simple.

L est une tringle de toute la longueur de la cantre & d'un pouce & demi de largeur, qu'on fixe dessus chacune des deux traverses d'en haut de chaque côté, au moyen de deux morceaux de cuir *a a*, *Fig.* 1, *Pl.* 18, qui font l'office d'une charniere ; cette tringle étant abandonnée à son propre poids, vient s'appliquer sur la traverse à laquelle elle est attachée, ferme les trous où sont les broches, & les empêche de sortir d'un ou d'autre côté. Quant on veut encantrer ou changer quelque rochet, il suffit de la lever, & ensuite de la laisser retomber.

La Figure 3, *même planche*, représente un des deux bouts de la cantre.

On a aussi représenté, *Fig.* 2, l'assemblage des deux traverses *B*, *D*, qui forment le devant de la cantre avec les montants *A*, *A*; on y voit les trous dont celle d'en haut est percée, pour recevoir les broches ou *estissures*.

Comme c'est la plus basse traverse à anneaux qui détermine le devant de la cantre, on la met du côté de l'Ourdissoir, ainsi qu'on le voit, *Pl.* 19, où elle est représentée garnie de rochets, dont les bouts passent dans leurs anneaux, & vont se réunir en un point au plot *a* ; on voit aussi la posture de l'Ourdisseuse, & la place du banc, ainsi que celle de la *mainotte* dont elle se sert quand un bout vient à se casser où se perdre, ainsi qu'on l'a vu plus haut.

La Figure 4, est une table sur laquelle l'Ourdisseuse place quelques instruments à son usage, comme un compas, du papier pour calculer ses portées, & un *peigne* dont on verra autre part l'usage. *A* & *B* sont deux corbeilles, dont l'une est pleine de rochets vuides, & l'autre contient ceux qui sont pleins.

C, *D*, sont deux chevilles à relever une chaîne, dont on a aussi parlé.

On peut remarquer aussi en *E*, *E*, &c. *dans cette Planche* la maniere dont les étaies ou *ponteaux* sont roidis contre le plancher pour affermir en tous sens l'Ourdissoir.

CHAPITRE DIXIEME.

Maniere d'ourdir les Chaînes à une couleur avec l'Ourdiſſoir rond, en ſe ſervant de la cantre à la Lyonnoiſe.

SECTION PREMIERE.

L'Ourdisseuse place la cantre devant l'Ourdiſſoir, de maniere que le montant du plot ſoit vis-à-vis le milieu de la cantre, qui en eſt éloignée d'environ 4 pieds : voyez, *Fig.* 1, 2, 3, *Pl.* 19.

PLANCHE 19.

A droite de l'Ourdiſſeuſe, entre le banc & la cantre, il doit y avoir une diſtance ſuffiſante, pour pouvoir paſſer librement.

Quand le nombre de rochets avec lequel doit ſe faire l'Ourdiſſage eſt déterminé, elle prend à côté d'elle une corbeille dans laquelle ils ſont, & tirant preſque hors de la cantre toutes les broches, (peu importe de quel côté elle faſſe cette opération) : voyez la Figure 2, *Pl.* 20, de façon qu'elles ne paſſent

PLANCHE 20.

en dedans d'une diviſion, que de 2 pouces, étant tout-à-fait ôtées de l'autre ; elle place les rochets ſur toutes ces broches, de maniere qu'ils puiſſent ſe dérouler du même ſens, & les repouſſe dans le trou de la traverſe du milieu, en les faiſant encore excéder d'environ 2 pouces ; puis elle en fait autant dans la ſeconde diviſion, pouſſant les broches à meſure, & quand l'encantrage eſt fini, elle laiſſe tomber la traverſe qui bouche les trous & retient les broches.

Quand ils ſont tous ainſi placés, elle paſſe chaque bout de ſoie dans l'anneau qui lui eſt perpendiculaire ; à moins qu'il ne s'agiſſe d'ourdir ſimple & double, double & triple, &c. auquel cas elle en mettroit 2, 3 ou 4, dans un même anneau, ainſi qu'on l'a vu ; puis prenant tous ces bouts à côté les uns des autres, elle les égaliſe autant qu'elle peut, & les noue tous enſemble ; enſuite elle approche ce nœud de l'Ourdiſſoir pour leur donner une égale tenſion ; puis paſſant la main droite dans la ſéparation des deux traverſes à anneaux, elle accroche par-là ſa braſſe ſur la premiere cheville, au haut de l'Ourdiſſoir, & prend dans ſa main gauche toute la braſſe à une certaine diſtance des chevilles, de peur qu'en envergeant elle ne s'échappe ; après quoi il ne s'agit plus que d'enverger.

Nous ne répéterons point ici ce que avons déja dit de l'envergeure : on doit avoir compris cette opération ; ainſi, nous renvoyons le Lecteur aux endroits où nous en avons parlé, ſur-tout à l'article de l'Ourdiſſoir long où nous avons donné l'exemple d'une cantre couchée, peu différente de celle-ci.

Quand l'envergeure eſt placée ſur les chevilles *b*, *c*, *Fig.* 1, *Pl.* 19, qui lui ſont deſtinées, l'Ourdiſſeuſe reprend, avec la main droite, la ſéparation

des

des traverfes à anneaux, & prenant de la main gauche la braffe entiere, elle la fait paffer entre les deux poulies du plot, & met dans la féparation qu'elle tient, la tringle du milieu qui la conferve, après quoi elle s'affied.

On fe rappelle que pour faire defcendre le plot, il faut faire tourner l'Ourdiffoir de droite à gauche. Quand elle a fait le nombre de tours qu'exige la longueur de la chaîne, elle paffe la braffe fur les chevilles errantes, de la maniere qu'on a vu Chap. 8, & fait remonter le plot jufqu'à l'envergeure qu'elle fait toujours de même, en profitant de la feconde ainfi qu'on l'a vu. Pendant tout ce travail, l'Ourdiffeufe a continuellement les yeux fur l'Ourdiffoir & fur la cantre pour remédier aux accidents qui peuvent arriver.

Comme cette cantre à la Lyonnoife n'eft autre chofe que la cantre couchée qu'on a déja vue, à laquelle on a donné plus de perfection, tous les encantrages & les ourdiffages qu'on a fait avec l'une, peuvent fe faire auffi aifément avec l'autre : ainfi nous n'entrerons dans aucun nouveau détail là-deffus.

<h2 align="center">S e c t i o n   S e c o n d e.</h2>

De la maniere d'encantrer les Chaînes à deux couleurs, qu'on nomme
Pas d'un & Pas d'autre.

La maniere d'encantrer les chaînes de deux couleurs, qu'en terme de manufacture on appelle *Pas d'un & Pas d'autre*, confifte à mettre toute une couleur dans une divifion, & toute une autre dans l'autre. Ainfi, fi la premiere divifion contient des rochets bleus & que l'autre en contienne des blancs, on aura un *pas d'un*, & un *pas d'autre*.

C'eft une regle générale dans la fabrique des Etoffes, que celles qui font de deux couleurs, font ourdies doubles; & néanmoins l'Ourdiffage fe fait comme aux chaînes unies, on peut même y faire fauter le fil pour profiter d'une feconde envergeure comme dans les chaînes à une feule couleur, & alors les fils feront mis deux par deux dans les anneaux.

<h2 align="center">S e c t i o n   T r o i s i e m e.</h2>

Méthode dont on fe fert à Lyon pour lever les chaînes ou poils
de deffus l'Ourdiffoir rond.

La méthode qu'on emploie à Lyon pour lever les chaînes des *Etoffes du plein*, c'eft-à-dire, qui n'ont ni fleurs ni deffein, eft la même que celle qu'on a décrite dans le Chapitre 8. Section III : on s'y fert de la cheville; on conferve les envergeures de la même maniere; mais quant aux Etoffes façonnées, on les leve à *chaînette* : voici en quoi confifte cette opération, qui eft répréfentée par la figure 3 de la Planche 20.

Planche 20.

Étoffes de soie. II. Part.   Y

Quand l'Ourdisseuse a fini d'ourdir sa chaîne, qu'elle a coupé & arrêté par un nœud sa brasse, après l'avoir retirée de dessus le plot, elle le fait descendre à la hauteur des chevilles errantes qu'elle retire ; ensuite elle passe les doigts dans la boucle que forme au bout de la chaîne la derniere de ses chevilles, tord la soie un peu sur elle-même, place la chaîne entre les poulies & entre deux tringles du plot ; & passant sa main dans cette boucle, elle prend avec l'index & le doigt du milieu, dont elle se sert dans toute cette opération, la chaîne, qu'elle fait passer par-là en retirant sa main, ce qui forme une autre boucle, (*Voyez la fig.* 3. où cette opération est représentée) ; alors elle prend la premiere boucle de la main gauche, puis passant ses deux doigts dans la seconde, elle fait encore passer la chaîne par-là, ce qui en forme une troisieme, par laquelle elle en forme une quatrieme, puis une cinquieme, & ainsi de suite jusqu'au bout de la chaîne. Pour faire mieux comprendre l'espece d'enlassement que décrit cette chaînette, on a eu soin de représenter dans de fortes proportions une chaîne levée, & qu'on a placée sur les étaies de deux Ourdissoirs.

Une précaution qu'il faut avoir en relevant ainsi, c'est de mettre le pied droit au bas de l'Ourdissoir pour en retenir les aîles ; sans quoi, comme on tire la chaîne assez fortement, l'Ourdissoir tourneroit trop vîte, & on n'auroit plus de tension.

La chaîne ainsi relevée, est réduite environ au tiers de sa longueur, & quand l'Ouvriere a une suite de chaînons égale à l'écartement de ses deux bras, elle la replie sur elle-même en la tenant de la main gauche, de peur qu'elle ne traîne par terre, ce qui endommageroit la soie. On voit tout ces détails dans la Figure 3 de la même Planche. Il peut néanmoins arriver que la chaîne soit d'une telle longueur qu'on ne puisse la tenir dans la main ; alors elle a près d'elle une corbeille dans laquelle elle met la chaîne à mesure qu'elle la releve.

Il est certain que cette maniere de relever les chaînes est plus facile ; d'ailleurs il est plus aisé de peser la soie, & plus commode de serrer dans une armoire ou dans un tiroir une telle chaîne, en l'enveloppant de papier pour garantir les couleurs, que quand elle est sur une cheville, dont la longueur embarrasse ; & néanmoins malgré tous ces avantages, l'autre méthode me paroît préférable, attendu que le pliage en est plus parfait, ainsi qu'on le verra.

CHAPITRE ONZIEME.

Comparaison des différentes méthodes qu'on emploie pour ourdir les Chaînes & Poils, & particuliérement celles qui font rayées.

En fuivant la maniere d'ourdir que nous avons vue jufqu'ici, on ne peut éviter la multiplicité des cantres : en vain a-t-on effayé de les doubler, quadrupler, &c. il n'eft pas poffible de les réduire à un affez petit nombre pour qu'elles ne caufent point d'embarras. Il faut en convenir, malgré la fupériorité dès talens que Lyon réunit dans tout genre d'Ouvriers, les villes de Nîmes, d'Avignon, & quelques autres qui ont tiré de celles-ci leurs manufactures, ont un ufage d'autant plus avantageux, qu'en évitant le grand nombre de cantres, on y fimplifie les opérations, & on gagne beaucoup de temps ainfi qu'on va le voir.

Dans toutes ces Manufactures une feule cantre, même fimple, fuffit pour l'ourdiffage le plus compofé ; on y emploie beaucoup moins de rochets à la fois & on va bien plus vîte ; cette maniere s'appelle *ourdir à plufieurs parties*, ou à *plufieurs compafteurs* ; ces deux expreffions qui fignifient la même chofe, ont cependant befoin d'être expliquées.

On appelle *ourdir à plufieurs parties*, lorfque pour ourdir la chaîne d'une étoffe rayée, au lieu de fe fervir de plufieurs cantres fuivant la méthode de Lyon, de Paris, &c. & de les changer même plufieurs fois, on ourdit tout de fuite tout ce qu'une cantre doit fournir pour une rayûre quelconque, dont alors on combine les répétitions ; après cela on place une cordon de foie dans les envergeu-res, comme fi c'étoit une chaîne entiere ; puis on défencantre les rochets, & on leur fubftitue ceux qui doivent fuivre. On ourdit cette nouvelle partie comme la précédente, on conferve de même les envergeures, & on continue d'ourdir ainfi partie par partie, en les regardant toutes comme autant de chaînes parti-culieres ; puis on paffe un cordon dans la totalité des envergeures. On leve la chaîne comme à l'ordinaire fur une cheville, ou à chaînette, de la maniere qui a été expliquée plus haut.

On appelle auffi cette méthode ourdir à plufieurs *compafteurs*, parce que le *Plieur* fe fert pour plier la chaîne fur l'*enfuple*, d'autant de compafteurs qu'elle eft compofée de parties différentes.

On eft peut-être furpris que j'aie avancé, qu'il ne faut pour cette maniere d'ourdir qu'une feule cantre, & beaucoup moins de rochets ; mais on va s'en convaincre facilement en fuivant un tant foit peu l'opération.

Je fuppofe que felon la méthode de Lyon, on ne puiffe ourdir la rayûre d'une chaîne à moins de fix cantres, & que cette rayûre exige des foies blanches, rofes & vertes. Je fuppofe encore que la premiere cantre contienne cinquante rochets, partie de foie blanche & partie de verte; que la feconde en contienne quarante-huit, partie de foie rofe & partie de blanche; la troifieme, foixante de foie blanche; la quatrieme, cinquante-quatre, partie de verte & partie de blanche; la cinquieme, quarante de foie rofe; & la fixieme, cinquante-huit moitié de blanche & moitié de rofe. Le nombre de rochets qu'occuperont ces fix cantres, fera de trois-cents-dix, dont cent-foixante-cinq de foie blanche, quatre-vingt-treize de foie rofe, & cinquante-deux de verte. N'eft-il pas fenfible qu'un tiers, environ, de ces rochets fera fuffifant avec la méthode de Nîmes, pour ourdir la chaîne propofée; parce qu'on ourdira avec la couleur blanche toutes les portées de foie blanche qu'exigera la rayûre, enfuite la rofe, & enfin la verte; au lieu de répéter ces trois couleurs de la maniere qu'exige chaque combinaifon de rayûre.

On peut m'objecter que pour prouver l'opinion que j'avance, j'ai choifi un exemple fi fimple, qu'on ne peut pas en conclure une regle générale; mais je n'ai dû apporter de preuves que celle que le Lecteur eft en état d'entendre par ce que nous avons vu jufqu'ici : je me propofe de fuivre mon hypothèfe dans l'Ourdiffage de poils *doubletés*, *tripletés*, *quadrupletés*, &c. C'eft alors que la multiplicité des cantres paroîtra indifpenfable; & cependant comme j'entrerai dans les détails les plus curieux fur ces chaînes compofées, on verra que mon affertion n'aura rien perdu de fa vérité.

La forme volumineufe & embarraffante des cantres dont on fe fert par-tout, a fait imaginer les cantres & jets doubles & quadruples, ainfi que tous les moyens dont on fe fert pour gagner de la place: on a plus befoin à Lyon qu'autre part d'économifer de ce côté, à caufe de la quantité de celles qu'on y emploie, ainfi qu'on l'a vu dans un des Chapitres précédents; auffi a-t-on imaginé de fe fervir de cantres à tiroirs, dont on donnera la defcription dans le Chapitre fuivant.

CHAPITRE DOUZIEME.

Description de la Cantre à tiroirs, & de tout ce qui la compose.

SECTION PREMIERE.

De la carcasse de la Cantre à tiroirs.

ON nomme *Cantre à tiroirs*, un bâtis de bois composant une certaine quantité de fourreaux, dans lesquels on met des especes de tiroirs garnis de rochets prêts à travailler. Rien n'est aussi commode & ne tient aussi peu de place que cette Cantre dont nous allons donner la description.

La Figure 1, *Planche* 20, représente cette carcasse; quatre montants *A, A, A, A,* sont assemblés par le bas au moyen de deux traverses *B, B,* qui déterminent la longueur de cette Cantre.

Planche 20.

Seize traverses *C, C, C, C,* &c. assemblent les deux côtés à tenons & mortaises; les crans qu'on voit sur la face intérieure de chaque montant sont autant de rainures qui doivent affleurer le dessus de chaque traverse, dont l'usage est de recevoir chacune une planche servant de fond à chaque fourreau, & qui repose par les bouts sur les traverses *C, C*: neuf lignes sont suffisantes pour la profondeur de ces rainures.

Sur les traverses supérieures sont assemblés deux montans *D, D,* dont l'un est plus haut que l'autre de 6 pouces, & qui reçoivent à queue d'aronde les deux traverses à anneaux *E, E*; on les entretient dans leur écartement au moyen de deux autres petites traverses *F, F.* La connoissance qu'on doit avoir prise des autres cantres couchées, nous dispense d'entrer dans un plus grand détail sur celle-ci, dont l'usage & la forme sont à peu-près les mêmes.

Quand les sept planches sont mises en leur place, ainsi qu'on l'a représenté *Fig.* 2, *même planche,* on a autant de fourreaux qui contiennent chacun un tiroir tel qu'il est représenté *Fig.* 3 : ces planches ont peu d'épaisseur, attendu qu'elles ne font aucun effort, & ne forment que des séparations.

On doit se rappeller qu'aux cantres couchées, on s'est servi pour fermer les trous de chaque broche, d'une traverse de toute la longueur, & de chaque côté de la cantre, qu'on attache sur les traverses d'en haut avec de petits morceaux de cuir; mais comme à cette cantre chaque tiroir qu'on met en haut en forme une à lui seul, & que ces sept tiroirs rendent le service de sept cantres, il faudroit mettre à chacun une pareille traverse ; il a été plus simple de fixer ces traverses aux montants *A, A, A, A,* au moyen de deux pitons, dans les anneaux desquels entrent deux petites pointes de fer qui sont fichées sur les bouts de chaque traverse, & qui font l'office de charnieres, ainsi qu'on peut le voir en *a, a, même planche.*

SECTION SECONDE.

Description des Tiroirs.

On nomme *Tiroir*, un chaffis de bois qui eft, à proprement parler, une cantre ; mais qui en effet reffemble à un tiroir fans fond, divifé fur fa largeur en deux parties égales, ainfi que le repréfente la *Fig.* 3 , *Pl.* 23.

Trois traverfes *A*, *A*, *B* , formant les deux divifions de ce tiroir, font affemblées à leurs extrémités par celles *C*, *C*, à queue d'aronde , & celle du milieu à tenons & mortaïfes. Chacun de ces tiroirs reffemble parfaitement à la partie de la cantre à la Lyonnoife, *Pl.* 18, qui contient les rochets ; ainfi la facilité de fubftituer dans l'inftant un tiroir à un autre, rend l'ufage de cette cantre très-commode. Les trois longues traverfes font percées de trente trous qui fe correfpondent parfaitement, & dans lefquels on place les *eftiffures* ou broches ; & pour pouvoir ôter & remettre facilement ces tiroirs en place, on attache fur le devant de chacun , deux poignées de cuir *b*, *b* , par où on les prend.

Quoique nous ayons vu que la carcaffe fur laquelle on place ces tiroirs contient fept fourreaux, on n'y met cependant que fix tiroirs pour plus de commodité ; en effet, quand il s'agit de changer un tiroir, fi tous les fourreaux étoient remplis , il faudroit mettre à terre celui qu'on ôte pour le remettre à la place que lui laiffe celui qu'on vient de lui fubftituer ; au lieu qu'y ayant toujours une place vuide, on y met du premier coup celui dont on ne fe fert plus , & on evite par-là de l'embarras ; ainfi chaque tiroir qui travaille devant reprendre fa même place, on peut les numéroter tous, & par-là, reconnoître l'ordre qu'on doit leur faire tenir dans l'Ourdiffage.

SECTION TROISIEME.

Description de la carcaffe de la Cantre fans tiroirs.

Il eft encore une autre efpece de carcaffe, mais comme elle ne porte jamais à la fois qu'un feul tiroir, que dans cet inftant elle reffemble à une cantre à la Lyonnoife, & cependant que c'eft une efpece de carcaffe comme la précédente, on la nomme carcaffe fans tiroir ; elle eft repréfentée par la Fig. 1 , *Pl.* 23.

Deux traverfes *B* , *B*, de toute la longueur de la cantre, affemblent les montants *A*, *A*, *A*, *A*, par le bas, & deux autres *C*, *C*, les affemblent par le haut à 3 pouces de leur extrémité ; ils font auffi affemblés par les côtés au moyen de deux traverfes *E*, *E*, par le haut, & de deux autres *D*, *D*, par le bas ; on peut même pour plus de folidité mettre deux traverfes *a*, *a*, fur la longueur de celles *C*, *C*, à queue d'aronde, pour retenir leur écartement, & qui les divifent en trois parties égales : la planche *K* porte fur les traverfes du haut, qui par conféquent doivent toutes être de niveau. C'eft fur cette efpece de table qu'on place les tiroirs les uns après les autres, à mefure que l'ourdiffage l'exige ; & comme les quatre montants font élevés de trois pouces, les tiroirs ne peuvent plus avoir de mouvement que de devant en arriere, encore quand ils font en place, font-ils retenus par les traverfes *V*, *V*, qui fervent autant à les y fixer qu'à empê-cher les broches de fortir : ces traverfes *V*, *V*, font fixées avec des pitons aux montants, ainfi qu'on l'a vu à la carcaffe à tiroirs.

Au furplus, les traverfes à anneaux font portées comme dans les cantres cou-chées qu'on a vues jufqu'ici, par les montants *F*, *F*, *G*, *G*, plantés fur les tra-verfes *E*, *E*, & retenus par celles *H*, *H*. Il eft inutile de rien dire de la ma-niere de placer les anneaux, qui eft abfolument la même que celle qu'on a vue.

Cette cantre eft la plus commode de toutes celles dont on a parlé jufqu'à pré-fent, quoiqu'elle ne contienne qu'un tiroir ; comme elle eft fort légere on peut la déplacer fans peine ; & avec un nombre fuffifant de tiroirs dont on combine l'ordre auparavant, on vient à bout de l'ourdiffage le plus compofé. Il ne nous refte plus qu'à dire un mot de la maniere dont on place ces tiroirs pour éviter l'embarras.

Avec une douzaine de tiroirs, comme celui qu'on vient de voir, il eft aifé d'ourdir une chaîne ordinaire, & fi la rayûre en eft très-compofée, on peut, ou bien en avoir davantage, ou bien défencantrer à mefure que les couleurs font épuifées.

La Figure 2, *Pl.* 23, repréfente une douzaine de tiroirs mis fur des chevilles les uns au-deffus des autres contre un mur, de la maniere fuivante.

Sur deux montants comme *A*, *Fig.* 2 *& 3*, qu'on fixe folidement contre un mur, au moyen de pattes ou happes de fer *a*, *a*, *a*, *a*, *b*, *b*, font percés autant de trous qu'on veut y placer de chevilles, diftantes les unes des autres d'environ quatre pouces, & un peu plus longues que les tiroirs ne font larges ; c'eft fur ces chevilles qu'on pofe les tiroirs quand on ne s'en fert plus, pour les changer à volonté fur la cantre, & comme le corps de tiroirs à une certaine élévation, on fe fert d'un marche-pied, *Fig.* 4, pour y atteindre plus commodément : on a repréfenté dans la Fig. 3, un des montants & fes chevilles vu de côté. Pour plus de folidité il eft à propos de faire les trous des chevilles quarrés, & d'appointir un peu & quarrément un bout de chaque cheville, ainfi qu'on le voit fur celle qui eft à part en *B* (1).

Quelque nombre de tiroirs qu'on ait dans une même chambre, ils ne tiennent

---

(1) Je fais bien que dans beaucoup d'en-droits, au lieu de mettre contre le mur deux montants pour recevoir les chevilles, on fe contente de percer des trous dans le mur, & d'y fceller ces chevilles ; mais cet ufage eft fujet à plufieurs inconvéniens que les montants n'ont pas ; chaque fois qu'on déménage il faut ôter ces chevilles & reboucher les trous ; & fi plu-fieurs Ourdiffeurs viennent les uns après les autres occuper le même logement, le mur à la fin fe trouve criblé d'une infinité de trous : ainfi j'ai moins rapporté l'ufage établi, que celui qu'il feroit à propos de fuivre ; d'ailleurs beaucoup de Propriétaires de maifons pourroient bien s'op-pofer à cette dégradation.

à beaucoup près, pas tant de place qu'une bien moindre quantité de cantres ; de plus, on rencontre dans l'usage de ces tiroirs l'avantage des cantres couchées : ainsi tout engage à préférer d'ourdir de cette maniere, sur-tout dans un Atelier où il y a plusieurs Ourdissoirs.

Il me semble inutile de m'étendre davantage sur la préférence qu'on doit accorder aux carcasses, ou en général à l'usage des tiroirs, sur celui de tout autre genre de cantres ; en effet, comme dans les grandes Villes de Manufactures, telles que Lyon, Nîmes, Avignon, &c. l'ourdissage fait l'occupation unique de plusieurs personnes, & qu'il est ordinaire de voir dans une même chambre jusqu'à trois ou quatre ourdissoirs, si chacun employoit cinq ou six cantres, il ne seroit pas possible de trouver d'emplacement capable de les contenir.

CHAPITRE TREIZIEME.

Explication de l'ordre que tiennent les rayûres, & de leur diversité ; pourquoi il faut plusieurs cantres pour les ourdir ; la maniere de les combiner sur les échantillons, sur les esquisses & sur les desseins, & d'en encantrer certaines en employant la cantre droite ou le jet, & de les ourdir.

Section Premiere.

Généralement parlant, toutes les combinaisons de rayûres ont une distribution symétrique, & cette distribution est combinée au goût du Compositeur : il en est de la composition des rayûres dans les étoffes comme de leurs desseins, le goût est le meilleur maître.

Ordinairement une même rayûre est répétée plusieurs fois dans la largeur d'une étoffe, celui qui compose & dessine l'échantillon est maître de les répéter 3, 4, 5 fois, & même beaucoup plus, selon son idée.

Toutes les étoffes rayées ont un fond pour base. On nomme fond, la couleur qui dans une étoffe fait valoir les raies ; & un assemblage de plusieurs raies compose ce qu'on appelle rayûre.

Les largeurs de ces raies varient à l'infini ; souvent elles sont égales entr'elles ; quelquefois la distribution en est telle, qu'on ne distingue presque plus le fond, soit parce que leur largeur est égale à lui, soit aussi parce que les intervalles qui séparent les couleurs sont égaux entr'eux, quoique les raies soient de différentes largeurs. Néanmoins dans toutes les étoffes, quelles qu'en soient les rayûres, on distingue toujours le fond, quand même la plus grande largeur de l'étoffe seroit employée par la rayûre. On reconnoît celle-ci à la variété des couleurs ; car toutes les fois, par exemple, que la chaîne d'une étoffe n'aura que deux couleurs, la partie la plus considérable

constituera

conftituera le fond, ainfi fi la chaîne eft ourdie de foie rofe & de blanche, &
qu'il y ait plus de blanche que de l'autre, on nommera fond la partie blanche,
& la rofe fera la rayûre; fi c'eft un Taffetas on le nommera Taffetas blanc
raye rofe, & ainfi des autres dans les différentes couleurs. La Figure 1, *Pl. 26*,
repréfente une rayûre à une couleur : toutes les parties fous le no. 1, font les
raies, & celles fous le no. 2, font le fond. La Figure 2, *même Planche*, repréfente
une rayûre à deux couleurs ; les parties numerotées 1, font une raie, celles 2,
en font une autre & celles 3, font le fond.

Il y a auffi des rayûres ombrées, c'eft-à-dire, que les raies qui les compofent
font de plufieurs nuances d'une même couleur, & ces nuances font rangées de
façon que la teinte la plus foncée eft d'un côté, & la plus claire eft de l'autre,
& vont par gradation comme la fuite des ombres dans la peinture ; fouvent on
place du côté de la nuance foncée une couleur rembrunie, & même quelquefois
du noir, pour faire fortir les couleurs d'une rayûre, de même que dans la Peinture,
on donne des *coups de force*, fouvent auffi on met à côté de la teinte la plus
claire quelques fils de foie blanche, afin que les extrémités faffent fortir le milieu.
La Figure 3, *même Planche*, repréfente une rayûre dans laquelle on a mis des
raies ou *baguettes* ombrées, & d'autres d'une feule couleur : celles 1, font
d'une feule couleur ainfi que celle 2, mais celles 3, 3, 3, 3, font ombrées,
& 4 eft le fond.

Les raies ombrées qui ne font compofées que de nuances d'une feule couleur
font appellées rayûres Camayeu, telles que celles qu'on voit, *Fig.* 4, où, quoique
la gravure ne permette de rendre que le blanc & le noir, on peut fentir
l'effet d'une même nuance qui vient en mourant jufqu'au clair ; & même dans la
raie numérotée 3, on peut voir au milieu quelques fils de foie blanche : celles
numerotées 2, où l'obfcur eft au milieu, ont de mêmes fils blancs fur leur
bordures, 1, 1, & une raie d'une feule couleur ; & 4, 4, eft le fond.

Les rayûres dont les raies font fous des nuances de plufieurs couleurs font
du rang des ombrées, ainfi que celles dont quelques raies font nuancées, & les
autres ne le font pas. Dans la Figure 5, la raie numerotée 1, n'eft pas nuancée ;
celles numerotées 2, 2, 3, 3, le font ; & 4, eft le fond.

Quoique les raies foient de plufieurs couleurs, il peut fe faire, comme dans
la Figure 2, qu'elles ne foient pas ombrées.

La Figure 6, repréfente une efpece de rayûre dans la compofition de laquelle
il entre des raies ombrées, d'autres d'une feule couleur, & d'autres auffi de
deux couleurs qu'on nomme *Pas d'un & Pas d'autre* ; quelquefois auffi un de
ces deux Pas eft ombré, & l'autre eft d'une feule couleur.

Il y a beaucoup d'étoffes façonnées qui exigent un poil pour en former le
deffein ou pour l'accompagner, telles que les Taffetas *façonnés*, *doubletés* &
tripletés, certaines Moëres, des Taffetas *brillantés*, des Velours, des Droguets
& autres.

Quand on ourdit les chaînes des rayûres dont je viens de parler, on ne sauroit se dispenser d'employer plusieurs cantres, aux unes plus, aux autres moins. La Figure 18, représente une étoffe dont le dessein qu'on y voit dépend de l'ourdissage.

Les rayûres à une seule couleur ne s'ourdissent pas toujours avec le même nombre de cantres; cela varie selon la disposition de la rayûre: ainsi l'une pourra être ourdie avec deux cantres, tandis qu'il en faudra quatre pour une autre; c'est à l'Ourdisseur intelligent, ou à celui qui conduit l'ourdissage, à déterminer le plus petit nombre de cantres avec lequel il puisse ourdir sa chaîne, pour éviter les mutations. Il peut arriver qu'une Ourdisseuse sans intelligence se serve de quatre cantres pour une chaîne, où une autre n'en employeroit que trois; car souvent une cantre qui contiendra 60 rochets, peut remplir diverses raies d'une rayûre, sur-tout si elle est sans nuances.

Supposons que, voulant ourdir une rayûre dont le fond soit blanc & les raies rosés, une cantre contienne de ces deux couleurs, & que sur 60 rochets dont elle est garnie, 20 contiennent de la soie blanche & 40 de la rose: supposons encore que pour completer une des raies qui composent cette rayûre, il faille 30 fils rosés, ou que pour le fond il en faille 20 blancs; comme la cantre contient l'un & l'autre de ces deux nombres, & même au-delà, on pourra, au lieu d'employer une nouvelle cantre, retrouver dans la même, la raie qu'il sembleroit qu'on eut dû encantrer exprès, & par-là on évitera un double emploi. C'est ainsi qu'un Ouvrier ingénieux trouve des ressources pour économiser le temps & la soie. Il faut cependant pour se servir de cet expédient, que les rochets d'une même couleur soient placés de suite à la cantre; sans cela il seroit difficile de les prendre de côté & d'autre, parce que l'agitation des uns feroit voltiger les bouts de soie des autres, & les mêleroit tous.

SECTION SECONDE.

De la maniere de combiner les Esquisses, les Echantillons & les Desseins des Rayûres.

AVANT que d'encantrer, il faut connoître la disposition de la rayûre qu'on doit ourdir, & pour quel genre d'étoffe on la destine; il faut savoir si c'est pour un Satin, pour un Taffetas, ou pour une Serge, & connoître sur quel compte de peigne l'étoffe pour laquelle la chaîne sera ourdie, doit être faite, & à combien de fils par dent.

Le *Peigne* est un des ustensiles principaux, avec lequel on fabrique les étoffes de soie; c'est lui qui détermine la largeur de l'étoffe, c'est par lui que la soie se trouve divisée en autant de parties égales que l'étoffe l'exige, chaque division est séparée par une dent; les uns en ont plus, & les autres moins;

leur largeur varie encore beaucoup , & dans une même largeur les dents peuvent être plus ou moins rapprochées les unes des autres.

Cet article sera traité à fond dans l'Art du *Peigner* , qui précédera la description des autres uftenfiles propres à la fabrication des Etoffes de foie.

Il faut néceffairement pour ourdir une chaîne quelconque , fçavoir le nombre de dents dont le peigne qui doit fervir à fabriquer l'étoffe eft compofé , & combien on doit mettre de fils à chaque dent.

On verra , lorfque je parlerai des différentes combinaifons des rayûres , que cette connoiffance eft encore plus effentielle pour les chaînes rayées.

Lorfqu'on a fur un échantillon la rayûre qu'on veut ourdir , fi cet échantillon eft tiré d'une étoffe femblable en tout à celle pour laquelle on veut ourdir , la combinaifon de la rayûre fe trouve toute faite; il ne faut, pour fçavoir le compte des fils dont chaque raie , ainfi que chaque partie de fond font compo-fées, que mefurer la largeur de chacune , & la comparer à la largeur du peigne dont on doit fe fervir , & en les ajoutant les unes aux autres , on aura la fomme des fils dont la chaîne eft compofée. Si cette addition ne fe trouve pas jufte avec le nombre des fils dont on a befoin , il fera évident qu'on aura fait quelqu'erreur ; ainfi on ne doit commencer l'ourdiffage que lorfque le calcul de la fomme des raies avec celui des parties du fond fera un nombre de fils égal à celui dont doit être compofée la chaîne que l'on veut ourdir.

Lorfqu'il faut faire une tranfpofition de rayûres , c'eft-à-dire , lorfqu'on veut ourdir pour un Taffetas une rayûre qu'on a fur un échantillon de Satin , il faut procéder d'une autre maniere que celle dont je viens de parler. Il faut, ou connoître exactement la largeur du peigne qu'on doit employer , ainfi que le nombre de dents dont-il eft compofe , ou bien préfenter l'échantillon devant le peigne , marquer toutes les largeurs tant des raies que du fond , enfuite prendre le nombre des dents de chaque partie en particulier , & en faire un total ; par ce moyen on voit fi l'on eft jufte dans fon opération. Quand on a trouvé que le nombre des dents des différentes largeurs des raies, & de celles des parties du fond en produit un égal à celui de la totalité du peigne , on détermine l'encantrage.

Les efquiffes pour les rayûres fe combinent de même que je viens de dire, en les préfentant devant un peigne égal à celui pour lequel on deftine la chaîne qu'on veut ourdir , & le calculant de même. En rayûre comme en deffein , les efquiffes repréfentent pofitivement l'étoffe telle qu'elle doit être; ainfi fur efquiffe on doit prendre la largeur d'une raie, comme fi on la pre-noit fur un échantillon auquel on voudroit faire une tranfpofition de rayûre dont on veut profiter pour une autre étoffe. Il eft facile de remarquer qu'un efquiffe peut, au moyen de ce que je viens d'en dire , repréfenter toute forte d'étoffe , du moins dans le genre des rayûres.

Les deffeins pour les rayûres font différemment traités ; ils portent leurs combinaiſons toutes faites, il ne faut que les calculer, parce que le nombre des dents dont chaque raie & chaque partie de fond ſont compoſées, eſt poſitivement marqué par le papier ſur lequel ils ſont faits.

Les deſſeins, ſoit de rayûre, ſoit de fleurs, ſont ordinairement faits ſur du papier réglé. Ce papier eſt tout tracé de lignes noires imprimées, & extrémement fines, à égales diſtances les unes des autres; il y en a dont 30 de ces lignes occupent l'eſpace d'un pouce, d'autres plus, d'autres moins: ces lignes ſont croiſées par d'autres qui conſervent auſſi des diſtances égales entr'elles, ce qui forme une quantité de petits carreaux, qui quelquefois ont leurs côtés égaux, & quelquefois ſont des quarrés longs, plus grands ou plus petits ſelon le beſoin.

L'article du papier réglé ſera traité avant celui des deſſeins propres à la fabrication de toute ſorte d'étoffes de ſoie & dorure.

On ſe ſert pour les deſſeins des rayûres, de différent papier, ſelon que le cas l'exige. Si le deſſein eſt pour une étoffe dont les dents du peigne ſont extrémement rapprochées les unes des autres, on ſe ſert d'un papier dont les lignes ſont également rapprochées; ſi au contraire les dents ſont beaucoup éloignées les unes des autres, on ſe ſert d'un papier dont les lignes ſont éloignées à proportion; & pour mieux faire comprendre ce que je viens de dire, chaque entre-deux des lignes du papier réglé, doit être égal à la diſtance de deux dents du peigne qui doit ſervir à fabriquer l'étoffe.

On fait les deſſeins de rayûres ſur le papier réglé, lorſqu'on craint que les Ourdiſſeuſes ne faſſent quelques fautes d'ourdiſſage, ſi on leur donnoit l'eſquiſſe ſeulement.

Deſſiner une rayûre ſur le papier réglé, s'appelle, en terme de Deſſinateur, *mettre une rayûre en carte.*

Par le moyen de ce papier, l'Ourdiſſeuſe n'a qu'à compter les intervalles des lignes qui ſe trouvent dans la largeur d'une raie, ou dans celle d'une partie du fond, & parcourir ſon deſſein d'un bout à l'autre, pour être au fait dans l'inſtant de ſon ourdiſſage; elle doit obſerver ſeulement qu'à certains endroits du deſſein tout l'intervalle de deux lignes n'eſt pas plein, ou n'eſt plein qu'à demi d'une des couleurs qui compoſent la rayûre; alors au lieu de compter deux dents pour cet intervalle elle n'en compte qu'une, & celle qui reſte eſt attribuée au fond ou à la raie avec laquelle cette partie ſe trouve liée. C'eſt un ſoin auquel elle ne doit pas manquer pour ſuivre de point en point l'intention du Deſſinateur, & rendre la rayûre avec le plus d'exactitude.

SECTION TROISIEME.

Supposition d'un Echantillon pour un Taffetas rayé à une couleur, & combinaison de sa rayûre.

Je suppose un échantillon de taffetas rayé pour lequel la largeur du peigne est de 20 pouces, & dans laquelle il doit y avoir 1000 dents ; on voit cet échantillon *Fig.* 7, *Pl.* 26.

On appelle ce compte de *peigne*, un 25 portées, en terme de *peigner* ; (car il y a des gens dont l'unique emploi est de faire des *peignes.*) Dans plusieurs villes de Manufactures, les Fabriquants leur donnent ce même nom ; dans d'autres on lui donne celui d'un 50 portées, & dans d'autres encore les Fabriquants le nomment *un mille.* Ce nom paroît plus analogue, parce qu'il porte avec lui sa valeur, & qu'il se fait entendre plus facilement. La raison de ces divers noms sera donnée dans *l'Art du Peigner.*

Dans chacune des dents du peigne dont il s'agit, il doit y avoir 4 fils; ce qui donne 4000 pour toute la chaîne. Je suppose que la rayûre de l'échantillon dont je parle soit répétée quatre fois dans la largeur de l'étoffe ; alors la disposition entiere de cette rayûre sera sur 5 pouces de largeur ; cette largeur qui fait le quart de l'étoffe, donnera 250 dents, & conséquemment mille fils. Je suppose maintenant que le goût de cette rayûre sur la largeur de 5 pouces soit composé de 6 raies ou baguettes de différentes largeurs ; je me servirai du terme de baguettes pour distinguer les parties de rayûre, de la rayûre elle-même ; toutes les parties de la rayûre qui seront d'une couleur opposée à celle du fond, & qui seront divisées par le fond, auront le même nom ; celles qui seront ombrées & jointes par d'autres qui ne le seront pas, seront nommées *raies ombrées à baguettes ;* celles à plusieurs couleurs qui ne sont pas ombrées ni séparées par aucune partie de la couleur du fond, seront appellées *raies à baguettes.* Il est à propos de mettre le Lecteur au fait des termes usités dans cette partie, pour éviter les répétitions, & me faire mieux entendre.

J'ai supposé que la rayûre dont je veux parler étoit composée de 6 baguettes ; je suppose qu'une des baguettes soit de 30 dents de largeur, que deux soient de 4, deux autres de 2, & que la derniere soit de 12 : ce qui fera en tout 54 dents, ainsi qu'on peut le voir par l'exemple suivant.

<pre>
        Une baguette de trente dents, ci. 30
        Deux de 4 dents, ci. 8
        Deux de 2 dents, ci. 4
        Une de 12 dents, ci. 12
                                              ─────
                                    Total 54.
</pre>

Je suppose à présent que la baguette de 30 dents soit au milieu de la largeur de l'échantillon dont il s'agit, que cette baguette en ait une de chaque côté des deux de 4 dents, que ces deux dernieres soient séparées chacune de la premiere par 3 dents de fond, que les deux baguettes de 2 dents soient chacune à un des côtés des deux dernieres, & séparées d'elles par 2 dents de fond seulement, & que la sixieme baguette supposée de 12 dents, en la partageant en deux parties égales, soit moitié sur chaque extrémité de l'échantillon; cette disposition doit donner deux intervalles de fond très-considérables, eu égard à ceux qui regnent entre les baguettes précédentes; puisque de 250 dents je n'en ai employé que 64, il doit en rester 186: je les diviserai en deux parties égales, que je place dans les deux intervalles entre les dernieres baguettes, de sorte que chacun de ces intervalles sera de 93 dents de fond.

Ainsi　54 dents pour les baguettes.
6 dents pour les deux premiers intervalles du fond.
4 dents pour les deux seconds.
186 dents pour les deux derniers.

Total 250 dents, qui forment le quart de la largeur du Taffetas dont il s'agit: conséquemment ce quart répété quatre fois, produira un total qui sera de mille dents.

J'ai dit quelque part que les rayûres étoient toujours composées dans un ordre symétrique; on peut l'avoir remarqué dans celle que je viens de donner, soit par la grande baguette qui est au milieu de la rayûre, soit par celle qui est partagée sur les deux bords, soit enfin par celles que j'ai placées entre celle du milieu & celle des deux bords; car il faut pour que cet ordre soit bien observé, qu'une rayûre ait ses deux bords égaux, & que de chacune de ses deux extrémités à son milieu on trouve les objets répétés également, ainsi qu'on le voit dans la rayûre ci-dessus, puisque ces deux bords ont chacun 6 dents d'une baguette de 12 qui y est partagée; ensuite en venant des deux côtés vers le milieu, ce sont deux fonds égaux de 93 dents chacun: en suivant encore, on trouve deux petites baguettes de 2 dents chacune, qui sont aussi séparées par deux dents de fonds, d'une autre baguette de 4 dents, & ces dernieres sont séparées de la baguette du milieu chacune par 3 dents de fond.

Par cet exemple, on doit trouver que la composition de la rayûre, que nous venons de voir a 13 parties, soit en baguette, soit en fond; il ne s'ensuit pas de là, qu'en la répétant quatre fois dans la largeur de l'étoffe, elle en ait 54; parce que la moitié de la baguette de 12 dents qui a été partagée, pour en placer la moitié sur chaque bords de la rayûre, se joignant à une rayûre semblable à elle-même, se trouve faire une baguette entiere: cette jonction étant ainsi faite trois fois dans la largeur du Taffetas, reproduit trois fois cette même baguette entiere; elle reste seulement partagée sur les deux bords de l'étoffe. Il faut le pratiquer ainsi, pour que, quand on assemble plusieurs *laizes* de l'étoffe pour en faire l'usage auquel on le destine, ces moitiés jointes, forment par-tout des baguettes entieres; & c'est ce qu'on appelle, en terme de l'Art, *Rapport de dessein* ou *Rapport de rayûre.*

Je vais donner un second exemple pour la même rayûre qui me paroît plus clair encore, que les précédents; ce sera de lui seul, c'est-à-dire, de l'ordre que je lui donnerai, que je me servirai pour toutes les suppositions de rayûres, que je vais parcourir par la suite, pour remplir la promesse que j'ai faite de traiter à fond la maniere d'ourdir toutes les sortes de rayûres. On verra dans cet exemple qu'en prenant les parties dont une rayûre est composée par les deux extrémités, & les conduisant au milieu, on trouvera les mêmes objets régulierement placés & répétés, de même qu'en allant du milieu aux deux extrémités.

<table>
<tr><td rowspan="13">*Exemple pour la symétrie de la Rayûre supposée, prise par ses extrémités.*</td><td>6 dents de baguette.</td></tr>
<tr><td>93 dents de fond.</td></tr>
<tr><td>2 dents de baguette.</td></tr>
<tr><td>2 dents de fond.</td></tr>
<tr><td>4 dents de baguette.</td></tr>
<tr><td>3 dents de fond.</td></tr>
<tr><td>30 dents de baguette.</td></tr>
<tr><td>3 dents de fond.</td></tr>
<tr><td>4 dents de baguette.</td></tr>
<tr><td>2 dents de fond.</td></tr>
<tr><td>2 dents de baguette.</td></tr>
<tr><td>93 dents de fond.</td></tr>
<tr><td>6 dents de baguette.</td></tr>
</table>

Total 250 dents.

Cette derniere méthode de calculer une rayûre en donne par elle-même l'ordre symétrique, si l'on fait attention qu'à commencer par les extrémités, & venant au milieu, les nombres également éloignés de ce même milieu sont toujours égaux.

Ce même exemple nous donne le quart de la chaîne; ainsi l'Ourdisseuse n'a plus qu'à répéter quatre fois le même ourdissage pour la completer; ainsi comme il faut quatre fils par dents, & que dans l'exemple proposé, il y a 250 dents, ce sera mille fils pour chaque quart: ce qui donnera quatre mille pour le tout.

Dans l'exemple que je viens de donner, je n'ai pas parlé des couleurs, pour faire mieux entendre l'opération: je vais maintenant en supposer pour la même rayûre, & faire voir comment on doit l'ourdir: les baguettes seront toutes cramoisies, & le fond blanc.

Quelque rayûre qu'on veuille exécuter, il faut que l'Ourdisseuse en fasse

(ou en ait) une *ordonnance*, afin de ne point être exposée à se tromper en ourdissant une couleur pour une autre, & à prendre le fond pour les baguettes, & réciproquement. Cette *ordonnance* doit être faite avec toute l'exactitude possible. L'ordre de celle qu'on va voir, servira de modele à toutes celles que je me propose de donner, pour ne rien laisser à désirer sur la maniere d'ourdir toute sorte de rayûres ; on l'appelle, en terme de l'Art *Ordonnance d'Ourdissage*. Presque dans toutes les villes de Manufactures, où l'on a la méthode d'ourdir les chaînes rayées avec plusieurs cantres, le Fabriquant donne les ordonnances toutes faites aux Ourdisseuses, de maniere qu'elles n'ont qu'à distribuer la soie dans tel nombre de cantres qu'elles jugent nécessaires : il faut cependant qu'on connoisse ces Ourdisseuses capables de régler leurs cantres ; sans cela on leur donneroit avec l'ordonnance d'ourdissage, une ordonnance d'encantrage, qui seroit soutenue de l'ordre qu'elles doivent faire tenir aux cantres dans leur différentes mutations. A Lyon, à Paris, à Tours, & dans les villes qui en ont tiré l'origine de leurs Manufactures, on en use ainsi ; mais dans d'autres où l'on a pour méthode de n'ourdir qu'avec une seule cantre toute sorte de rayûres & de chaînes, telles que *Nîmes*, *Avignon*, &c. c'est aux Ourdisseurs à sçavoir *déchiffrer* un échantillon, combiner la rayûre, & en faire l'ordonnance eux-mêmes pour l'exactitude de l'ourdissage ; ce qui sera expliqué en son lieu.

Soit que les Fabriquants donnent les ordonnances d'ourdissage, ou que les Ourdisseuses les fassent elles-mêmes, elles doivent toutes tenir l'ordre de celle qui suit.

On doit se rappeller que c'est l'exemple que j'ai promis pour la rayûre que nous avons déja vue.

	24 fils cramoisis.
	372 fils blancs.
	8 fils cramoisis.
	8 fils blancs.
	16 fils cramoisis.
	12 fils blancs.
Ordonnance d'Ourdissage pour un Taffetas rayé cramoisi & blanc dont le peigne est un mille dents.	120 fils cramoisis.
	12 fils blancs.
	16 fils cramoisis.
	8 fils blancs.
	8 fils cramoisis.
	372 fils blancs.
	24 fils cramoisis.

Total 1000 fils.

On ourdira quatre fois le contenu en cette ordonnance. Il est clair que cet

ourdissage

ourdiſſage produira une chaîne de 4000 fils ; ce qui eſt conforme à celle du Taffetas que j'ai ſuppoſé : il reſte ſeulement à ſçavoir de quelle façon l'Ourdiſſeuſe accordera ſes cantres, pour quadrer avec le nombre des fils qu'il lui faut pour completter la rayûre, de quelle maniere elle encantrera, & comment elle ſuivra & finira ſon ourdiſſage.

SECTION QUATRIEME.

De la maniere d'encantrer les Rochets, pour diſtribuer les couleurs à propos en employant la cantre droite ou le jet, quand on ourdit ſelon la méthode de Paris, de Lyon, &c.

POUR ourdir les chaînes & les poils des Etoffes rayées, en ſuivant la méthode de Paris, de Lyon, &c. on ne peut ſe paſſer de pluſieurs cantres : ſuivons l'ordonnance de la rayûre ci-deſſus, & nous verrons combien elle doit en employer.

Le premier article de l'ordonnance eſt de 24 fils cramoiſis ; il faut indiſpenſablement mettre 24 rochets cramoiſis dans la premiere cantre, douze dans chaque diviſion, à commencer par les broches ſupérieures.

Le ſecond article eſt de 372 fils blancs : il faut, autant qu'on le pourra, diviſer ce nombre en parties égales, & de maniere qu'une d'elles puiſſe occuper ſeule une cantre : ſix fois 60 font 360 ; on mettra donc 60 rochets blancs dans la ſeconde cantre avec laquelle l'Ourdiſſeuſe fera trois portées, qui produiront le même nombre de 360 fils ; il en manquera 12 pour completter le nombre de 372 ; on ajoutera à la premiere cantre 12 rochets blancs qu'on mettra après les 24 cramoiſis qui y ſont déja ; & par ce moyen, nous aurons les 372 fils blancs dont on a beſoin, ſuivant l'ordonnance d'ourdiſſage.

Le troiſieme article eſt de . . . . 8 fils cramoiſis.

Le quatrieme de . . . . 8 fils blancs.

Le cinquieme de . . . . 16 fils cramoiſis.

Le ſixieme de . . . . 12 fils blancs.

En tout 44 fils.

Ces quatre articles doivent occuper une troiſieme cantre, en les y plaçant dans l'ordre ſuivant.

8 Rochets cramoiſis dont 4 dans chaque diviſion.

8 Rochets blancs, 4 dans chaque diviſion.

16 Rochets cramoiſis, 8 dans chaque diviſion.

12 Rochets blancs, 6 dans chaque diviſion.

44

Cela nous donne le nombre de 44 rochets contenus dans les quatre articles dont il vient d'être parlé, & ce ſera la troiſieme cantre.

Le septieme article est composé de 120 fils ; il faut nécessairement une quatrieme cantre dans laquelle on placera soixante rochets cramoisis.

Suivant l'ordre symétrique de la rayûre, il est aisé de voir que les rochets dans la troisieme cantre sont placés de maniere à remplir les 8e, 9e, 10e, & 11e articles de l'ordonnance ; que la seconde cantre peut en faire le 12e article, & que la premiere cantre peut en faire le 13e, & completter les douze fils qui manque dans le 12e ; & cela, parce que les 8e, 9e, 10e, & 11e articles sont conformes aux 6e, 5e, 4e, & 3e ; que le 12e article est conforme au second, & que le 13e est conforme au premier ; il s'agit seulement de voir de quelle maniere il faut conduire cet ourdissage pour le mener à sa perfection.

SECTION CINQUIEME.

De la maniere d'ourdir la Rayûre qu'on vient d'encantrer.

L'OURDISSEUSE fera d'abord une musette avec la premiere cantre : elle doit commencer son envergeure par les fils du bas, & faire attention qu'en descendant le plot, la soie qui est au haut de la cantre, soit posée du côté de l'ourdissoir, & qu'en montant, cette soie se trouve du côté opposé. Cette observation est générale pour toutes sortes de cantres. Quand elle aura ourdi cette musette, elle coupera sa brasse, dont elle arrêtera le bout aux deux chevilles errantes ; elle changera de cantre, & fera 3 portées avec la seconde, en commençant par le bas de l'ourdissoir, c'est-à-dire, aux chevilles errantes ; ensuite elle passera à la troisieme cantre avec laquelle elle fera une musette qu'elle commencera aussi aux chevilles errantes ; après cela elle ourdira une portée avec la quatrieme, puis elle reprendra la troisieme cantre avec laquelle elle ourdira encore une demie portée : de là elle ourdira trois portées avec la seconde ; & enfin elle reprendra la premiere avec laquelle elle ourdira une musette ; alors elle aura ourdi la valeur de la rayûre qui fait le quart de la chaîne : elle doit répéter cette opération trois autres fois, & suivre la même route pour ourdir les trois autres quarts l'un après l'autre.

SECTION SIXIEME.

Observations sur la maniere d'Enverger, de couper les brasses & de les placer sur les chevilles lors de la mutation des cantres.

L'OURDISSEUSE doit toujours commencer son envergeure par les fils les plus bas de la cantre quand elle en change ; si le plot se trouve au bas de l'ourdissoir, c'est-à-dire, si le nombre des musettes ou portées que doit produire celle avec laquelle elle vient d'ourdir, finit aux chevilles errantes, elle recommencera les portées ou musettes que doivent produire la nouvelle cantre aux mêmes chevilles ; si au contraire c'est par le haut qu'une cantre ait fini son produit, elle commencera par le haut avec la nouvelle cantre ; & pour mieux me faire entendre, je reprends l'ordre des mutations de cantre, qu'on a vues dans la Section précédente. La premiere ne devant produire en commençant qu'une musette, elle a dû couper la brasse aux chevilles errantes, & y en arrêter le bout ; alors passant à la seconde cantre, elle commencera aux même chevilles, & ce produit devant être de trois portées qui font six musettes, finira aussi aux chevilles où il a commencé : avec la troisieme cantre, elle commencera encore aux mêmes chevilles ; mais comme le produit de cette derniere n'est que d'une musette, il finira à la cheville supérieure de l'ourdissoir ; alors la quatrieme cantre commencera son produit à la cheville où l'autre a fini, & finira à cette même cheville, parce qu'une portée fait deux musettes, & ainsi des autres. De cette maniere, on verra que lorsqu'on aura ourdi un quart de la chaîne qui forme la valeur d'une rayûre, & qu'on voudra continuer, le plot se trouvera toujours en haut.

J'ai dit qu'il falloit commencer l'envergeure par les fils des rochets les plus bas de la cantre ; mais les couleurs doivent être placées sur l'ourdissoir dans un sens contraire ; par exemple, quand le produit d'une cantre va du haut en bas de l'ourdissoir, (je suppose une cantre où il y ait plusieurs couleurs), la couleur qui se trouve tournée du côté de l'ourdissoir, doit être du côté opposé, quand le plot va remonter, afin que la symétrie de la rayûre soit parfaite. Pour parvenir à faire cette opération avec facilité, malgré qu'on enverge toujours de même, on observe de tourner la brasse lorsqu'elle est envergée, de maniere que la couleur qui doit être du côté de l'ourdissoir, s'y trouve placée, en posant l'envergeure sur les chevilles qui doivent la tenir, & c'est ce qu'on appelle *tourner la main.* Cette opération doit s'entendre aisément, si l'on fait attention qu'on peut faire passer sur les chevilles les premiers fils qui on été envergés, de maniere qu'ils soient du côté de l'ourdissoir ou dans un sens contraire ; ainsi de quelque maniere qu'ils soient placés à la descente du plot, on les placera dans un sens contraire quand il remontera.

Il s'agit maintenant de démontrer comment la quantité des portées ourdies par les différentes mutations des cantres peut produire la valeur de la rayûre ; une récapitulation du nombre total de ces mêmes portées & des différentes mutations va nous en instruire.

RÉCAPITULATION.

RÉCAPITULATION.

Une muſette avec la premiere cantre . . . 36 fils.
Trois portées avec la ſeconde . . . . 360.
Une muſette avec la troiſieme . . . . 44.
Une portée avec la quatrieme . . . . 120.
Une muſette avec la troiſieme . . . . 44.
Trois portées avec la ſeconde . . . . 360.
Une muſette avec la premiere . . . 36.
                                Total 1000.

Cette ſomme de mille fils donne, ainſi que j'ai dit, le quart de la chaîne ſuppoſée ; il faut donc ourdir quatre fois la même choſe pour la completter ; ainſi en faiſant quatre fois les mêmes mutations de cantre, & prenant ſur chacune le même nombre de muſettes & de portées qu'on a déja ourdies pour l'exemple précédent, on aura 4000 fils, nombre auquel la totalité de la chaîne du Taffetas dont il s'agit a été ſuppoſée.

SECTION SEPTIEME.

De la maniere de combiner les Rayûres ſur les Échantillons.

On n'eſt pas toujours dans le cas d'ourdir de nouvelles rayûres, on ſe ſert bien ſouvent de celles d'un genre d'étoffe pour la mettre à un autre, c'eſt-à-dire, qu'on fait ſouvent un Taffetas ſur la rayûre d'un Satin, un Satin ſur celle d'une Serge, & une Serge ſur celle d'un Taffetas, & ainſi du reſte, ſelon que le goût & l'idée d'un Fabriquant l'exigent ; d'ailleurs il peut arriver qu'un Fabriquant prenne la rayûre d'un autre, & qu'on faſſe ourdir pluſieurs fois la même rayûre quoique dans d'autres couleurs ; ſouvent on en fait des aſſemblages pour en former de nouvelles, c'eſt-à-dire, que tirant une partie de la rayûre d'un échantillon avec une partie d'un autre ou de pluſieurs, on en fait une rayûre nouvelle.

Quelque rayûre qu'on ait à ourdir, & pour quelque genre d'étoffe que ce ſoit, il faut en faire une combinaiſon qui s'accorde juſte au nombre de fils dont on doit compoſer la chaîne ; il faut ſçavoir 1º, ſur quel compte de peigne doit être fabriquée l'étoffe pour laquelle on veut ourdir ; 2º, quelle en eſt la largeur ; 3º, combien il doit y avoir de fils par dents ; 4º, le nombre de fils que la totalité des dents doit produire, & enfin à combien de portées ſe réduit le nombre total des fils.

On doit ſçavoir ſur quel compte de peigne doit être fabriquée l'étoffe, parce que c'eſt par le compte des dents qu'on détermine l'ourdiſſage ; on doit en connoître la largeur, parce que le compte des dents dont toutes les baguettes
                                                      d'une

d'une rayûre font compofées , doit être large en proportion de la partie qu'elles doivent y occuper; on doit favoir combien de fils chaque dent du peigne doit contenir pour pouvoir connoître le nombre dont la totalité de la chaîne fera compofée ; on doit enfin favoir le nombre total des fils pour pouvoir les réduire en portées : ainfi il devient très-néceffaire de connoître tous ces détails pour déterminer un ourdiffage, comme il faut.

Pour donner une idée pofitive de la combinaifon des rayûres fur les échantillons, j'en fuppoferai un dans la rayûre duquel on veut ourdir un Satin , dont le compte du peigne eft un mille dans la largeur de 20 pouces, & dans chaque dent duquel il doit y avoir 5 fils : fon produit fera de 5000 fils pour la largeur de 20 pouces ; il eft évident que chaque pouce doit contenir 50 dents, ce qui fait précifément 4 dents , & un fixieme pour chaque ligne.

5000 fils réduits en portées en donneront 62 ½ en les comptant de 80 fils chacune, ainfi qu'on doit généralement les compter , en fe conformant aux ufages de *Lyon* , *Nîmes* , *Avignon* , &c. Si on veut fe conformer à ceux de *Paris* , *Rouen* , &c. les portées ne font que de 40 fils ; alors au lieu de 62 ½ le nombre de 5000 fils en donnera 125 : ainfi comme la portée à Paris eft la moitié de celle de Lyon, &c. je me difpenferai de faire aucune explication là-deffus, & me fervirai toujours de la porrée de Lyon qui eft de 80 fils ; ce que j'aurai dit d'une de ces portées, s'entendra de deux des autres qui font de moitié moindres.

Je fuppofe que la rayûre de l'échantillon dont il s'agit comprenne le quart de la chaîne à ourdir, ce qui la réduit au nombre de 250 dents, & conféquemment à celui de 1250 fils, qui doivent être employés dans 5 pouces de largeur, qui font le quart de celle de l'étoffe.

Je fuppofe encore que la rayûre dont il s'agit, foit d'une feule couleur, & le fond d'une autre , & qu'elle foit divifée en onze parties, tant baguettes que fond ; le nombre de fils dont chaque partie fera compofée, doit fe prendre fur la largeur qu'elle occupera, non pas fur l'échantillon, mais fur la chaîne à ourdir , en comparant chacune des parties à la largeur qu'elle doit tenir dans le peigne, & faifant le calcul en raifon de cette même largeur.

SECTION HUITIEME.

Largeur des parties qui doivent composer la Rayûre à ourdir.

Une baguette de quatre lignes, ci. . . .	4 lignes.
Un fond d'une ligne, ci.	1.
Une baguette de deux lignes, ci.	2.
Un fond d'un pouce & six lignes, ci. 1 pouce	6.
Une baguette de quatre lignes, ci	4.
Un fond de deux lignes, ci.	2.
Une baguette de quatre lignes, ci	4.
Un fond d'un pouce six lignes, ci. . 1 pouce	6.
Une baguette de deux lignes, ci.	2.
Un fond d'une ligne, ci	1.
Une baguette de quatre lignes, ci. . . .	4.

Total 5 pouces.

Les onze parties qui composent cette rayûre, produisent ensemble 5 pouces de large, faisant le quart de 20 pouces, largeur totale du satin dont on veut ourdir la chaîne ; ainsi ces onze parties répétées quatre fois donneront la largeur totale de l'étoffe.

La largeur déterminée du peigne étant comparée à celle des parties qui composent la rayûre, chaque article doit employer un nombre de dents proportionné à sa largeur, & tous ensemble doivent en employer un égal au quart du peigne, ainsi qu'on va le voir par l'exemple suivant.

Le premier Article est de 4 lignes de largeur, il doit occuper	16 dents	$\frac{4}{6}$.
Le second est de 1 ligne	4	$\frac{1}{6}$.
Le troisieme est de 2 lignes.	8	$\frac{2}{6}$.
Le quatrieme est de 18 lignes.	75.	
Le cinquieme est de 4 lignes.	16	$\frac{4}{6}$.
Le sixieme est de 2 lignes.	8	$\frac{2}{6}$.
Le septieme est de 4 lignes.	16	$\frac{4}{6}$.
Le huitieme est de 18 lignes.	75.	
Le neuvieme est de 2 lignes.	8	$\frac{2}{6}$.
Le dixieme est de 1 ligne	4	$\frac{1}{6}$.
Le onzieme est de 4 lignes.	16	$\frac{4}{6}$.

Total 5 pouces.   250 dents.

Les 250 dents contenues dans l'exemple ci-dessus, sont, comme on vient de le voir la somme exacte des largeurs des onze parties contenues dans la rayûre de notre Satin ; ce nombre est égal, ainsi qu'il doit l'être, au quart de celui des dents dont le peigne est composé, mais on rencontreroit beaucoup de difficultés

en suivant cette méthode aussi scrupuleusement que je viens de le faire dans ce
dernier exemple, par rapport aux fractions dans lesquelles une dent se trouve
divisée, l'exécution en devient moralement impossible, ainsi qu'on peut le
voir si l'on fait attention que chaque dent du peigne supposé ne doit contenir
que 5 fils, & que chacun de ces fils est indivisible; conséquemment, on ne
sauroit avoir le sixieme d'une dent qui ne contient que 5 fils, de même qu'on
n'en sauroit trouver le quart ni le tiers, &c; on en trouveroit seulement le cinquieme, & il faudroit alors accorder ce cinquieme de façon que la largeur de
toutes les parties qui composent une rayûre, occupât le nombre de dents convenable, & de plus un cinquieme de dent. Il en seroit de même aux autres
étoffes pour les diverses largeurs & les différents comptes de peignes, ainsi que
pour tous les nombres de fils qui doivent être contenus dans chaque dent. Dans
ce cas, un peigne, outre les 4 ou 5 fils qu'il doit contenir par dent, devroit
aussi avoir des tiers, des quarts, &c, de dent pour s'accorder aux baguettes ou
au fond, ce qui jetteroit toujours dans le même embarras pour l'exécution; ainsi
pour éviter toutes ces difficultés, on suit la méthode que je vais expliquer.

Pour savoir combien un échantillon contient de dents dans la largeur de chacune des parties qui en composent la rayûre, il faut le mesurer sur un peigne
égal à celui qui doit fabriquer l'étoffe; alors, on note chaque partie dans l'ordre
que jai expliqué ci-dessus, en supprimant les fractions de dents.

Il faut toujours faire la combinaison des parties de la rayûre d'un échantillon
ou d'un dessein en dents entieres, pour quelque genre d'étoffes que ce soit, &
quelque nombre de fils que chaque dent puisse contenir; par ce moyen on évitera toutes les difficultés : ce n'est pas cependant qu'en divisant quelquefois les
fils d'une dent pour en mettre une partie dans le fond & l'autre dans une raie,
on y trouve moins de perfection; mais par-là, on évite des calculs qui deviennent d'autant plus embarrassants que la moindre erreur y occasionne souvent des
fautes très-considérables dans l'ordre d'une rayûre. Ainsi en présentant un échantillon rayé ou un dessein de rayûre devant un peigne semblable à celui qui doit
fabriquer l'étoffe qu'on se propose de faire, on notera sur combien de dents
portent chacune des baguettes & chaque partie de fond, on remarquera chaque
partie, tant de fond que de baguette, par le nombre des dents qu'elles doivent
occuper dans le peigne, selon l'ordre qu'elles doivent y tenir, & de maniere à
pouvoir les additionner; ensuite on détermine le nombre de fils que chaque
baguette & chaque partie de fond doivent contenir; enfin on les place de maniere
à pouvoir en faire un nombre total, égal à celui qu'on a déterminé.

En suivant à-peu-près l'ordre de l'échantillon ou de la rayûre que je suppose,
on verra que la premiere baguette porte sur environ 16 dents ½. Comme cette
fraction surpasse la moitié d'un entier qui vaut ⅖; il faudra le lui donner de plus
& la regarder comme portant 17 dents, sauf à retrancher sur une partie moindre.

On ne doit pas être surpris qu'il faille retrancher sur les petites parties plutôt que fur les grandes, la raifon eft qu'en ôtant les fractions d'une grande partie pour l'ajouter à une petite, cette petite rifque de devenir trop grande, eu égard au goût de la rayûre, ce qui peut la rendre moins agréable : car tout ce qui tient du deffein, & principalement pour les étoffes, ne flatte pas tant lorfque les parties qui les compofent font à-peu-près égales entr'elles ; il faut, autant qu'il eft poffible, que l'un cede à l'autre en grandeur quand la forme eft la même. Les rayûres tenant du deffein font fufceptibles du même ordre & de la même variété ; il faut même que les baguettes qui les compofent aient entr'elles une différence fenfible dans leur largeur, afin que l'une faffe valoir l'autre : c'eft par cette raifon qu'on ne doit pas charger les petites baguettes des fractions des grandes, pour ne pas leur faire perdre la proportion qu'elles ont entr'elles, ou les rendre trop égales les unes aux autres ; ainfi pour être plus précis dans ces fortes d'opérations, fans égard pour les baguettes, ni pour les fonds, on complettera une dent pour une baguette, lorfque les fractions feront au-deffus de la moitié d'un entier, foit au dépens du fond, foit au dépens des baguettes ; mais plutôt au dépens du fond, fur-tout lorfque la fraction fera pofitivement une demi dent. L'exemple fuivant, qui eft le même que celui qu'on a vu plus haut, fera voir la route qu'on doit fuivre dans ces fortes de réductions de fractions.

Il faut regarder le premier article de cette combinaifon comme prenant par fa largeur. . . . 17 dents.

Le fecond . .	4.	On voit que j'ai rempli l'objet des fractions en complettant un entier au premier article, un au troifieme, un au neuvieme & un au dernier ; par ce moyen j'ai levé une difficulté qu'on ne fauroit éviter dans les combinaifons qu'en compliquant les ourdiffages au point d'y faire fouvent des fautes groffieres.
Le troifieme.	9.	
Le quatrieme	75.	
Le cinquieme	16.	
Le fixieme . .	8.	
Le feptieme .	16.	
Le huitieme .	75.	
Le neuvieme	9.	Après avoir démontré le produit des dents par les différentes largeurs des baguettes & des fonds qui compofent la rayûre fuppofée, on va voir combien chaque partie produit de fils en les mul-
Le dixieme . .	4.	
Le onzieme.	17.	
Total	250.	

tipliant par cinq. L'exemple que je mets ci-après va nous le donner.

Premier Article. . .	17	dents à 5 fils chaque. . .	85 fils.
Second Article. . .	4	. . . .	20.
Troifieme Article . .	9	. . . .	45.
Quatrieme Article. .	75	. . . .	375.
Cinquieme Article. .	16	. . . .	80.
Sixieme Article. . .	8	. . . .	40.
Septieme Article . .	16	. . . .	80.
Huitieme Article . .	75	. . . .	375.
Neuvieme Article. .	9	. . . .	45.
Dixieme Article . .	4	. . . .	20.
Onzieme Article . .	17	. . . .	85.

Total 250 dents.   Total 1250 fils.

On

On a vu par les exemples ci-dessus que le quart de la largeur du peigne est de 5 pouces, & que ces cinq pouces contiennent 250 dents, ce qui produit 1250 fils.

Section Neuvieme.

Article I. *De la maniere d'Encantrer & d'Ourdir, quand il se trouve des nombres impairs dans les baguettes ou dans les parties de fond qui composent une rayûre, pour une Etoffe quelconque.*

En général, de toutes les étoffes de soie, il n'y a que les Satins qui soient sujets à avoir des nombres de fils impairs dans les parties qui en composent les rayûres, parce que, dans ce genre d'étoffe, le compte de peigne n'est jamais déterminé, & encore moins le nombre de fils contenu dans chaque dent, de maniere qu'elle n'a de regle particuliere pour sa composition que l'idée du Fabriquant. Je donnerai dans un autre endroit quelques comptes tant généraux que particuliers, dont on fait usage pour cette étoffe; ainsi que les différentes largeurs qu'on lui donne.

Pour ces sortes de chaînes, l'Ourdisseuse doit avoir une *Ordonnance* d'ourdissage, qui contienne les différentes combinaisons dont on est convenu & dans laquelle les couleurs soient désignées. Je reprends encore l'exemple de la rayûre ci-dessus, où je suppose que les baguettes sont bleues & le fond blanc, & je vais donner un modele de ces *Ordonnances.*

Article II. *Ordonnance d'Ourdissage pour un Satin rayé à 5 fils par dent en mille de peigne.*

85	. .	fils bleus , ci.	85 fils.
20	. .	fils blancs, ci.	20.
45	. .	fils bleus , ci.	45.
375	. .	fils blancs, ci.	375.
80	. .	fils bleus , ci.	80.
40	. .	fils blancs, ci.	40.
80	. .	fils bleus , ci.	80.
375	. .	fils blancs, ci.	375.
45	. .	fils bleus , ci.	45.
20	. .	fils blancs, ci.	20.
85	. .	fils bleus , ci.	85.

Total 1250 fils.   Total 1250 fils.

Il faut ourdir quatre fois cette ordonnance ; elle produira un nombre de fils suffisant pour la totalité de la chaîne déterminée, mais il faut encantrer dans l'ordre qu'on va voir.

Étoffes de soie. II. Part.   E e

Article III. *Encantrage.*

Le premier article eſt de 85 fils bleus, la premiere cantre doit avoir 40 rochets bleus; on en ourdira une portée à laquelle il manquera cependant 5 fils pour compléter ce premier article, puiſqu'il eſt de 85 fils, & que le produit d'une portée à 40 rochets ne peut être que de 80; on joindra ces 5 fils aux 20 qui compoſent le ſecond article qu'on mettra dans la ſeconde cantre; on y ajoutera encore les 5 fils du 3e article, qui excedent le nombre de 40, afin qu'avec la premiere cantre on puiſſe ourdir ſans y rien changer le 3e article de l'ordonnance : de cette maniere on ourdira une muſette avec la premiere cantre, & une avec la ſeconde; pour le 4e article, il faudra une troiſieme cantre à 50 rochets avec laquelle on ourdira 7 muſettes & demie, c'eſt-à-dire, que lorſqu'on aura ourdi 7 muſettes, on ſupprimera la moitié des fils qui compoſent la braſſe pour en ourdir une muſette à 25 fils, ſans cependant ôter aucun rochet de la cantre; pour le 5e article on ſe ſervira de la premiere cantre avec laquelle on ourdira une portée : (on doit ſe ſouvenir qu'une portée eſt compoſée de deux muſettes.) Pour le 6e article on employera la troiſieme cantre avec laquelle on ourdira une muſette, en y ſupprimant 10 rochets, parce qu'il ne faut que 40 fils pour cette muſette, & que cette cantre contient 50 rochets; la premiere ſervira pour ourdir le 7e article dont on ourdira une portée dans le nombre des rochets que la cantre contient ; pour le huitieme article on employera la 3e cantre avec laquelle on ourdira 7 muſettes & demie de la même maniere qu'on l'a dit pour le 4e article; pour le 9e article on employera la premiere cantre avec laquelle on ourdira une muſette; le 10e article ſera ourdi avec la 2e cantre, une muſette ſuffira; & le dernier article ſera ourdi avec la premiere cantre avec laquelle on fera une portée.

Pour rendre l'ordre de cet ourdiſſage plus clair, en ſuivant les encantrages qu'on vient de voir, il faut ſe conformer à l'exemple ſuivant.

      Une portée avec la premiere cantre.

      Une muſette avec la ſeconde.

      Une muſette avec la premiere.

      Trois portées trois quarts avec la troiſieme.

      Une portée avec la premiere.

      Une muſette avec la troiſieme en y ſupprimant 10 fils.

      Une portée avec la premiere.

      Trois portées trois quarts avec la troiſieme.

      Une muſette avec la premiere.

      Une muſette avec la ſeconde.

      Une portée avec la premiere.

Cette quantité de muſettes & de portées doit faire le quart de la chaîne dont il est question. Conséquemment pour la completer, il faut ourdir quatre fois la même chose.

Pour savoir si le nombre des musettes & portées ci-dessus produit un nombre de fils égal au quart de la chaîne, il faut en faire une récapitulation de la maniere suivante.

ARTICLE IV. *RÉCAPITULATION.*

Une portée à 40 rochets.	80 fils.
Une musette à 30 rochets.	30.
Une musette à 40 rochets.	40.
Sept musettes & demie à 50 rochets.	375.
Une portée à 40 rochets.	80.
Une musette à 40 rochets.	40.
Une portée à 40 rochets.	80.
Sept musettes & demie à 50 rochets.	375.
Une musette à 40 rochets.	40.
Une musette à 30 rochets.	30.
Une portée à 40 rochets.	80.

Total 1250.

Quatre fois 1250 fils font 5000, qui est la valeur de la chaîne dont il s'agit.

Par l'ordre que je viens d'établir, on doit s'appercevoir que lorsqu'une cantre a un nombre de rochets d'une seule couleur on peut s'en servir pour un nombre moins grand que celui qu'elle contient; par ce moyen elle peut remplir diverses parties contenues dans une rayûre, il s'agit seulement d'en savoir faire l'application lors de la combinaison pour les encantrages; on peut aussi lorsque la quantité des fils contenus dans une partie de rayûre est un peu considérable, ourdir avec une cantre qui n'auroit qu'une partie des rochets nécessaires, cette même partie, en en multipliant les musettes; il s'agit seulement d'examiner si le nombre de celles à ourdir peut balancer l'embarras d'une cantre de plus.

Pour ourdir la rayûre ci-dessus comme elle est disposée, il n'est pas besoin de tourner la main à l'envergeure pour faire rapporter les couleurs, parce que par l'ordre de l'encantrage tout y est naturellement placé; on doit prendre garde en envergeant la demi musette, (qu'on reconnoîtra dans l'exemple précédent, où la somme des deux fractions ¼ jointes, font un entier & demi), que les fils ne fassent un *seulere* par leur rencontre, ce qui peut s'appercevoir avant que de l'enverger; alors on commence cet envergeage par le premier fil de la deuxieme division au lieu de la commencer par celui de la premiere. Toutes les fois qu'en ourdissant une musette on rencontrera un nombre de fils impair, on ne profitera de la seconde envergeure produite naturellement par les deux divisions de la cantre avec celle que les doigts ont composée, qu'en faifant fauter le fil & en changeant fa direction pour éviter un *feulere* ; à moins qu'on n'aime mieux *tourner la main.* (Cette opération confifte à faire trouver du côté de l'ourdiffoir les fils qui feroient du côté de l'Ourdiffeufe, felon l'ordre naturel, ce qui fe fait en renverfant la braffe, de forte que le deffus foit deffous). Cette méthode ne peut avoir lieu que pour les chaînes à une couleur, mais pour les rayées, on doit non-feulement enverger de nouveau, il faut encore que la direction du premier fil qu'on réenverge foit oppofée à celle du premier fil qu'on a envergé ; de forte que fi lors de la premiere envergeure on a pris le premier fil de la premiere divifion en le faifant paffer fous le doigt index & fur le pouce, on prendra pour cette feconde envergeure le premier fil de la même divifion qu'on placera fur le doigt index & fous le pouce (ce qu'on appelle *renverfer l'envergeage*), au moyen de quoi on évitera les *feuleres.*

La Figure 7, *Pl.* 24, repréfente une mufette dont le nombre des fils eft fuppofé impair, on n'a qu'à placer l'envergeure *A*, *B*, fur les chevilles de l'our-diffoir ; replier la braffe fur la ligne *C*, *D*, & mettre fur les mêmes chevilles l'envergeure *E*, *F*, on verra la néceffité de faire fauter le fil en changeant fa direction, ou de tourner la main, ou enfin combien il eft indifpenfable de réen-verger & de fuivre l'ordre que je viens de prefcrire.

Je prie mes Lecteurs de voir l'explication de cette Planche pour l'intelli-gence de tout ce qui regarde les envergeages & les envergeures.

Quoiqu'il femble au premier coup d'œil que ces deux termes *envergeages* & *envergeures* foient fynonymes, & même que le premier paroiffe plutôt barbare que françois, ils font cependant reçus tous deux dans les Manufactures, avec cette différence : *envergeage* y défigne l'action d'enverger, & *envergeure* fignifie la chofe envergée ; ainfi envergeage eft ce que fait l'Ourdiffeufe quand elle enverge, & envergeure eft le croifement que retiennent les chevilles ou les cordons de foie.

J'ai dit ci-devant que la feconde cantre auroit 30 rochets dont 20 blancs & 10 bleus ; les 10 bleus doivent être aux deux extrémités de la cantre, 5 en haut & 5 en bas, & les 20 blancs feront conféquemment au milieu : il faut un ordre particulier pour cet encantrage, fans quoi lors de l'envergeage un fil blanc pafferoit devant un fil bleu à la jonction des deux couleurs ; pour éviter cet inconvénient, il faut néceffairement que des 5 rochets qui doivent être au bas de la cantre il y en ait 3 dans la premiere divifion & deux dans la feconde, & que des 5 du haut il y en ait 3 dans la feconde divifion & deux dans la premiere ; car lorfqu'on enverge, comme on commence par le fil le plus bas de la premiere divifion, & que par ce moyen les cinq fils bleus feroient pris de fuite, & que fi l'encantrage étoit fait dans un ordre inverfe, le 7e fil bleu feroit envergé le 6e de la mufette ; par cette raifon, les cinq fils bleus d'en haut font pris de même ; puifqu'il eft impoffible, à moins de faire une faute, de prendre le premier fil bleu avant que le dernier fil blanc foit envergé : par

conféquent

conſéquent les cinq derniers fils bleus ſeront envergés de ſuite.

Cette obſervation doit avoir lieu toutes les fois qu'on encantrera des rochets de pluſieurs couleurs, dont l'une ſera d'un nombre impair.

SECTION DIXIEME.

De la maniere d'encantrer les Rayûres ombrées & de les ourdir.

La combinaiſon des rayures ombrées ſe fait de même que pour celles qui ne le ſont point, il n'y a de différence que dans l'exactitude que demande l'encantrage pour faire à propos le *mélange des couleurs*, c'eſt-à-dire, le mélange des différentes teintes dont une couleur eſt ſuſceptible pour ombrer par gradation les baguettes d'une rayûre.

Un échantillon peut être compoſé, comme on l'a déja dit, de baguettes ombrées & de baguettes unies ; il peut avoir auſſi des baguettes ſous les nuances de trois ou quatre couleurs & plus, c'eſt-à-dire, qu'une ſeule baguette peut être partie nuanßee verte, partie nuance lilas, partie nuance aurore, &c.

Les rayûres qui contiennent des baguettes de cette nature exigent un grand nombre de cantres, il eſt aiſé de le concevoir, puiſque celles à une couleur en emploient déja beaucoup.

En terme de fabrique & d'ourdiſſage on appelle les rayûres ombrées, *rayûres à nuances* ou *rayûres nuées*, pour les diſtinguer de celles qui ne le ſont pas & qui ne ſont que d'une couleur, c'eſt-à-dire, d'une ſeule teinte ; car les couleurs qui ſont ſuſceptibles de nuances ſont toujours déſignées par leur nom principal, à quelque teintes qu'elles ſoient ; on les nomme ainſi pour les diſtinguer de celles qui, quoique de pluſieurs couleurs, ſont ſans nuances : comme quand on dit une baguette compoſée d'une teinte roſe, d'une teinte verte ou d'une teinte lilas.

Dans l'ordre des couleurs on connoît ſept nuances, qui ſont, la nuance roſe.

On pourroit y ajouter encore la nuance noire qui en feroit ſans doute une huitieme, parce qu'avec les divers gris en montant du clair au foncé on trouve le noir, dont toutes les teintes dépendent abſolument.

> la nuance verte.
> la nuance bleue.
> la nuance aurore.
> la nuance lilas.
> la nuance violette.

Chacune de ces nuances, pour ce qui concerne les

> la nuance jaune.

ourdiſſages des étoffes de ſoie, eſt diviſée en huit teintes par gradations très-ſenſibles ; on ſait que par gradations inſenſibles on les porteroit preſqu'à l'infini ; mais on a penſé que 8 teintes étoient ſuffiſantes pour quelque largeur que puiſſe avoir une baguette dans une rayûre ; il eſt vrai que par le mélange qu'on en fait, 8 teintes produiſent l'effet de 24 au moins, ce qui rend les gradations inſenſibles. Le bon effet qu'on doit attendre de la diverſité des combinaiſons de ces teintes dépend du foin particulier qu'on doit y apporter en encantrant ; car c'eſt dans cette opération que ſe fait le mélange dont il s'agit.

Parmi les nuances que j'ai déſignées, le verd en fournit dans ſon eſpece une quantité qu'on ne ſauroit nombrer , & chaque verd produit ſa nuance en particulier ; c'eſt pourquoi il faut obſerver quand on ſe ſert d'une nuance verte , de ne la point mélanger avec une autre nuance quoique verte : car le verd d'herbe , par exemple , produit une nuance verd d'herbe , le verd olive produit une nuance verd olive , le verd de canard produit une nuance verd de canard , & ainſi des autres ; il ne faut donc pas pour faire une nuance parfaite mêler du verd d'herbe avec du verd de canard , &c , parce que la nuance qui en ſortiroit ſeroit défectueuſe & même inſupportable.

Indépendemment des teintes dont une nuance eſt compoſée , on a le ſecours de certaines couleurs fixes dont l'affinité dans l'obſcur fait valoir toute une baguette dans une rayûre ; on ſe ſert bien ſouvent du noir pour donner du jeu à certaines nuances , en faire fuir le clair avec plus de vivacité & donner plus de feu aux teintes.

Quand les rayûres ne portent pas ſur des fonds blancs , on les éclaire avec du blanc pour les rendre plus agréables ; ce qu'on ne ſauroit faire ſur un fond blanc , parce que ce blanc ſe confondroit avec le fond , & ne paroîtroit plus être une partie de la baguette.

Les mor-dorés , les cramoiſis , les ponceaux , ſelon leurs teintes , ſervent très-ſouvent pour les parties les plus foncées d'une nuance , il s'agit ſeulement de comparer les couleurs les unes aux autres pour connoître l'effet agréable ou déſagréable qu'elles peuvent produire.

Par l'exemple qui ſuit on connoîtra plus particuliérement ce que ſont les rayûres nuées , & de quelle façon on doit faire le mélange des couleurs ou pour mieux dire le mélange des teintes.

Section Onzieme.

Article I. *Suppoſition d'un Échantillon à rayûre nuée.*

Je vais choiſir un échantillon pour un taffetas en grande largeur , c'eſt-à-dire , à 30 pouces , dont le peigne eſt un 1500 à quatre fils par dent ; ces ſortes de taffetas ſont communément appellés *Pékins* ; c'eſt celui qu'on voit *Fig.* 10. *Pl.* 26ᵉ.

Je ſuppoſe une compoſition de rayûre qui prenne le 5ᵉ de la largeur de l'étoffe , ce ſera 6 pouces de largeur qui occuperont 300 dents , leſquelles produiront 1200 fils.

1500 dents ſur trente pouces de largeur ſont à raiſon de mille ſur un peigne de 20 pouces , ce qui devient égal à celui de l'échantillon de ſatin ci-devant ſuppoſé ; ainſi il aura de même 50 dents par pouce.

Dans la combinaiſon de cet échantillon je ne me ſervirai d'aucune fraction pour les dents qui ſeront occupées par les parties du fond & des baguettes; j'accorderai tout aux entiers ſuivant la méthode que j'ai détaillée dans les articles précédents.

Je ne ferai pas même mention des largeurs de chaque partie de l'échantillon ſuppoſé ; je mettrai ſeulement le nombre des dents que chacune de ces largeurs doit occuper.

Il eſt bon de ſavoir que chaque baguette d'une rayûre peut être compoſée de pluſieurs nuances, que ces nuances quoique ſous les mêmes teintes ſont déſignées de maniere à ne les pas confondre les unes avec les autres.

On diſtingue la nuance fermée & la nuance ouverte , l'une & l'autre ſont compoſées de deux nuances au moins.

La nuance fermée eſt ainſi nommée , parce que chacune des deux nuances qui la compoſent eſt placée à côté de l'autre de façon que les teintes claires ſe touchent au milieu, & ſont renfermées par les teintes obſcures; ainſi une baguette en deux nuances roſes où le clair de chaque nuance ſe touche au milieu, & l'obſcur les renferme par chaque côté en touchant le fond, s'appelle *nuance fermée*; la nuance ouverte eſt une baguette de deux nuances dont le plus foncé eſt au milieu, & le clair vient toucher le fond par chacune de ſes extrémités.

Il y a des baguettes compoſées de quatre nuances ouvertes; d'autres de quatre nuances fermées, les unes & les autres different entr'elles parce qu'une baguette à quatre nuances fermées peut être compoſée de deux dont la jonction n'en forme qu'une, & elle peut l'être auſſi de maniere qu'au milieu de ſa largeur le clair de deux nuances ſe joigne, & que deux autres nuances extérieurement placées, une à chaque côté de la largeur des deux premieres, portent leur teintes claires ſur les teintes foncées des deux premieres, & par une raiſon inverſe , les baguettes à nuances ouvertes ſont compoſées dans un ſens contraire ; de ſorte que les deux nuances du milieu ſont adoſſées par leur teintes brunes, & leurs teintes claires joignent chacune le brun d'une des deux autres nuances ; l'ordre des encantrages donnera encore des idées plus préciſes , mais ſuivons le détail de l'échantillon ſuppoſé.

La combinaiſon que je vais faire pour la rayûre dont je vais donner l'ourdiſſage ne comprendra que la quantité des dents qu'occupent les parties de fond & les baguettes, chacune ſéparément , ainſi qu'on va le voir par l'exemple ci-après qui contiendra 19 articles tant en fond qu'en baguettes.

La rayûre de l'échantillon que je suppose est composée de

2	dents de	fond à 4 fils chacune.	8 fils.
8	dents de	baguette.	32.
2	dents de	fond.	8.
3	dents de	baguette.	12.
80	dents de	fond.	320.
12	dents de	baguette.	48.
18	dents de	fond.	72.
5	dents de	baguette.	20.
4	dents de	fond.	16.
32	dents de	baguette.	128.
4	dents de	fond.	16.
5	dents de	baguette.	20.
18	dents de	fond.	72.
12	dents de	baguette.	48.
80	dents de	fond.	320.
3	dents de	baguette.	12.
2	dents de	fond.	8.
8	dents de	baguette.	32.
2	dents de	fond.	8.

Total 300 dents.　　　　　　　　　Total 1200 fils.

Ces 1200 fils composent un cinquieme de la chaîne du taffetas supposé, le nombre de fils qui y est contenu sera conféquemment ourdi cinq fois pour que la totalité de cette chaîne soit complete.

J'ai supposé dans l'exemple ci-dessus que la rayûre à ourdir étoit composée de 19 parties tant en fond qu'en baguettes ; le nombre des dents que chaque partie contient suffit pour n'être point obligé d'indiquer leur largeur ; il reste seulement à savoir dans quelles couleurs on doit ourdir : je suppose que le fond du taffetas dont il s'agit sera blanc, & que les baguettes seront des couleurs qu'on va voir.

L'exemple suivant est un dispositif absolument nécessaire pour déterminer l'ordonnance d'ourdissage, parce que les couleurs dont chaque baguette peut être composée doivent y être désignées avec toute la précision possible, comme on va le voir.

2 dents de fond.
8 dents pour une baguette rose, nuance fermée.
2 dents de fond.
3 dents pour une baguette verte sans nuance, 4e teinte.
80 dents de fond.
12 dents pour une baguette lilas, nuance ouverte.
18 dents de fond.
5 dents pour une baguette rose sans nuance, 1ere teinte.
4 dents de fond.
32 dents pour une baguette verte à nuances ouvertes, 4e teinte.
4 dents de fond.
5 dents pour une baguette rose sans nuance, 1ere teinte.
18 dents de fond.
12 dents pour une baguette lilas, nuance ouverte.
80 dents de fond.
3 dents pour une baguette verte sans nuance, 4e teinte.
2 dents de fond.
8 dents pour une baguette rose, nuance fermée.
2 dents de fond.

Total 300 dents.　　　　　　　　　　　　　　　Les

Les couleurs étant déterminées dans l'ordre qu'on vient de voir, on fait l'ordonnance d'ourdissage dans la forme qui suit.

ART. II. *Ordonnance d'ourdissage pour un Pékin rayé à nuance & sans nuance.*

8 fils blancs.
32 fils roses nuance ouverte.
8 fils blancs.
12 fils verds, 4e teinte.
320 fils blancs.
48 fils lilas nuance ouverte.
72 fils blancs.
20 fils roses, 1ere teinte.
16 fils blancs.
128 fils verts, 4 nuances ouvertes.
16 fils blancs.
20 fils roses, 1ere teinte.
72 fils blancs.
48 fils lilas nuancé ouverte.
320 fils blancs.
12 fils verds, 4e teinte.
8 fils blancs.
32 fils roses nuance ouverte.
8 fils blancs.

Total 1200 fils.

Il faut oudir cinq fois le contenu en l'ordonnance ci-dessus.

On doit entendre par la premiere teinte celle qui est la plus foncée de la couleur; je les désigne ainsi, afin qu'on n'encantre pas une teinte pour une autre; ainsi la premiere teinte étant la plus foncée de la nuance, la seconde, la troisieme, &c, sont celles qui viennent après par gradation jusqu'à la plus claire; par ce moyen, quand on encantrera on saura de quel côté doit être placé le clair & l'obscur, lorsqu'il s'agira d'une nuance ouverte ou d'une nuance fermée; cependant je vais donner l'encantrage de ce même échantillon pour ne laisser rien à désirer sur une partie aussi difficile, & qui demande la plus grande précision.

SECTION DOUZIEME.

Maniere d'encantrer l'échantillon qu'on vient de voir suivant l'ordonnance d'ourdissage ci-dessus.

1. *Pour la premiere Cantre.*

LES 8 fils blancs contenus au premier article de cette ordonnance, avec les 32 fils nuance rose contenus au second, seront pour la premiere cantre, & ils y seront encantrés dans l'ordre suivant, en commençant toujours par le haut de la cantre.

8 rochets blancs, dont 4 dans chaque division de la cantre.
2 roses de la 8e teinte, un à chaque division.
1 rose de la même teinte dans la premiere division.
1 rose de la 7e teinte dans la seconde.
2 roses de la 7e teinte, un dans chaque division.
1 rose de la 7e teinte dans la premiere.
1 rose de la 6e teinte dans la premiere division.
2 roses de la même teinte, un dans chaque division.
1 rose de la 6e teinte dans la premiere.
1 rose de la 5e teinte dans la seconde.
2 roses de la 5e teinte, un dans chaque division.
1 rose de la 5e teinte dans la premiere.
1 rose de la 4e teinte dans la seconde.
2 roses de la 4e teinte, un dans chaque division.
2 roses de la 4e teinte, 1 dans chaque division.
4 roses de la 2e teinte, 2 dans chaque division.
4 roses de la 1ere teinte, 2 dans chaque division.
4 ponceaux, 2 dans chaque division.

Total 40 rochets.

ETOFFES DE SOIE. II. Part.   G g

La premiere cantre aura donc 40 rochets. Il faut remarquer que la couleur ponceau avec laquelle je termine cet encantrage fert à faire mieux fortir la nuance rofe ; on peut mettre auffi en place du ponceau du mor-doré vif ou une couleur cramoifie , ces trois couleurs ont beaucoup d'affinité avec certaines nuances, c'eft pourquoi on en trouve toujours aux baguettes ombrées , fur-tout avec le rofe , l'aurore & le lilas.

2. *Pour la deuxieme Cantre.*

Les 8 fils blancs contenus au troifieme article de l'ordonnance , avec les 12 fils verds contenus au quatrieme , feront tout ce que la feconde cantre pourra contenir , & y feront placés dans l'ordre fuivant.

8 rochets blancs , 4 dans chaque divifion.
12 rochets verds , 6 dans chaque divifion.

Total 20 rochets.

Cette cantre contiendra en tout 20 rochets.

3. *Pour la troifieme Cantre.*

Les 320 fils blancs contenus dans le 5e article feront ourdis avec la troifieme cantre par 40 rochets , 20 dans chaque divifion.

4. *Pour la quatrieme Cantre.*

Les 48 fils nuance lilas contenus dans le 6e article feront ourdis avec la 4e cantre , & y feront placés dans l'ordre fuivant.

Cet encantrage fera compofé de

4 rochets noirs , 2 dans chaque divifion.
1 rochet noir dans la premiere.
1 rochet lilas , 1ere teinte , dans la feconde.
4 rochets lilas , 1ere teinte , 2 dans chaque divifion.
1 rochet lilas , 1ere teinte , dans la premiere.
1 rochet lilas , 2e teinte , dans la feconde.
4 rochets lilas , 2e teinte , 2 dans chaque divifion.
1 rochet lilas , 2e teinte , dans la premiere.
1 rochet lilas , 3e teinte , dans la feconde.
4 rochets lilas , 3e teinte , 2 dans chaque divifion.
1 rochet lilas , 3e teinte , dans la premiere.
1 rochet lilas , 4e teinte , dans la feconde.
4 rochets lilas , 4e teinte , 2 dans chaque divifion.
1 rochet lilas , 4e teinte , dans la premiere.
1 rochet lilas , 5e teinte , dans la feconde.
4 rochets lilas , 5e teinte , 2 dans chaque divifion.
1 rochet lilas , 5e teinte , dans la premiere.
1 rochet lilas , 6e teinte , dans la feconde.
4 rochets lilas , 6e teinte , 2 dans chaque divifion.
1 rochet lilas , 6e teinte , dans la premiere.
1 rochet lilas , 7e teinte , dans la feconde.
2 rochets lilas , 7e teinte , 1 dans chaque divifion.
1 rochet lilas , 7e teinte , dans la premiere.
1 rochet lilas , 8e teinte , dans la feconde.
2 rochets lilas , 8e teinte , 1 dans chaque divifion.

Total 48 rochets.

Cette cantre contiendra 48 rochets.

Le septieme article de l'ordonnance sera rempli par la troisieme cantre, pour lequel on ourdira une portée, en supprimant 4 fils sur chaque musette.

5. *Pour la cinquieme Cantre.*

Les 20 fils roses sans nuances contenus dans le huitieme article, avec les 16 fils blancs contenus dans le neuvieme, seront ourdis avec la cinquieme cantre; on commencera l'encantrage par les 20 fils roses, 10 dans chaque division, & ensuite les 16 fils blancs, 8 dans chaque division; on y ajoutera 4 fils verds, 8e teinte, faisant partie de la nuance verte contenue dans le 10e article de l'ordonnance, & par ce moyen on aura une cantre de moins à remplir, ainsi la cinquieme cantre contiendra.

> 20 rochets roses sans nuances.
> 16 rochets blancs.
> & 4 rochets verds, 8e teinte.

En tout 40 rochets.

6. *Pour la sixieme Cantre.*

Les 128 fils verds contenus dans le 10e article de l'ordonnance doivent être partagés en deux parties égales qui seront chacune de 64 fils; les quatre avec lesquels on a rempli la cantre précédente sont pris sur ce nombre, ce qui le réduit à 60 qui seront encantrés dans la 6e cantre. Comme cette derniere cantre contiendra pour le nombre de ses rochets la valeur d'une nuance, en y comprenant les 4 fils qui sont dans la 5e cantre, une portée d'ourdissage completera la baguette en entier, il faut que l'encantrage soit fait dans l'ordre suivant.

> 2 rochets verds, huitieme teinte, 1 dans chaque division.
> 1 rochet verd, huitieme teinte, dans la premiere.
> 1 rochet verd, septieme teinte, dans la seconde.
> 6 rochets verds, septieme teinte, 3 dans chaque division.
> 1 rochet verd, septieme teinte, dans la premiere.
> 1 rochet verd, sixieme teinte, dans la seconde.
> 6 rochets verds, sixieme teinte, 3 dans chaque division.
> 1 rochet verd, sixieme teinte dans la premiere.
> 1 rochet verd, cinquieme teinte, dans la seconde.
> 6 rochets verds, cinquieme teinte, 3 dans chaque division.
> 1 rochet verd, cinquieme teinte, dans la premiere.
> 1 rochet verd, quatrieme teinte, dans la seconde.
> 6 rochets verds, quatrieme teinte, 3 dans chaque division.
> 1 rochet verd, quatrieme teinte, dans la premiere.
> 1 rochet verd, troisieme teinte, dans la seconde.
> 6 rochets verds, troisieme teinte, 3 dans chaque division.
> 1 rochet verd, troisieme teinte, dans la premiere.
> 1 rochet verd, deuxieme teinte, dans la seconde.
> 6 rochets verds, deuxieme teinte, 3 dans chaque division.
> 1 rochet verd, deuxieme teinte, dans la premiere.
> 1 rochet verd, premiere teinte, dans la seconde.
> 4 rochets verds, premiere teinte, 2 dans chaque division.
> 1 rochet verd, premiere teinte, dans la premiere.
> 1 rochet noir, dans la seconde.
> 2 rochets noirs, 1 dans chaque division.

Total 60 rochets.

Cette cantre contiendra 60 rochets & terminera la rayûre. Il peut paroître ſi rprenant qu'on n'ait pas parlé de tous les articles de l'ordonnance, puiſqu'on a fini d'encantrer par le dixieme ; mais on doit ſe rappeller que j'ai dit dans un des Chapitres précédents que l'ordre des rayûres étoit ſymétrique, & que comptant les parties qui le compoſent en partant du milieu de la rayûre pour aller aux deux bords, on trouvera même égalité de fond & de baguettes ; conſéquemment en venant des deux bords au milieu on rencontre encore le même ordre ; dans ce dernier cas on ourdit deux fois avec la même cantre, puis on reprend l'avant-derniere, puis l'antépénultieme, & ainſi de ſuite en rétrogradant & finiſſant par celle par laquelle on a commencé, & par ce moyen une rayûre qui ne paroît répétée que cinq fois dans la largeur d'une étoffe ſe trouve l'être dix au moyen de cette ſymétrie.

Il eſt aiſé de comparer les articles d'une ordonnance avec ceux d'une combinaiſon, deux à deux ; par exemple, le premier article avec le dernier, le ſecond avec l'avant-dernier, & de l'un à l'autre approchant celui du milieu, on doit les trouver tous égaux dans l'ordre ſymétrique, en nombre & en couleur s'ils ſont nuancés ; toute la différence eſt que d'un côté le clair de la nuance porte à droite, & que de l'autre côté il porte à gauche.

Soit qu'on trouve au milieu de la largeur d'une rayûre une baguette ou une partie de fond, de quelque nombre de fils que l'un ou l'autre ſoit compoſé, en diviſant ce nombre en deux parties égales, on trouvera le milieu de la rayûre.

Si on veut couper cette rayûre à ce point du milieu & aſſembler ſes deux extrémités, alors ce qui étoit le milieu de cette rayûre en devient le bord, & réciproquement. Pour ne rien laiſſer à déſirer ſur cette explication, il ſuffit de jetter un coup d'œil ſur l'exemple ſuivant, qui compare les articles de la derniere ordonnance entr'eux.

Le premier & le dernier article de cette ordonnance ſont égaux entr'eux en nombre de fils & en couleur.

Le 2e. eſt égal au 18e.
Le 3e. . . . au 17e.
Le 4e. . . . au 16e.
Le 5e. . . . au 15e.
Le 6e. . . . au 14e.
Le 7e. . . . au 13e.
Le 8e. . . . au 12e.
Le 9e. . . . au 11e.
& Le 10e étant ſeul de ſon eſpece ne peut être comparé à aucun ; d'ailleurs le milieu de la largeur eſt le centre d'où il faut voir l'ordre ſymétrique qui en compoſe la rayûre.

Si toutes les rayûres ſont dans l'ordre qu'on vient de voir, il n'eſt pas douteux qu'une rayûre qui ne paroît d'abord contenue que cinq fois dans la largeur d'une étoffe y eſt réellement contenue dix ; par-là il eſt aiſé de comprendre comment on doit continuer l'ourdiſſage puiſqu'on n'a encantré que juſqu'au milieu des articles de l'ordonnance.

En général la compoſition de toutes les rayûres eſt faite de maniere que chacune de ſes extrémités n'eſt autre choſe qu'une partie de fond ou une baguette partagée en deux ; on peut s'en convaincre en joignant les deux bords d'une étoffe : chaque jonction des deux parties extrêmes d'une rayûre n'en forme
qu'une

qu'une seule, ainsi une rayûre qui paroît être composée, par exemple, de 19 parties tant en baguettes qu'en fond, étant jointe à sa semblable, elles ne produiront ensemble que 37 parties, & si on y en joint encore une troisieme, elles ne produiront que 55 parties, quoiqu'elles semblent devoir en produire 38 ou 56; ainsi si l'on ajoutoit à l'infini on n'augmenteroit jamais qu'à raison de 18 parties pour la valeur de chaque rayûre, parce que les deux parties qui en composent les extrémités n'en font réellement qu'une qui se trouve partagée en deux, & si on veut joindre les deux bords d'une rayûre, on trouvera que celle qui présente 19 parties n'en a effectivement que 18, & ainsi des autres.

La raison pour laquelle on partage en deux parties égales une raie contre la lisiere d'une étoffe, est que l'ordre symétrique s'y trouve observé, & que par ce moyen la vue en est plus flatée; d'ailleurs cet ordre donne une grande aisance à l'ourdissage, soit dans les combinaisons, soit dans la maniere d'ourdir, ainsi qu'on peut l'avoir remarqué dans les rapports qui régnent entre les parties, eu égard à leur symétrie.

J'ai dit que six cantres suffisoient pour ourdir la rayûre du taffetas que j'ai supposé; voyons maintenant de quelle maniere on doit les conduire pour cet ourdissage.

7. *De la maniere d'employer, pour ourdir la Rayûre ci-dessus, les six Cantres qui la contiennent.*

On ourdira une musette avec la premiere cantre.

Une musette avec la seconde.

Quatre portées avec la troisieme.

Une musette avec la quatrieme.

Une portée avec la troisieme en supprimant 4 fils sur chaque musette.

Une musette avec la cinquieme.

Une portée avec la sixieme.

Une musette avec la cinquieme.

Une portée avec la troisieme en supprimant 4 fils sur chaque musette.

Une musette avec la quatrieme.

Quatre portées avec la troisieme.

Une musette avec la seconde.

Une musette avec la premiere.

Comme ce n'est-là que la 5e partie de la chaîne qu'on doit ourdir, on répétera cinq fois la même opération pour la completer.

Cette maniere d'employer les cantres suit l'ordre marqué dans l'ordonnance dont l'encantrage dépend, il faut absolument qu'une Ourdisseuse l'ait marquée de la maniere qu'on vient de voir pour pouvoir suivre comme il faut son ourdissage, il faut même qu'elle ait une récapitulation de toutes les mutations de cantre, pour voir si le nombre des portées qu'on ourdira en suivant cet ordre doit produire le nombre de fils nécessaire pour la 5e partie de la chaîne qu'on veut ourdir; cette récapitulation doit être faite dans l'ordre suivant.

8. RÉCAPITULATION.

Une musette avec la premiere cantre.	40 fils.
Une musette avec la seconde.	20.
Quatre portées avec la troisieme.	320.
Une musette avec la quatrieme.	48.
Une portée avec la troisieme , 8 fils supprimés. . .	72.
Une musette avec la cinquieme.	40.
Une portée avec la sixieme.	120.
Une musette avec la cinquieme.	40.
Une portée avec la troisieme 8 fils supprimés. . .	72.
Une musette avec la quatrieme.	48.
Quatre portées avec la troisieme.	320.
Une musette avec la seconde.	20.
Une musette avec la premiere.	40.

Total **1200** fils.

Il est évident que ces 1200 fils étant ourdis cinq fois, donneront 6000 fils, nombre total de la chaîne.

La maniere de combiner, d'encantrer & d'ourdir la rayûre qu'on vient de voir peut servir pour toute sorte de rayûres à nuance, quelle qu'en soit la disposition ; la différence ne consiste que dans la quantité des baguettes, & dans le plus ou le moins de largeur des différentes parties qui les composent, ainsi que dans la largeur totale de la rayûre ; car toutes ces parties peuvent varier à l'infini , & une même rayûre peut être repétée plus ou moins de fois dans la largeur d'une étoffe.

Comme le principe des combinaisons est fondé sur la quantité de dents que peut prendre la largeur d'une baguette, ou celle d'une partie de fond pour toute sorte d'étoffe , la combinaison que j'ai faite pour le taffetas que j'ai supposé , peut servir d'exemple pour toute étoffe ; il n'y aura de différence que dans la quantité des fils que chaque dent du peigne doit contenir : tout le reste suit l'ordre que nous avons vu.

Il faut maintenant voir de quelle maniere on ourdit & l'on encantre les rayûres à diverses couleurs sans nuances , ainsi que les rayûres *Pas d'un Pas d'autre.*

Je supposerai un échantillon, où l'une & l'autre de ces deux rayûres puissent entrer , afin de ne pas multiplier les objets, c'est celui qu'on voit *Fig.* 10, *Pl.* 26 ; ce sera encore un Pekin , dont le peigne sera un 1600 , à quatre

fils doubles par dents ; c'eſt ce qu'on appelle *chaîne double* : la largeur de ce
peigne ſera de 27 pouces , & pour que les objets que j'y veux faire entrer
puiſſent mieux y trouver leur place , la rayûre que je ſuppoſerai occupera le
quart de la largeur : ce qui ſera 6 pouces 9 lignes. Cette largeur contiendra
conſéquemment 400 dents , qui à quatre fils chacune , produiront 1600 fils ;
on doit ſe reſſouvenir que chaque fil double dans une chaîne ne doit être
compté que pour un.

Pour donner une intelligence parfaite de ces rayûres , je joindrai à celle-ci
comme aux précédentes des exemples convenables à toutes les rayûres de la
nature de celle qu'on va voir.

Section Treizieme.

1. *Maniere d'encantrer & d'ourdir les Rayûres à pluſieurs couleurs & à double
Pas , ſans nuance.*

LES rayûres à pluſieurs couleurs ſans nuances peuvent entrer dans toute
ſorte de genre d'étoffe ; mais le double *Pas* ne peut entrer que dans ce qui
eſt taffetas , à moins que dans un autre genre , on ne veuille l'ajouter pour
en faire un compoſé de pluſieurs étoffes.

On appelle *double Pas* , une chaîne , ou une partie de chaîne , ourdie en deux
couleurs l'une ſur l'autre , & non à côté l'une de l'autre ; & pour mieux me
faire entendre , quand on veut ourdir une chaîne ou une baguette de rayûre ,
Pas d'un , *Pas d'autre* , on met des rochets d'une même couleur dans une diviſion de la cantre , & d'autres d'une couleur oppoſée dans l'autre , de ſorte
qu'en envergeant , tous les fils d'une couleur ſe trouvent ſur le doigt index &
ſous le pouce , & la couleur oppoſée eſt placée dans un ſens contraire.

Ce n'eſt pas qu'on ne rencontre des chaînes ourdies *Pas d'un Pas d'autre* ,
& qui cependant ne ſont point encantrées comme je viens de le dire , il y a
même des rayûres qui ſortent de cet ordre : la raiſon de cette différence eſt que
l'on veut , par le moyen de ces *deux Pas* , faire préſenter au fond d'une étoffe
ou dans une raie , de petits carreaux ; c'eſt l'ordre de l'ourdiſſage qui produit cet
effet. La maniere d'encantrer ces ſortes de chaînes mérite d'être appuyée d'un
exemple , qu'on verra dans la Section ſuivante. On donne à ce fond ou à la
raie dont il s'agit , le nom de fond *paonné* , ou celui de raie *paonnée*.

Les baguettes dont le double Pas prend toute la largeur ſans interruption de
carreau , ſont nommées *baguettes cannelées* ; mais comme dans les étoffes on
fait entrer des raies cannelées dans une toute autre diſpoſition , on conſervera
pour celle-ci le nom de raie ou de baguette doubletée ; d'ailleurs le nom leur eſt
plus propre par le rapport que ces raies ont avec les bandes doubletées des
poils pour les taffetas façonnés , dont je me propoſe de parler en temps &
lieu.

2. *Suppofition d'une Rayûre pour un taffetas ourdi double à plufieurs couleurs,*
pour les baguettes fans nuance, & pour les baguettes doubletées.

L a rayûre que je fuppofe eft encore pour un Pékin en 1600 de peigne,
fur 27 pouces de large, à 4 fils par dent, chaîne double ainfi que je l'ai déja
dit; cette rayûre eft celle qu'on voit *Fig.* 10, *Pl.* 26 ; elle prendra le quart de
largeur de l'étoffe, ce qui lui donnera 6 pouces 9 lignes de largeur & occupera
400 dents du peigne.

Comme les combinaifons fe font toujours de la maniere qu'on a vue, je
pafferai tout de fuite au détail de la difpofition des baguettes, en fuppofant les
couleurs dans l'ordre ci-après fur un fond blanc.

    2 dents de baguette rofe, 1ere teinte.
    6 dents de baguette verte, 4e teinte.
    6 dents de fond.
    2 dents de baguette rofe, 1ere teinte.
  60 dents de fond.
    6 dents de baguette violette, 6e teinte.
    3 dents de fond.
    1 dent de baguette verte, 4e teinte.
    2 dents de baguette violette, 6e teinte.
    1 dent de fond.
  10 dents de baguette, chamois & mor-doré, doubletés.
    1 dent de fond.
    2 dents de baguette verte, 4e teinte.
  72 dents de fond.
    2 dents de baguette rofe, 1ere teinte.
    2 dents de fond.
    1 dent de baguette verte, 4e teinte.
    2 dents de fond.
    1 dent de baguette verte, 4e teinte.
    2 dents de fond.
    1 dent de baguette verte, 4e teinte.
    2 dents de fond.
    2 dents de baguette rofe, 1ere teinte.
    1 dent de fond.
    3 dents de baguette violette, 6e teinte.
  14 dents de baguette, chamois & mor-doré, doubletés.
    3 dents de baguette violette, 6e teinte.
    1 dent de fond.
    2 dents de baguette rofe, 1ere teinte.
    2 dents de fond.
    1 dent de baguette verte, 4e teinte.
    2 dents de fond.
    1 dent de baguette verte, 4e teinte.
    2 dents de fond.
    1 dent de baguette verte, 4e teinte.
    2 dents de fond.
    2 dents de baguette rofe, 1ere teinte.
  72 dents de fond.
    2 dents de baguette verte, 4e teinte.
    1 dent de fond.
  10 dents de baguette, chamois & mor-doré, doubletés.
    1 dent de fond.
    2 dents de baguette violette, 6e teinte.
    1 dent de baguette verte, 4e teinte.
    3 dents de fond.
    6 dents de baguette violette, 6e teinte.
  60 dents de fond.
    2 dents de baguette rofe, 1ere teinte.
    6 dents de fond.
    6 dents de baguette verte, 4e teinte.
    2 dents de baguette rofe, 1ere teinte.

Total 400 dents.

Cette rayûre eft compofée de 51 parties, tant en fond qu'en baguettes.

Les

Les couleurs pour les baguettes & pour le fond étant décidées, on fait l'ordonnace d'ourdiffage dans l'ordre de celle qui fuit. Beaucoup de Fabriquants y mettent en tête un numéro qu'ils portent fur un regiftre; pour les reconnoître, on y ajoute le nom de l'Ouvrier qui doit fabriquer l'étoffe avec cette chaîne, le quantieme du mois & l'année, afin de n'être pas obligé d'en refaire la combinaifon; on y attache aussi un échantillon de la rayure, ou le deffein d'où on l'a tirée; alors on n'a plus qu'à confronter cet échantillon avec celui que l'on demande.

Du 16 Novembre 1772.

3. *Ordonnance d'ourdiffage* N°. *36, pour un Taffetas à chaîne double en $\frac{1}{4}$ de largeur fur un 1600 de peigne fans les lifieres, à 4 fils par dent, pour* Jacques Fabrot, *felon la difpofition de fon métier.*

8 fils rofes, 1ere teinte.
24 fils verds, 4e teinte.
24 fils blancs.
8 fils rofes, 1ere teinte.
240 fils blancs.
24 fils violets, 6e teinte.
12 fils blancs.
4 fils verds, 4e teinte.
8 fils violets, 6e teinte.
4 fils blancs.
40 fils chamois & mor-doré doubletés.
4 fils blancs.
8 fils verds, 4e teinte.
288 fils blancs.
8 fils rofes, 1ere teinte.
8 fils blancs.
4 fils verds, 4e teinte.
8 fils blancs.
4 fils verds, 4e teinte.
8 fils blancs.
4 fils verds, 4e teinte.
8 fils blancs.
8 fils rofes, 1ere teinte.
4 fils blancs.
12 fils violets, 6e teinte.
56 fils chamois & mor-doré doubletés.
12 fils violets 6e teinte.
4 fils blancs.
8 fils rofes, 1ere teinte.
8 fils blancs.
4 fils verds, 4e teinte.
8 fils blancs.
4 fils verds, 4e teinte.
8 fils blancs.
4 fils verds, 4e teinte.
8 fils blancs.
8 fils rofes, 1ere teinte.
288 fils blancs.
8 fils verds, 4e teinte.
4 fils blancs.
40 fils chamois & mor-doré doubletés.
4 fils blancs.
8 fils violets, 6e teinte.
4 fils verds, 4e teinte.
12 fils blancs.
24 fils violets, 6e teinte.
240 fils blancs.
8 fils rofes, 1ere teinte.
24 fils blancs.
24 fils verds, 4e teinte.
8 fils rofes, 1ere teinte.

Total 1600 fils, qu'on ourdira quatre fois pour completer la chaîne.

Cette méthode m'a paru fi bonne que j'ai cru devoir la rapporter telle qu'on la voit ci-contre; d'ailleurs il n'en coûte que peu de foin, & le moindre avantage qui en réfulte, eft de maintenir l'ordre dans le magafin d'un Fabriquant.

Ceci n'a lieu que pour les Fabriquants qui font eux-mêmes leurs ordonnances, ou qui les font faire pour les donner aux Ourdiffeufes: car dans les villes où ce foin fait partie de la fcience de l'Ourdiffeur, il n'eft pas poffible d'en ufer ainfi, parce qu'ils font cette combinaifon pour eux-mêmes, & qu'ils craindroient qu'en communiquant ces ordonnances toutes faites au Fabriquant, il ne les donnât une autre fois à un autre Ourdiffeur pour faire ourdir cette même rayure; d'ailleurs, comme chacun penfe que fa maniere d'opérer eft un fecret pour un autre, on croit ne lui en devoir point faire part, foit pour ne pas l'inftruire, foit par la crainte de perdre quelqu'une de fes pratiques.

Tous les fils qui font contenus en l'ordonnance ci-à-côté font doubles, ce qui eft conforme à fon titre de chaîne double.

On doit expliquer exactement ſi tout ce qui compoſe une chaîne eſt double, ou ſi elle eſt partie double & partie ſimple ; parce qu'il arrive ſouvent que les chaînes pour certaines étoffes de ſoie rayées, ſont doubles & ſimples, quelquefois même ſimples & triples ; mais ceci n'a pas lieu pour celles qu'on a vues juſqu'ici ; quand il s'en rencontrera on aura ſoin d'en prévenir le Lecteur.

Les chaînes rayées, doubles & ſimples, ſont celles dont la trame qui doit entrer pour tiſſu eſt de la couleur du fond ; ce fond eſt ourdi ſimple & cependant l'étoffe ne paroît pas affamée de chaîne dans cet endroit, parce que la trame qui s'unit à elle ne faiſant qu'une ſeule couleur, ne laiſſe pas appercevoir que la chaîne dans cette partie là n'eſt pas auſſi fournie que dans la partie qui compoſe les baguettes ; ce n'eſt pas pour faire l'étoffe meilleure ni plus belle qu'on la fait ainſi fabriquer, elle devient même, par ce moyen, inférieure à tous égards ; mais le ſeul but que le Fabriquant ſe propoſe en ce cas, eſt d'économiſer de la ſoie, afin de pouvoir donner l'étoffe à moindre prix, ou pour bénéficier davantage.

La maniere d'encantrer ces ſortes de chaînes, n'a d'autres difficultés que d'enverger le fond à fil ſimple, comme pour une chaîne ſimple, & les baguettes à fil double, comme pour une chaîne double. J'ai cru devoir faire remarquer en paſſant cette maniere d'opérer pour qu'on puiſſe en tirer avantage dans les diverſes manieres d'encantrer & d'ourdir lorſque le cas l'exige.

Voyons maintenant la maniere dont on encantrera pour ourdir la chaîne contenue en la derniere ordonnance.

4. *Pour la premiere Cantre.*

En commençant toujours par le bas on mettra
16 rochets roſes, 8 dans chaque diviſion.
24 rochets verds, 12 dans chaque diviſion.
En tout 40 rochets.
Cette cantre aura 40 rochets pour ourdir le premier, 2e, 4e, 48e 50e & 51e articles de l'ordonnance.

5. *Pour la ſeconde Cantre.*

On y mettra 60 rochets blancs ; 30 dans chaque diviſion, cette cantre ſervira à ourdir le 3e, le 5e, le 14e, le 38e, le 47e & le 49e articles de l'ordonnance.

6. *Pour la troiſieme Cantre.*

48 Rochets violets, 24 dans chaque diviſion ; cette cantre ſervira pour ourdir le 6e, le 25e, le 27e & le 45e articles de l'ordonnance.

7. *Pour la quatrieme Cantre.*

8 Rochets verds, 4 dans chaque division.
16 rochets violets, 8 dans chaque division.
8 rochets blancs, 4 dans chaque division.

En tout 32 rochets.

Cette cantre servira pour ourdir le 8e, le 9e, le 10e, le 42e, le 43e & le 44e article de l'ordonnance.

8. *Pour la cinquieme Cantre.*

28 Rochets chamois dans une division.
28 rochets mor-doré dans l'autre.

En tout 56 rochets.

Avec cette cantre on ourdira le 11e, le 26e & le 41e articles de l'ordonnance.

9. *Pour la sixieme Cantre.*

8 Rochets blancs, 4 dans chaque division.
16 rochets verds, 8 dans chaque division.

En tout 24 rochets.

Cette cantre servira pour ourdir le 12e, 13e, 39e & le 40e articles de l'ordonnance.

10. *Pour la septieme Cantre.*

16 Rochets roses, 8 dans chaque division.
16 rochets blancs, 8 dans chaque division.
8 rochets verds, 4 dans chaque division.
16 rochets blancs, 8 dans chaque division.
4 rochets verds, 2 dans chaque division.

En tout 60 rochets.

Cette cantre servira pour ourdir le 15e, 16e, 17e, 18e, 19e, 20e, 21e, 22e, 23e, 24e, 29e, 30e, 31e, 32e, 33e, 34e, 35e, 36e & 37e articles de l'ordonnance.

11. *Pour la huitieme & derniere Cantre.*

8 Rochets blancs, 4 dans chaque division.
24 rochets violets, 12 dans chaque division.

Cette cantre servira pour ourdir le 24e, le 25e, le 27e & le 28e articles de l'ordonnance.

De l'ordre qu'on doit donner aux Cantres en ourdissant, & la quantité de portées & de musettes qu'on doit faire avec chacune.

On commencera par la premiere cantre, avec laquelle on ourdira une portée; dont la premiere musette sera composée de tous les rochets qu'elle contient, & à la seconde on supprimera tous les rochets roses.

Il faut à la premiere musette que le rose soit du côté de l'ourdissoir ; quand on l'a placée sur les chevilles de l'envergeure, on observera aussi que tous les fils doivent être envergés doubles dans tout l'ourdissage de cette chaîne.

On ourdira une musette avec la seconde cantre en y supprimant 12 rochets.

Une musette avec la premiere cantre en y supprimant tout le verd.

Huit portées avec la seconde avec tous ses rochets.

Une musette avec la troisieme.

Une musette avec la seconde en y supprimant 36 rochets.

Une musette avec la quatrieme.

Une portée avec la cinquieme en supprimant sur chaque musette, 8 rochets chamois & 8 mor-dorés.

Une musette avec la sixieme : il faut que le côté blanc de la musette soit du côté de l'ourdissoir.

Dix portées avec la seconde cantre en supprimant 24 rochets aux deux dernieres musettes, 12 à chacune.

Une portée avec la septieme cantre, observant qu'à la premiere musette le rose soit du côté de l'ourdissoir, & à la seconde il sera du côté opposé.

Une musette avec la huitieme cantre, le blanc sera du côté de l'ourdissoir.

Une portée avec la cinquieme cantre.

Une musette avec la huitieme cantre, & sur les chevilles d'envergeure le blanc sera du côté de l'Ourdisseuse.

Une portée avec la septieme cantre, à la premiere musette le rose sera du côté de l'ourdissoir, & à la seconde il sera mis du côté opposé.

Dix portées avec la seconde cantre, en supprimant 24 rochets aux deux dernieres musettes, 12 à chacune.

Une musette avec la sixieme cantre.

Une portée avec la cinquieme cantre, en supprimant à chaque musette 8 rochets chamois, & 8 mor-dorés.

Une musette avec la quatrieme cantre.

Une musette avec la seconde cantre, en y supprimant 36 rochets.

Une musette avec la troisieme cantre.

Huit portées avec la seconde cantre sans y rien supprimer.

Une musette avec la premiere cantre, en y supprimant tout le verd.

Une musette avec la seconde cantre, en y supprimant 12 rochets.

Enfin

Enfin on ourdira une portée avec la premiere cantre, dans la premiere musette on supprimera tous les rochets roses, & la seconde sera ourdie avec tous les rochets que la cantre contient, observant seulement que le rose soit du côté de l'Ourdisseuse.

Il faut répéter quatre fois tout cet ourdissage.

On doit entendre que dans les articles où il est dit qu'on supprimera des rochets, il ne s'agit pas de les ôter de la cantre, mais seulement de ne les pas faire travailler, afin que l'ourdissage se trouve d'accord avec l'ordonnance, & cela se fait en mettant de côté les fils des rochets dont on ne doit pas se servir, & lorsqu'on en a besoin on les reprend; on prend cette précaution pour ne point multiplier ni les cantres ni les encantrages, ainsi que les mutations des cantres que la différence des rayûres ne multiplie déja que trop.

Voyons si l'ordre que j'ai donné à l'ourdissage est fait de maniere à produire juste le nombre de fils dont doit être composé le quart de la chaîne à ourdir.

RÉCAPITULATION.

Une portée avec la premiere cantre, dont une musette
à 40 fils, & l'autre à 24. . . . . 64 fils simples.
Une musette avec la deuxieme cantre, moins 12 fils. . 48.
Une musette avec la premiere cantre, le verd supprimé. 16.
Quatre portées avec la deuxieme cantre. . . . . . 480.
Une musette avec la troisieme cantre. . . . . . . 48.
Une musette avec la deuxieme cantre, moins 36 fils. . 24.
Une musette avec la quatrieme cantre. . . . . . . 32.
Une portée avec la cinquieme cantre, moins 32 fils. . 80.
Une musette avec la sixieme cantre. . . . . 24.
Dix portées avec la deuxieme cantre, moins 24 fils. . 576.
Une portée avec la septieme cantre. . . . . 120.
Une musette avec la huitieme cantre. . . . . 32.
Une portée avec la cinquieme cantre. . . . . 112.
Une musette avec la huitieme cantre. . . . . 32.
Une portée avec la septieme cantre. . . . . 120.
Dix portées avec la deuxieme cantre, moins 24 fils. . 576.
Une musette avec la sixieme cantre. . . . . 24.
Une portée avec la cinquieme cantre, moins 32 fils. . 80.
Une musette avec la quatrieme cantre. . . . . . . 32.
Une musette avec la deuxieme cantre, moins 36 fils. . 24.
Une musette avec la troisieme cantre. . . . . . . 48.
Quatre portées avec la deuxieme cantre. . . . . . 480.
Une musette avec la premiere cantre, sans le verd. . 16.
Une musette avec la deuxieme cantre, moins 12 fils. . 48.
Une portée avec la premiere cantre, dont une musette
à 40 fils, & l'autre à 24. . . . . 64.

Total 3200.

Les 3200 fils simples contenus dans la Récapitulation ne doivent être regardés

dans l'ourdiffage que comme 1600 , parce qu'ils font envergés doubles , &
qu'on doit fe fouvenir que les fils doubles ne comptent que pour un.

L'ordonnance pour laquelle je viens de faire la récapitulation ne doit faire
qu'un quart de la chaîne , dont la totalité fera de 12800 fils fimples , qui ne
doivent être regardés que comme 6400 fils, ainfi qu'on vient de le dire , & parce
qu'un métier qui aura les uftentiles propres à fabriquer une étoffe , dont la
chaîne feroit de 6400 fils fimples , pourra fabriquer celle dont il eft ici queftion
fans être obligé d'y faire aucun changement , ni aucune augmentation.

Quand une chaîne eft finie d'ourdir , quelle qu'en foit la rayûre , on doit
placer un petit cordon de foie dans chaque envergeure, de la même maniere qu'on
obferve pour les chaînes unies , & on la leve fur une cheville comme celles à
une feule couleur en y apportant les mêmes attentions.

SECTION QUATORZIEME.

De la maniere d'encantrer & d'ourdir les chaînes Paonnées.

LES chaînes *paonnées* fe traitent comme celles qui font rayées, c'eft-à-dire ,
qu'il faut favoir à combien de dents doit fe terminer le petit carreau qu'on
veut faire paroître fur l'étoffe au moyen de l'ourdiffage ; comme ces petits
carreaux ne peuvent fe terminer que par un contre-Pas dans l'encantrage , il eft
à propos d'en donner un exemple qui fervira de regle générale pour l'ourdiffage
de ces fortes de chaînes , & pour celui des raies qui font fouvent une partie de
rayûre : il faut d'abord obferver que ces fortes d'ourdiffages fe font toujours à
chaîne double.

Je fuppofe que pour une chaîne ou pour une raie , on veuille un carreau de
6 dents à quatre fils par dent , le carreau aura 24 fils , ce qui donnera 48 rochets
pour un carreau feul ; on eft forcé d'ourdir ces carreaux l'un après l'autre , de
maniere que chaque mufette en faffe un , on doit auffi à la cantre , mettre 24
rochets d'une couleur dans la premiere divifion , & 24 d'un autre dans la feconde ;
alors en ourdiffant à plot defcendant , on place l'envergeure telle qu'elle fe
trouve, mais à plot montant , on tourne la main pour que ce qui eft d'une couleur
à la premiere mufette fur une des chevilles de l'envergeure fe trouve à côté d'une
couleur oppofée du *contre-Pas* de la feconde ; cela fe fait en tournant la main
ou en commençant d'enverger par un autre fil que celui qu'on a pris d'abord ;
c'eft-à-dire , que fi pour l'envergeure de la premiere mufette on a pris le
premier fil de la premiere divifion ou de la divifion fupérieure , quand on en-
vergera la mufette fuivante , on prendra le premier fil de la deuxieme divifion
ou de la divifion inférieure ; & fi cette opération donne des *feuleres* , on les
évitera en faifant *fauter le fil* de la maniere qu'on a vue ci-devant dans les chaînes
à une couleur , pour profiter de la feconde envergeure que les deux divifions
de la cantre donnent naturellement.

Cette maniere d'encantrer, eſt, comme on le voit, ſujette à quelques difficultés pour l'envergeure; je vais en rapporter une autre qui les évite toutes.

En ſuppoſant le même carreau ou même un plus grand, il faut encantrer de maniere que la moitié de chaque couleur ſoit dans une diviſion par un bout de la cantre, & l'autre moitié dans l'autre diviſion, par l'autre bout.

Par exemple, je ſuppoſe que le *paonné* dont il eſt queſtion ſoit compoſé de ſoie verte & de ſoie blanche, & d'un carreau ſemblable à celui dont je viens de parler; il faut mettre 12 rochets verds au côté gauche, & les 12 blancs au côté droit dans une même diviſion de la cantre, & mettre 12 rochets verds au côté droit, & 12 rochets blancs au côté gauche, dans l'autre diviſion, & ourdir tout ſimplement comme l'encantrage le préſente; on eſt alors ſûr que les carreaux ſeront de 6 dents chacun, au moyen de ce que ſur les chevilles d'envergeure la jonction des deux muſettes donnera 24 fils de chaque couleur pour les deux Pas; il n'y aura de différence que le partage du carreau ſur chaque bord de la chaîne au raz de la liſiere.

On ne peut, avec cet encantrage, profiter de la ſeconde envergeure, parce qu'on ne pourroit faire ſauter le fil qu'en ôtant d'un carreau pour aggrandir l'autre; ainſi on doit dans ce cas enverger chaque fois comme pour les chaînes rayées.

Avec cet encantrage, ſi l'on veut des carreaux moitié moins grands que ceux que je viens de déſigner, on n'aura qu'à tourner la main en plaçant l'envergeure d'une des deux muſettes qui compoſent la portée d'ourdiſſage, & ſi l'on ne veut tourner la main que de deux portées une, on aura des carreaux de 6 dents, & des carreaux de trois dans la même chaîne.

Cette maniere d'encantrer & d'ourdir doit être la même pour les rayes *paonnées* qui ſe trouvent faire partie d'une rayûre.

Ce que je viens de dire des carreaux que j'ai ſuppoſés, peut s'entendre de tous, quelle qu'en ſoit la longueur, & de quelque nombre de dents qu'ils ſoient compoſés, on doit toujours ſuivre une de ces deux méthodes pour l'encantrage & pour l'ourdiſſage.

CHAPITRE QUATORZIEME.

De la maniere d'Ourdir à Lyon.

SECTION PREMIERE.

Pour les Chaînes à une seule couleur.

ON doit se souvenir que toutes les cantres de Lyon sont couchées.

Les encantrages pour les chaînes uniès, ainsi que les envergeages, sont les mêmes que ceux dont il a été parlé pour l'ourdissoir long ; quand à la suite de l'ourdissage, on tient le même ordre qu'avec les cantres droites.

On doit placer la cantre à environ trois pieds & demi du montant de l'ourdissoir, par lequel le plot est enfilé, de maniere que le devant de cette cantre soit tourné du côté de l'ourdissoir ; (on doit se rappeller que le devant de la cantre est déterminé par la plus basse traverse à anneaux) ; on fait en sorte que le milieu de la longueur de cette cantre soit en ligne droite avec les deux poulies du plot, entre lesquelles la brasse doit passer continuellement.

En supposant que l'Ourdisseuse n'employe pas toutes les broches de la cantre, elle doit en laisser un nombre égal à chaque bout, pour que ce qui est occupé tienne toujours le milieu de sa longueur.

Lorsqu'elle a encantré, elle prend tous les fils par le bout, les noue ensemble, accroche la brasse à la cheville seule au haut de l'ourdissoir par la séparation que forment les deux divisions de la cantre ; ensuite elle enverge, puis place son envergeure sur les deux chevilles destinées à la recevoir, & reprenant la même séparation formée par les deux divisions de la cantre, elle place sa brasse sur le plot entre les deux poulies, fait passer la tringle du milieu dans la séparation qu'elle à conservée, & continue son ourdissage de la maniere qu'on a vue plus haut.

Ce n'est pas sans raison que nous avons donné au plot à 3 tringles la préférence sur tous les autres dont nous avons donné la description ; à Lyon, Nîmes, Avignon, &c. on n'en emploie pas d'autres.

SECTION SECONDE.

L'USAGE des cantres à la Lyonnoise ne differe de celui des cantres droites ou des jets, qu'en ce qu'aux premieres le bout le plus prochain du banc à roue répond au bas d'une cantre droite ; ainsi tout ce que nous avons dit de celles-ci peut s'entendre des autres au moyen de cette espece de convention : la maniere
d'encantrer

d'encantrer eft la même à toutes deux , & les rayûres y font placées dans le même ordre aux deux divifions.

Avec un peu d'attention il eft aifé de fentir que les premiers fils qu'on ourdit , dans toutes fortes de chaînes, fe trouvent contre la lifiere , & fur-tout dans les chaînes rayées : ainfi on commence toujours une *Ordonnance* par les articles qui avoifinent cette lifiere , & le bout de la cantre oppofé au banc les contient ; tranfportons nous à l'opération.

L'Ourdiffeufe commence l'envergeage par le côté gauche de la cantre ; (pour éviter les répétitions j'appellerai dorénavant côté gauche celui qui eft proche du banc , & l'autre fera le côté droit) ; quand elle a envergé fa braffe , les derniers fils qui fe trouvent placés fur fes doigts , vers le bout , font ceux qui fur les chevilles d'envergeure feront contre l'ourdiffoir ; mais il eft clair que ce font les derniers du côté droit de la cantre ; & comme l'ourdiffoir tourne de droite à gauche en commençant une chaîne , il faut donc , pour la facilité de l'ourdiffage , établir des regles invariables pour l'encantage , fans quoi l'Ourdiffeufe feroit obligée d'apporter la plus fcrupuleufe attention pour faire rapporter les couleurs fuivant la difpofition d'une rayûre.

Il faut néceffairement dans les encantrages , tels que ceux que j'ai fuppofés , prendre garde fi telle partie doit s'ourdir à plot montant & telle autre à plot defcendant.

La partie qui fe fera à plot defcendant doit être encantrée de maniere que les fils qui doivent fe trouver du côté de l'ourdiffoir fur les chevilles d'envergeure , foient placés à la cantre au bout , à droite , & qu'à plot montant ils foient placés à gauche.

On objectera peut-être que de quelque maniere qu'on place les rochets on commence toujours l'envergeage par un même bout de la cantre , (le bout gauche) , & qu'ainfi la précaution que je recommande n'eft d'aucune confé-quence ; mais la réponfe eft facile ; en effet quand le plot defcend , l'ourdiffoir tourne de droite à gauche , & les fils du côté droit de la cantre fe couchent les premiers fur l'ourdiffoir ; & quand il tourne en fens contraire , ce font ceux du bout oppofé : d'ailleurs , il paroît naturel que les derniers fils envergés foient placés fur les chevilles de maniere à être contre l'ourdiffoir , & quand le plot monte , il faut néceffairement préfenter fur ces chevilles la braffe qu'on vient d'enverger par le côté qu'on a commencé d'enverger ; parce qu'il faut faire monter le plot auffi haut que ces chevilles pour l'accrocher à la premiere de toutes , & delà , retourner fur fes pas. Il eft donc à propos que , puifque ces fils fe font roulés du côté de l'ourdiffoir pendant toute la montée du plot , ils foient placés fur les chevilles de l'envergeure dans le même fens , pour éviter que la braffe éprouve un demi tour d'entordage ; ce qu'on ne pouroit éviter fi les fils étoient placés dans la cantre autrement qu'on vient de le recommander, cela ne feroit pas grand tort à la chaîne , mais bien à l'ordre de l'ourdiffage.

On obfervera que dans toutes les ordonnances d'ourdiffage en général, quelle que foit la combinaifon d'une rayûre, il faut toujours qu'une cantre faffe deux fois la même fonction, une fois avant l'article qui fait le milieu de la rayûre, & une autrefois après; ainfi, fi quand on ourdit la premiere moitié de la rayûre, on ne doit faire qu'une mufette, & qu'elle foit faite à plot defcendant, on la fera à plot montant dans la feconde. De cette maniere, il n'eft pas poffible que fi les fils font bien placés pour la defcente du plot, ils ne le foient pour la montée, parce que l'ordre des rayûres eft fymétrique, & que chaque couleur doit être à égale diftance du point milieu; fi donc un partie de foie verte qui fera dans une cantre, doit fe trouver du côté de l'ourdiffoir à plot defcendant, elle doit fe trouver par la même raifon du côté oppofé à plot montant.

Si les encantrages étoient faits dans un fens contraire à celui que je viens de prefcrire, & qu'on n'y voulût rien changer, on le pourroit encore; mais il faudroit alors tourner la main à l'envergeure.

SECTION TROISIEME.

Moyen de connoître par quel bout de la Cantre on doit commencer les encantrages.

L'ORDRE des encantrages doit néceffairement s'accorder avec celui de l'ourdiffage: cet accord ne peut réfulter que de l'attention qu'on doit avoir en commençant cette opération par le bout de la cantre qui convient le mieux: à la cantre droite on doit fçavoir fi c'eft par le haut ou par le bas, & à la cantre couchée, fi c'eft par le côté droit ou par le gauche.

Pour connoître par quel bout de la cantre on doit commencer l'encantrage d'une rayûre, il faut fuivre les articles de l'ordonnance d'ourdiffage qu'on a faits pour la rayûre qu'on veut ourdir; fçavoir, fi ceux qui occupent une cantre, doivent faire dans la moitié de la rayûre quelques portées entieres, ou ne faire qu'un mufette.

Si la premiere cantre ne doit faire qu'une mufette, la feconde commencera par le bas de l'ourdiffoir, & fera fa mufette à plot montant: conféquemment l'encantrage de cette feconde cantre doit être fait du côté oppofé à celui de la premiere: c'eft une attention qu'il faut avoir à toutes les cantres; ainfi fi une cantre doit commencer par le haut de l'ourdiffoir, & qu'elle n'ait qu'un nombre impair de mufettes à fournir, la cantre fuivante commencera indifpenfablement par le bas.

Quand on eft en peine de fçavoir par où commence l'envergeure, par le bas ou par le haut, par la gauche ou par la droite; fi une cantre doit commencer par le haut de l'ourdiffoir, on commencera fon encantrage par fon côté droit, fi c'eft une cantre couchée; & par le haut fi c'eft une cantre droite,

& toutes les fois qu'une cantre commencera son opération par le bas de l'ourdissoir, si c'est une cantre couchée, l'encantrage sera commencé par le côté
gauche, & si c'en est une droite, on commencera par le bas.

Il peut arriver que dans certaines dispositions de rayûre on emploie une cantre
pour plusieurs parties différentes; alors on fait l'encantrage de la plus forte partie
à laquelle elle doit être employée dans l'ordre qu'on vient de prescrire, sauf à
tourner la main pour les moindres, plutôt que d'ajouter une cantre de plus,
ou de faire remonter ou descendre le plot vuide pour prendre l'ourdissage dans
le sens de l'encantrage.

Il est facile de comprendre par quel côté de l'ourdissoir une cantre doit
commencer son opération, si l'on veut faire attention à l'ordre que les cantres
doivent tenir pendant le cours de l'ourdissage; cela ne change rien dans le
nombre des rochets ni dans l'ordre qu'on doit faire tenir aux couleurs que chacune doit contenir; la différence consiste seulement dans la place que celles-ci
doivent occuper dans chacune.

Je suppose que la premiere cantre doive faire une portée; elle ne sauroit
être faite qu'à plot descendant pour la premiere musette, & à plot montant
pour la seconde; conséquemment la seconde cantre commencera par le haut
de l'ourdissoir comme la premiere, & sera encantrée dans le même sens; mais
si cette seconde cantre ne fait qu'une musette ou tout autre nombre impair,
la troisieme cantre commencera son opération par le bas de l'ourdissoir; dans ce
cas, il faut qu'elle soit encantrée par le côté opposé à celui des deux premieres, & de même pour toutes les autres cantres.

SECTION QUATRIEME.

Observation sur l'ordre qu'on doit faire tenir aux Cantres en ourdissant.

Il ne faut pas confondre l'ordre qu'on doit observer dans l'encantrage,
avec celui que les cantres tiennent dans l'ourdissage, parce qu'une cantre
peut faire plusieurs parties dans une rayûre, & par-là l'ordre des encantrages
est interrompu, ainsi qu'on peut l'avoir remarqué tant dans les encantrages que
dans l'ordre des ourdissages, au Chapitre précédent, où la premiere cantre,
fait le premier article de la rayûre, la seconde en fait le second, la premiere
en fait le troisieme, & la seconde en fait le quatrieme; & par-là on voit que
chaque cantre peut remplir plusieurs parties dans une rayûre, quoique ces parties
ne soient pas égales en nombre de fils ni même en couleur, puisqu'on a vu
qu'on supprime des fils à quelques-unes pour certains articles, & même des
couleurs entieres à d'autres; d'ailleurs on peut avoir remarqué que dans chaque
rayûre en général le nombre des cantres destinées à les ourdir, est beaucoup
moindre que le nombre des articles contenus dans une ordonnance d'ourdissage,

depuis un des bords jufqu'au milieu ; car on fe fouvient que l'autre moitié n'eft qu'une répétition de la premiere.

L'ufage des cantres à tiroirs eft préférable pour l'ourdiffage des chaînes rayées ; mais la cantre couchée ordinaire fuffit pour celui des chaînes unies, ainfi que pour tous ceux qui fuivent la méthode de Nîmes, d'Avignon, &c. où une feule cantre fuffit, ainfi qu'on l'a vu plus haut.

Toutes les villes de fabrique où les Ourdiffeurs n'ont point voulu adopter cette derniere maniere d'ourdir les chaînes, ont été obligés d'avoir recours à la multiplicité des cantres, ainfi que je l'ai déja dit : les uns ont multiplié les cantres droites, & ont tâché de les rendre moins volumineufes. Quelques Fabriquants de Lyon ont cherché à fimplifier les cantres couchées, & c'eft ce qui a donné naiffance aux cantres & aux carcaffes à tiroirs.

SECTION CINQUIEME.

De la maniere de fe fervir des cantres à tiroirs, pour l'ourdiffage des chaines rayées.

L'ORDRE de l'encantrage aux tiroirs eft abfolument le même qu'à la cantre couchée, puifqu'on doit regarder un tiroir comme une cantre ; ainfi fi on fuppofe qu'une rayûre doit occuper fix cantres, elle occupera de même fix tiroirs, avec cette différence que dans le même volume d'une cantre, on en trouve fix par les fix tiroirs qu'elle contient.

L'Ourdiffeufe doit numéroter fes tiroirs ou les marquer autrement, afin de fe reconnoître dans l'ordre qu'elle doit leur faire tenir en ourdiffant ; ainfi toutes les combinaifons des rayûres & toutes les ordonnances qu'on a rapportées dans les Chapitres précédents, peuvent fervir d'exemples pour les cantres à tiroirs, de même que pour les cantres couchées.

Il me refte à traiter de l'ourdiffage des poils ombrés de toutes couleurs, & pour mieux faire comprendre de quelle maniere on fe fert des cantres à tiroirs, j'en donnerai les encantrages, je détaillerai les opérations, & conféquemment l'ordre des ourdiffages.

Obfervation fur les chaînes communément appellées Poils.]

TOUTES les Etoffes qui font fufceptibles d'une feconde chaîne font ordinairement façonnées ; cette feconde chaîne eft généralement appellée *Poil* ; il y a même des étoffes qui en ont trois, & quelquefois quatre ; cela dépend du goût ou du deffein qu'on veut leur donner. Il y a de ces poils qui fervent pour faire des bandes cannelées, d'autres pour des guirlandes à fleurs, &c.

Parmi tous ces différents poils, il y en a à nuance, (ce font les ombrés), & d'autres qui ne le font pas ; il y en a de doublétés, de triplétés, & même

de

de quadrupletés ; tous servent à former quelque dessein sur l'étoffe pour laquelle on les destine.

Il y a encore un autre genre de poils qui servent pour les étoffes dont les desseins dépendent de leur trame, & qui en font le corps ; d'autres pour des étoffes, où ce sont des trames brochées qui en font les fleurs ; d'autres enfin où c'est l'or & l'argent qui forment le dessein. La fonction de ces poils dans les étoffes dont je viens de parler, est de lier de près la soie ou la dorure, &c. de maniere que les parties qui forment le dessein, ne puissent s'accrocher par leur trop grande longueur, ainsi qu'on la verra en son lieu.

Ces sortes de poils font ordinairement d'une seule couleur, & toujours de celle de la chaîne, à moins qu'ils ne servent à lier quelque dorure. Dans ce cas, ils font ou couleur d'or, ou blancs pour lier de l'argenture ; cette partie sera aussi traitée à part.

La maniere d'ourdir ces poils est la même qu'aux chaînes unies : il suffit que l'Ourdisseuse sache le nombre de fils dont chacun est composé.

On leur donne presque toujours un nombre de fils beaucoup moins considérable que la chaîne à laquelle ils font destinés. Ce qui demande en ourdissant une précaution essentielle, c'est qu'il faut toujours les ourdir avec le plus petit nombre de rochets possible, afin que, lorsqu'on les plie, on trouve un plus grand nombre de musettes à diviser : la raison en fera donnée dans le traité du Pliage.

Il y a cependant des étoffes pour lesquelles les poils ont un nombre de fils aussi considérable que la chaîne pour laquelle ils doivent servir ; il y en a d'autres dont le nombre est double de celui de la chaîne, d'autres encore où il est plus grand d'un tiers. Ces sortes de poils font ordinairement de la couleur de la chaîne, quoiqu'ils servent à former des desseins sur l'étoffe à laquelle ils font destinés ; quelques-uns de ces poils ont aussi des rayûres à nuances & sans nuances : leur combinaison, leur encantrage & leur ourdissage se traitent comme ceux des chaînes rayées doubles.

Des Poils à bande.

LES Poils à bande font ceux qui dans une étoffe forment un dessein ou une raie cannelée, & qui n'occupent pas toutes les dents du peigne ; ces dents laissent des intervalles d'une partie à l'autre, comme font les baguettes des rayûres qui font séparées par les parties de fond : c'est par cette raison qu'on les nomme *Poils à bande*.

Parmi les Etoffes de soie, il y en a beaucoup dont les desseins exigent de ces poils, sur-tout dans le genre des Taffetas, tels que ceux qui font cannelés, brillantés & façonnés, plusieurs genres de Moëre, de Velours, &c. la combinaison de ces poils n'est pas la même que celle des poils dont nous

ETOFFES DE SOIE. II. Part.   M m

venons de parler, non plus que des chaînes rayées ; & pour la faire comme il faut, on a abfolument befoin d'un deffein fait, ou d'un échantillon de l'étoffe qu'on veut faire ; car il n'eft prefque pas poffible de fe fervir de celui d'un genre d'étoffe différent, pour le faire fur un autre ; la raifon en eft qu'il faut nécef-fairement fe trouver d'accord fil pour fil avec le deffein ou avec l'échantillon ; de manière que fi le deffein porte une bande de 20 dents, il faut l'ourdir de 20 dents, & fuivre l'idée du Deffinateur ; & fi l'on omettoit quelques dents, le deffein ne pourroit s'exécuter qu'en partie, ce qui rendroit l'étoffe très-défec-tueufe : fi au contraire on employoit des dents de trop, on tomberoit encore dans une de ces défectuofités infupportables par le dérangement des couleurs, & il s'en fuivroit un dégât confidérable de foie, quelque précaution qu'on y apportât, parce qu'il faudroit fupprimer la foie des dents qu'on auroit ajoutées, & que cette fuppreffion ne fauroit fe faire que lorfque les chaînes & poils font fur le métier, attendu qu'il eft impoffible de s'appercevoir ailleurs de ce trop de foie, puifque ce n'eft que par le rapport exact qu'il doit y avoir entre le nombre des fils qui compofent un poil, les uftenfiles qui doivent le mettre en œuvre, & l'accord que le tout doit avoir avec le deffein ou avec l'échantillon.

J'ai dit ci-deffus qu'on pouvoit ourdir les poils fur une efquiffe, mais cet ourdiffage ne peut avoir lieu que pour la première chaîne ou pour le premier poil, qui doit faire le deffein porté par cette efquiffe ; encore faut-il que ce foit fur l'ordonnance d'ourdiffage, qu'on accorde les uftenfiles du métier, pour en fabriquer l'étoffe ; ou que ce foit de l'ordonnance des uftenfiles, qu'on tire l'ourdiffage ; au furplus, cette dernière méthode ne fauroit avoir lieu que pour quelques poils à bande cannelée ou fatinée, ou pour quelque brillanté ; le plus fûr eft de ne s'en point fervir, tant parce qu'elle eft très-embarraffante, que parce qu'il eft difficile d'éviter d'y faire des fautes très-groffières : la meil-leure de toutes les méthodes pour les poils à bande & même pour les poils en plein & à nuance, eft de prendre les ourdiffages fur les deffeins, parce qu'on n'a qu'à calculer & non à combiner. Pour donner une idée de l'aifance que procure le deffein pour l'ourdiffage de ces poils, il fuffit de fçavoir que les deffeins de toute forte d'étoffe façonnée font exécutés fur du papier réglé tel que celui dont il a été parlé dans la Section 2. du Chapitre XIII. de cet Ouvrage.

Si le deffein eft fait pour un tiers de la largeur de l'étoffe à laquelle il doit fervir, fa largeur contiendra autant de petits carreaux que le tiers l'étoffe peut contenir de dents, ou le double de ces petits carreaux, & même pour certains genres d'étoffes ce deffein doit contenir le triple de petits carreaux de ce que le tiers de l'étoffe peut contenir de dents ; cette différence ne doit point embar-raffer, puifque c'eft, comme je viens de le dire, le genre d'étoffe qui détermine le nombre de petit carreaux qu'il faut occuper fur le papier réglé pour chaque dent du peigne qui doit la fabriquer. Ordinairement le Deffinateur explique fur l'envers du deffein, combien chaque dent contient de carreaux ; alors l'Ourdisseuse n'a qu'à calculer en conséquence pour se mettre au fait de son ouvrage.

On se sert pour les desseins à bande d'un papier réglé aussi large que pour un dessein plein, où tous les carreaux en largeur sont occupés ; par ce moyen on voit dans l'instant combien de fois le dessein doit être contenu dans la largeur de l'étoffe, & on n'a plus qu'à calculer tous les carreaux qu'occupe, sur la largeur du papier seulement, la couleur qui forme le dessein, conformer l'ourdissage à ce calcul, & le répéter autant de fois que le dessein doit se trouver dans la largeur de l'étoffe ; & dans ces poils à bande les intervalles qui restent entre les parties dont la couleur détermine le dessein, est le fond de l'étoffe ; c'est pour cela qu'on emploie autant de papier en largeur pour un dessein à bande que pour un dessein en plein.

Section Sixième.

De la combinaison, encantrage & ourdissage des Poils à plusieurs couleurs, & des Poils ombrés.

Pour traiter méthodiquement tous les articles annoncés dans le titre de cette Section, je vais parcourir plusieurs exemples tant en échantillons qu'en desseins ; & pour rendre les opérations plus sensibles, j'en exposerai tous les détails.

Exemple.

L'Echantillon que je choisis pour exemple est un Taffetas à bande cannelée, dont le peigne est un mille, à quatre fils par dent ; la supposition que je fais convient à toute rayûre, soit que sa chaîne soit enrichie d'un poil, ou que ce poil la compose ; je suppose aussi que chaque baguette soit une bande cannelée, & que ces bandes soient en deux couleurs & sans doubleté : cet échantillon est celui qu'on voit *Pl.* 26, *Fig.* 11.

Si la chaîne est à rayûre, on en fait la combinaison comme on l'a dit pour les chaînes rayées ; on l'encantre & on l'ourdit de même que s'il ne devoit pas y avoir de poil ; ensuite on calcule sur l'échantillon le nombre des dents du peigne que ce poil doit occuper dans l'étoffe : (on a vu ci-dessus de quelle conséquence il est de n'y en mettre ni plus ni moins) ; on peut même pour plus d'exactitude compter ces fils à l'aide d'un microscope.

On fait une note, bande par bande, des dents que chacune contient, ainsi que de leurs différentes couleurs, afin de les ourdir comme il faut : quand on fait le dispositif d'une rayûre de chaîne ou d'un poil, on ne doit tenir aucun compte des couleurs dont le dessein de l'échantillon qu'on suit est composé, à moins que le hazard ne le donne.

Je suppose maintenant que la rayûre de l'étoffe pour laquelle on destine le poil, soit répétée trois fois dans une largeur de 20 pouces ; le tiers de cette même largeur sera celle de la rayûre dont il s'agit ; ainsi elle aura 6 pouces & 8 lignes ; & comme on a supposé que le peigne est un mille, on aura pour le tiers de ce nombre 333 dents, en évitant les fractions qui sont d'autant plus inutiles que l'on ne sauroit les accorder : on rejettera sur la lisiere le produit des trois fractions formant une dent, & l'on regardera le peigne comme n'ayant que 999 dents.

Sur les 333 dents qui composent le tiers des mille du peigne, je suppose que le poil par ces diverses parties en occupe 112, & que ce nombre soit divisé en cinq parties ou bandes.

Je suppose la premiere bande de . . . . . 24 dents.

La seconde de . . . . 9.

La troisieme de . . . . 46.

La quatrieme de . . . . 9.

Et la cinquieme de . . . . 24.

Total 112.

Les poils simpletés ont toujours 2 fils doubles par dents, quelquefois ils en ont trois ; on fabrique même aujourd'hui des étoffes, où l'on en met quatre : nous verrons ailleurs les regles des doubletés, des tripletés & des autres.

Le poil dont il s'agit ici doit donc être regardé & exécuté sur le pied de 2 fils doubles par dent, & c'est dans cette proportion que l'ourdissage en sera fait dans toutes ses parties.

Il est évident que, suivant la rayûre supposée, les 112 dents qui y sont contenues doivent être ourdies trois fois, puisque le dessein pour lequel elles sont destinées doit être répété trois fois dans la largeur de l'étoffe.

Il faut, pour l'ourdissage des poils, que l'Ourdisseuse ait une ordonnance pareille à celles des chaînes ; & comme nous avons vu plus haut, que les chaînes auxquelles on joint un poil n'ont rien de particulier, je supposerai que la chaîne pour laquelle ce poil doit servir est déja ourdie.

Ordonnance d'ourdissage du Poil d'un Taffetas à trois répétitions, dont la chaîne est sous le N°. 7, pour le métier de Jean Dugas.

48 fils cramoisis.

18 fils verds, quatrieme teinte.

92 fils cramoisis.　　　　　　　} Tout double.

18 fils verds, quatrieme teinte.

48 fils cramoisis.

Total 224 fils.

Il faut ourdir trois fois le contenu en cette ordonnance.

De

*De la maniere d'encantrer pour l'ordonnance du Poil dont il s'agit,
en employant la cantre à tiroirs.*

Le premier tiroir aura 48 rochets cramoisis, 24 dans chaque division.

Le second tiroir aura 36 rochets verds de la quatrieme teinte, 18 dans chaque division.

Ces deux tiroirs sont suffisants pour l'ourdissage de ce Poil.

Ordre qu'on doit observer dans l'Ourdissage.

Une portée avec le premier tiroir.

Une musette avec le second.

Deux portées avec le premier, en supprimant 8 rochets à la derniere musette.

Une musette avec le second.

Et une portée avec le premier.

En répétant trois fois cet ourdissage, on aura le nombre de fils suffisant pour la totalité du poil ; il est inutile d'avertir qu'en envergeant on doit au lieu d'un fil en prendre deux à la fois, puisqu'ils doivent être passés deux à deux dans les anneaux de la cantre, & que ces deux fils n'en valent qu'un.

RÉCAPITULATION.

Une portée avec le premier tiroir. . . . . 48 fils.
Une musette avec le second. . . . . 18.
Deux portées avec le premier, 8 fils supprimés. . . 92.
Une musette avec le second. . . . . 18.
Une portée avec le premier. . . . . 48.

Total 224 fils doubles.

Lesquels répétés 3 fois, donneront 672 fils doubles, qui se trouvent d'accord avec la disposition de la rayûre supposée.

Observation sur l'ordre qu'on fait tenir aux Tiroirs.

Quelque nombre de tiroirs qu'une rayûre puisse employer, soit pour une chaîne, soit pour un poil, on leur fait toujours tenir le même ordre qu'aux cantres, c'est-à-dire, que lorsqu'avec le premier tiroir on a ourdi la partie que la soie qu'il contient doit remplir, en suivant les dispositions de la rayûre l'une après l'autre, on l'ôte de dessus la cantre, & on le place dans son fourreau : (on doit se ressouvenir que la cantre à tiroirs est composée de 6 tiroirs, & de 7 fourreaux, pour qu'il y en ait toujours un de libre) ; ensuite on lui ſubſtitue celui qui doit fournir la partie ſuivante de la rayûre.

Avant que d'ôter de ſa place un tiroir qui vient de travailler, on coupe la braſſe, & on roule tous les bouts de ſoie chacun ſur le rochet auquel il appartient ; & comme ces rochets ſont encantrés tous du même ſens, il ſuffit de tenir dans la main gauche la moitié de la braſſe compoſée de tous les bouts d'une diviſion, & de paſſer rapidement la main droite ſur le bord de tous leurs rochets ; on leur imprime un mouvement de rotation ; & cette opération qui ſeroit fort longue, s'il falloit prendre les rochets les uns après les autres, ſe fait dans un inſtant : il ne faut cependant pas les rouler tout-à-fait, parce que, lorſqu'on voudroit remettre ce même tiroir en œuvre, on auroit beaucoup de peine à les retrouver pour les paſſer dans les anneaux où ils doivent être ; il faut nouer tous les bouts enſemble, moitié d'un côté, moitié d'un autre, pour qu'ils ne ſe mêlent point, & de maniere que le nœud puiſſe ſe défaire aiſément pour ne point perdre de ſoie, & les reprendre quand on veut ſe ſervir du même tiroir.

On fait ſuivre aux tiroirs qu'on emploie pour ourdir une rayûre, l'ordre qu'on a déterminé dans l'ordonnance. Quand ils ont rempli leur fonction, & qu'on en a roulé les brins comme on vient de le voir, on en ſubſtitue un autre, & on en paſſe les bouts dans les anneaux comme on l'a vu.

S'il arrive qu'une rayûre emploie plus de tiroirs qu'une & même deux cantres ne peuvent en contenir, on peut ſe diſpenſer de prendre une nouvelle cantre ; il ſuffit alors de mettre des tiroirs d'un autre cantre ſur celle qui eſt en place : c'eſt ce qui a fait imaginer la carcaſſe à tiroirs dont on a parlé dans le Chapitre XIII, Section 3. On voit par-là combien il eſt néceſſaire que chaque tiroir, puiſſe aller à toutes les cantres, ainſi qu'à la carcaſſe, & que tous ayent le même nombre de broches. Comme il eſt rare que des Ourdiſſeuſes faſſent faire leurs uſtenſiles en même temps, il arrive ſouvent qu'en achetant partie par partie, elles ſe trouvent de différentes dimenſions ; mais j'ai dû avertir de ce qu'il eſt plus à propos de faire.

S E C T I O N   S E P T I E M E.

De l'ourdiſſage de Poils à pluſieurs couleurs ſans nuance, doubletés & à bande.

Je ſuppoſe un deſſein de rayûre pour le poil d'un taffetas cannelé ſemblable au précédent (c'eſt celle qu'on voit *Fig.* 12, *Pl.* 26) du même compte de peigne quant à la largeur, & qui prenne la moitié de celle de l'étoffe, ce qu'on peut nommer rayûre à deux répétitions ; car on appelle dans pluſieurs villes de fabrique *rayûre à trois ou quatre répétitions*, &c, celles dans leſquelles la rayûre eſt répétée trois ou quatre fois & même plus dans la largeur d'une étoffe. On ſe ſert auſſi de la même expreſſion pour les étoffes à fleurs, & l'on dit un taffetas, un ſatin ou autre étoffe dont le deſſein eſt à trois, quatre répétitions ; mais dans d'autres villes, telles que *Lyon*, *Nîmes*, *Avignon*, &c. on nomme *chemin* ce qu'ailleurs on appelle *répétition* ; de maniere qu'une étoffe dans la largeur de laquelle le deſſein ſe trouve trois fois répété, eſt nommée *étoffe à trois, quatre*, &c. *chemins.*

Cette obſervation m'a paru néceſſaire, pour prévenir le Lecteur ſur l'uſage de deux expreſſions ſynonymes.

La rayûre ſuppoſée étant à deux répétitions ſur un mille de peigne, donnera 500 dents ſur 10 pouces de largeur ; mais on ne doit avoir égard ni à la largeur de l'étoffe, ni à la quantité des dents que cette largeur contient : la combinaiſon ſera faite ſur la quantité qu'en offre le deſſein pour ce qui concerne ce poil, & la chaîne eſt ſuppoſée ourdie, puiſqu'il n'eſt ici queſtion que des poils ; ainſi je n'ai beſoin de connoître que le nombre des bandes que ce poil doit occuper dans la largeur de la rayûre, du nombre des dents pour chaque bande, & de quelle couleur chacune doit être ourdie.

Pour les couleurs, je ſuppoſerai que parmi les bandes ſimpletées, il y en aura des vertes & des roſes, & que les bandes doubletées ſeront chamois & mordoré : les unes & les autres ſeront diſtinguées dans l'ordre de la combinaiſon, par bandes doubletées & bandes ſimpletées. La bande ſimpletée eſt celle qui eſt faite avec une ſeule couleur à laquelle il ne faut que deux fils doubles par dents ; mais la bande doubletée eſt à deux couleurs & à quatre fils doubles par dents, ou, pour mieux me faire entendre, la bande doubletée eſt compoſée de deux bandes l'une ſur l'autre, qu'on pourroit ourdir ſéparément, s'il n'en réſultoit un peu plus d'embarras pour l'Ouvrier qui fabrique l'étoffe.

Le deſſein formera 13 bandes, ainſi qu'on va le voir dans la combinaiſon qui ſuit.

> Premiere bande . . 4 dents vertes, cinquieme teinte, ſimpletée.
> Deuxieme bande . . 24 dents roſes, troiſieme teinte, ſimpletée.
> Troiſieme bande . . 16 dents vertes, cinquieme teinte, ſimpletée.
> Quatrieme bande . 12 dents chamois & mor-doré, doubletée.
> Cinquieme bande . 8 dents roſes, troiſieme teinte, ſimpletée.
> Sixieme bande . . 4 dents vertes, cinquieme teinte, ſimpletée.
> Septieme bande . 60 dents chamois & mor-doré, doubletée.
> Huitieme bande . 4 dents vertes, cinquieme teinte, ſimpletée.
> Neuvieme bande . 8 dents roſes, troiſieme teinte, ſimpletée.
> Dixieme bande . . 12 dents chamois & mor-doré, doubletée.
> Onzieme bande . 16 dents vertes, cinquieme teinte, ſimpletée.
> Douzieme bande . 24 dents roſes, troiſieme teinte, ſimpletée.
> Treizieme bande . 4 dents vertes, cinquieme teinte, ſimpletée.
>
> Total 196 dents.

C'eſt ſur cette combinaiſon qu'il faut que l'ordonnance d'ourdiſſage ſoit faite dans l'ordre qui ſuit.

Ordonnance d'ourdiſſage d'un Poil de Taffetas doubleté à deux répétitions, pour la chaîne N°. 15, pour le métier de Simon Robinot.

8 fils verds, cinquieme teinte.

48 fils roſes, troiſieme teinte.

32 fils verds, cinquieme teinte.

48 fils dont 24 chamois, & 24 mor-doré, doubletés.

16 fils roſes, troiſieme teinte.

8 fils verds, cinquieme teinte.

240 fils dont 120 mor-doré, & 120 chamois, doubletés.

8 fils verds, cinquieme teinte.

16 fils roſes, deuxieme teinte.

48 fils dont 24 chamois, & 24 mor-doré, doubletés.

32 fils verds, troiſieme teinte.

48 fils roſes, cinquieme teinte.

8 fils verds, cinquieme teinte.

Total 560 fils, tous doubles.

On ourdira deux fois le contenu en l'ordonnance.

Cet ourdiſſage produira 1120 fils doubles, & c'eſt le même nombre dont le poil doit être compoſé, ſuivant la combinaiſon qui en a été faite.

Encantrage, premier Tiroir.

32 Rochets verds, 16 dans dans chaque diviſion.

Second Tiroir.

48 Rochets roſes, 24 dans chaque diviſion.

Troiſieme Tiroir.

24 Rochets chamois dans une diviſion.

24 Rochets chamois dans l'autre.

Ces trois tiroirs ſeront ſuffiſants pour l'ourdiſſage du poil dont il eſt queſtion, en leur faiſant tenir à chacun l'ordre convenable.

Ordre

Ordre qu'on doit faire tenir aux Tiroirs dans l'ourdiffage.

On ourdira une mufette avec le premier Tiroir , en y fupprimant la moitié des fils.

Une portée avec le fecond.

Une portée avec le premier.

Une portée avec le troifieme.

Une mufette avec le fecond, en y fupprimant 16 rochets.

Une mufette avec le premier, en y fupprimant la moitié des fils.

Cinq portées avec le troifieme.

Une mufette avec le premier , en y fupprimant la moitié des fils.

Une mufette avec le fecond , en y fupprimant 16 fils.

Une portée avec le troifieme.

Une portée avec le premier.

Une portée avec le fecond.

Une mufette avec le premier , en y fupprimant la moitié des fils.

Le nombre des portées & mufettes comprifes dans tout cet ourdiffagedoit produire la quantité de fils dont le poil fera compofé , ainfi qu'on peut le voir par la récapitulation fuivante.

RÉCAPITULATION.

Une mufette avec le premier Tiroir , dont on à fupprimé la moitié . . . . 8 fils.

Une portée avec le fecond. . . . . 48.

Une portée avec le premier. . . . . 32.

Une portée avec le troifieme. . . . . 48.

Une mufette avec le fecond , moins 16 rochets. . 16.

Une mufette avec le premier , moins la moitié . . 8.

Cinq portées avec le troifieme. . . . . 240.

Une mufette avec le premier , moins la moitié. . . 8.

Une mufette avec le fecond , moins 16 fils. . . . 16.

Une portée avec le troifieme. . . . . 48.

Une porté avec le premier. . . . . 32.

Une portée avec le fecond. . . . . 48.

Une mufette avec le premier , moins la moitié. . 8.

Total 560 fils doubles.

Comme on ourdit deux fois la même chofe , on aura les 1120 fils dont on a befoin.

Jufqu'à préfent les exemples qu'on a vus ne prouvent pas beaucoup la nécefsité de la multiplicité des cantres ou des tiroirs pour l'ourdissage des poils ; on verra dans l'exemple qui va suivre combien certains poils peuvent en employer ; mais j'ai cru devoir venir du simple au composé , pour parcourir par dégrés tous les genres d'ourdissage , & donner de l'ordre à cet Ouvrage. On peut avoir remarqué que tous les exemples que j'ai déja donnés ont entr'eux une différence marquée, pour laquelle il faut nécessairement changer quelque chose dans chaque opération ; la connoissance de ce changement ne peut s'acquérir que par la multiplicité des exemples , qui seuls peuvent instruire de l'ordre qu'on doit tenir à chaque différente rayûre , soit pour les chaînes , soit pour les poils.

SECTION HUITIEME.

Des Poils ombrés & doubletés pour les Taffetas brillantés.

LES taffetas brillantés ne différent des taffetas cannelés que par de petites façons qu'on voit dans les bandes , & qui y forment des especes de desseins ; l'ourdissage ne contribue à ces façons que par rapport au nombre des fils qu'on met à leur poil pour les former ; mais le reste est produit par le mécanisme du métier sur lequel on fabrique l'étoffe ; il est vrai qu'ordinairement ces sortes de taffetas ont le poil plus considérable que les taffetas cannelés , & que d'ailleurs ils ont aussi des bandes nuancées , même de celles qui sont doubletées , ce qui n'arrive presque jamais dans les taffetas cannelés.

La combinaison , soit sur des desseins , soit sur des échantillons doit être faite pour les poils des taffetas brillantés de la même maniere que pour ceux des taffetas cannelés.

Les ordonnances , l'encantrage & l'ourdissage sont aussi les mêmes , la différence ne consiste que dans le nombre de bandes , celui des fils dont chacune est composée , & le plus ou le moins de cantres ou des tiroirs qu'il faut employer pour les ourdir.

Dans les taffetas brillantés , ainsi que dans les taffetas à bande cannelée , il peut y avoir autant de variété dans leur composition , qu'il peut y en avoir dans les rayûres qui entrent dans les diverses étoffes qui en sont susceptibles ; c'est pourquoi il ne faut pas croire qu'en suivant un des exemples que j'ai déja donnés , ou de ceux que je me propose de donner par la suite, on ait connoissance de tout ce que l'on peut faire en ce genre : on aura occasion de se convaincre , que chaque rayûre pour les étoffes , & chaque dessein pour les poils, fournissent autant de combinaisons différentes ; les exemples que j'en donne serviront seulement à frayer la route qu'on doit tenir dans chaque espece , afin d'y arriver sûrement.

Il faut une grande exactitude dans toutes les opérations qui concernent les poils , soit dans le calcul , soit dans l'arrangement des couleurs ; la moindre omission de l'une de ces deux précautions rend l'étoffe défectueuse , le meilleur remede alors est d'ourdir de nouveau & à part ce qui y manque ; car bien souvent les corrections n'y réussissent qu'en faisant des dégâts de soie, & en donnant beaucoup de peine à l'Ouvrier qui fabrique l'étoffe, encore n'est-elle jamais aussi parfaite qu'elle devroit l'être.

Exemple d'un Dessein pour un Taffetas brillanté.

J E suppose un dessein pour un taffetas brillanté dont le peigne soit un 1500 sur 27 pouces de largeur, & à 4 fils par dent pour la chaîne ; ce dessein aura trois répétitions, ce qui donne pour le tiers, 9 pouces de largeur & 500 dents de peigne ; on en voit l'échantillon *Fig.* 13, *Pl.* 26.

Je suppose encore que pour ce tiers, le dessein soit divisé en dix bandes, & que parmi ces bandes il y en ait d'une seule couleur, d'autres nuancées, d'autres doubletées, & que dans les bandes doubletées il y ait un *Pas nuancé.*

Il ne faut pas être surpris que dans l'exemple que je suppose, la rayûre que je choisis soit composée de dix bandes, quoique dans toutes les combinaisons de rayûres que j'ai supposées, & même dans celles des poils qu'on a vues, le nombre des parties qui les composent soient impairs ; tous les poils à bande peuvent être pairs, parce qu'aucune des bandes n'est partagée contre la lisiere sur le bord de l'étoffe, & malgré cela ni l'ordre de la rayûre, ni celui du poil même ne perdent rien de leur symétrie, si on suppose que le poil en rende susceptible la chaîne pour laquelle ce poil est destiné.

Il peut arriver cependant qu'une bande soit partagée sur les lisieres, & que néanmoins le nombre des bandes soit pair, sur-tout quand dans le milieu de la disposition, deux bandes se trouvent égales, & sont séparées par le fond de la chaîne ou par une baguette appartenant à la rayûre de la même chaîne, la combinaison suivante nous en fournira un exemple.

C O M B I N A I S O N.

Premiere bande . .	6 dents blanches.
Seconde bande . .	20 dents violettes, 2 nuances ouvertes.
Troisieme bande . .	12 dents vertes & roses sans nuances, deux dents vertes à chaque côté du rose.
Quatrieme bande . .	32 dents aurore, 2 nuances ouvertes.
Cinquieme bande . .	60 dents nuance verte fermée, doubleté blanc.
Sixieme bande . .	60 dents vertes, nuance fermée, doubleté blanc.
Septieme bande . .	32 dents aurores, 2 nuances ouvertes.
Huitieme bande . .	12 dents vertes & roses, comme la troisieme.
Neuvieme bande . .	20 dents violettes, 2 nuances ouvertes.
Dixieme bande . . .	6 dents blanches.

Total 260 dents.

Suivant cette combinaison, le tiers du poil supposé occupe 260 dents.

Si on confidere ces 260 dents feules & fans doubleté, elles ne produiront pour le tiers du poil que 520 fils doubles ; mais les deux bandes doubletées qui font chacune de 60 dents doivent augmenter ce nombre , & le faire regarder comme fi la combinaifon portoit deux fois 60 dents de plus , parce que les bandes doubletées ont chacune 4 fils par dent , & que les bandes ordinaires qu'on nomme *fimpletées* n'en ont que deux; ainfi deux fois 60 dents donnent 120 dents qu'il faut ajouter à 260 , ce qui fait en tout 380 dents , & malgré ce nombre le poil n'en occupera dans la totalité du peigne que 780 ; & c'eft d'après cela que l'ordonnance d'ourdiffage doit être faite.

Ordonnance d'ourdiffage du Poil d'un Taffetas brillanté à trois répétitions , pour la chaîne N°. 19 , pour le métier de Jean Verdier.

   12 fils blancs.

   48 fils violets , nuance fermée.

     4 fils verds , deuxieme teinte.

   16 fils rofes , cinquieme teinte.

     4 fils verds , deuxieme teinte.

   64 fils aurore , deux nuances ouvertes.

480 fils, moitié de nuance fermée verte , & l'autre moitié en blanc.

   64 fils aurore , deux nuances ouvertes.

     4 fils verds , deuxieme teinte.

   16 fils rofes , cinquieme teinte.

     4 fils verds , deuxieme teinte.

   48 fils violets , nuance fermée.

   12 fils blancs.

Total 760 fils doubles , pour un tiers du poil.

Il ne faut pas être furpris que l'ordonnance d'ourdiffage porte trois articles de plus que la combinaifon dont elle dépend ; cela doit être ainfi , parce que les deux bandes du milieu font égales entr'elles , qu'on n'en forme qu'une de deux , que la troifieme & la huitieme bande de la combinaifon contiennent du verd & du rofe , & que le verd borde les deux côtés du rofe à chaque bande ; conféquemment les 3ᵉ , 4ᵉ & 5ᵉ articles de l'ordonnance font feulement la troifieme bande de la combinaifon , & les 9ᵉ , 10ᵉ & 11ᵉ articles de cette même ordonnance en font la huitieme bande : de cette maniere les deux bandes du milieu de la combinaifon réduifent le nombre de 10 , à celui de 9 ; mais la troifieme & la huitieme bande donnant chacune 3 articles à l'ordonnance , la font monter au nombre de 13. Si cette rencontre de plufieurs couleurs jointes enfemble fe trouve dans la rayure d'une chaîne , on regarde la maffe de chaque couleur comme une baguette ; mais dans les poils à bande , plufieurs couleurs réunies enfemble ne forment qu'une feule bande , dans les poils qui paffent

dans

dans toutes les dents du peigne, & qui font de diverses couleurs, on traite de raie ou de baguette conformément aux chaînes rayées, chaque couleur féparée par une autre, ou par ce qui peut être regardé comme le fond, & on en fait les combinaisons dans le même ordre, ainsi que l'ordonnance pour leur ourdissage ; il suffit de sçavoir si on doit ourdir simple ou double.

ENCANTRAGE, *Premier Tiroir.*

24 Rochets blancs, 12 dans chaque division.

Second Tiroir.

40 Rochets contenant la nuance violette, 20 dans chaque division ; on commence par le clair de la nuance à un bout du tiroir, & on finit par le brun à l'autre bout : en plaçant les 20 rochets dans chacune des divisions du tiroir, on observera de faire suivre exactement les teintes, & de faire un mêlange à chaque jonction d'une teinte à une autre, de maniere qu'un ou deux rochets d'une teinte soient dans cet endroit mêlés avec autant de ceux de la teinte suivante ; il faut aussi dans ces mêlanges que la même broche n'ait pas deux rochets de la même teinte ; de sorte que si dans le mêlange dont je veux parler, une broche a un rochet de la deuxieme teinte dans une division, elle en aura un de la premiere ou de la troisieme dans l'autre.

Troisieme Tiroir.

8 Rochets verds, 4 dans chaque division.
32 Rochets roses, 16 dans chaque division.
8 Rochets verds, 4 dans chaque division.
Total 48 rochets.

Quatrieme Tiroir.

32 Rochets, nuance aurore, 16 dans chaque division.
On n'emploiera que les quatre teintes les plus claires, en les plaçant de suite, & observant le mêlange des teintes à chacune de leur jonction, comme il est dit pour le deuxieme tiroir.

Cinquieme Tiroir.

32 Rochets, nuance aurore, 16 dans chaque division.
Ce tiroir contiendra les quatre teintes foncées ; on les encantrera dans l'ordre du tiroir précédent, & de maniere à se lier avec lui pour ourdir une seule nuance avec les deux tiroirs.

ETOFFES DE SOIE. II. Part.   P p

Sixieme Tiroir.

60 Rochets, dont 30 pour la nuance verte dans une division, & 30 pour le doubleté blanc dans l'autre, obfervant que des rochets de la nuance verte, il y en ait 24 de la premiere teinte placés de fuite, & que les fix autres foient compofés de 3 de la premiere & de 3 de la feconde ; & pour faire ce mêlange, ces 6 rochets feront placés alternativement dans la division du tiroir qu'ils doivent occuper ; c'eft-à-dire, un d'une teinte & un de l'autre.

Septieme Tiroir.

60 Rochets, dont 30 pour fuivre la nuance verte, & 30 blancs pour doubleter ; des 30 rochets de la nuance verte, on en mettra 24 de la deuxieme teinte de fuite & 3 de cette même teinte mêlés avec 3 de la troifieme, dans le même ordre que ceux du tiroir précédent.

Huitieme Tiroir.

60 Rochets, dont 30 pour fuivre la nuance verte, & 30 pour doubleter ; des 30 rochets verds, il en faut 24 de la troifieme teinte de fuite & 3 mêlés avec 3 de la quatrieme teinte, de même que ci-deffus.

Neuvieme Tiroir.

60 Rochets, dont 30 de la nuance verte, & 30 blancs pour doubleter ; des 30 rochets verds, il en faut 24 de la quatrieme teinte de fuite & 3 mêlés avec 3 de la cinquieme teinte.

Dixieme Tiroir.

60 Rochets, dont 30 pour la nuance verte, & 30 blancs pour doubleter ; des 30 verds, il en faut 24 de la cinquieme teinte de fuite & 3 mêlés avec 3 de la fixieme teinte.

Onzieme Tiroir.

60 Rochets, dont 30 pour la nuance verte, & 30 blancs pour doubleter ; des 30 verds, il en faut 24 de la fixieme teinte de fuite & 3 mêlés avec 3 de la feptieme teinte.

Douzieme Tiroir.

60 Rochets, dont 30 pour la nuance verte, & 30 blancs pour doubleter ; des 30 rochets verds, il en faut 24 de la feptieme teinte de fuite & 3 mêlés avec 3 de la huitieme teinte.

Treizieme Tiroir.

60 Rochets, dont 30 pour la nuance verte, huitieme teinte, & 30 blancs pour doubleter.

On mettra toujours dans tous les tiroirs, les rochets blancs dans une de leur divifion, & les rochets verds dans l'autre.

Ces encantrages doivent être faits de maniere que la nuance verte foit fuivie teinte par teinte, pour qu'en ourdiffant, les rochets blancs fe trouvent toujours dans la divifion de derriere ou dans celle de devant; obfervant que ce foit toujours la même; c'eft-à-dire, que fi on a commencé d'encantrer les tiroirs, pour que les rochets blancs foient dans la divifion de devant, on doit continuer de façon que les autres foient placés de même. Tout doit être ourdi double.

Il faut indifpenfablement treize tiroirs pour ourdir le poil dont il s'agit, & on aura attention de les faire fuivre par ordre à l'ourdiffage.

On doit voir par l'exemple de cet encantrage, que la multiplicité des cantres eft très-néceffaire; & cependant on verra par la fuite que ce poil n'eft pas un de ceux qui en occupent le plus; on en verra même qui en exigeront jufqu'à 30, fur-tout dans les poils des taffetas façonnés.

De l'ordre qu'on doit tenir dans l'ourdiffage du Poil dont on vient de parler, en fuivant l'encantrage qu'on en a fait.

O n ourdira une mufette avec le premier tiroir.

Une portée avec le fecond; l'obfcur de la nuance qu'il contient fera placé du côté de l'Ourdiffeufe.

Une mufette avec le troifieme.

Une mufette avec le quatrieme; l'obfcur de la nuance ducôté de l'Ourdiffeufe.

Une portée avec le cinquieme; la nuance qu'il contient fera liée avec la nuance du précédent.

Une mufette avec le quatrieme, même précaution.

Une mufette avec le fixieme; le côté fans mêlange des deux teintes qu'il contient, fera placé du côté de l'Ourdiffeufe.

Une mufette avec le feptieme; le côté du mêlange des teintes fera placé du côté de l'Ourdiffeufe.

Une mufette avec le huitieme; le côté du mêlange fera oppofé au précédent.

Une mufette avec le neuvieme; le côté du mêlange fera placé du côté oppofé au fixieme.

Une mufette avec le dixieme; le côté du mêlange fera auffi oppofé au cinquieme.

Une musette avec le onzieme ; le côté du mélange sera opposé au quatrieme.

Une musette avec le douzieme ; le côté du mélange sera opposé de même au troisieme.

Une portée avec le treizieme ; le mélange sera opposé à celui du second.

On continuera l'ourdissage dans le même ordre, pour la position des tiroirs. Les oppositions que je fais faire aux sept derniers tiroirs sont indispensables, parce qu'une musette par l'un se fait à plot montant, & par l'autre la musette qui suit se fait à plot descendant ; ainsi il faut que chaque tiroir prenne la position la plus convenable à l'ourdissage, celle que je leur fais tenir est la meilleure qu'on puisse suivre ; & dans tout le reste de l'ourdissage de cette rayûre, on continuera en rétrogradant pour les tiroirs dans l'ordre ci-contre.

On ourdira trois fois tout ce qu'on vient de voir, pour completer la totalité du poil, ainsi qu'on pourra le voir par la récapitulation suivante ; on observera toujours que les tiroirs soient placés dans l'ordre qui a été marqué ; afin que les nuances prennent naturellement leur position.

Une musette avec le douzieme.
Une musette avec le onzieme.
Une musette avec le dixieme.
Une musette avec le neuvieme.
Une musette avec le huitieme.
Une musette avec le septieme.
Une musette avec le sixieme.
Une musette avec la quatrieme.
Une portée avec le cinquieme.
Une musette avec le quatrieme.
Une musette avec le troisieme.
Une portée avec le second.
Une musette avec le premier.

RÉCAPITULATION.

Une musette avec le premier tiroir à vingt-quatre rochets.	12 fils doubles.
Une portée avec le second à quarante rochets.	40.
Une musette avec le troisieme à quarante-huit rochets.	24.
Une musette avec le quatrieme à trente-deux rochets.	16.
Une portée avec le cinquieme à trente-deux rochets.	32.
Une musette avec le quatrieme à trente-deux rochets.	16.
Une musette avec le sixieme à soixante rochets.	30.
Une musette avec le septieme à soixante rochets.	30.
Une musette avec le huitieme à soixante rochets.	30.
Une musette avec le neuvieme à soixante rochets.	30.
Une musette avec le dixieme à soixante rochets.	30.
Une musette avec le onzieme à soixante rochets.	30.
Une musette avec le douzieme à soixante rochets.	30.
Une portée avec le treizieme à soixante rochets.	60.
Une musette avec le douzieme à soixante rochets.	30.
Une musette avec le onzieme à soixante rochets.	30.
Une musette avec le dixieme à soixante rochets.	30.
Une musette avec le neuvieme à soixante rochets.	30.
Une musette avec le huitieme à soixante rochets.	30.
Une musette avec le septieme à soixante rochets.	30.
Une musette avec le sixieme à soixante rochets.	30.
Une musette avec le quatrieme à trente-deux rochets.	16.
Une portée avec le cinquieme à trente-deux rochets.	32.
Une musette avec le quatrieme à trente-deux rochets.	16.
Une musette avec le troisieme à quarante-huit rochets.	24.
Une portée avec le second à quarante rochets.	40.
Une musette avec le premier à vingt-quatre rochets.	12.

Total 760 fils doubles.

Par

Par cette Récapitulation on voit que les 260 dents qui composent les dix bandes de la combinaison qui doivent faire le tiers du poil supposé, produisent selon l'ourdissage 760 fils doubles, & que ce nombre répété trois fois donnera celui de 2280 fils doubles, composant la totalité du poil.

Les combinaisons, les ordonnances d'ourdissage, & les récapitulations que j'ai rapportées ne servent pas seulement à prouver que je n'ai fait d'erreur dans aucune de mes opérations; mais elles peuvent aider ceux qui voudroient entreprendre cette partie, & qui ne la connoissent qu'imparfaitement; ils verront par-là, quelle exactitude ils doivent apporter pour ne point faire de faute en ourdissant, ou dans quelqu'une des opérations que j'ai détaillées.

On doit avoir remarqué par tous les procédés que nous avons suivis, que toutes les opérations de l'ourdissage dépendent du calcul le plus exact, & qu'on n'y sauroit apporter trop d'attention.

On sera peut-être surpris que dans l'encantrage que j'ai fait ci-dessus, je n'aie déterminé pour aucun des tiroirs, par quel bout il falloit commencer d'encantrer les nuances de chaque rayûre; je me suis arrêté seulement à les faire placer à propos dans l'ordre convenable, parce que pourvu qu'un encantrage soit commencé comme il faut, & qu'on ait suivi l'ordonnance d'ourdissage, il est facile de placer le tiroir comme il doit l'être sur la carcasse; en effet les tiroirs n'ayant ni devant ni derriere marqué, il est facile d'en placer les bouts dans le sens que l'ordre de l'ourdissage l'exige : ainsi si une nuance claire se trouve à droite, & qu'on veuille l'avoir à gauche, il suffira de changer le tiroir bout pour bout.

Cette maxime cependant ne peut avoir lieu que pour l'encantrage des bandes simpletées, soit à nuance, soit à plusieurs couleurs.

Les bandes doubletées demandent une exactitude scrupuleuse pour les encantrages, soit avec les tiroirs, soit avec les cantres ordinaires; parce qu'il faut comme je l'ai déja dit, qu'en ourdissant, la division d'un tiroir qui contient une couleur soit toujours placée du même côté, devant ou derriere, pour que les tiroirs ou cantres qui suivent & qui sont destinés à continuer la bande commencée par un tiroir, soient placés dans le même sens; ainsi si la division d'un tiroir dans laquelle seront encantrés des rochets blancs est placée derriere en ourdissant, les tiroirs ou les cantres qui seront destinés à ourdir la même bande, seront placés de maniere que la division qui contiendra des rochets blancs se trouve aussi derriere; & pour n'être arrêté en cela par aucune difficulté, il faut prendre garde en encantrant, si lorsqu'on ourdira, la premiere musette doit se faire à plot montant ou à plot descendant, & par là on connoîtra par quel bout d'un tiroir on doit commencer d'encantrer, suivant la regle que j'ai donnée à ce sujet pour les cantres dans un des Chapitres précédents.

Cette précaution n'a lieu pour ce qui concerne les tiroirs, que lorsqu'il faut

ourdir des poils ou des chaînes doubletées ou tripletées, afin de les enverger comme les poils ordinaires.

SECTION NEUVIEME.

Observation sur les genres de Poils doubletés, & sur les Poils tripletés.

ON appelle *doubleté*, un poil ou la partie d'un poil dont le deffein qu'il forme sur l'étoffe, offre sur la longueur de cette même étoffe, une couleur coupée par une autre qui dépend du même poil ; les poils tripletés, font ceux qui ont trois couleurs dans le même sens des doubletés ; car dans les uns comme dans les autres, jamais les parties doubletées ainsi que les tripletées, ne travaillent ensemble dans un même point de l'étoffe : & pour m'expliquer plus clairement, je suppose que dans une partie de bande doubletée, il doive y avoir un *Pas blanc* & un *Pas verd* ; par les observations déja faites, on fait que chaque dent du peigne qu'occupe cette bande, doit avoir deux fils blancs doubles & deux fils verds doubles auffi : & dans le doubleté, jamais les fils blancs d'une de ces dents ne levent pour former la partie qu'ils doivent faire dans le deffein au même inftant que les fils verds ; parce qu'ils doivent se succéder l'un à l'autre ; de forte que fi dans la même bande il doit y avoir une *rofette blanche* fuivie d'une rofette verte, la foie verte reftera fans mouvement jufqu'à ce qu'elle doive commencer fa rofette, après que la rofette blanche fera entierement finie, ainfi que l'intervalle qui les fépare, fi elles doivent l'être ; de forte qu'une couleur prend la place de l'autre en fuivant l'ordre du deffein pour lequel le poil eft ourdi : il en eft de même des poils tripletés ; une couleur fuccéde auffi à une autre dans l'ordre que le deffein exige.

Pour donner encore une idée plus nette des poils doubletés & des poils tripletés, il faut les regarder comme plufieurs poils réunis ensemble c'eft-à-dire, qu'il faut regarder le poil doubleté comme deux poils, & les tripletés comme trois poils qu'on pourroit ourdir féparément, en en faifant fur les deffeins ou fur les échantillons une combinaifon particuliere pour chacun.

Quelques particuliers ont voulu fuivre cette méthode & multiplier les poils ; mais ils en font bien-tôt revenus à l'ancien ufage, & ont reconnu que la multiplicité des enfuples fur lefquels chacun de ces poils doit être roulé, caufoit trop d'embarras ; & que comme il eft prefque impoffible de tendre également tous ces poils, il réfulte de là beaucoup d'imperfections dans l'étoffe ou dans le deffein, & quelquefois même dans tous les deux ; en effet pour un poil fimpleté, il faut un enfuple, deux pour un poil doubleté, & trois pour un poil tripleté, & ainfi du refte : il eft clair que la complication du métier qui fabrique l'étoffe, ne peut que lui nuire & retarder les opérations ; l'ourdiffage à la vérité en devient bien plus aifé, mais beaucoup plus long à exécuter.

Comme les poils tripletés demandent un foin très-grand dans toutes les opérations néceſſaires pour les ourdir, je crois qu'il eſt à propos d'en donner un exemple pour en faire connoître les parties les plus eſſentielles, qui ſont l'encantrage & l'envergeage; quant au reſte, on n'a qu'à ſuivre l'ordre des combinaiſons & celui des ourdiſſages dont j'ai déja parlé.

Pour que l'exemple que je donnerai ſoit plus facile à concevoir, je ſuppoſerai un échantillon de peu d'étendue & ſans nuance, & pour cela je choiſiraï un tripleté à trois couleurs ſimplement.

Je prendrai auſſi pour cet exemple une bande qui puiſſe être ourdie avec une ſeule cantre; d'ailleurs je dois obſerver que ces ſortes de poils ne ſont gueres en uſage; c'eſt pourquoi je me bornerai à un fort petit détail.

E X E M P L E.

Une bande tripletée pour un taffetas cannelé ou pour un brillanté ſur dix dents de largeur, ce qui fera 20 fils doubles pour chacune des trois couleurs, qui ſont, le blanc, le verd & le roſe. La *Fig.* 15, *Pl.* 26, eſt un échantillon d'un taffetas tripleté.

E N C A N T R A G E.

On commencera l'encantrage par le côté gauche de la cantre ou du tiroir dans l'ordre qui ſuit; on mettra 2 rochets blancs dans la diviſion de derriere, 2 roſes dans celle de devant, 2 verds dans celle de derriere, 2 blancs dans celle de devant, 2 roſes dans celle de derriere, 2 verds dans celle de devant, & l'on répétera cinq fois cet encantrage dans le même ordre pour arriver juſqu'à 60 rochets, ſçavoir 20 de chaque couleur.

On nomme *Cours* une quantité déterminée de rochets, compoſant une des parties ſymétriques d'une rayûre : ici les 60 rochets néceſſaires produiſent cinq cours égaux, dont chacun doit être encantré du même ſens, & eſt compoſé de 12 rochets, deux par deux. Il ſuffit de prendre garde par quelle couleur & par quelle diviſion on a encantré le premier cours, pour placer les autres dans le même ſens.

Les tableaux que je joints ici, rendront encore plus ſenſibles les exemples que je propoſe. Cet encantrage doit être fait dans une cantre ou dans un tiroir de trente broches au moins, il faut le compter par les broches, comme il ſuit.

 2 Rochets blancs ſur les deux premieres broches dans la diviſion de derriere.

 2 Rochets roſes ſur les mêmes broches dans celle de devant.

 2 Rochets verds ſur les troiſieme & quatrieme broches de derriere.

 2 Blancs ſur les deux mêmes broches de devant.

 2 Roſes ſur les cinquieme & ſixieme broches de derriere.

 2 Verds ſur les mêmes broches de devant.

Il faut répéter cinq fois cette opération, en ſuivant l'ordre des broches deux par deux jufqu'à fix dans chaque divifion, & ainfi continuer de fix en fix. Il eft aifé de voir que chaque couleur revient périodiquement de fix en fix broches, tant dans la divifion de derriere que dans celle de devant.

Pour ne rien laiffer à défirer là-deffus, je vais préfenter le même exemple fous une autre face en deux colonnes, dont l'une repréfente la divifion de derriere & l'autre celle de devant.

E X E M P L E.

	Divifion de derriere.	*Divifion de devant.*
	2 Rochets blancs.	2 Rochets rofes.
Premier Cours.	2 Rochets verds.	2 Rochets blancs.
	2 Rochets rofes.	2 Rochets verds.
	2 Rochets blancs.	2 Rochets rofes.
Second	2 Rochets verds.	2 Rochets blancs.
	2 Rochets rofes.	2 Rochets verds.
	2 Rochets blancs.	2 Rochets rofes.
Troifieme	2 Rochets verds.	2 Rochets blancs.
	2 Rochets rofes.	2 Rochets verds.
	2 Rochets blancs.	2 Rochets rofes.
Quatrieme	2 Rochets verds.	2 Rochets blancs.
	2 Rochets rofes.	2 Rochets verds.
	2 Rochets blancs.	2 Rochets rofes.
Cinquieme	2 Rochets verds.	2 Rochets blancs.
	2 Rochets rofes.	2 Rochets verds.
	30 Rochets.	30 Rochets.

On doit voir par cet exemple que dans la totalité de l'encantrage, le même cours eft contenu cinq fois tant dans une divifion que dans l'autre; on doit voir auffi que l'oppofition des couleurs d'une divifion à l'autre eft toujours la même dans chaque cours.

Comme cet encantrage eft très-difficile à concevoir & encore plus à bien exécuter, je vais donner encore un exemple dans lequel le blanc fera repréfenté par le $n_o.$ 1, le rofe par le n°. 2, & le verd par le n°. 3, le parallélogramme repréfente la cantre où la ligne du milieu forme les deux divifions.

Côté gauche.

Premiere divifion. | 1...3...2...1...3...2...1...3...2...1...3...2...1...3...2 |

Seconde divifion. | 2...1...3...2...1...3...2...1...3...2...1...3...2...1...3 |

De

De la maniere d'Enverger.

La maniere d'encantrer pour toute sorte d'ourdissage n'est que la premiere opération pour l'arrangement des couleurs ; mais l'encantrage des tripletés doit être suivi d'une maniere d'enverger si exacte, qu'elle ne puisse jamais être dérangée par rapport à l'ordre que les couleurs doivent tenir entr'elles ; ce n'est pas que la maniere d'enverger soit en elle-même différente de celle que nous avons vue ; mais il faut commencer invariablement par le premier fil à gauche de la division supérieure formée par les deux traverses à anneaux de la cantre, parce que, quand on voudra séparer les fils pour les mettre en œuvre, il faut à l'envergeure prendre les couleurs dans un même retour, le blanc, le rose & le verd, & ainsi de suite de trois en trois : ce n'est pas aussi que dans les couleurs il y en ait une de préférence qui doive passer la premiere, il importe fort peu laquelle c'est ; mais il faut nécessairement que celle qu'on a prise la premiere en commençant, suive le même ordre jusqu'à la fin.

Pour les Poils quadrupletés.

Si pour un ouvrage il falloit un poil quadrupleté, il seroit toujours plus avantageux de l'ourdir pour un seul ensuple que de le diviser en quatre, ou du moins de ce poil quadrupleté en faire deux doubletés, pour qu'on n'eût que deux ensuples pour cet objet au métier qui serviroit à fabriquer l'étoffe.

Cet ourdissage arrive encore plus rarement que le tripleté, mais il peut se faire qu'on en ait besoin ; c'est pour cela que je me crois obligé d'en donner une idée.

S'il s'agit d'encantrer un poil tel que celui-ci, on doit faire suivre les couleurs à l'encantrage, après leur avoir donné un ordre déterminé, ainsi qu'on l'a fait pour les poils tripletés ; & pour ne point entrer dans un détail trop minutieux, ni multiplier les exemples, j'en donnerai seulement un semblable au dernier des poils tripletés, & je supposerai pour cela quatre couleurs, telles que le noir, le bleu, le jaune & le lilas ; ces quatre couleurs seront représentées chacune par un chiffre différent, 1 sera le noir, 2 le bleu, 3 le jaune & 4 le lilas : cet exemple sera entre trois lignes qui marquent les trois grandes traverses, qui forment les deux divisions de la cantre ; celle des deux divisions qui représentera la premiere sera celle de devant, & l'autre sera celle de derriere.

Premiere division	1...3...1...3...1...3...1...3...1...3...1...3
Seconde division	2...4...2...4...2...4...2...4...2...4...2...4

Cet exemple est pour un encantrage à 48 rochets deux sous chaque chiffre ; qui donneront 6 fils doubles de chaque couleur ; si on observe l'ordre de l'encantrage on trouvera que la premiere division ne contient que du noir & du jaune, & que la seconde ne contient que du bleu & du lilas; par cette raison, l'encantrage devient plus facile pour le quadrupleté que pour le tripleté.

L'envergeage des poils quadrupletés est susceptible d'autant d'exactitude, pour l'ordre des couleurs, que celui des poils tripletés.

Si parmi les couleurs des poils tripletés & des quadrupletés, il y en a qu'il faille nuancer, on compte le nombre des rochets que la nuance peut prendre pour son entier, on la range séparément comme si on devoit l'encantrer ailleurs, & ensuite on la place par ordre dans la cantre avec les autres couleurs, en la regardant comme une seule teinte. Cette opération demande plus d'exactitude que de science. La *Fig.* 16, *Pl.* 26, est l'échantillon d'un cannelé quadrupleté.

Je vais donner quelques notions sur les poils brillantés & satinés, dont je n'ai pas encore parlé; on en fait assez d'usage pour qu'ils méritent d'être traités avec attention.

SECTION DIXIEME.

Des Poils brillantés & satinés.

LES poils brillantés & satinés différent des autres poils, en ce que la partie qui fait le brillanté est ourdie double, & que celle qui fait le satin est ourdie simple; ce qui demande une opération différente dans l'ourdissage, & beaucoup de précaution dans les combinaisons, ainsi que dans les ordonnances d'ourdissage; c'est pour cela que j'ai cru nécessaire d'en donner un exemple, afin qu'on puisse en prendre une idée plus nette: ainsi je supposerai un petit échantillon qui suffira pour donner une connoissance entiere des plus grandes parties; c'est celui qu'on voit *Fig.* 14, *Pl.* 26.

L'échantillon que je suppose n'aura que cinq bandes, dont trois pour le satin & deux pour le brillanté; la combinaison qu'on va voir en contiendra la largeur; mais je dois observer auparavant que les bandes brillantées, simpletées, sont toujours à 2 fils doubles par dent, & que les satinées sont ordinairement à 8 fils simples; ainsi celles que je suppose seront sur ce compte-là, quoique je sache bien que dans certains poils où il entre des bandes satinées, on met depuis 5 fils jusqu'à 8 dans les dents que ces bandes doivent occuper; & pour les combinaisons comme pour les ordonnances, il faut qu'on sache combien chaque dent de la bande satinée doit contenir de fils, sans quoi il ne seroit pas possible de se trouver d'accord avec les ustensiles du métier qui doit mettre en étoffe la chaîne qu'on veut ourdir.

COMBINAISON.

La partie de Satin est à 8 fils.
- Premiere bande. . . . 8 dents pour satin blanc.
- Second bande. . . . . 15 dents aurore pour brillanter.
- Troisieme bande. . . . 25 dents pour satin blanc.
- Quatrieme bande. . . . 15 dents aurore pour brillanter.
- Cinquieme bande. . . . 8 dents pour satin blanc.

En tout 71 dents.

Si le nombre des dents contenues en la combinaison étoit déterminé pour une étoffe, on sauroit le nombre de fois qu'il devroit y être répété ; mais ce qu'on voit ici suffit pour me faire entendre , & l'on se contentera des ordonnances d'encantrage & d'ourdissage , pour cette partie seulement.

Ordonnance d'Ourdissage.

64 fils blancs simples.

30 fils aurore doubles.

200 fils blancs simples.

30 fils aurore doubles.

64 fils blancs simples.

Total 388 fils tant simples que doubles.

Encantrage.

Pour l'ordonnance dont il est ici question , il ne faut que deux cantres ou deux tiroirs.

Premier Tiroir.

40 Rochets blancs , 20 dans chaque division ; les bouts de soie de ces rochets seront passés simples dans les anneaux.

Second Tiroir.

60 Rochets aurore , 30 dans chaque division ; les bouts de soie de ces rochets seront passés deux à deux dans les anneaux.

Maniere d'ourdir suivant l'encantrage des deux Tiroirs précédents.

Une portée avec le premier, en supprimant 8 rochets à chaque musette.
Une musette avec le second.

Deux portées & demie avec le premier tiroir.

Une porté avec le premier , en supprimant 8 rochets sur chaque musette.

Le nombre de portées prescrit pour cet ourdissage doit donner la quantité des fils contenus en l'ordonnance , comme on le verra par la récapitulation qui suit.

RÉCAPITULATION.

Une portée avec le premier tiroir où on supprime 8 rochets sur chaque musette , ce qui fera . . . . 64 fils simples.
Une musette avec le second. . . . . 30.
Deux portées & demie avec le premier. . . . . 200.
Une musette avec le second. . . . . 30.
Une portée avec le premier , en supprimant 8 rochets sur chaque musette. . . . . 64.

Total 388 fils simples.

Telle eſt la méthode dont on ſe ſert pour ourdir les poils à bande brillantée, & à bande ſatinée ; en ſuppoſant que le nombre des bandes déſignées ci-deſſus fût contenu quatre fois dans la largeur de l'étoffe, on le multiplieroit par quatre & l'on ſauroit ce qu'il faut de poils pour quatre répétitions plus ou moins.

Il peut ſe rencontrer des diſpoſitions de deſſein où par l'encantrage on auroit à craindre de mêler des fils deſtinés pour le ſatin avec ceux deſtinés pour le brillanté, en voulant éviter le nombre des cantres ; je ne crois pas en devoir donner d'exemples, d'autant que par tous ceux que j'ai donnés on peut comprendre l'exécution de ce que je ne fais qu'annoncer.

On peut encore trouver des deſſeins dont les bandes ſoient nuancées, tant celles du ſatin, que celles du brillanté ; on peut auſſi en trouver de doubletées dans le brillanté ; alors on ourdit comme il a été dit dans l'article des poils doubletés, & les bandes ſatin toujours ſimples : cependant quelquefois on les ourdit double.

CHAPITRE QUINZIEME.

De la méthode d'ourdir à Nîmes, à Avignon, & dans les Manufactures qui ont tiré leur origine de ces deux villes.

SECTION PREMIERE.

L A méthode pour les ourdiſſages à Nîmes, à Avignon, &c. quant aux chaînes à une couleur, eſt la même que celle de Lyon, ſoit pour les chaînes ſimples, ſoit pour les doubles ; pour les doubles & ſimples, &c. mais pour les rayûres elle eſt toute différente, en ce qu'avec une ſeule cantre, ainſi qu'on l'a dit plus haut, on en ourdit de toutes les façons. Cette méthode eſt préférable à toutes les autres, parce qu'elle eſt plus expéditive, plus parfaite & beaucoup moins embarraſſante ; elle eſt plus abrégée, en ce qu'il n'y a de changement de cantre pour une rayûre, qu'autant de fois qu'il faut qu'il y ait d'encantrages différents pour ce qui concerne la même rayûre ; c'eſt-à-dire, que ſi pour une rayûre il falloit dix cantres en ſuivant la méthode de Lyon, de Paris, &c. avec celle dont je parle, il faudroit ſeulement dix encantrages pour la totalité de la même rayûre, & jamais qu'une cantre.

On verra par la ſuite que chaque encantrage fait une partie ſéparée de l'ourdiſſage, ou pour mieux dire ce qu'on a encantré pour faire une baguette, ou un fond doit être ourdi tout de ſuite, pour completer la quantité de portées ou de muſettes qu'il faut, pour le nombre de fois que la rayûre ſera répétée dans la largeur de l'étoffe.

Cette méthode eſt plus parfaite en ce que l'on n'eſt pas ſi ſujet à faire des

fautes

fautes dans l'ordre de l'ourdiffage ; d'ailleurs , comme il faut employer beaucoup moins de rochets , ainfi qu'on le verra , on peut tirer un plus grand avantage de la diftribution des couleurs , qui par ce moyen abonde en nombre de rochets.

Elle eft moins embarraffante , en ce qu'il ne faut qu'une feule cantre & qu'il n'y a conféquemment point de mutation à en faire : car chaque fois qu'une cantre a rempli fa fonction dans la rayûre , on la des-encantre, on encantre la fuivante , & on n'a pour la fuite de l'ourdiffage qu'à continuer ainfi felon le difpofitif de la combinaifon & le précis de l'ordonnance d'ourdiffage qu'on doit en avoir tiré.

Pour prouver combien cette méthode eft au-deffus des précédentes , je vais préfenter deux exemples d'ourdiffage , l'un pour une rayûre de chaîne , & l'autre pour le poil d'un taffetas , façonné & doubleté ; par ce moyen on verra la préférence que mérite cette maniere d'ourdir fur toutes les autres , en les comparant les unes aux autres.

Je choifis la rayûre d'un petit taffetas , tel que ceux qu'on fabrique dans les endroits dont je donne la maniere d'ourdir.

SECTION SECONDE.

Suppofition d'une rayûre pour un petit Taffetas , en 18 pouces de largeur , dont le compte du peigne eft un 960 dents.

LA rayûre du taffetas dont il s'agit eft fuppofée à trois répétitions, elle fera conféquemment un tiers de l'étoffe ; fa largeur fera de 6 pouces , & elle occupera fur le peigne 320 dents, lefquelles à quatre fils chacune produiront 1280 fils ; c'eft celle qu'on voit *Fig.* 17, *Pl.* 26.

La combinaifon de cette rayûre doit fe faire de même que pour les rayûres précédentes , il faut de même en défigner les couleurs.

Notre taffetas aura fur un fond blanc , des baguettes lilas , de vertes & de rofes à nuance ; la combinaifon que j'en vais faire eft abfolument la même que celles qu'on a déja vues ; je défignerai article par article , & couleur par couleur , & j'en tirerai l'ordonnance d'ourdiffage , ainfi que j'ai fait pour les ourdiffages des rayûres dont les exemples font dans les Chapitres précédents.

COMBINAISON.

2 dents de fond.
4 dents vertes, 3ᵉ teinte.
8 dents lilas, 5ᵉ teinte.
2 dents vertes, 3ᵉ teinte.
6 dents de fond.
2 dents lilas, 5ᵉ teinte.
2 dents de fond.
8 dents vertes, 3ᵉ teinte.
2 dents de fond.
2 dents lilas, 5ᵉ teinte.
80 dents de fond.
8 dents rofes, nuance ouverte.
2 dents de fond.
9 dents vertes, 3ᵉ teinte.
3 dents de fond.
40 dents rofes, nuance fermée.
3 dents de fond.
9 dents vertes, 3ᵉ teinte.
2 dents de fond.
8 dents rofes, nuance ouverte.
80 dents de fond.
2 dents lilas, 5ᵉ teinte.
2 dents de fond.
8 dents vertes, 3ᵉ teinte.
2 dents de fond.
2 dents lilas, 5ᵉ teinte.
6 dents de fond.
2 dents vertes, 3ᵉ teinte.
8 dents lilas, 5ᵉ teinte.
4 dents vertes, 3ᵉ teinte.
2 dents de fond.

Total 320 dents.

Cette combinaifon répétée trois fois donnera 960 dents, qui eft le nombre contenu au peigne, fans y comprendre les lifieres; car il faut prendre garde que dans aucune des ordonnances, ni dans aucune combinaifon des rayûres que j'ai fuppofées jufqu'ici, je n'ai jamais compris les lifieres, parce que c'eft une partie qu'on ourdit à part de la chaîne aux deux côtés de laquelle on doit les placer.

Pour ourdir le difpofitif de la combinaifon que je viens de donner, il faut en tirer une ordonnance d'ourdiffage; mais je dois obferver que dans les villes où les ourdiffages font tels que ceux dont je parle ici, c'eft l'Ourdiffeur ou l'Ourdiffeufe qui font eux-mêmes cette ordonnance comme ils en ont fait la combinaifon; parce que les Fabriquants, ou pour mieux dire, ceux qui font fabrique rdans ces endroits-là, ou ne connoiffent pas à fond les ourdiffages ou ne veulent pas fe donner la peine d'en faire les difpofitions; ils fe bornent à la connoiffance des foies qu'ils doivent faire employer dans les divers genres d'étoffes qu'ils veulent faire fabriquer, & n'ont ordinairement d'autre foin que de faire teindre ces foies, de les faire devider; & comme fouvent ils ne font devider que ce qui concerne la chaîne, il y a beaucoup de Fabriquants à *Avignon* qui chargent leurs Ouvriers du devidage des foies, & de l'ourdiffage des chaînes; ils fe contentent d'expliquer à chaque Ouvrier le genre d'étoffe pour lequel ils deftinent la foie teinte qu'ils lui donnent, pour qu'il ourdiffe ou faffe ourdir conformément à la rayûre que porte cet échantillon.

L'Ourdiffeur a foin de faire fes ordonnances de maniere à pouvoir les réourdir en cas qu'on lui redemande la même rayûre; c'eft pourquoi il les note de la maniere fuivante.

Ordonnance d'ourdissage pour un taffetas rayé à 48 portées, pour M. Dumas.

8 fils blancs.

16 fils verds, 3_e teinte.

32 fils lilas, 5e teinte.

8 fils verds, 3e teinte.

24 fils blancs.

8 fils lilas, 5e teinte.

8 fils blancs.

32 fils verds, 3e teinte.

8 fils blancs.

8 fils lilas, 5e teinte.

320 fils blancs.

32 fils roses, nuance ouverte.

8 fils blancs.

36 fils verds, 3e teinte.

12 fils blancs.

160 fils roses, deux nuances fermées.

12 fils blancs.

36 fils verds, 3e teinte.

8 fils blancs.

32 fils roses, nuance ouverte.

320 fils blancs.

8 fils lilas, 5e teinte.

8 fils blancs.

32 fils verds, 3e teinte.

8 fils blancs.

8 fils lilas, 5e teinte.

24 fils blancs.

8 fils verds, 3e teinte.

32 fils lilas, 5e teinte.

16 fils verds, 3e teinte.

8 fils blancs.

Total 1280 fils.

Il faut ourdir trois fois le contenu en l'ordonnance, pour la totalité de la chaîne : nous allons voir de quelle maniere l'Ourdisseur doit disposer ses parties pour encantrer.

Il faut combiner sur l'ordonnance, le moyen le plus sûr d'éviter la multiplicité des parties de l'encantrage ; il faut pour cela faire tous les assemblages possibles, afin de donner plus de célérité à l'ouvrage ; peu importe par quel article de l'ordonnance on commence d'encantrer & d'ourdir, pourvu que ce soient ceux qui s'accordent à donner plus de précision & moins d'embarras, & que l'ordonnance se trouve complettée ; cependant, autant qu'on le peut, il est à propos de commencer par les premiers articles, non pas pour plus grande perfection de l'ourdissage, mais parce qu'au pliage des chaînes on est plutôt au fait de la connoissance de la rayûre, pour se conformer au dessein ou a l'échantillon d'où on l'a tirée.

J'ai dit que cet ourdissage se faisoit partie par partie, & que chaque encantrage particulier en formeroit une séparée ; c'est ce qu'on va voir par les exemples qui vont suivre.

Encantrage pour la premiere partie.

ON commencera cet encantrage par le côté droit de la cantre, & on mettra
8 Rochets blancs, 4 dans chaque division.
16 Rochets verds, 8 dans chaque division.
32 Rochets lilas, 16 dans chaque division.

En tout 56 Rochets pour l'encantrage de cette partie; avec cette cantre, on fait tout de suite 3 portées qui donnent 336 fils : il suffira de suivre l'ordre que présente l'encantrage, sans jamais tourner la main en posant l'envergeure sur les chevilles.

Cette partie comprend les 1er, 2e & 3e articles de l'ordonnance.

Pour la seconde partie.

ON commence toujours par le côté droit de la cantre, & l'on mettra
8 Rochets verds, 4 dans chaque division.
24 Rochets blancs, 12 dans chaque division.
8 Rochets lilas, 4 dans chaque division.
8 Rochets blancs, 4 dans chaque division.

Total 48 Rochets.
On ourdira tout de suite trois portées qui donneront 288 fils.
Cette partie comprend les 4e, 5e, 6e & 7e articles de l'ordonnance.

Pour la troisieme partie.

32 Rochets verds, 16 dans chaque division.
8 Rochets blancs, 4 dans chaque division.
8 Rochets lilas, 4 dans chaque division.

En tout 48 Rochets.
On ourdira tout de suite avec cet encantrage trois portées qui produiront encore 288 fils.
Cette partie comprend les 8e, 9e & 10e articles de l'ordonnance.

Pour la quatrieme partie.

32 Rochets roses nuancés, 16 dans chaque division.
8 Rochets blancs, 4 dans chaque division.

En tout 40 Rochets.
On ourdira trois portées tout de suite qui produiront 240 fils.
Cette partie comprend le 12e & le 13e articles de l'ordonnance.
On encantrera cette partie de maniere que le clair de la nuance rose soit du
côté

côté droit de la cantre, en observant les mêlanges des teintes, autant qu'il sera possible, à la jonction de chacune. Comme la totalité de la nuance ne prend que 32 rochets, on peut éviter de mettre les huit teintes, & faire avec six seulement, des mêlanges à toutes les jonctions ; cependant si l'on veut les employer toutes les huit, on peut se passer de faire de mêlange aux quatre teintes les plus claires, & ne mettre que trois rochets de chacune ; alors il s'y trouvera un mêlange naturel par l'ordre qu'on sera forcé de leur faire tenir.

Pour la cinquieme partie.

36 Rochets verds, 18 dans chaque division.
12 Rochets blancs, 6 dans chaque division.
En tout 48 Rochets.

Avec cet encantrage on ourdira trois portées tout de suite qui produiront 288 fils.

Cette partie comprend le 14ᵉ & le 15ᵉ articles de l'ordonnance.

Pour la sixieme partie.

40 Rochets rose nuancé, 20 dans chaque division.

Il faut que le brun de la nuance soit du côté droit de la cantre, & pour mieux faire valoir la nuance on la commencera par 2 fils noirs & 6 mor-dorés ; les 32 fils restant seront pris dans les quatre premieres teintes, en les faisant suivre à propos ; on fera les mêlanges par des nombres impairs.

Cette partie comprend le quart du 16ᵉ article ; ce quart fera seulement la moitié de la premiere nuance, pour laquelle on ourdira trois portées qui produiront 240 fils.

Pour la septieme partie.

40 Rochets rose nuancé, 20 dans chaque division.

Le brun de la nuance sera du côté droit de la cantre ; il faut que les 40 rochets soient pris dans les 4 teintes les plus claires de la nuance rose ; ces 4 teintes doivent suivre les quatre qui composent l'encantrage précédent ; & pour que ces deux encantrages puissent mieux être liés par rapport à la nuance qu'ils doivent composer entr'eux, on commencera celui-ci par trois rochets de la 4ᵉ teinte, dont 2 dans une division & un dans l'autre, de maniere que cet arrangement fasse un mêlange, & l'on finira le reste de l'encantrage par 37 rochets pris dans les 4 teintes suivantes ; & comme ce sont deux nuances fermées pour une seule baguette, on peut terminer l'encantrage par 2 rochets blancs pris sur le nombre des 37 roses.

Cet encantrage comprend le second quart du 16ᵉ article ; ainsi ces deux derniers encantrages font entr'eux la moitié d'un feul article , & par l'ordre dans lequel ils font encantrés , ils font fuffifants pour le tout ; on en fera auffi trois portées tout de fuite , qui produiront 280 fils comme l'encantrage précédent.

Pour la huitieme partie.

40 Rochets blancs , 20 dans chaque divifion.

Avec cet encantrage on ourdira tout de fuite 24 portées qui produiront 1920 fils.

Cette partie comprend le 11e & le 26e articles de l'ordonnance. Ces deux articles font les plus confidérables de l'ordonnance pour le fond ; les autres petites parties de fond font comprifes avec les baguettes, ce qui ne fauroit être autrement exécuté ; quoique les grandes parties foient précédées ou fuivies par d'autres , elles doivent, dans la regle, être ourdies féparément , autrement il faudroit plufieurs cantres , ou augmenter le nombre des parties , ce qui eft fort inutile ; ainfi en fuivant l'ordre que je fais tenir aux encantrages , on verra la raifon pour laquelle huit parties fuffifent pour l'ourdiffage de toute cette chaîne , quoique tous les articles de l'ordonnance ne foient pas traités à part dans les 8 encantrages.

Si l'on fe rappelle que l'ordre des rayûres eft fymétrique , on fentira aifément que l'encantrage de la moitié des articles contenus dans une ordonnance d'ourdiffage fuffit pour la totalité d'une rayûre , ainfi qu'on va le voir par la remarque fuivante.

R E M A R Q U E.

L'ENCANTRAGE de la premiere partie comprend le premier , le fecond & le troifieme articles de l'ordonnance ; l'ordre fymétrique de la rayûre doit donner le premier article égal au dernier , le fecond égal au trentieme , le troifieme égal au vingt-neuvieme ; par cette raifon l'encantrage qui fait les trois premiers articles, fait auffi les trois derniers ; il ne refte plus que la difficulté apparente de la pofition inverfe des articles dont il s'agit ; mais elle fera bien-tôt levée.

Tous ces encantrages en général , en fuivant cette méthode d'ourdiffage , doivent être commencés d'un même côté ; c'eft-à-dire , que de tous les articles dont une ordonnance d'ourdiffage eft compofée , il faut que le premier foit placé du côté droit de la cantre , parce que fur les chevilles d'envergeure il fera par ce moyen tout contre l'ourdiffoir , puifqu'il doit faire un des bords de la rayûre dont il dépend , & qu'il doit fe trouver à une des extrémités de la largeur de l'étoffe. Toutes ces raifons ont lieu pour les trois premiers articles contenus dans la premiere partie , & font voir que le fecond encantrage qui comprend les 4e, 5e, 6e & 7e articles , comprend auffi les 28e, 27e, 26e & 25e, &

ainſi des autres en ſuivant l'inverſion des articles juſqu'au milieu de l'ordonnance ; c'eſt pour cela que dans les huit encantrages dont j'ai parlé je n'en ai compris que la moitié de cette ordonnance.

Au moyen de cette maniere d'ourdir on n'eſt obligé de tourner la main dans aucun cas, parce qu'une rayûre eſt ordinairement contenue un nombre exact de fois dans la largeur d'une étoffe, & jamais une fois & demi, ou une fois & trois quarts, &c ; ainſi en conſervant l'ordre ſymétrique, on trouvera qu'un encantrage fera les portées entieres : il faut ordinairement autant, ou le double ou le triple, &c. de portées qu'une rayûre eſt répétée de fois dans l'é-toffe, parce qu'on doit ourdir les parties paralelles entr'elles avec le même encantrage ; ainſi s'il faut pour trois articles d'une ordonnance qui ſeront d'un côté, une muſette, il en faudra une autre pour le côté oppoſé, à cauſe du parallélifme des rayûres ; ainſi pour une rayûre ſeule tout ſe réduira à avoir des portées completes, & ſi elle eſt répétée trois fois, on ſera obligé d'ourdir trois portées, une pour chaque répétition ; ſi donc chaque répétition exigeoit trois portées, on en auroit neuf pour les trois, & ainſi du reſte pour tous les autres cas.

On ne peut avoir de demi-portées avec cette maniere d'ourdir, que dans le cas où l'article du milieu d'une ordonnance ſeroit encantré ſeul, c'eſt-à-dire, où il pourroit ſe faire par une ſeule muſette, ce qui peut ſe rencontrer dans certaines diſpoſitions de rayûres ; il faut auſſi que le nombre des répétitions ſoit impair, ſans cela on ne rencontreroit aucune partie différente des autres ; d'ailleurs, quand cet ourdiſſage produiroit des portées & des demi-portées, pourvu que l'encantrage ſoit fait dans l'ordre preſcrit, on n'a aucun dérange-ment à faire en envergeant, la deſcente & la montée du plot fait tout le reſte.

Chaque partie doit commencer à plot deſcendant, de ſorte que ſi par hazard une finiſſoit à plot deſcendant, il faudroit remonter le plot à vuide pour commencer la partie ſuivante comme toutes les autres, pour ne point changer l'ordre de l'encantrage.

O B S E R V A T I O N.

Lorſqu'on a fini d'ourdir une partie, on place un petit cordon de ſoie à chaque envergeure ſans y rien déranger, & avec la même exactitude que ſi l'on vouloit retirer cette partie de deſſus l'ourdiſſoir ; outre le nœud ordinaire qui doit joindre les deux bouts du cordon, on a ſoin d'en faire un qui marque la premiere partie, 2 pour marquer la ſeconde, 3 pour la troiſieme, &c. de ſorte que chaque partie doit être déſignée par un nombre de nœuds égal au rang qu'elle tient parmi les autres, afin que le Plieur avec le même échantillon de l'Ourdiſſeur, puiſſe mettre facilement les couleurs dans la place que chacune doit occuper.

Quand on a placé un cordon à chaque envergeure, ainfi qu'on vient de le dire, on defencantre les rochets de cette partie, on encantre pour la fuivante & l'on continue d'ourdir partie par partie, en mettant à chacune un cordon pour les féparer les unes des autres.

Lorfqu'on a fini d'ourdir toute la chaîne, on met encore un cordon à chaque envergeure ; mais celui-ci doit embraffer toutes les parties de maniere qu'elles ne puiffent fe féparer, lors même qu'on leve la chaîne de deffus l'ourdiffoir.

La maniere de lever ces chaînes eft la même que celle des chaînes unies dont on a donné le détail dans un des Chapitres précédents.

Pour voir fi on eft jufte dans le compte des fils qu'on a ourdis par les diverfes parties, on doit auffi faire une récapitulation en fuivant le nombre des fils que chacune des parties a dû produire.

Il eft même plus à propos de faire cette récapitulation avant de commencer l'ourdiffage, pour fçavoir fi on fe rencontrera jufte avec le nombre des fils dont la chaîne doit être compofée.

RÉCAPITULATION.

3 portées de la premiere partie à 56 rochets.	336 fils.
3 portées de la feconde à 48 rochets.	288.
3 portées de la troifieme à 48 rochets.	288.
3 portées de la quatrieme à 40 rochets.	240.
3 portées de la cinquieme à 48 rochets.	288.
3 portées de la fixieme à 40 rochets.	240.
3 portées de la feptieme à 40 rochets.	240.
24 portées de la huitieme à 40 rochets.	1920.
45 portées.	Total 3840 fils.

Le total des fils qu'offre cette récapitulation eft égal à celui que doit avoir la chaîne propofée, ainfi qu'on peut le voir en multipliant par trois celui de l'ordonnance, & en multipliant par quatre le nombre de dents contenu au peigne ; chacun de ces deux produits doit être égal à celui de la récapitulation.

Je n'ai pas encore parlé de l'ourdiffage des poils pour les taffetas façonnés & à bande ; je vais donner un fecond exemple à la maniere de *Nîmes, d'Avignon,* &c ; & pour faire voir combien cette méthode exige peu de cantres, je choifirai le deffein d'un taffetas doubleté & ombré, dans lequel je ferai entrer des bandes doubletées par nuances, c'eft-à-dire, que les deux *Pas* qui feront doubletés, feront l'un d'une nuance & l'autre d'une autre.

Quand pour l'ourdiffage de ces fortes de poils on fe fert de plufieurs cantres, la combinaifon ainfi que l'encantrage fe font comme pour ceux dont il a été parlé ; mais quand on ourdit avec une feule cantre, il faut comme on a déja

vu

vu , tenir une route toute différente ; c'est ce dernier procédé que j'employerai pour les desseins du taffetas façonné que je me propose de donner.

SECTION QUATRIEME.

Supposition d'un Dessein pour un Taffetas façonné à poil, dont les bandes seront à simples couleurs, ombrées, & doubletées.

LE taffetas que je suppose , est de la même largeur & du même compte de peigne que le précédent, la chaîne aura de même quatre fils par dents. Ces taffetas sont façonnés , par le moyen d'un poil à bande ou en plein, quelquefois doubletés, tripletés ou simpletés, & bien souvent ils tiennent de l'un & de l'autre ; l'exemple que je vais traiter est de ce genre, & je l'exécuterai avec une seule cantre ; je ne parlerai pas de la chaîne de ce taffetas, on peut supposer qu'elle est déja ourdie , parce que son ourdissage n'a rien de commun avec le poil, ou s'il y a quelquefois quelque chose de commun entre l'un & l'autre, ce ne peut être que quant aux combinaisons, à cause de l'analogie qu'il peut y avoir entre les raies de la chaîne & celles du poil ; mais comme les exécutions des uns & des autres sont totalement séparées, on n'a aucun mêlange à faire dans tous les articles qui le concernent.

Il peut se faire qu'on ne puisse ourdir ni la chaîne ni le poil sans prendre la combinaison de l'un & de l'autre sur le dessein ; pour la chaîne , parce qu'il y a des raies qui sont tout-à-fait analogues aux effets que doit produire le poil ; & pour le poil, parce qu'il faut nécessairement se rapporter juste avec la quantité de petits carreaux que la couleur du dessein qui le désigne y occupe dans sa largeur ; connoître en outre qu'elles sont les bandes qui doivent être doubletées, & qu'elles sont les simpletées ; il faut distinguer encore celles qui sont d'une seule couleur & celles qui doivent être nuancées ; toutes ces différences ne peuvent être connues que par le moyen du dessein, ou par quelque chose qui en tienne lieu : je dois dire en passant que les Dessinateurs qui sont jaloux de bien faire exécuter leurs desseins, en tirent eux-mêmes une espece de rayûre, qui met l'Ourdisseur à portée de le faire avec plus d'aisance ; le moyen qu'ils employent pour cela est de prendre une bande de papier réglé pareil à celui sur lequel le dessein est porté , & dont la longueur égale la largeur du dessein ; c'est-à-dire, qu'elle contient un nombre de carreaux égal à celui qui se trouve dans la largeur de ce dessein ; ils peignent sur l'étendue de cette bande, la même quantité de carreaux que ce qui est destiné pour le poil sur le dessein en peut occuper ; on laisse à part les intervalles que doit occuper le fond : s'il doit y avoir quelques parties doubletées , ils mettent deux couleurs l'une au-dessus de l'autre, de façon à les bien distinguer entr'elles.

Si de ces deux couleurs l'une doit être nuancée, ils l'ombrent de la nuance la plus convenable, & si toutes les deux couleurs doivent l'être, il les marquent de même; si dans le deffein il doit y avoit quelque partie fimpletée nuancée, il pofent auffi la nuançe dans le fens où elle doit être fur l'étoffe, & ainfi du refte pour ce qui concerne le poil : comme cette même bande de papier doit encore porter la rayûre de la chaîne, elle y eft peinte auffi, & dans les endroits où le poil doit paffer, & où la partie de la chaîne n'eft pas de la couleur du fond, il faut qu'ils la marquent comme fi c'étoit une partie du poil qui fût doubletée, pour que l'Ourdiffeur ou celui qui difpofe l'ourdiffage ne puiffent pas fe tromper; ils ont enfin la précaution d'écrire au dos de cette bande, que telle couleur eft pour le poil, & telle autre appartient à la chaîne, que telle bande eft doubletée, & telle autre fimpletée; quant à ce qui doit être nuancé, ils n'ont pas befoin de l'écrire, parce que la peinture doit affez défigner que telle bande eft nuancée, & que telle autre ne l'eft pas.

Toutes les efpeces de raies formées fur cette bande de papier réglé doivent être numérotées, parce qu'on donne à l'Ourdiffeur une ordonnance qui lui indique les couleurs de la foie qu'il doit employer pour chacune de ces raies, tant pour la chaîne que pour le poil; cette ordonnance eft féparée de la bande de papier réglé, & doit être conçue comme on va le voir.

La raie Nº. 1, appartient au poil, & doit être ourdie en couleur de rofe 5e teinte.

La raie Nº. 2, appartient à la chaîne; elle doit être ourdie dans la nuance lilas.

La raie Nº. 3 appartient au poil, elle eft doubletée, & doit être ourdie à nuance bleue, & fon *contre-Pas* doit être ourdi en couleur aurore, 3e teinte; & ainfi des autres raies. Par ce moyen l'Ourdiffeur, ne peut pas commettre d'erreurs, quant aux couleurs, puifqu'elles font toutes déterminées, & que d'ailleurs, on ne lui en donne que de celles qu'il convient qu'il y ait.

En général tous les poils, fur-tout ceux des taffetas façonnés qui ont plufieurs nuances dans une feule bande, doivent être traités dans l'ourdiffage comme fi chaque nuance compofoit autant de bandes, parce que chacune étant d'une différente couleur, on n'a pas befoin de les mettre enfemble; au furplus, on ne pourroit aifément les expliquer ni fur les combinaifons ni fur les ordonnances d'ourdiffage.

Il arrive auffi que dans les bandes doubletées, il y a des nuances & des couleurs feules qui ne forment enfemble qu'une feule bande; on doit dans ce cas les féparer, quand même elles ne feroient que d'une feule dent.

J'ai parlé dans un des Chapitres précédents, de l'exactitude qu'il faut néceffairement apporter dans les calculs des deffeins ou des échantillons dont dépendent les poils qu'on veut ourdir; mais pour les taffetas façonnés, il faut en apporter encore plus, s'il eft poffible, pour ne faire aucune faute; car ce feroit un dérangement confidérable, pour l'Ouvrier qui fabrique l'étoffe, s'il en échappoit aucune, quelque petite qu'elle parût. Pour prévenir tous ces inconvénients, il faut que l'Ourdiffeur ait fous les yeux tant qu'il fait fes opérations, ou le deffein ou la bande de papier réglé dont j'ai parlé.

Quant un Deffinateur connoît bien la partie de l'ourdiffage, il ne doit s'en fier qu'à lui-même pour l'exécution ; c'eft-à-dire, qu'en donnant la bande de papier réglé, quoiqu'en bon ordre, il doit auffi donner la combinaifon toute faite, de forte que l'Ourdiffeur n'ait plus qu'à en tirer fon ordonnance d'ourdiffage.

Le deffein que j'ai fuppofé fera à trois répétitions, c'eft celui qu'on voit *Fig.* 17, *Pl.* 26, il prendra 320 *cordes de rame* : je donnerai ailleurs l'explication détaillée de ce qu'on nomme *corde de rame* ; qu'il me fuffife ici d'avertir qu'en fait d'ourdiffage des taffetas façonnés, chaque corde de rame répond à chaque dent du peigne, ce qui feroit 320 dents, tiers du peigne & de l'étoffe. Il eft cependant plus à propos de dire, par rapport à l'ourdiffage, 320 dents, que 320 cordes de rame ; parce qu'il peut arriver que fur le même nombre des dents il y ait 500 cordes de rame, à caufe d'un doubleté ; je n'expliquerai cela que dans le Traité de la fabrication de ces Taffetas.

Il y a cependant des taffetas façonnés, où ce qu'on appelle *corde de rame* n'eft regardé dans l'ourdiffage, que comme une demie dent ; l'Ourdiffeur n'eft pas obligé de fçavoir quand on la regarde comme dent entiere ou comme demi dent ; c'eft au Fabriquant ou au Deffinateur à l'en prévenir, & fur cet avertiffement il doit diriger fes opérations.

Ce que je dis ici ne regarde que les Ourdiffeurs qui font obligés de faire eux-mêmes les combinaifons fur les échantillons ou fur les deffeins qu'on leur donne, & qui font en état de mener à fa perfection tout ce que les ourdiffages offrent de difficultés.

Je fuppofe que fur le deffein que je propofe il y ait neuf bandes dans l'ordre & dans les couleurs de la combinaifon fuivante.

COMBINAISON.

Premiere bande. . .	6 dents chamois.
Seconde bande. . .	3 dents vertes, 3ᵉ teinte.
Troifieme bande. . .	24 dents aurore, nuance ouverte.
Quatrieme bande. .	40 dents bleues nuance fermée doubletée blanc.
Cinquieme bande. .	100 dents rofes, 4 nuances dont 2 ouvertes & celles du milieu fermées doubletées vertes, nuances oppofées.
Sixieme bande. . .	40 dents bleues, nuance fermée doubletée blanc.
Septieme bande. .	24 dents aurores, nuance ouverte.
Huitieme bande. .	3 dents vertes, 3ᵉ teinte.
Neuvieme bande. .	6 dents chamois.

Total 246 dents.

Par le nombre des dents comprifes dans la combinaifon, on voit que le

poil fuppofé eft à bande , puifqu'il n'occupe dans le tiers du taffetas que 246
dents , & que ce même tiers doit en avoir 320 ; ce qui fait une différence de
74 dents que le poil occupe de moins , par conféquent ces 74 dents reftent
en fond.

Il importe fort peu à l'Ourdiffeur de fçavoir en combien de parties font di-
vifées ces 74 dents , & combien elles forment de féparations pour les parties
du poil , pourvu qu'il ait bien ourdi la chaîne , & qu'il faffe comme il faut
toutes les opérations pour l'ourdiffage de ce poil.

Si la combinaifon que je viens de donner étoit faite fur un deffein de taffetas
façonné fimpleté , l'ordonnance d'ourdiffage qui en feroit tirée ne produiroit
que 492 fils doubles ; mais à caufe des bandes doubletées elle doit en produire
davantage , parce que , comme je l'ai déja dit , les bandes doubletées font la valeur de deux poils , & que conféquemment elles ont 4 fils doubles par dent ; il
faut donc pour cela augmenter le nombre des fils de l'ordonnance , de celui que
peuvent produire les bandes doubletées.

Si une bande doubletée eft de 40 dents , elle doit produire 160 fils doubles
à l'ordonnance d'ourdiffage , dont 80 d'une couleur & 80 d'une autre , ainfi
qu'on va le voir dans l'ordonnance fuivante.

*Ordonnance d'ourdiffage pour le poil d'un Taffetas façonné doubleté ,
deffein à trois chemins , pour* M. André.

12 fils chamois.

6 fils verds , 3e teinte.

48 fils aurore nuance ouverte.

160 fils dont 80 bleus nuance fermée , & 80 blancs pour doubleter.

400 fils , fçavoir 200 rofes en 4 nuances dont 2 ouvertes & les 2 du
milieu fermées , & 200 verds en 4 nuances auffi , mais oppofées
aux précédentes pour doubleter.

160 fils dont 80 bleus nuance fermée , & 80 blancs pour doubleter.

48 fils aurore nuance ouverte.

6 fils verds , 3e teinte.

12 fils chamois.

Total 852 fils.

On ourdira trois fois le contenu en cette ordonnance.

L'Ourdiffeur après avoir fait fon ordonnance , doit chercher en encantrant le
moyen de ne point multiplier le nombre des parties , autant qu'il lui eft poffible ,
il doit toujours commencer fon encantrage par le côté droit de la cantre , & s'il
le commence par le côté gauche , il doit le faire en prenant les rochets dans
un ordre inverfe à celui qui eft marqué dans l'ordonnance , afin de s'y trouver
conforme , & de n'être pas obligé de tourner la main à l'envergeure.

Encantrage

Encantrage pour la premiere partie.

24 Rochets chamois , 12 dans chaque division.

12 Rochets verds de la teinte décidée , 6 dans chaque division.

En tout 36 Rochets pour le premier encantrage , avec lequel on ourdira trois portées , qui produiront 108 fils doubles.

Cette partie comprend le 1er, le 2e , le 8e & le 9e articles de l'ordonnance , par rapport à l'ordre symétrique de chaque disposition de desseins qui suivent ordinairement celle des rayûres.

Pour la seconde partie.

48 Rochets de la nuance aurore , 24 dans chaque division.

On employera les quatre dernieres teintes de cette nuance pour cette partie , on commencera d'encantrer par la plus claire , observant de bien conduire les gradations , & de bien faire les mêlanges des teintes à leur jonction.

Il est beaucoup plus aisé de faire les mêlanges des teintes, quand les fils font ourdis doubles que lorsqu'ils font ourdis simples , parce qu'à la jonction des teintes on peut mettre un brin de l'une & un brin de l'autre ensemble pour n'en faire qu'un seul , au lieu que dans les ourdissage à fils simples on ne peut avoir cet avantage , parce que chaque fil fait son effet en particulier. Quand l'étendue de la nuance se trouve considérable , on mêle 4 brins de chaque teinte dans un nombre impair , & par ce moyen cette nuance fuit parfaitement : lorsque ces nuances font encore plus grandes , on fait les mêlanges depuis 6 jusqu'à 8 ; lorsqu'elles font moyennes on n'en mêle que deux ou trois , & lorsqu'elles font petites on n'en mêle qu'un ou point du tout , joignant seulement les teintes à un nombre de rochets impair.

Dans la nuance dont il est ici question , on peut en mêler 4 dans chaque teinte , puisqu'elle contient 24 dents de largeur , & que le tout ne fait qu'une seule nuance , dont le clair doit porter du côté des lisieres ; c'est pour cela qu'on la nomme nuance ouverte.

Avec cet encantrage on ourdira 3 portées qui produiront en tout 144 fils doubles.

Cette partie comprend la moitié du 3e & la moitié du 7e articles de l'ordonnance.

Pour la troisieme partie.

48 Rochets nuance aurore , 24 dans chaque division.

Pour cette nuance on employera les quatre premieres teintes , afin de faire suite à la partie précédente , puisque celle-ci est destinée pour completer la nuance comprife dans le 3e & le 7e articles de l'ordonnance ; on aura cependant foin en commençant cet encantrage, de mêler quelques rochets de la derniere teinte de la partie précédente, afin que leur jonction ne fe rende pas fenfible.

On doit obferver que tout ce qui eft nuancé pour les poils des taffetas façonnés, ne fouffre guere de couleurs étrangeres ; c'eft-à-dire, que pour le foncé de la nuance on ne met ordinairement que la premiere teinte, qu'on tâche d'avoir la plus obfcure poffible ; cependant fi le deffein exigeoit qu'une nuance fût bien fortante, on feroit forcé d'y avoir recours ; mais on ne doit jamais y employer du noir ; le mor-doré, le cramoifi, le pourpre, peuvent bien fervir pour foncer les nuances rofes, jaunes, aurores ; mais les lilas, les verds, les bleus & les violets n'ont befoin d'aucun fecours, parce que leurs premieres teintes font portées prefqu'au noir.

Ces remarques font générales pour tout ce qui eft nuancé dans les poils des taffetas façonnés, à moins que pour quelque deffein on ne fût obligé de fortir de cette regle ; ce qui ne fe fait ordinairement que par l'ordre du Deffinateur ou du Fabriquant.

Avec les 48 rochets de cette partie, on ourdira trois portées qui produiront 144 fils doubles.

Cette partie completera le 3e & le 7e articles de l'ordonnance d'ourdiffage.

Pour la quatrieme partie.

26 Rochets bleus de la premiere teinte.
    4 autres, dont deux de la premiere teinte, deux de la feconde mêlés & placés tous dans la premiere divifion.
30 Rochets blancs dans la feconde.
___
En tout 60 Rochets pour l'encantrage de cette partie.

On en ourdira trois portées qui donneront 180 fils doubles.

Cet encantrage comprend une partie du 4e & du 6e articles de l'ordonnance.

Pour la cinquieme partie.

10 Rochets bleus de la deuxieme teinte.
    4 autres bleus mêlés, dont 2 de la 2e teinte, & 2 de la 3e.
16 Rochets de la troifieme teinte : tous ces rochets feront placés dans la premiere divifion dans l'ordre marqué.
30 Rochets blancs dans la feconde divifion.
___
En tout 60 Rochets pour l'encantrage de cette partie.

On en ourdira trois portées qui produiront 180 fils doubles.

Cet encantrage comprend encore une partie du 4e & du 6e articles de l'ordonnance.

Pour la sixieme partie.

4 Rochets bleus de la troisieme teinte.

4 autres bleus, dont 2 de la 3e teinte mêlés avec 4 de la 4e.

20 Rochets bleus encore de la quatrieme teinte.

2 autres bleus, dont un de la 4e teinte, & 1 de la 5e : tous ces rochets seront placés dans la premiere division de la cantre dans l'ordre marqué.

30 Rochets blancs dans la deuxieme division pour doubleter.

En tout 60 Rochets pour l'encantrage de cette partie pour laquelle on ourdira 3 portées, qui produiront 180 fils doubles.

Cet encantrage comprend encore une partie du 4e & du 6e articles, de l'ordonnance.

Pour la septieme partie.

2 Rochets bleus, dont un de la 5e teinte, & un de la 6e mêlés.

20 Rochets bleus de la 6e teinte.

4 Rochets bleus, dont 2 de la 6e teinte mêlés avec 2 de la 7e.

4 Rochets bleus de la 7e teinte.

Tous ces rochets seront placés dans la premiere division de la cantre dans l'ordre marqué.

30 Rochets blancs pour doubleter dans la 2e division.

En tout 60 Rochets pour l'encantrage de cette partie, pour laquelle on ourdira 3 portées, qui produiront 180 fils doubles.

Cet encantrage comprend aussi une partie du 4e & du 6e articles de l'ordonnance.

Pour la huitieme partie.

16 Rochets bleus de la 7e teinte.

4 Rochets bleus, dont 2 de la 7e teinte & 2 de la 8e mêlés.

10 Rochets bleus de la 8e teinte.

Tous ces rochets seront placés dans la premiere division de la cantre dans l'ordre marqué.

30 Rochets blancs dans la 2e division pour doubleter.

En tout 60 Rochets pour l'encantrage de cette partie, pour laquelle on ourdira 3 portées, qui produiront 180 fils.

Cet encantrage comprend aussi une partie du 4e & du 6e articles de l'ordonnance.

Pour la neuvieme partie.

10 Rochets bleus de la 8e teinte dans la premiere division,
10 Rochets blancs dans la 2e division.

En tout 20 Rochets pour l'encantrage de cette partie, pour laquelle on ourdira 3 portées qui produiront 60 fils doubles.

Cet encantrage finira le 4e & le 6e articles de l'ordonnance.

Pour la dixieme partie.

10 Rochets rofes de la 8e teinte.
 4 Autres rofes, dont 2 de la 8e teinte, & 2 de la 7e, mêlés.
10 Rofes de la 7e teinte.
 2 Autres, dont un de la 7e & un de la 6e, mêlés.
   Tous ces Rochets feront placés dans la premiere division de la cantre dans leur ordre.
10 Rochets verds de la premiere teinte.
 4 Autres dont 2 de la premiere teinte mêlés avec 2 de la feconde.
10 Rochets verds de la feconde teinte.
 2 Autres dont un de la 2e, & un de la 3e, mêlés.
   Ces derniers Rochets occuperont la 2e division de la cantre dans l'ordre marqué.

En tout 52 Rochets pour l'encantrage de cette partie, pour laquelle on ourdira 6 portées, qui produiront 312 fils doubles.

Cet encantrage comprend une partie du 5e article de l'ordonnance.

Pour la onzieme partie.

 4 Rochets rofes, dont un de la 7e teinte & un de la 6e, mêlés.
10 Rochets rofes de la 6e teinte.
 4 Rochets rofes, dont 2 de la 6e teinte & 2 de la 5e, mêlés.
10 Rochets rofes de la 5e teinte.
   Tous ces Rochets feront encantrés dans la premiere division de la cantre fuivant leur ordre.
 2 Rochets verds, dont un de la 2e teinte & un de la 3e, mêlés.
10 Rochets verds de la 3e teinte.
 4 Rochets verds, dont 2 de la 3e teinte & 2 de la 4e, mêlés.
10 Rochets verds de la 4e teinte.

En tout 52 Rochets pour l'encantrage de cette partie, pour laquelle on ourdira 6 portées, qui produiront 312 fils doubles.

Cet encantrage comprend auffi une partie du 5e article de l'ordonnance.

Pour

Pour la douzieme partie.

4 Rochets roſes, dont 2 de la 5e teinte & 2 de la 4e, mêlés.
10 Rochets roſes de la 4e teinte.
4 Autres roſes, dont 2 de la 4e teinte & 2 de la 3e, mêlés.
8 Autres de la 3e teinte.
Tous ces Rochets ſeront encantrés dans la premiere diviſion de la cantre ſuivant leur ordre.
4 Rochets verds, dont 2 de la 4e teinte & 2 de la 5e, mêlés.
10 Autres verds de la 5e teinte.
4 Autres verds, dont 2 de la 5e teinte & 2 de la 6e, mêlés.
8 Autres verds de la 6e teinte.
Tous ceux-ci ſeront encantrés ſuivant leur ordre dans la ſeconde diviſion de la cantre.

En tout 52 Rochets pour l'encantrage de cette partie, pour laquelle on ourdira 6 portées, qui produiront 312 fils doubles.

Cet encantrage comprend encore une partie du 5e article de l'ordonnance.

Pour la treizieme partie.

4 Rochets roſes, dont 2 de la 3e teinte, & 2 de la ſeconde, mêlés.
8 Rochets de la 2e teinte.
4 Autres, dont 2 de la 2e teinte & 2 de la premiere, mêlés.
6 Autres encore de la premiere teinte.
Tous ces Rochets ſeront encantrés dans la premiere diviſion de la cantre dans l'ordre marqué.
4 Rochets verds, dont 2 de la 6e teinte & 2 de la 7e, mêlés.
8 Rochets verds, de la 7e teinte & 2 de la 7e, mêlés.
4 Autres, dont 2 de la 7e teinte & 2 de la 8e, mêlés.
6 Autres de la 8e teinte.

En tout 44 Rochets pour l'encantrage de cette partie, pour laquelle on ourdira 6 portées, qui produiront 264 fils doubles.

Cet encantrage finit l'article 5e de l'ordonnance, & tout l'ourdiſſage.

Le poil dont je viens de parler eſt ourdi en 13 parties ; à chaque partie on doit en avoir uſé de même que pour la chaîne de l'ourdiſſage précédent ; c'eſt-à-dire, qu'on aura deſencantré toutes les parties après en avoir ourdi le nombre des portées qu'il convient, & on aura mis un cordon de ſoie à chaque envergeure de chaque partie, pour ſéparer les portées, comme on a vu dans l'ourdiſſage des chaînes ; ainſi tout doit être exécuté pour un poil comme pour une chaîne, ſoit pour les envergeures, ſoit pour les lever de deſſus l'our-

Etoffes de Soie. II. Part. Y y

diſſoir ; il reſte ſeulement à voir ſi les 13 parties qu'ou aura ourdies pour ce poil ſeront ſuffiſantes pour le nombre de fils qu'il doit y avoir ; pour cela il faut en faire une double récapitulation , pour voir ſi l'ordonnance quadre bien avec la combinaiſon, & ſi l'ourdiſſage a été fait exactement ſur l'ordonnance.

Récapitulation pour accorder l'ordonnance d'ourdiſſage avec la combinaiſon.

Le premier article de la combinaiſon eſt de 6 dents ſans doubleté , qui produiſent pour l'ordonnance d'ourdiſſage. . . . . 12 fils doubles.

Le ſecond article eſt de 3 dents ſans doubleté qui produiſent 6 fils doubles, ci. . . . . 6.

Le troiſieme article eſt de 24 dents qui produiſent pour l'ordonnance . . . . 48.

Le quatrieme article eſt de 40 dents doubletées qui produiſent 160 fils , ci. . . . . 160.

Le cinquieme article eſt de 100 dents doubletées qui produiſent 400 fils , ci. . . . . 400.

Le ſixieme article eſt de 40 dents doubletées qui produiſent 160 fils doubles, ci. . . . . 160.

Le ſeptieme article eſt de 24 dents ſimpletées qui produiſent 48 fils doubles, ci. . . . . 48.

Le huitieme article eſt de 3 dents ſimpletées qui produiſent 6 fils doubles , ci. . . . . 6.

Le neuvieme article eſt de 6 dents ſimpletées qui produiſent 12 fils doubles , ci. . . . . 12.

Total 852 fils.

Ce nombre eſt poſitivement celui qu'exige l'ordonnance d'ourdiſſage , & qu'il faut exécuter trois fois.

Trois fois 852 fils donnent 2556 fils doubles, à quoi la ſomme des 13 parties ourdies doit monter.

Récapitulation pour accorder l'ordonnance d'ourdiſſage avec les treize parties
qui compoſent le Poil.

Trois portées de la premiere partie à 36 rochets. · 108 fils.
Trois portées de la ſeconde partie à 48 rochets. . · 144.
Trois portées de la troiſieme partie à 48 rochets. · 144.
Trois portées de la quatrieme partie à 60 rochets. . 180.
Trois portées de la cinquieme partie à 60 rochets. . 180.
Trois portées de la ſixieme partie à 60 rochets. . . 180.
Trois portées de la ſeptieme partie à 60 rochets. . . 180.
Trois portées de la huitieme partie à 60 rochets. . · 180.
Trois portées de la neuvieme partie à 20 rochets. . 60.
Six portées de la dixieme partie à 52 rochets. . . 312.
Six portées de la onzieme partie à 52 rochets. . . 312.
Six portées de la douzieme partie à 52 rochets. . . 312.
Six portées de la treizieme partie à 44 rochets. . 264.

Total 2556 fils.

Par cette récapitulation on voit qu'il n'y a d'erreur dans aucune des opérations concernant l'ourdiſſage du poil ſuppoſé.

Observation sur cette derniere maniere d'ourdir, comparée avec les précédentes.

On voit que cette derniere méthode d'ourdissage s'exécute avec une seule cantre, & qu'il suffit de desencantrer toutes les fois qu'on a ourdi une partie pour encantrer la suivante; il n'est pas douteux qu'elle emploie bien moins de temps que les autres, puisque moyennant huit encantrages pour la chaîne, & treize pour le poil, on n'a aucune mutation de cantre à faire : car, pour la chaîne qui est ourdie en huit parties il auroit fallu huit cantres, dont sept auroient été changées à chaque musette, ce qui auroit occasionné 42 mutations, & la huitieme auroit été changée six fois, ce qui auroit fait en tout 48 mutations ; de plus, il auroit fallu à chacune couper la brasse, passer les bouts dans les anneaux, & rouler ces mêmes bouts sur les rochets 48 fois, si on se fût servi de cantre à tiroirs.

Dans l'ourdissage du dernier poil il auroit fallu 13 cantres, dont neuf auroient été changées 6 fois chacune, & les 4 dernieres l'auroient été 12 fois chacune, ce qui auroit fait en tout 102 changements de cantres, pour une chaîne longue, comme pour une courte. Le soin de ce changement de cantre emporte avec lui un temps considérable, qui ne laisse pas de retarder l'ouvrage ; d'ailleurs, il est presque impossible qu'il n'arrive toujours quelque petits accidents, ce qui en augmente le retard.

Comme on est obligé de couper la brasse, & de rouler les bouts de soie sur les rochets, afin de ne leur laisser que la longueur convenable, il arrive souvent qu'on gâte de la soie, malgré tout le soin qu'on y apporte ; en outre, il n'est pas possible que les nœuds qu'il faut faire toutes les fois qu'on coupe la brasse pour l'arrêter, soit aux chevilles errantes, soit à la cheville supérieure, ne donnent une inégalité de tension aux musettes, si le nœud est fait trop loin ou trop près.

L'ourdissage avec plusieurs cantres a encore un grand défaut, que celui à une seule cantre n'a point, c'est d'occuper un trop grand nombre de rochets : car si le premier des deux qu'on vient de voir avoit été fait avec 8 cantres, il auroit occupé dans la totalité des encantrages 360 rochets à la fois, à moins qu'on n'eût préféré d'encantrer & desencantrer toutes les musettes les unes après les autres ; mais avec une seule cantre on ne peut jamais avoir besoin d'un aussi grand nombre, puisque les rochets blancs qui entrent dans la premiere partie, ceux de la seconde, de la troisieme, de la quatrieme, &c. sont toujours les mêmes, à moins qu'ils ne se soient vuidés dans l'opération ; il en est de même des autres couleurs, comme on peut le voir dans toutes les parties : ainsi si dans la premiere il entre 20 rochets verds, & que dans la seconde il en entre 16 de la même couleur, il peut arriver qu'une partie des rochets verds se trouve bien placée pour la seconde ; au lieu qu'à la pluralité des cantres il faudra 20 rochets verds pour la premiere cantre, & 16 de la même couleur pour la seconde, ce qui fait sur ces deux articles une différence de 16 rochets qu'il faudroit de moins en se servant de la derniere méthode.

Il arrive souvent qu'une rayûre à plusieurs baguettes est sous la même nuance, & que ces nuances ne sont pas d'une égale largeur, c'est-à-dire qu'elles occupent plus ou moins de dents; il faut alors en ourdissant avec plusieurs cantres, autant de fois la nuance répétée sur des rochets, qu'il y a de cantres qui doivent la contenir; au lieu qu'en ourdissant avec une seule, on y met un nombre suffisant de rochets pour la plus large des baguettes, & on en a pour toutes les autres, au moyen de ce qu'on encantre & desencantre à mesure.

Il y a encore dans les ourdissages à plusieurs cantres, un inconvénient qu'on ne sauroit prévenir que difficilement; c'est qu'outre le nombre des rochets, il faut beaucoup plus de soie devidée que la chaîne qu'on veut ourdir n'en exige; car il n'est pas possible de saisir ce point juste du poids des soies pour les chaînes rayées, sur-tout à cause du grand nombre de rochets qu'il y faut employer; alors il faut avoir la précaution comme j'ai déja dit, de desencantrer & de réencantrer toutes les musettes, ou de *trancaner* les rochets, pour en faire un nombre suffisant, & fournir à ceux qui peuvent se vuider; on seroit forcé d'en user ainsi, quand même dans certaines circonstances on voudroit ourdir avec moins de rochets, ce qui ne peut avoir lieu que pour les baguettes à une seule couleur ou pour les fonds: car cela est impraticable pour les baguettes nuancées, parce que s'il manque de soie de la 3e teinte, on ne peut en substituer de la 4e, ni de la 5e, &c.

L'ourdissage à une cantre n'a pas cet inconvénient: ce n'est pas qu'on puisse se rencontrer à une once près; mais du moins on approche autant qu'il est possible, parce qu'il ne faut qu'un petit nombre de rochets, eu égard à celui qu'exigent les ourdissages à plusieurs cantres, & que par ce moyen la distribution n'en étant pas si considérable, on peut mieux apprécier le poids de la soie sur 20 rochets que sur 40.

Ces observations, & la préférence que j'accorde en certains procédés, n'ont pas pour but de m'ériger en réformateur des méthodes établies, sur-tout dans des villes de Manufactures, telle que celle de *Lyon*, où préside sans contredire le génie de la fabrique des Etoffes de Soie, soit pour l'exécution, soit pour le goût; mais comme je les ai pratiquées toutes, je connois combien la méthode de *Nîmes*, d'*Avignon*, &c. est supérieure en tout aux autres.

Le mérite de la celérité est le plus précieux dans l'ourdissage; en effet il n'est presque pas possible de remettre au lendemain une pareille opération; quand une fois on l'a commencée, les variations de température dans l'air changent sans cesse le diametre de l'ourdissoir, & ce qu'on croiroit n'être que de peu de conséquence, allonge ou raccourcit la chaîne sensiblement. Aussi les

Fabriquants

Fabriquants de Lyon , quand ils font ourdir pour un taffetas chiné , ont-ils grand ſoin de faire commencer l'ourdiſſage des chaînes qu'ils y veulent faire employer, de maniere qu'il ſoit achevé dans la même journée. Mais , m'objectera-t-on , chaque tour venant ſe coucher ſur le précédent, augmente néceſſairement le diametre de l'ourdiſſoir , au point que la derniere muſette eſt beaucoup plus longue que la premiere ; j'en conviens : auſſi pour corriger cette inégalité a-t-on imaginé de ſe ſervir des cremailleres dont nous avons parlé à l'article des plots & des montants de l'ourdiſſoir rond ; par ce moyen en baiſſant cette cremaillere d'un cran, on allonge la corde à boyau , & la braſſe ne ſe roule plus ſur les tours précédents.

Obſervation ſur l'ourdiſſage des Liſieres.

Quoique j'aie , ce me ſemble , traité fort au long tous les genres d'ourdiſſage, je me ſuis réſervé de parler dans un article à part de celui des liſieres qu'on n'ourdit jamais avec le corps de l'étoffe.

Cette opération peut ſe faire de pluſieurs manieres ; les uns les ourdiſſent à ſimples fils, les autres à fils doubles , & d'autres à fils triples ou quadruples , & tout cela bien ſouvent ſans ordre.

Quelques Fabriquants les font ourdir avec la chaîne pour être pliées enſemble , & d'autres les font ourdir ſéparément ; tous ces uſages ont leur pour & leur contre, par la raiſon que telle liſiere ourdie avec la chaîne d'une étoffe ne lui convient pas , & qu'elle conviendroit à une autre.

Pour ourdir les liſieres comme il convient qu'elles le ſoient , il faut ſçavoir pour quel genre d'étoffe on les deſtine, afin de déterminer ſi l'on doit les ourdir doubles, triples ou quadruples , & ſi elles doivent occuper 4, 6, 8 ou 10 dents ; il faut ſçavoir encore ſi ces liſieres doivent être partie en taffetas & partie en ſatin, ou ſerge , & ſi l'on doit les ourdir à chaînette , c'eſt-à-dire rayées, ou d'une ſeule couleur.

Il faut remarquer que plus une étoffe eſt fournie en chaîne, moins on a beſoin de rendre les liſieres fortes , & qu'au contraire moins la chaîne eſt fournie & plus on doit les renforcer; par la raiſon qu'une étoffe bien fournie en chaîne ſe ſoutient par elle-même , & que celles qui ne le ſont pas ont beſoin de deux fortes liſieres pour les ſoutenir ; ainſi la déciſion des liſieres eſt plutôt l'affaire du Fabriquant que de l'Ourdiſſeur , parce que c'eſt à lui de ſavoir qu'une étoffe de telle ou telle force de chaîne , doit avoir telle ou telle liſiere. Il eſt cependant vrai que pour quelqu'étoffe que ce ſoit, on ne riſque jamais rien de mettre les liſieres plutôt trop fortes que pas aſſez ; parce que jamais une forte liſiere ne ſauroit lui nuire. Si l'on en uſe autrement c'eſt pour économiſer la ſoie, & même on a raiſon; car dès que le nombre de fils qu'on détermine pour une liſiere eſt ſuffiſant pour l'étoffe , tout ce qu'on mettroit de plus eſt en pure perte.

J'ai dit qu'on ourdissoit quelquefois les lisieres à fils simples, cela arrive très-souvent ; mais il ne faut pas entendre cela de ce qu'on doive les passer simples dans les anneaux comme la chaîne ; c'est au contraire pour voir en *passant* les fils dans les *lisses*, ou en *tordant*, à quel nombre on pourra les assembler. Cependant il est plus à propos d'ourdir les lisieres, sur-tout en employant la cantre couchée, de maniere que tous les brins de soie qui doivent en composer un fil soient passés dans le même anneau, que d'être séparés, parce que cet assemblage se conserve tout le long de la chaîne, & qu'il devient avantageux à l'Ouvrier quand il arrive quelqu'accident aux lisieres.

CHAPITRE SEIZIEME.

Observations *sur les différents Ourdissoirs.*

Section Premiere.

De *l'Ourdissoir Long.*

On doit se rappeller qu'à l'ourdissoir long, l'Ourdisseuse va sans cesse d'un bout à l'autre pour placer la brasse sur les chevilles, & que quand elle est parvenue à la derniere elle retourne sur ses pas, & continue toujours ainsi jusqu'à ce qu'elle ait ourdi toute sa chaîne ; on se rappelle aussi la maniere dont elle accroche sa brasse aux bâtons pendus au plancher, quand un fil casse ou qu'un rochet finit : on ne sauroit nier que cette opération ne soit très-fatiguante ; en effet, qu'on juge du chemin que fait dans sa chambre chaque jour cette Ouvriere ; joignez à cela l'attention qu'il faut avoir continuellement sur la cantre pour voir si tous les rochets travaillent, ou si quelque fil ne casse ou ne finit pas ; à cela près, cette méthode d'ourdir est sans contredit la meilleure, puisqu'avec un peu de soin on peut rendre toutes les musettes parfaitement égales entr'elles en les plaçant sur les chevilles, non pas les unes sur les autres, ce qui en augmenteroit la longueur ; mais les unes à côté des autres, avantage qu'on ne rencontre pas avec l'ourdissoir rond, où malgré l'usage de la cremaillere, on ne peut que diminuer cet inconvénient. Malgré toutes ces raisons de préférence, il n'est pas d'un usage aussi universellement reçu que l'ourdissoir rond, parce qu'il n'est pas aussi expéditif que lui, & que la soie en se devidant de dessus les rochets éprouve un tiraillement multiplié, & des saccades qui lui nuisent beaucoup, sur-tout quand elle est trop tendre, ou brûlée par la teinture.

Avec l'ourdissoir long, on peut ourdir toute sorte de chaînes & de poils, tant unis que rayés, avec une ou plusieurs cantres, & selon la méthode de *Lyon*

ou celle de *Nîmes*; toute sorte de rayûres peuvent par ce moyen y être exécutées, & pour cela on n'a pas d'autres opérations à faire que celles qu'on
exécute pour l'ourdissoir rond, telles que les combinaisons, ordonnances, &c.

Quand ont ourdit avec plusieurs cantres, il faut les mêmes mutations, & le
même ordre qu'avec l'ourdissoir rond.

Dans les ourdissages à une seule cantre, il faut à toutes les parties d'une
chaîne rayée ou à celles d'un poil, mettre des cordons aux envergeures, marquer les parties par le nombres des nœuds, afin que le Plieur connoisse sur
l'échantillon ou sur le dessein qu'on lui présente, lesquelles ont été les premieres ourdies, pour pouvoir les placer suivant l'ordre qu'elles doivent tenir
dans la rayûre.

Il faut pourtant avouer qu'en se servant de l'ourdissoir long on ne sauroit
employer les cantres droites ni les jets, tels que je les ai décrits pour l'ourdissoir rond, parce que les uns & les autres ne peuvent servir qu'autant que les
bouts de soie des rochets en sont tirés par l'ourdissoir en ligne droite, & il est
évident qu'à cet ourdissoir, les bouts de soie sont toujours tirés obliquement,
tantôt à droite & tantôt à gauche, à moins qu'on n'imaginât de placer des guides
pour la soie, ce qu'on exécuteroit facilement au moyen de deux tringles de fer
polies placées à un pied de distance de la cantre, & au milieu de chaque division;
elles seroient plantées dans la base & retenues par le haut de la maniere qu'on
jugeroit la plus convenable; on ne laisseroit entr'elles qu'environ deux ou trois
pouces; ainsi entre chaque couple de ces tringles passeroit la moitié de la
brasse, & par ce moyen de quelque côté que l'Ourdisseuse dirigeât sa
brasse, les bouts de soie trouveroient toujours un point fixe qui faciliteroit le
déroulement des rochets.

La remarque que je fais sur le moyen de se servir de la cantre droite avec
l'ourdissoir long, n'a pas pour but d'en conseiller l'usage; je n'ai voulu que
faire voir comment avec un peu de génie, il n'est pas de machine, quelque
défectueuse qu'elle soit, dont on ne puisse tirer parti.

Nous venons de voir quelles précautions il faudroit prendre pour se servir
des cantres droites à l'ourdissoir long; en revanche, toute sorte de cantre couchée peut y être employée, soit celle à la Lyonnoise, soit la cantre à tiroirs,
soit enfin la carcasse à tiroirs.

SECTION SECONDE.

De l'Ourdissoir Rond.

L'OURDISSOIR rond doit être placé de maniere que la cantre reçoive
une clarté convenable, parce que l'Ourdisseuse, ne doit pas quitter les rochets
de vue. Nous ne répéterons pas ici ce que nous avons dit au commencement

du Traité de l'Ourdiſſage , où nous avons détaillé toutes les précautions qu'on doit prendre pour que l'ourdiſſoir ſoit placé de niveau & ſolidement.

Le banc à roue qui fait tourner l'ourdiſſoir , n'eſt jamais aſſez peſant par lui-même pour demeurer en place, & réſiſter à la force de la rotation de l'ourdiſſoir; c'eſt pourquoi on a coutume de mettre une pierre aſſez lourde ſur la grande traverſe d'en bas , entre la roue & ſes deux pieds, du côté oppoſé à l'ourdiſſoir.

On pourroit fixer le banc à roue ſur le plancher avec des crochets, des happes, ou autrement , & ſe paſſer de pierre ; mais la variété de la température de l'air donneroit plus ou moins de tenſion à la corde qui fait tourner l'ourdiſſoir ; comme il ne ſeroit pas poſſible d'avancer ou de reculer le banc dans certains temps , la corde ſeroit trop lâche ou trop tendue, & dans l'un & l'autre cas l'ourdiſſoir ne tourneroit plus, à moins qu'on ne la rallongeât ou raccourcît; il eſt bien plus aiſé de reculer ou d'avancer ce même banc au point de tenſion convenable, que d'allonger & d'accourcir la corde.

On a vu de quelle importance il eſt qu'une chaîne ſoit ourdie en un ſeul jour , il ne l'eſt pas moins qu'elle le ſoit par une même perſonne ; la vîteſſe que reçoit l'ourdiſſoir ne peut être la même produite par deux perſonnes différentes ; & l'expérience a démontré que la ſoie eſt beaucoup plus tendue ſur un ourdiſſoir qui tourne vîte que ſur un qui tourne lentement ; la raiſon en eſt ſenſible : les rochets, quelqu'uniforme que ſoit la rotation de l'ourdiſſoir , ne ſe déroulent que par ſaccades , d'autant plus ou moins fortes, que la rapidité eſt moindre ou plus grande ; ainſi chaque brin éprouve ſans ceſſe une tenſion ſuivie d'un relâchement proportionnés à cette vîteſſe ; la chaîne eſt plus ou moins fortement tendue ſur l'ourdiſſoir , delà vient l'inégalité de longueur qu'on y remarque très-ſouvent.

Ces obſervations paroîtront peut-être minutieuſes ; auſſi ne ſeront-elles peut-être pas ſenties par des Ouvriers qui travaillent machinalement ; mais ceux qui ſe feront donné la peine d'y apporter quelque attention conviendront aiſément qu'il eſt très-eſſentiel de prendre toutes les précautions poſſibles, pour donner à l'ourdiſſage des chaînes & des poils, toute la perfection qu'ils peuvent recevoir, & les connoiſſeurs verront que les raiſons que j'en donne ſont conformes à la ſaine Phyſique.

CHAPITRE

CHAPITRE DIX-SEPTIEME.

De la méthode d'ourdir les Chaînes ou les Poils en Or, & en Argent.

Section Premiere.

Toutes les étoffes de foie font fufceptibles d'une feconde chaîne, ou pour mieux dire, d'un poil, pour leur donner quelqu'agrément, fi ce n'eft pour y former des deffeins entiers; on ajoute quelquefois à ces étoffes des poils en or ou en argent, qui doivent être ourdis de même que ceux en foie ; mais pour y parvenir les procédés font différents.

Le nombre des fils d'or ou d'argent qui completent un poil, eft indéterminé pour quelque genre d'étoffe que ce foit, parce que ces fortes de poils font prefque toujours à bande, & que les comptes de peignes dans lefquels font faites les différentes étoffes varient à l'infini.

La combinaifon pour l'ourdiffage de ces poils eft très-aifée, il fuffit de voir, foit fur un deffein, foit fur un échantillon, quel nombre de bandes compofe la rayûre, & combien de fils, ou pour mieux dire, combien de dents contient chaque bande ; car ordinairement on ne met qu'un fil d'or ou d'argent dans chaque dent, & en fupputant la valeur de chaque bande, on ourdit la totalité de ces fils, autant de fois que la rayûre eft contenue dans la largeur de l'étoffe à laquelle on la deftine; ainfi fi une rayûre prend 80 fils d'or, & qu'elle foit répétée fix fois dans la largeur d'une étoffe, le poil en or fera compofé de fix fois 80 fils, qui produiront 480 fils pour le tout.

Si le poil eft en plein, c'eft-à-dire, s'il occupe toute la largeur de l'étoffe fans aucun intervalle, pour en faire la combinaifon, il fuffit de fçavoir le compte des dents contenues au peigne avec lequel on doit fabriquer l'étoffe dans laquelle doit entrer ce poil, & alors on ourdit autant de fils que ce peigne contient de dents.

Il arrive quelquefois que l'on met deux fils d'or ou d'argent dans chaque dent d'un peigne ; cet ufage n'a lieu que dans quelques cas particuliers , ou lorfque les fils fe trouvent n'être pas d'une groffeur fuffifante pour remplir leur objet; alors ces deux fils font ourdis enfemble & n'en font qu'un, (c'eft ce qu'on appelle dans l'ourdiffage des chaînes de foie, *ourdir double*) ; ainfi on enverge ces fils deux par deux, ou bien on les paffe deux par deux dans les anneaux de la cantre.

On rencontre des deffeins qui exigent qu'on ourdiffe des poils en or & en argent tout à la fois, ils fe traitent comme les rayûres en deux couleurs, la combinaifon en eft la même ; elle fert auffi d'ordonnance d'ourdiffage, ainfi qu'on va le voir.

Je fuppofe un échantillon à fept bandes, tant en or qu'en argent pour le genre d'étoffe qu'on jugera à propos.

COMBINAISON.

Premiere bande. . . . . 6 fils en or.
Seconde bande. . . . . 4 fils en argent.
Troifieme bande. . . . . 22 fils en or.
Quatrieme bande. . . . . 8 fils en argent.
Cinquieme bande. . . . . 22 fils en or.
Sixieme bande. . . . . . 4 fils en argent.
Septieme bande. . . . . 6 fils en or.
                    Total 72 fils.

Il faut ourdir ce total autant de fois que la rayûre eft répétée dans la largeur de l'étoffe où elle doit entrer.

Si l'ourdiffage des poils en or ou en argent n'exigeoit pas de différentes précautions que celles des poils de foie, une feule cantre fuffiroit pour ourdir l'ordonnance que je viens de donner ; mais ordinairement on n'ourdit ces fortes de chaînes ou poils qu'à dix rochets, ce qui eft même fuffifant, pour que la difperfion puiffe en être faite comme il faut lors du pliage ; par cette raifon l'ordonnance que je viens de donner ne peut être ourdie à moins de trois cantres.

La raifon pour laquelle on eft obligé de multiplier les cantres, eft qu'il y auroit à craindre qu'au pliage il ne fe fît quelque dégât fi on ourdiffoit à plufieurs parties.

Quand je dis que cet ourdiffage doit être fait avec plufieurs cantres, on doit l'entendre par rapport à l'ordre qu'on doit tenir ; car il feroit facile de mettre le tout dans une feule cantre, & de n'ourdir que la quantité de fils néceffaire ; cependant j'en donnerai l'encantrage comme fi l'on devoit employer trois cantres.

Quant au côté par où l'on doit commencer d'encantrer, la regle eft la même que pour les chaînes de foie, c'eft-à-dire, qu'il faut pour la cantre droite commencer par le haut, & pour la cantre couchée commencer par le côté droit.

Premiere Cantre.

6 Rochets or, 3 dans chaque divifion.
4 Rochets argent, 2 dans chaque divifion.
En tout 10 Rochets.

Seconde Cantre.

11 Rochets or , 6 dans une division & 5 dans l'autre.

Troisieme Cantre.

8 Rochets argent 4 dans chaque division.

En supposant que la rayûre soit contenue cinq fois dans la largeur de l'é-
toffe pour laquelle on destine le poil , le nombre des fils qui le composera
sera de 360 fils, & pour completer ce nombre il faudra ourdir,

Une musette avec la premiere cantre. . . 10 fils.
Une portée avec la seconde. . . . . . 22.
Une musette avec la troisieme. . . . 8.
Une portée avec la seconde. . . . . 22.
Une musette avec la premiere. . . . 10.

En tout 72 fils.

Il faut ourdir cinq fois la même chose, & on aura 360 fils dont on a besoin
pour le total du poil supposé.

SECTION SECONDE.

Observation sur les Poils en or & en argent filé , ou or & argent lame.

LES fils en or ou en argent dont on se sert pour ourdir les poils dont il
est ici question sont nommés *filé* ; il arrive cependant que dans des étoffes il
entre des poils en or & en argent filé , accompagnés d'autres fils en or & en
argent *lame* ; ces derniers ne sont jamais ourdis ensemble , chaque fil de lame ,
soit en or ou en argent , est placé sur un petit roquetin , & tous ceux qui
peuvent être employés par un poil , sont placés dans une cantre semblable à
celles qui servent aux roquetins de soie pour les velours ciselés , ainsi qu'on le
verra dans son lieu ; de sorte qu'on emploie autant de roquetins qu'on voit de
fils de lame sur un échantillon , & on répete cela autant de fois que la rayûre
est contenue dans la largeur de l'étoffe ; ainsi si une rayûre prenoit 30 fils lame
en or ou en argent , & que cette rayûre fût répétée six fois dans la largeur de
l'étoffe , le métier qui fabriquera cette étoffe aura 180 roquetins.

Les fils lame ne peuvent être ourdis comme les autres , parce qu'ils ne sont
pas assez consistants , & que d'ailleurs ils ne présenteroient bien souvent sur
l'étoffe que leur tranchant, ce qui les empêcheroit de rendre le brillant qu'ils
doivent naturellement produire.

Si une rayûre indépendamment des fils lame , contient des fils *filets* or &

argent, on fait la combinaifon de ces derniers fans avoir égard aux fils lame, & on ourdit ce que cette combinaifon peut produire pour la rayûre, fans s'arrêter aucunement à ce que deviendront les fils lame, parce qu'il n'eft pas du reffort de l'ourdiffage d'en régler l'ordre, ainfi qu'on doit l'avoir remarqué par l'arrangement qu'on en fait au métier qui doit fabriquer l'étoffe.

SECTION TROISIEME.

Des précautions qu'il faut néceffairement prendre pour ourdir les poils en or & en argent.

J'AI dit que la dorure qui fervoit pour les poils tant en or qu'en argent eft appellée *filet* ou *filé*; ce filet n'eft autre chofe qu'une lame d'or ou d'argent qui couvre un brin de foie dont il reçoit toute fa confiftance; il eft évident que cette lame ne peut couvrir ce brin de foie qu'en l'enveloppant dans toute fa longueur, & que fon élafticité ne permettant pas au filet de s'étendre en ligne droite, elle lui fait au contraire toujours décrire une ligne courbe; il a donc fallu pour le foumettre à l'ourdiffage, trouver un moyen de lui donner un degré de tenfion convenable à cette opération.

Les rochets dont on fe fert pour ourdir les poils d'or & d'argent, avec la même groffeur & longueur que ceux qu'on emploie pour la foie, doivent avoir chacun à un de leurs bouts, deux rebords féparés d'un demi-pouce l'un de l'autre, par une rainure circulaire en forme de poulie, comme on le voit *Fig.* 1, & *Fig.* 2, *Pl.* 25. Cette rainure doit être moins profonde que le corps du rochet fur lequel le filet or ou argent eft devidé : on voit *Fig.* 3, *même planche* un de ces rochets plein d'or ou d'argent.

On doit faire attention en devidant le filet fur ces rochets, que la poulie fe trouve toujours du même côté à chacun, afin qu'en ourdiffant la dorure fe déroule du même fens.

De quelque cantre qu'on fe ferve pour l'ourdiffage des poils en or ou en argent, on met à chaque rochet, dans la poulie, une corde à laquelle pend un contre-poids, à-peu-près de même force, pour que la tenfion foit la même à tous; on doit même obferver, quel que foit le nombre de ces rochets, de les diftribuer également dans les deux divifions de la cantre, à moins que le nombre n'en fût impair. Il faut auffi faire attention en envergeant, que les fils s'accordent à la jonction de chaque mufette, afin de ne point faire de *feulere*; car dans les encantrages à nombre impair, on peut profiter de la feconde envergeure, fi on a bien commencé la premiere, fans craindre de faire de *feulere*, & fans être obligé même de faire fauter le fil; mais il faut avoir la précaution de tourner la main en prenant la feconde envergeure, ou en plaçant la premiere; car autrement le feulere fe feroit, à moins qu'on ne donnât au fil une

direction

direction oppofée à celle qu'il tient. La remarque que je fais ici peut fervir pour les envergeages de la foie, comme pour ceux de la dorure.

J'ai dit que pour donner une tenfion convenable aux fils d'or ou d'argent, il falloit un contre-poids à chaque rochet; il importe fort peu de quelle matiere on les fafle; cependant on doit choifir pour cela la moins volumineufe; ainfi le plomb doit être préféré; la forme en eft arbitraire, pourvu qu'elle ne foit pas incommode, & qu'ils foient fuffifamment pefants: voici comment on s'en fert.

On noue les deux bouts d'une ficelle d'environ 4 ou 5 pouces de long, ce qui forme une boucle telle qu'on la voit en *a*, *Fig.* 4, *même planche*, d'environ 2 pouces d'ouverture, qu'on fixe à chaque contre-poids; enfuite on paffe dans la poulie de chaque roquetin une autre ficelle fort unie, d'environ 20 pouces de long, on lui fait faire deux tours, & on noue fes deux bouts après l'avoir paffée dans la boucle qu'on a attachée au contre-poids. La *Fig.* 4 fait voir en *b* la maniere dont cette ficelle eft paffée & arrêtée. On fait la même opération à tous les contre-poids. La *Fig.* 5, *même planche*, repréfente une cantre droite dans laquelle on a mis 10 roquetins avec chacun un contre-poids tels qu'ils doivent être.

Si c'eft d'une cantre couchée qu'on fe fert, il faut néceffairement que le fond de la cantre foit ouvert, afin que les contre-poids puiffent agir librement, & pour qu'ils aient plus de liberté, on a le foin de laiffer un intervalle de deux broches ou plus s'il le faut, d'un rochet à l'autre; cependant ce n'eft qu'autant qu'on craindroit que les contre-poids ne fuffent pas fuffifants, pour donner toute la tenfion néceffaire. La *Fig.* 6, eft une coupe de la cantre couchée où l'on voit en *a*, *a*, deux rochets avec leur contre-poids *b*, *b*, fufpendus par les ficelles *c*, *c*.

Si l'on veut employer la cantre droite, il faut un intervalle de broches bien plus confidérable, afin que le contre-poids du rochet fupérieur ne puiffe toucher au rochet de deffous: *voyez la Fig.* 5.

Pour n'être pas obligé d'obferver un fi grand intervalle entre les rochets, à cette cantre, on peut diminuer la longueur des ficelles; on peut même faire les contre-poids de forme applattie comme celui *Fig.* 7, ou ronde comme dans la *Fig.* 4, ou bien conique, *Fig.* 8; il fuffit que le point de leur fufpenfion foit à-peu-près au centre de la figure. Tels font les moyens dont on fe fert pour ourdir les poils en or ou argent.

On pourroit, au lieu de contre-poids, attacher un reffort à chaque broche pour opérer un frottement dans le trou de chaque rochet, & ralentir la vîteffe de fa rotation. La *Fig.* 9, repréfente une broche à deux refforts, dont un pour chaque divifion de la cantre; mais cet expédient eft trop difficile à exécuter: ainfi on doit s'en tenir à l'ufage établi.

Il eft aifé de fentir que le déroulement du rochet ne peut jamais occafionner

ÉTOFFES DE SOIE. II. Part.	B b b

l'entortillement de la ficelle qui ne fait que gliffer dans la poulie, & augmente la tenfion, en proportion de la pefanteur du contre-poids.

Du refte, l'ourdiffage fe traite comme celui des chaînes de foie. Avec une cantre couchée, on paffe les fils fimples ou doubles dans les anneaux, mais fi c'eft une cantre droite, on ourdit comme à l'ordinaire, foit à l'ourdiffoir long, foit à l'aide du plot, ainfi qu'on l'a vu.

Quand on a achevé d'ourdir ce poil, on place à chaque envergeure un petit bout de ficelle, la plus unie qu'on puiffe trouver, au lieu d'un cordon de foie que la dorure arracheroit infailliblement, & on leve ce poil fur une cheville comme les chaînes & poils de foie ; mais on ne doit jamais les lever à chaînette, de peur que les entrelaffements n'arrachent la dorure.

Nous terminerons ici le Traité de l'Ourdiffage. Nous aurions défiré le refferrer dans des bornes plus étroites ; mais il nous a femblé qu'un Art doit plutôt être décrit abondamment qu'obfcurément : heureux celui qui peut atteindre le degré de perfection.

EXPLICATION DES PLANCHES

Concernant l'Ourdiffage des Chaînes pour les Étoffes de Soie.

CHAPITRE DIX-HUITIEME.

Explication des Planches de l'Ourdiffoir long, de fa cantre, & des différentes opérations qui y font repréfentées.

PLANCHE PREMIERE.

LA Figure premiere repréfente l'Ourdiffoir long vu en face ; on y voit une chaîne *F*, toute ourdie, dont la longueur, fuivant les proportions de cet ourdiffoir, eft de vingt aunes, ce qui le fuppofe à trois aunes de longueur.

A, eft la traverfe inférieure de l'ourdiffoir.

B, eft celle d'en haut ; les deux trous qu'on y voit reçoivent les deux chevilles *a*, *b*, de l'envergeure.

C, *D*, font les deux montants des extrêmités ; les trous qu'on voit fur ceux qui font féparés reçoivent les chevilles qu'on voit en place fur l'ourdiffoir tout monté.

E, *E*, font les deux montants du milieu, féparés ; les deux rangées de trous qu'on apperçoit fur chacun font deftinées à recevoir les deux chevilles errantes, telles qu'on les voit en *c*, *d* fur la Figure ; elles tiennent les féparations de la derniere envergeure.

G, *G*, font deux des chevilles qu'on met fur les montants *C*, *D*, de la Figure premiere.

La Figure 2 eft une corbeille d'ofier contenant des rochets pleins de foie.

La Figure 3 eft une pareille corbeille qui reçoit les rochets à mefure qu'on les vuide.

La Figure 4 repréfente le bout fupérieur d'une chaîne ourdie : on voit en *A*, fur cette Figure, les entrelaffements formés par les mufettes, entre l'ouverture *C*, & celle *D* ; celle qu'on voit en *C*, eft la place de la cheville par où l'on commence l'ourdiffage. L'ouverture *D*, & celle *E*, font les deux féparations de l'envergeure formées fur l'ourdiffoir au moyen de deux chevilles *a*, *b*, *Fig.* 1 : ici c'eft un cordon de foie *B*, qui les retient & conferve cette envergeure. On voit en *F*, les deux bouts de ce cordon noués enfemble, afin qu'il ne puiffe pas s'échapper. On a auffi repréfenté à l'ouverture *C*, la maniere dont on tord fur lui-même ce bout de la chaîne quand on la leve.

La Figure 5 repréſente le bout inférieur d'une chaîne ; on voit en *A*, la ſoie tordue ſur elle-même ; *C, D*, ſont les deux ſéparations de l'envergeure des muſettes, formées par les deux chevilles errantes, à la place deſquelles on a mis auſſi un cordon de ſoie *B*, dont les deux bouts ſont noués enſemble , comme on le voit en *D*, pour conſerver auſſi cette eſpece d'envergeure.

La Figure 6 repréſente la cheville que tient dans ſa main l'Ourdiſſeuſe, & au moyen de laquelle elle pouſſe la ſoie devant elle en ourdiſſant.

H, eſt une cheville ſur laquelle on leve la chaîne lorſqu'elle eſt ourdie.

I, I, ſont les deux bâtons qu'on attache au plancher pour accrocher la braſſe lorſqu'on veut reprendre un fil de ſoie qui s'eſt caſſé en ourdiſſant.

EXPLICATION DE LA SECONDE PLANCHE.

L A Figure 1 repréſente la cantre couchée, propre à l'ourdiſſoir long, vue en perſpective.

A, A, ſont les deux montants de devant, plus courts de ſix pouces que les deux de derriere.

B, B, ſont ces deux montants de derriere.

C, C, ſont les deux traverſes d'en bas ſur la longueur.

D, D, ſont celles des côtés.

E, E, ſont des traverſes de même longueur qui s'aſſemblent aux quatre montants au milieu de la hauteur de ceux de derriere, & forment les côtés de la cantre.

F, F, ſont les deux traverſes de devant & de derriere du milieu de la hauteur de la cantre ; on voit ſur chacune vingt petits trous dans leſquels on paſſe les broches de fer qui ſervent d'axe aux rochets ; les petites rainures qui communiquent à ces trous ſervent à faciliter l'entrée du bout de ces broches.

G, eſt la traverſe qui forme les deux diviſions de la cantre : elle a auſſi ſur ſa longueur vingt trous en ligne droite avec ceux des deux précédentes traverſes.

H, H, ſont les deux traverſes qui aſſemblent les montants de la cantre par le haut.

I, I, ſont les deux traverſes à anneaux.

L, eſt un anneau rond, de verre, attaché à une ficelle, tel qu'on le place ſur la traverſe en faiſant un double nœud par-deſſus.

M, eſt un anneau de verre en agraffe, attaché auſſi à une ficelle, & au même uſage que le précédent.

N eſt une des vingt broches de fer ou eſtiſſures, qui ſervent d'axe aux rochets.

La Figure 2 repréſente la cantre vue de profil.

La Figure 3 repréſente le devant de la cantre vu en face ; toutes les pieces ſéparées ſont ſous les mêmes lettres.

EXPLICATION DE LA TROISIEME PLANCHE.

Cette Planche repréfente l'Atelier d'une Ourdiffeufe.

La Figure 1 repréfente l'ourdiffoir long vu en perfpective.

A, eft l'Ourdiffeufe : on la voit qui pouffe devant elle la braffe avec fa main droite ; elle fe fert pour cela d'une cheville contre laquelle elle fait glifler la foie avec un léger effort ; & marchant le long de l'ourdiffoir, elle foutient la braffe avec fa main gauche, après en avoir accroché le bout à la premiere cheville *a*, & avoir placé l'envergeure fur celles *a*, *b*, enfuite elle va vers l'autre bout de l'ourdiffoir pour accrocher cette même braffe à celle *a*, & continue fon ourdiffage en allant de droite à gauche, ainfi qu'on l'a détaillé.

B, eft la braffe compofée d'un nombre de fils venant de la cantre.

C, *C*, font les deux bâtons où l'on arrête la braffe lorfqu'on veut chercher un fil caffé ou fini.

La Figure 2 repréfente la cantre couchée vue en perfpective ; elle eft garnie de 40 rochets pleins de foie ; chaque brin eft paffé dans un des anneaux de verre qui lui fert de guide ; elle eft éloignée de l'ourdiffoir d'environ cinq pieds.

La Figure 3 eft une table fur laquelle on voit en *A*, une corbeille d'ofier contenant des rochers vuides, & en *B*, une autre corbeille contenant des rochets pleins de foie.

La Figure 4 eft une cheville de bois fur laquelle on releve les chaînes lorfqu'elles font ourdies ; elle eft accrochée à un clou contre la muraille au moyen d'un cordon ou d'une ficelle.

EXPLICATION DE LA QUATRIEME PLANCHE.

La Figure 1 repréfente l'Ourdiffeufe qui releve furune cheville la chaîne qu'elle vient d'ourdir.

A, eft l'Ouvriere tenant de fes deux mains une cheville *B*, fur laquelle elle roule la chaîne *C*, avec toute la force poffible, & croife chaque tour l'un fur l'autre.

La Figure 2 repréfente la même cheville fur laquelle eft une chaîne relevée, dont le bout n'eft pas arrêté.

La Figure 3 repréfente auffi une chaîne relevée, & dont le bout eft arrêté comme il doit l'être pour ne point échapper.

La Figure 4 eft une corbeille qui contient des rochets vuides & pleins.

EXPLICATION DE LA CINQUIEME PLANCHE.

La Figure 1 repréſente une coupe de l'ourdiſſoir long, vu de profil appuyé contre un mur, dans l'état où l'on a coutume de le placer.

A, eſt une des chevilles de l'ourdiſſoir hors de ſa place ; elle eſt ſemblable à toutes les autres.

La Figure 2 eſt la cantre de cet ourdiſſoir, vue auſſi de profil ; *a, a*, ſont deux rochets de ſoie, ſur la broche qui leur ſert d'axe. On a eu ſoin de repréſenter la maniere dont la ſoie en ſortant de chaque rochet va paſſer dans l'anneau de verre *c, c*, qui lui eſt perpendiculaire & lui ſert de guide : on voit en *b, b*, ces deux brins de ſoie faiſant partie de la braſſe, & dont le bout eſt accroché à la cheville *d*, de l'ourdiſſoir, *Fig. 1*.

La Figure 3 repréſente dans de très-fortes proportions, une partie de la cantre qui contient les rochets ; ce ſont les trois traverſes qui en forment les deux diviſions. Par cette Figure on voit comment ſont placées les broches, on y voit des rochets pleins de ſoie & d'autre vuides ; on a auſſi laiſſé une broche vuide, & d'autres qui ne contiennent qu'un rochet ; on apperçoit encore un eſpace dont les trous ne ſont point occupés. *B*, eſt la broche qui peut remplir ce vuide.

La Figure 4 eſt un rochet plein de ſoie, vu en face.

La Figure 5 en eſt un autre vu en perſpective.

La Figure 6 eſt un rochet vuide.

Les proportions des Figures 3, 4, 5 & 6, ſont en raiſon de trois pouces pour pied.

CHAPITRE DIX-NEUVIEME.

Explication des Planches concernant l'Ourdiſſoir rond, ſes çantres & toutes ſes opérations.

EXPLICATION DE LA SIXIEME PLANCHE.

La Figure 1 de cette Planche repréſente la cage de l'ourdiſſoir vue en perſpective ; le montant de devant eſt celui auquel on voit le plot *F*.

A, eſt la traverſe qu'on place en-deſſus de la croix inférieure de la baſe de cette cage.

B, eſt celle qu'on place par-deſſous, & qui avec la précédente forme la croix.

C & D, ſont les deux traverſes qui forment la croix ſupérieure de cette même cage. On voit au milieu en *a*, le trou dans lequel entre le boulon de l'arbre.

E, E, E, E, en font les quatre montants.

G, eft le petit montant qu'on met au-deffus de la traverfe *D*.

H, eft un des deux montants qu'on place à la cage d'un ourdiffoir rond, lorfqu'on veut employer un plot à deux mortaifes égales.

I, eft une des deux traverfes qui forment la croix inférieure de la cage, lorfqu'on veut employer les deux montants dont je viens de parler.

b, eft une petite grenouille dans le trou de laquelle tourne le pivot de l'arbre, elle eft placée dans un trou quarré au milieu de la traverfe *A*.

c, eft une petite poulie qu'on place dans l'entaille du petit montant *G*.

d, eft la cheville qui lui fert d'axe.

EXPLICATION DE LA SEPTIEME PLANCHE.

La Figure 1 repréfente un ourdiffoir rond tout monté, vu en face hors de fa cage.

A, eft l'arbre garni de fon boulon *L*, & de fon pivot *M*; voyez la piece détachée : on voit à chacune de fes extrêmités un cercle de fer *a*, *a*, qui fert à empêcher le bois d'éclater.

B, *B*, à part, font deux des 6 traverfes qui s'affemblent en croix au centre de l'arbre.

C, *C*, font deux des 12 autres traverfes qui s'affemblent à l'arbre par le bout oppofé au tenon ; elles portent avec les précédentes les 8 montants *F*, *F*, &c.

D, eft une des planches ou *tourteaux* à 8 pans, qui foutiennent les traverfes à chaque rayon ; elle vue en perfpective.

E, eft une des trois clefs qui foutiennent les tourteaux.

F, *F*, font deux des 8 montants qui forment les 8 aîles de l'ourdiffoir.

G, eft une des 12 traverfes femblables qui fervent d'arcboutants aux aîles de l'ourdiffoir, afin qu'elles ne changent pas de pofition.

H, eft une des 8 autres traverfes qui fervent auffi d'arcboutants aux aîles de l'ourdiffoir, & qui portent en même-temps les 4 montants *K*, *K*, &c.

I, eft une des 4 traverfes qui fervent encore d'arcboutants aux mêmes aîles ; elles font entaillées à mi-bois pour recevoir le montant *K*, au milieu de fa hauteur : ces quatre montants ont à leurs extrêmités des tenons, au moyen defquels ils entrent dans une mortaife pratiquée dans les traverfes *H*, haut & bas.

K, eft un des 4 montants qui reçoivent les chevilles errantes dans les deux rangées de trous qu'on voit fur leur largeur reçoivent ces chevilles errantes à la hauteur qu'exige la longueur de la chaîne qu'on veut ourdir.

L, eft un boulon de fer qui eft placé au centre du bout fupérieur de l'arbre.

M, eft le pivot fur lequel tourne l'arbre.

N, eft un bout de fer terminé en pointe & quarré, qu'on place au centre du bout inférieur de l'arbre, & qui reçoit le tenon du pivot de maniere qu'il ne puiffe tourner dedans.

O, est une des 5 chevilles qui servent à retenir les bouts de la chaîne, & les séparations des envergeures.

P, *P*, sont deux des 24 chevilles qui retiennent les 12 traverses *c*, *c*, &c. sur les tourteaux *D*, *D*, *D*, afin qu'elles soient plus solides dans l'arbre.

EXPLICATION DE LA HUITIEME PLANCHE.

LA Figure 1 représente la maniere dont deux des huit·ailes de l'ourdissoir rond sont formées par trois des grandes traverses qui se croisent au centre de l'arbre ; elles portent à chacune de leurs extrêmités un montant ; on a, pour rendre cet effet plus sensible, représenté l'arbre coupé par la moitié sur son diametre ; on voit le boulon, le pivot, les tourteaux & les clefs, ainsi que les entailles qui reçoivent à angles droits, de pareilles traverses.

La Figure 2 représente un assemblage de trois des petites traverses de l'ourdissoir, qui en forment une aîle.

La Figure 3 est l'assemblage des deux grandes traverses ; on y voit la maniere dont elles sont placées au centre de l'arbre.

La Figure 4 est une autre croix qui présente l'assemblage de quatre des petites traverses, telles qu'elles sont placées dans l'arbre, & retenues par les tourteaux.

EXPLICATION DE LA NEUVIEME PLANCHE.

LA Figure 1 est le plot à deux tringles sur le devant, & à deux poulies droites, entre lesquelles passe la brasse ; il est aisé de sentir l'imperfection de ce plot, qui n'a pas assez de tringles, pour conserver pendant l'ourdissage la séparation des deux divisions.

La Figure 2 est le plot à guide, formé d'une tringle recourbée en spirale ; dans l'anneau de laquelle passe la brasse.

La Figure 3 est le plot à trois tringles sur le devant ; celle du milieu sert à séparer la brasse en deux parties égales : ce que nous en avons dit le fera aisément reconnoître pour le meilleur de tous : on y voit deux grandes mortaises qui sont enfilées par deux montants, ce qui rend sa montée & sa descente beaucoup plus uniformes. Du reste il a deux poulies entre lesquelles coule la brasse.

La Figure 4 est un plot dont les tringles de devant sont de bois, & tournantes, ce qui donne une sorte d'aisance à la brasse, en ce qu'elle ne souffre aucun frottement.

La Figure 5 est un plot dont nous avons donné l'idée, vu par le bout du côté des tringles ; il en a quatre *a*, *a*, *b*, *b*, toutes tournantes, indépendamment de deux poulies droites entre lesquelles passe la brasse ; les deux petites
tringles

tringles *b*, *b*, divifent cette braffe en deux, ainfi qu'on le voit par les fils 1 & 2, qui repréfentent une braffe paffée entre les deux tringles *a*, *a* : on a dû voir en fon lieu pourquoi ce plot feroit préférable à tous les autres ; mais je ne fache pas qu'il ait jamais été exécuté.

La Figure 6 eft un plot qui differe de tous les autres par fa conftruction ; la braffe paffe entre les deux poulies droites ; elle y eft retenue au moyen d'une tringle de fer coudée, comme on le voit en *g* ; on place le petit bout 1, de cette tringle dans le trou *a* du plot, & fon bout 2 s'étend fur fa longueur du côté des poulies ; ce plot n'a point de mortaifes, mais il eft entaillé, ainfi qu'on le voit, de maniere à couler le long d'un montant à rainures, dont on a repréfenté un bout en *K*.

a, eft le guide du plot *Fig.* 2.

b, eft une tringle de fer recourbée fur fes deux bouts, telle qu'on s'en fert pour les bords du plot *Fig.* 6.

c, *c*, font deux tringles de bois tournantes, fervant au plot *Fig.* 4.

d, eft une palette de bois, percée de deux trous, qu'on fiche dans le plot *Fig.* 4, pour tenir par un bout les tringles *c*, *c*, qui tournent dans les trous de cette palette, ainfi que dans ceux du plot avec lefquels ils font exactement de niveau.

e, *e*, font deux tringles de fer telles qu'on les place fur les angles de tous les plots pour adoucir le frottement de la foie.

f, *f*, font d'autres tringles de fer qu'on place fur le devant d'un plot, au-deffus d'une des précédentes, pour retenir la braffe ou pour la divifer en deux.

g, eft une tringle de fer coudée qu'on met au plot, *Fig.* 6, pour retenir la braffe ; elle y eft placée de maniere à tourner fur fon petit bout 1, comme fur un pivot, & pour cet effet on le diminue un peu pour y former une efpece de tenon rond ; cette tringle peut auffi fervir à d'autres plots au même ufage, fa place eft en *a*, *Fig.* 2 & 6, dans un trou qu'on pratique exprès.

h, eft une cheville de bois qui fert d'axe à la poulie *i*.

i, eft une des deux longues poulies, qu'on met debout fur tous les plots, entre lefquelles on fait paffer la braffe, & qui la retiennent de droite à gauche, & de gauche à droite, fuivant le côté où tourne l'ourdiffoir.

k, eft le bout d'un montant, le long duquel on fait monter & defcendre le plot, *Fig.* 6.

La Figure 7, eft un montant de la cage de l'ourdiffoir fur lequel le plot *A*, monte & defcend à corde fimple.

La Figure 8, eft un pareil montant le long duquel le plot *A*, monte & defcend à corde triple.

La Figure 9, eft encore un montant le long duquel le plot *B*, monte & defcend à corde quadruple.

Etoffes de soie. II. Part.   D d d

La Figure 10 repréfente deux montans affemblés haut & bas, par une tra‑
verfe de la cage de l'ourdiffoir, entre lefquels le plot *A*, monte & defcend à
corde fimple ; au bout de la corde qui le tient, eft attachée la gance d'une cre‑
maillere de fer, dont on a fuffifamment fait connoître l'ufage ; cette cremaillere
eft fixée fur le plot affez folidement pour ne point fe déranger.

La Figure 11 repréfente encore deux montants femblables aux précédents,
le long defquels monte & defcend à corde double le plot *A* ; on doit fe fou‑
venir que ce doublement de la corde retarde la montée du plot & fa defcente.

La Figure 12 eft une *chape* de bois ou *moufle* à une feule poulie qui fert
au redoublement des cordes à boyau qui font monter les plots.

La Figure 13 eft une autre poulie dont la monture eft en fer, & la queue
eft en vis ; ces deux pieces font vues en double proportion des montants ; à la
premiere eft paffée un corde nouée par les deux bouts, au moyen de quoi on
l'attache à un clou ou à une cheville, ainfi elle ne peut fervir que pour le
haut de l'ourdiffoir ; mais la feconde dont la queue eft en vis, peut auffi s'attacher
au plot en place de celle *D*, *Fig. 2*.

La Figure 14 eft la gance de la cremaillere qu'on a coutume de faire en
fer.

La Figure 15 eft la cremaillere qu'on peut faire de cuivre ou de fer ; l'une
& l'autre de ces deux dernieres figures font vues en double proportion des au‑
tres pieces repréfentées dans la même Planche.

EXPLICATION DE LA DIXIEME PLANCHE.

La Figure 1 repréfente l'Ourdiffoir rond tout monté dans fa cage & prêt
à travailler ; on n'y a point fait voir les étayes, pour ne point multiplier les
objets.

La Figure 2 eft le banc à roue fur lequel s'affied l'Ouvriere pour faire tour‑
ner l'ourdiffoir, ce qui s'exécute au moyen de la manivelle *K*, qui fait tourner
la roue *I*, dans laquelle paffe la corde *L*, qui embraffe tous les montants de
l'ourdiffoir.

Développement du Banc.

A, eft la grande planche qui forme le deffus du banc.

B, *B*, *B*, *B*, font les quatre pieds du banc.

C, *C*, font les deux traverfes qui affemblent les quatre pieds du banc fur
la largeur.

D, eft la grande traverfe qui eft affemblée aux deux précédentes à tenon &
mortaife : on voit fur cette traverfe un petit cube de fer qui fert de *grenouille*
ou *pilete*, au pivot de l'arbre *F*.

E, *E*, font deux petits montants affemblés fur la traverfe *D*, & qui por‑
tent la petite planche *g*, qu'on ne peut pas voir fur la figure à caufe de la roue

I, qui la cache, mais qu'on a repréſentée à part : le trou qu'on y voit ſert à contenir l'arbre *F*, afin que le pivot ne puiſſe ſortir de ſa grenouille.

F, eſt l'arbre ſur lequel la roue du banc eſt ſolidement fixée.

G, *G*, ſont les deux pieces de fer dont le pivot eſt compoſé ; elles ſont vues en grand, eu égard à la proportion des autres pieces repréſentées dans cette planche, afin de les rendre plus ſenſibles ; celle de deſſus entre dans le bout de l'arbre, & celle de deſſous eſt aſſemblée avec la premiere par ſon tenon, de maniere qu'on peut l'en ſortir facilement lorſque ſa pointe eſt émouſſée par la force du frottement qu'elle éprouve dans le trou de la grenouille.

H, eſt la grenouille, dans un des trous de laquelle le pivot tourne.

I, *I*, repréſentent la roue vue en plan & de profil.

K, *K*, ſont les deux pieces de bois qui compoſent la manivelle de l'arbre.

La Figure 3 repréſente le plot à trois tringles & à une ſeule grande mortaiſe ; on l'a repréſenté ici en double proportion des autres pieces de cette Planche ; il eſt garni de toutes ſes tringles & de ſes deux poulies droites.

La Figure 4 repréſente le même plot dépouillé de toutes ſes pieces, & dans les mêmes proportions que le précédent.

La Figure 5 eſt le même plot vu géométralement.

M, eſt une poulie qu'on place dans la petite mortaiſe en devant du plot ſur ſon épaiſſeur ; c'eſt dans ſa rainure que paſſe la corde à boyau lorſqu'on fait monter le plot à corde double, triple ou quadruple.

N, *N*, ſont les deux poulies entre leſquelles paſſe la braſſe lorſqu'on ourdit ; elles ſont dans les mêmes proportions du plot.

O, *O*, ſont les deux chevilles à tête qui leur ſervent d'axe.

EXPLICATION DE LA ONZIEME PLANCHE.

LA Figure 1 repréſente une cantre droite ſimple, à deux diviſions.

Développement de cette Cantre.

A, eſt la planche qui ſert de baſe, montée ſur quatre pieds *B*, *B*, *B*, *B*.

C, *C*, ſont les deux montants des extrémités.

D, eſt le montant du milieu.

E, eſt la traverſe qui aſſemble les trois montants par le haut.

La Figure 2 repréſente une cantre droite double en largeur, avec cinq montants ; elle équivaut à deux cantres comme la précédente.

La Figure 3 eſt une cantre droite double, différente de la précédente en ce qu'elle eſt formée par deux cantres ſimples placées l'une devant l'autre, & portées ſur la même baſe.

La Figure 4 eſt une cantre droite quadruple, compoſée de deux cantres doubles comme celle Figure 2 ; elle vaut quatre cantres ſimples.

EXPLICATION DE LA DOUZIEME PLANCHE.

LA Figure 1 représente un jet simple à 60 broches ou tringles, 30 de chaque côté.

La Figure 2 est un jet double composé de deux jets pareils au précédent, placés sur la même base, l'un devant l'autre, à six pouces de distance.

La Figure 3 est un autre jet double, qui differe du précédent en ce qu'il n'a qu'un seul montant, & que sur chacune de ses faces, sur la largeur, on met deux rangées de trente tringles chacune, placées à quatre pouces de distance l'une de l'autre.

La Figure 4 est un jet quadruple, ou pour mieux dire, ce sont quatre jets simples comme celui *Fig.* 1, portés sur une même base, & placés de la maniere la plus convenable, pour pouvoir encantrer & ourdir facilement. Chaque jet, considéré comme simple, contient 60 rochets, ainsi le jet double en contient 120, & les autres à proportion.

EXPLICATION DE LA TREIZIEME PLANCHE.

LES trois pieces nécessaires à l'ourdissage qu'on voit dans cette Planche, sont placées comme quand elles travaillent.

La Figure 1 représente l'Ourdissoir rond vu géométralement.

La Figure 2 représente le banc à roue vu aussi géométralement ; cette figure ne représente rien dont le détail soit fort nécessaire : on voit un peu de la roue dont on a continué la circonférence par un cercle ponctué.

On distingue assez la manivelle à l'inspection, il faut remarquer le croisement de la corde, qui n'est nécessaire que pour qu'elle essuie un plus grand frottement sur la roue, sans quoi elle seroit sujette à glisser : en effet si au sortir de cette roue elle alloit tout de suite embrasser l'ourdissoir, elle ne poseroit jamais que sur une moitié de la roue, au lieu que de cette façon elle s'applique sur presque toute la circonférence.

La Figure 3 représente aussi la cantre droite vue par-dessus.

1, est la traverse d'en haut qu'on suppose transparente pour laisser voir deux rochets qu'on a ponctués.

2, 2, sont les montants des extrémités.

4, est celui du milieu.

On n'a pas cru pouvoir mieux faire sentir la position respective de ces trois pieces que par un plan géométral.

La Figure 4 représente la maniere dont on fixe les anneaux sur les traverses qui leur sont destinées ; on voit dans cette figure un bout de traverse, avec trois anneaux déja placés ; on a eu soin de représenter la ficelle qui les embrasse fort lâche, afin d'en faire mieux sentir l'effet : on voit par ce moyen que

cette

cette ficelle passe & repasse dans le même trou après avoir enfilé un des anneaux.

La Figure 5 représente la cantre à la Lyonnoise vue géométralement, garnie de 60 rochets pleins, & les bouts de la soie de chacun des rochets rangés comme quand on vient d'encantrer.

EXPLICATION DE LA QUATORZIEME PLANCHE.

LA Figure 1 représente une cantre droite tournante, imaginée par l'Auteur de cet Ouvrage, pour faciliter les ourdissages des chaînes. On a vu les propriétés de cette cantre dans la dixieme Section du sixieme Chapitre.

Développement de cette Cantre.

A, est la planche qui forme la base de la cantre tournante.

B, est l'arbre qui lui sert d'axe.

C, *D*, sont les deux planches qui en assemblent les montants haut & bas.

E, est un des quatre montants du milieu de chacune des quatre faces de la cantre.

F, est un des quatre montants qui en forment les angles.

G, est une des 240 broches qui servent d'axe aux rochets.

a, est un crochet, au moyen duquel on fixe la cantre, afin qu'en ourdissant aucun mouvement ne la fasse tourner.

b, est une vis, qui fixe le crochet sur la base de la cantre.

c, est un des quatre pitons en vis, qu'on place sur l'épaisseur de chacune des faces de la planche *D* ; c'est dans le trou de ce piton qu'on fait entrer le bout recourbé du crochet, lorsqu'on veut fixer la cantre.

La Figure 2 représente la même cantre en perspective où l'on voit deux faces garnies chacune de 60 rochets pleins de soie.

EXPLICATION DE LA QUINZIEME PLANCHE.

LA Figure 1 représente l'Ourdissoir rond en mouvement, sur lequel on vient de commencer d'ourdir une chaîne dont on ne voit qu'un tour & demi de la premiete musette.

La Figure 2 est le banc sur lequel l'Ourdisseuse est assise ; elle tient de la main gauche la manivelle au moyen de quoi elle fait tourner l'ourdissoir.

La Figure 3 est la cantre droite avec laquelle on ourdit à 40 rochets ; la distance qu'il y a entre l'ourdissoir & la cantre est ici plus grande qu'elle ne devroit être dans de justes proportions ; mais on a cru devoir en user ainsi pour rendre l'opération plus sensible, & la position de l'Ourdisseuse plus apparente.

La Figure 4 est la mainotte portée sur son pied ; c'est de cet ustensile qu'on fe fert pour chercher un fil caffé dont le bout a déja paffé fur l'ourdiffoir.

La Figure 5 repréfente une Ouvriere occupée à encantrer ; elle a déja mis quinze rochets , & on voit la maniere dont elle courbe la broche pour paffer le feizieme , & la remettre enfuite dans fon trou par la rainure.

Les Figures 6 & 7 font deux corbeilles où font des rochets pleins de foie qu'on employe en encantrant.

La Figure 8 eft une autre corbeille pleine auffi de rochets à côté de l'Our-diffeufe , pour remplacer ceux qui fe vuident en ourdiffant.

EXPLICATION DE LA SEIZIEME PLANCHE.

L a Figure 1 repréfente l'opération par laquelle on releve la chaîne de deffus l'ourdiffoir ; mais avant d'entrer dans le détail de cette figure , il faut voir en *B* , *Fig.* 2, *même planche* , le nœud coulant qu'on met dans la rainure de la cheville à relever , & que l'Ourdiffeufe ferre de toutes fes forces , en tendant la chaîne *A*. Retournons à la Figure 1.

L'Ourdiffeufe eft affife fur une chaife *A* , devant l'ourdiffoir , & tend la chaîne *B*, qu'elle a ôtée d'entre les tringles du plot *C*, mais qui paffe entre les deux poulies droites ; & avec le pied droit *D* , elle retient l'ourdiffoir , qui fans cela tourneroit d'une vîteffe extrême ; ainfi elle ne le laiffe aller qu'à mefure qu'elle pelotte la chaîne fur la cheville *E* : on a tâché de rendre fenfible aux yeux l'effort qu'elle fait.

On a repréfenté cet ourdiffoir dans une chambre , pour faire voir la maniere dont on roidit les étayes ou ponteaux *F* , *F* , *F* , *F* , *F*, dans tous les fens contre le plancher *G* , *G*, *G* , &c.

H, eft une corbeille remplie de rochets qui ont fervi à l'ourdiffage de la chaîne.

La Figure 3 repréfente une cheville fur laquelle eft une chaîne relevée ; on peut voir le bout *A* , tordu fur lui-même , & paffé fous le dernier tour *B* , vers un des bouts de la cheville : on a vu dans fon lieu la raifon de ce procédé.

La Figure 4 repréfente le bout fupérieur de la chaîne *A* , avec la maniere dont on place le cordon *B* , pour conferver l'envergeure *b* , *b* : l'étendue de la planche ne permettant pas de voir toute la chaîne, on a fuppofé qu'elle en for-toit pour revenir enfuite montrer comment au bout inférieur *C*, on tord l'ou-verture *d* ; & enfin de quelle maniere on met auffi un cordon *D* , pour confer-ver l'envergeure des mufettes *d, e* , produite par les chevilles errantes. Les cordons *B* , *D* , font ordinairement tournés autour de la chaîne pour plus de facilité ; mais on les a repréfentés étendus pour faire voir leur effet.

Explication de la dix-septieme Planche.

La Figure 1 repréfente une cantre droite dont on a fupprimé la bafe ; l'encantrage des rochets qu'on y voit eft celui des chaînes doubles & fimples dont nous avons parlé ; dans une divifion font 30 rochets, & 15 dans l'autre ; on a réuni les bouts de foie, pour faire voir comment on les prend en envergeant.

La Figure 2 repréfente une pareille cantre dont l'encantrage eft pour une chaîne fimple & triple ; on voit que pour 30 rochets dans une divifion on en a mis 10 dans l'autre : on a auffi réuni les bouts de foie, pour faire fentir l'effet de l'envergeure.

La Figure 3 eft encore une cantre droite pour une chaîne double & triple ; la premiere divifion contient 30 rochets, & l'autre n'en contient que 20 : voyez les bout des foie prêts à.enverger.

La Figure 4 repréfente l'arrangement des rochets pour une chaîne double & quadruple.

La Figure 5 repréfente un encantrage de chaîne triple & quadruple. Telles font les différentes manieres dont on combine l'encantrage des diverfes chaînes dont nous avons parlé. Comme jufqu'ici nous n'avons préfenté aux yeux que les effets d'une cantre droite, nous allons les offrir de nouveau avec la cantre couchée ; & comme on y paffe les fils dans les anneaux, l'affemblage des fils deviendra bien plus fenfible.

La Figure 6 repréfente les deux divifions d'une cantre couchée, ou bien un tiroir de cantre ou de carcaffe ; on y voit l'encantrage d'une chaîne double & fimple, les fils font paffés doubles dans une rangée d'anneaux & fimples dans l'autre, en laiffant à chaque divifion toujours un anneau vuide, avec cette différence que dans l'une paffe un fil double, & dans l'autre il eft fimple. La maniere dont on a repréfenté le croifement de ces fils ne permet pas à l'Ourdiffeufe de fe tromper : on a deffiné les fuivantes de même.

La Figure 7 répond à la Figure 2, & repréfente un encantrage fimple & triple.

La Figure 8 en repréfente un double & triple.

La Figure 9 eft un encantrage double & quadruple.

Enfin la Figure 10 en repréfente un triple & quadruple.

Pour ne laiffer rien à défirer fur un objet affez difficile, nous allons fuppofer une coupe de chaque cantre, & faire voir l'effet du croifement des fils au fortir de chaque rangée d'anneaux.

La Figure 11 repréfente un encantrage double & fimple.

a, *b*, font les traverfes à anneaux.

c, *d*, font les anneaux.

e, *e*, font deux rochets qu'on prend à la fois dans une divifion.

f, eft le rochet fimple de l'autre divifion.

Le fil de chaque rochet va au sortir de l'anneau se croiser en *g*, avec deux, trois ou quatre, &c. autres, selon l'encantrage.

La Figure 12 repréfente un encantrage fimple & triple ; les mêmes chofes y font défignées par les mêmes lettres que dans la figure précédente, ainfi que dans les fuivantes, pour éviter d'ennuyeufes répétitions.

On remarquera la jonction de trois fils avec un, en *g*.

La Figure 13 eft un encantrage de chaîne double & triple ; *voyez* la jonction des fils en *g*.

La Figure 14 eft un encantrage double & quadruple ; les fils font repréfentés de maniere à faire voir leur jonction en *g*.

Enfin la Figure 15, même planche, eft un encantrage triple & quadruple où quatre fils font croifés en *g*, par trois d'une autre divifion.

Nous aurions defiré pouvoir nous difpenfer d'entrer dans un auffi grand détail ; mais nous penfons qu'il vaut mieux être abondant qu'obfcur.

EXPLICATION DE LA DIX-HUITIEME PLANCHE.

LA Figure 1 repréfente la cantre à la Lyonnoife vue en perfpective ; fa longueur eft de 5 pieds 5 pouces, fa hauteur de 22 pouces, fans comprendre les traverfes à anneaux ; les montants à anneaux les plus élevés font de 15 pouces, ils font plus haut de 4 pouces que les autres, de forte qu'en tout cette cantre eft de 3 pieds 1 pouce.

Développement de cette Cantre.

A, *A*, *A*, *A*, font les quatre montants qui forment les angles de la cantre.

B, *B*, font les deux grandes traverfes inférieures qui affemblent les montants par le bas devant & derriere, & qui déterminent la longueur de la cantre.

C, *C*, font les deux petites traverfes qui affemblent les montants *B*, *B*, &c. par le bas, & qui déterminent la largeur de cette même cantre.

D, *D*, font les deux grandes traverfes qui affemblent les mêmes montants par le haut ; elles font percées chacune de trente trous à un pouce de leur bord fupérieur.

E, *E*, font les deux petites traverfes qui affemblent auffi les montants *B*, *B*, &c. par le haut, lefquelles avec les deux précédentes forment un quarré long.

F, eft la traverfe qui divife le quarré long, formé par les quatre précédentes, en deux parties égales fur fa largeur ; c'eft par elle que font formées les deux divifions de la cantre dans lefquelles on place les rochets.

G, *G*, font les deux montants qui portent la traverfe à anneaux la plus baffe.

H, *H*, font les deux autres qui portent l'autre traverfe à anneaux.

I, *I*,

I, I, font les deux petites traverfes qui tiennent les montants G, H dans un écartement convenable & les rendent folides.

K, eft une des deux traverfes à anneaux, percée de trente trous pour recevoir la ficelle qui retient les anneaux ; ces trous répondent perpendiculairement à ceux des traverfes D, D & F.

L, eft une des deux traverfes, qui fixées chacune fur celles D, D, en ferment les trous par le côté extérieur, afin que les broches qui fervent d'axe ne puif-fent fortir en aucune maniere ; celle de derriere ne fauroit être vue.

a, a, font deux petits morceaux de cuir qui fervent de charniere aux tra-verfes L, L.

b, eft une agraffe de verre qui fert d'anneau.

c, eft un anneau de verre.

d, eft une des trente eftiffures ou tringles, qui fervent d'axe aux rochets.

La Figure 2 eft un affemblage qui repréfente le devant ou le derriere de la cantre.

La Figure 3 repréfente un des côtés de cette même cantre.

EXPLICATION DE LA DIX-NEUVIEME PLANCHE.

CETTE Planche repréfente l'Ourdiffoir rond en mouvement avec la cantre à la Lyonnoife.

La Figure 1 eft l'Ourdiffoir fur lequel font 20 tours & demi de chaîne, ce qui, en fuppofant cet ourdiffoir à trois aunes de circonférence, donne foixante-une aunes & demie de longueur à cette chaîne. On voit par la pofition de la main de l'Ourdiffeufe, & par la maniere avec laquelle la braffe fe roule, que l'ourdiffoir tourne de droite à gauche ; on peut décider par-là que le plot defcend ; ce qui eft vifible par la pofition de la corde à boyau qui le fait mou-voir. (On doit fe rappeller la détermination qu'on a donnée à cet égard.)

a, eft le plot à trois tringles : on peut remarquer que celle du milieu fépare la braffe en deux parties ; c'eft-à-dire, que les fils de foie qui viennent de la divifion fupérieure de la cantre paffent fur cette tringle, & que ceux qui viennent de l'autre divifion paffent deffous.

L'ourdiffoir eft ici repréfenté folidement arrêté au moyen des étayes ou pon-teaux E, E, E, E, E, E, E, E, qui font placés en tous fens contre le plancher.

La Figure 2 repréfente l'Ourdiffeufe affife fur le banc à roue, dans la pofition où elle doit être.

La Figure 3 eft la cantre garnie d'autant de rochets qu'elle en peut contenir : l'intervalle qui fe trouve entr'elle & l'ourdiffoir eft plus grand qu'il ne doit être fuivant les proportions ; mais on a eu deffein de mieux repréfenter l'opé-tion ; car dans l'ordre naturel, la cantre ne doit être éloignée du montant du plot que de trois pieds & demi ou environ.

La Figure 4 est une table sur laquelle on voit en *a*, une écritoire, du papier en *b*, l'échantillon d'une étoffe rayée en *c*, un peigne du même compte de celui qui doit fabriquer l'étoffe pareille à l'échantillon en *d*, & en *e*, un compas.

Tout ce qui est sur cette table est nécessaire dans un atelier d'ourdissage où l'on est obligé de combiner les rayûres. Le peigne & le compas sont aussi très-nécessaires pour mesurer le nombre de dents que doit employer telle partie de fond ou de rayûre ; on se sert aussi du microscope lorsque la précision est tellement indispensable qu'on doive tenir compte même d'un fil sur l'échantillon.

La Figure 5 est la mainotte avec son pied, sur laquelle on roule la brasse pour trouver sur l'ourdissoir le bout d'un fil cassé.

A, est une corbeille pleine de rochets qu'on a vuidés en ourdissant.

B, est une corbeille qui contient des rochets pleins de soie pour substituer à ceux qu'on vuide en travaillant.

C, *D*, sont deux chevilles à relever les chaînes.

EXPLICATION DE LA VINGTIEME PLANCHE.

CETTE Planche représente un atelier d'ourdissage où deux Ouvrieres sont occupées à différentes opérations dont nous allons rendre compte.

La Figure 1 est un ourdissoir rond pareil à ceux qu'on a déja vus.

La Figure 2 représente une cantre à la Lyonnoise ; on y voit une Ourdisseuse occupée à encantrer ; elle tient de la main gauche un rochet qu'elle place dans la division de devant, (on se souvient comment on détermine l'une ou l'autre) & avec la main droite elle pousse une estissure pour en enfiler le rochet qu'elle tient. Cette figure désigne assez qu'on ne place les rochets de suite que dans une division, & que lorsqu'on y en a mis suffisamment, on en place à l'autre ; c'est l'usage ordinaire.

A & *B*, sont deux corbeilles qui contiennent des rochets pleins de soie pour l'encantrage.

La Figure 3 est une Ourdisseuse qui releve à chaînette une chaîne ourdie ; elle tient dans sa main gauche une partie repliée plusieurs fois, & avec sa main droite elle forme autant de boucles que cette opération l'exige.

C, est une corbeille dans laquelle l'Ourdisseuse met la chaîne quand elle est trop longue, & que tous les replis ne peuvent pas tenir dans sa main gauche.

La Figure 4 est l'ourdissoir de dessus lequel on releve la chaîne ; elle est passée entre les poulies du plot à l'endroit où passe la brasse en ourdissant. L'Ourdisseuse est obligée de retenir l'ourdissoir avec le pied, afin qu'il déroule à propos la chaîne à mesure qu'elle en forme les chaînons ou boucles de la chaînette.

La Figure 5 est le banc à roue.

La Figure 6 est une partie de chaîne levée à chaînette, on l'a placée sur les étayes de deux ourdissoirs, afin qu'on pût mieux suivre la forme des enlassements, & pour cela on l'a dessinée hors de proportions; si on veut prendre la peine d'examiner l'ordre des chaînons, on verra que chacun est replié de maniere que les deux bouts qui se croisent en s'enchaînant par-dessus, laissent par-dessous un troisieme chaînon qui va passer dans les deux voisins, de sorte qu'en retirant le dernier bout passé du côté *A*, la chaîne se dépliera tout d'un trait jusques au côté *B*, sans que rien s'y oppose; mais si on vouloit tirer par le côté *B*, chaque chaînon formeroit un nœud qu'on auroit beaucoup de peine à défaire.

Cet enchaînement procure à une chaîne une sorte d'avantage dont la soie à besoin lorsqu'elle n'est pas roulée fortement sur quelque cheville ou autrement; parce que chaque chaînon coupe la longueur de la soie à une distance si courte, qu'il en forme autant d'especes d'échevaux qu'il y a de ces chaînons; par ce moyen la soie ne peut pas plus se mêler que lorsqu'elle est en mateau avant le devidage. Cette méthode de relever les chaînes est la même dont se servent les Drapiers, les Tisserands, &c.

La Figure 7 est une chaîne levée à chaînette; elle est pliée par petites longueurs & serrée de maniere à former une petite botte de soie dont le lien est un des bouts même, avec lequel on a fait plusieurs tours; le dernier est entouré par ce bout plusieurs fois, afin qu'après avoir serré avec une force suffisante, on n'ait pas à craindre qu'aucune partie puisse s'échapper.

Explication de la vingt-unieme Planche.

La Figure 1 représente la cantre à tiroirs garnie de cinq tiroirs; on y voit un fourreau vuide dans lequel on peut placer le sixieme tiroir, *Fig.* 3, qui devroit être sur la cantre, mais qu'on a représenté à part pour en donner les dimensions.

La Figure 2 est la carcasse de cette cantre dépouillée de ses tiroirs & des planches qui en forment les fourreaux.

Développement de la cantre à Tiroirs.

On peut voir les pieces séparées sous les mêmes lettres.

A, A, A, A, sont deux des quatre montants qui forment les angles de la cantre à tiroirs.

B, B, sont les deux grandes traverses qui assemblent ces mêmes montants par le bas; leur longueur détermine celle de la cantre.

C, C, sont deux autres traverses qui les assemblent aussi le bas, & qui déterminent la largeur de la cantre.

D, D, D, &c. sont les douze traverses, qui assemblées moitié d'un côté moitié d'un autre avec deux des montants *A*, portent les sept planches qui forment les six fourreaux de tiroirs, & le dessus sur lequel on place celui qui travaille.

E, *E*, sont les deux traverses qui assemblent aussi les quatre montants par le haut, de sorte que de seize traverses dont on vient de parler, huit assemblées avec deux des montants *A*, forment un côté de la cantre, & les huit dernieres avec les deux autres montants *A*, forment l'autre côté.

F, *F*, sont les deux petits montants assemblés à tenons & mortaises sur les traverses *E*, *E*, qui portent une des traverses à anneaux.

G, *G*, sont les deux grands montants qu'on place sur les mêmes traverses, & qui portent la traverse à anneaux la plus élevée.

H, *H*, sont les deux petites traverses qui s'assemblent chacune avec un des montants *F*, *F* & *G*, *G*, pour la solidité & pour conserver le même écartement.

I, *I*, sont les deux traverses à anneaux, percées de trente trous, afin de contenir autant d'anneaux de verre pour l'usage de cette cantre.

K, est une des sept planches qui forment les fourreaux de la cantre.

L, est une des deux traverses qui servent à fermer extérieurement les trous des tiroirs quand ils sont en ouvrage, afin que les estissures qui servent d'axes aux rochets n'en puissent sortir.

La Figure 3 est un tiroir tel que ceux qu'on place dans les fourreaux de la cantre.

Développement du Tiroir.

A, *A*, sont les deux traverses qui forment les deux grands côtés du tiroir.

B, est une autre traverse qui le divise en deux parties égales sur sa largeur.

C, *C*, sont les deux petites traverses qui assemblent les trois précédentes par leurs extrêmités, & forment deux quarrés longs qui sont les deux divisions semblables à celles d'une cantre à la Lyonnoise, & au même usage.

La Figure 4 est une coupe de cantre à tiroirs vue de profil en travail.

La Figure 5 est une partie d'ourdissoir vue de profil, travaillant avec la cantre à tiroirs.

On voit en *a*, un fil de soie qui désigne la division supérieure de la cantre, & en *b*, un autre fil qui indique la division inférieure ; ces deux fils supposent une brasse vue de profil comme la cantre.

EXPLICATION DE LA VINGT-DEUXIEME PLANCHE.

La Figure 1 représente la cantre à tiroirs vue par derriere ; on voit dessus un tiroir où sont encantrés 60 rochets, dont tous les fils sont passés dans leurs

anneaux

anneaux & réunis au plot *A* : on peut voir en *B*, la braſſe diviſée en deux parties égales par la tringle du milieu, & retenue par celle de deſſus. Cette diviſion eſt marquée en *C*, derriere le plot, à l'endroit où l'on doit ſuppoſer l'ourdiſſoir, ſur lequel la braſſe ſe roule.

On a repréſenté en *D*, le montant de la cage d'un ourdiſſoir ſur lequel gliſſe le plot *A*.

La Figure 2 eſt un tiroir garni de 60 rochets pleins de ſoie, tels qu'ils ſont placés dans les fourreaux de la cantre.

La Figure 4 eſt un tiroir vu géométralement garni de trente eſtiſſûres ſans aucun rochet.

EXPLICATION DE LA VINGT-TROISIEME PLANCHE.

L A Figure 1 repréſente la carcaſſe ſans tiroir ; c'eſt une eſpece de cantre plus légere que celle dont on vient de parler : on place les tiroirs ſur cette carcaſſe à meſure qu'on en a beſoin.

Développement de cette piece.

A, *A*, *A*, *A*, ſont les quatre montants qui forment les angles de la carcaſſe.

Toutes les pieces ſont repréſentées à part ſous les mêmes lettres.

B, *B*, ſont les deux traverſes qui aſſemblent ces premiers montants par le bas.

C, *C*, ſont deux autres traverſes qui aſſemblent les mêmes montants par le haut, & qui avec les deux précédentes déterminent la longueur de cette cantre.

D, *D*, ſont les deux traverſes qui aſſemblent les montants par le bas, & forment les côtés de la carcaſſe.

E, *E*, ſont deux autres traverſes de même longueur que les précédentes, qui aſſemblent ces montants par le haut.

F, *F*, ſont les deux petits montants qui reçoivent les traverſes à anneaux.

G, *G*, ſont deux autres montants plus grands que les précédents, placés ſur les mêmes traverſes, & qui portent la ſeconde traverſe à anneaux.

H, *H*, ſont les deux petites traverſes qui aſſemblent chacune un des montants *F*, *F*, avec un de ceux *G*, *G*.

I, *I*, ſont les deux traverſes à anneaux, percées chacune de trente trous pour recevoir autant d'anneaux de verre.

L, eſt une planche poſée ſur les traverſes *C*, *C*, qui forme une eſpece de table ſur laquelle on place les tiroirs lorſqu'on veut s'en ſervir.

a, *a*, ſont les bouts des deux petites traverſes qui ſont aſſemblées à celles *C*, *C*, pour ſoutenir la planche *L*, & pour prévenir les écartements des deux traverses *C*, *C*, qui la portent; on peut en voir une en *a*, à part.

La Figure 2 est un corps de douze tiroirs, portés chacun par deux chevilles fichées dans des montants d'une force suffisante, qu'on retient contre un mur au moyen de happes de fer *a*, *a*, *b*, *b*.

Développement du corps de Tiroirs.

A, *A*, sont les deux montants fixés contre la muraille : on en a représenté un à part dépourvu de toutes ses chevilles ; il a sur sa longueur treize trous quarrés propres à en recevoir chacun une.

B, *B*, sont deux des chevilles qui portent les tiroirs hors de leurs trous.

La Figure 3 est un montant pareil aux deux dont on vient de parler, garni de treize chevilles, & vu de profil.

La Figure 4 est un marche-pied propre à atteindre aux tiroirs les plus élevés qui sont placés à la Figure 2.

Les pieds de cet escalier sont pliants pour qu'il tienne moins de place, & retenus par deux crochets de fer, pour prévenir un trop grand écartement.

EXPLICATION DE LA VINGT-QUATRIEME PLANCHE.

CETTE planche représente toutes les opérations de l'envergeage, & les effets que les envergeures bonnes & mauvaises peuvent produire.

La Figure 1 représente la coupe d'une cantre à la Lyonnoise, où l'on voit la maniere d'enverger par deux fils qui représentent une brasse.

A, suppose la cheville de l'ourdissoir où l'on accroche le bout de la premiere musette.

B, est le plot où passe la brasse.

C, est la main gauche d'une Ourdisseuse qui tient la brasse à poignée pendant que l'autre enverge.

D, est sa main droite qui tient l'envergeure entre l'index & le pouce.

a, & *b*, sont les deux fils qui représentent tous ceux des deux divisions: on n'en a mis que deux pour mieux faire sentir l'effet de l'envergeage ; on voit en *a*, le premier fil de la division supérieure qui passe sous le doigt index & sur le pouce de la main *D*, & le fil *b*, passe sur le doigt index & sous le pouce. Cette maniere d'enverger, comme on le voit, produit à la fois deux envergeures, une entre le doigt index & le pouce, & l'autre entre le même doigt index & la cantre. C'est de cette seconde envergeure qu'on peut profiter lorsqu'en ourdissant les chaînes unies, on ne veut pas se donner la peine de réenverger pour le retour de la musette, ce qui se pratique en faisant sauter le fil, comme on le verra dans l'explication de la Figure 6 de cette Planche.

La Figure 2 représente les mêmes envergeures que nous venons de voir, auxquelles on a supprimé les mains qui les tenoient, pour faire sentir la maniere de les placer sur les chevilles de l'ourdissoir.

A, B, eſt l'envergeure que l'Ourdiſſeuſe a formée ; C, D, eſt celle que produit naturellement la premiere avec les diviſions de la cantre; E, F, ſuppoſe l'endroit où la braſſe ſera pliée quand on la placera ſur la cheville G.

On doit voir qu'en quelque ſens qu'on replie la braſſe, les fils derniers ou premiers envergés ſe rencontreront en même direction ſur les chevilles H, H, L; car qu'on replie cette braſſe du côté du fil a, il formera un ſeulere avec lui-même ; qu'on la replie du côté du fil b, même inconvénient ; il n'eſt donc d'autre moyen pour prévenir ce défaut que de renverger ou de faire ſauter le fil.

La Figure 3 repréſente deux fils envergés, & placés ſur les chevilles de l'ourdiſſoir, tels que le premier envergeage en a déterminé la direction.

La Figure 4 repréſente la maniere d'enverger quand on ne veut pas profiter de la ſeconde envergeure, ou qu'on ne le doit pas, (comme quand on ourdit des chaînes rayées.) A, ſuppoſe encore la main gauche de l'Ourdiſſeuſe qui tient la braſſe à poignée, de même qu'à la *Fig.* 1. B, eſt la main droite qui enverge; l'envergeure formée entre le doigt index & le pouce de cette der-niere main fait voir qu'on a commencé cet envergeage par le même fil que celui de la Figure 1 : là on a commencé par le fil de la diviſion ſupérieure, & on l'a fait paſſer ſous l'index & ſur le pouce, *voyez Fig.* 1; ici on a pris le premier de la diviſion inférieure, & on lui a donné la même direction. Par quelque fil qu'on commence d'enverger à la ſeconde fois, pourvu qu'on lui donne la même direction qu'au premier, on évite le ſeulere; mais pour la plus grande perfection de l'ourdiſſage, il faut opérer comme cette Figure l'indique, ſans quoi la ſeconde envergeure produite par la premiere, non-ſeulement de-viendroit inutile, mais elle donneroit à l'Ouvrier qui fabrique l'étoffe la peine de la faire couler tout le long de la chaîne.

Le fil a, qui paſſe ſur la cheville e, & ſous celle f, eſt le même que celui b, qui paſſe ſous le doigt index & ſur le pouce de la main B; & le fil c, qui paſſe ſur la cheville f, & ſous celle e, eſt le même que celui d, qui paſſe ſur le doigt index & ſous le pouce. Si l'on compare leur derniere direction à leur premiere, on verra qu'il a fallu néceſſairement les changer de place pour don-ner à cette opération toute la perfection qu'elle exige ; en effet au premier envergeage le fil c, d, a été pris le premier, & à celui-ci c'eſt par le fil a, b, qu'on a commencé : cependant, ils ont chacun conſervé leur direction dans l'une & dans l'autre ; ſans cela, on ne ſauroit éviter les ſeulere. Lorſqu'on commence une chaîne quelconque, on doit toujours en enverger la premiere muſette de la maniere qu'⚫ repréſente cette Figure, ainſi que lorſqu'on ne pro-fite pas de la ſeconde envergeure produite par la premiere.

La Figure 5 repréſente une braſſe compoſée de dix fils, vue dans le mo-ment où l'on enverge; A, B, repréſente une diviſion de cantre dont on a ôté une traverſe pour laiſſer voir les rochets; C, D, ſuppoſe l'endroit où les fils font pliés en fortant des anneaux ; *E* eft la main gauche qui tient à poignée la braffe ; *F* eft la main droite qui enverge, elle a déja pris les fils *a* & *b*, fuivant l'ordre qu'elle doit continuer en envergeant ; elle va prendre le fil *c*, auquel elle donnera la même direction qu'à celui *a*; enfuite elle prendra le fil *d*, dans le même fens de celui *b*, & elle fuivra cet ordre jufques à la fin de fa braffe, de maniere que les fils *a*, *c*, *e*, *g*, *i*, pafferont fous le doigt index & fur le pouce, & que ceux *b*, *d*, *f*, *h*, *k*, feront placés fur le doigt index & fous le pouce ; on peut même, pour plus d'exactitude, fuppofer que les fils *a*, *c*, *e*, *g*, *i*, viennent de la premiere divifion de la cantre droite ou de la divifion fupérieure de la cantre couchée, & que ceux *b*, *d*, *f*, *h*, *k*, viennent de la feconde divifion de la cantre droite ou de la divifion inférieure de la cantre couchée ; en bornant cet exemple à dix fils, on l'a cru fuffifant pour donner au Lecteur toute l'explication que demande cette opération, qu'il eft très-aifé de concevoir auffi grande qu'on voudra.

La Figure 6 repréfente la maniere de faire fauter le fil lorfqu'on veut profiter de la feconde envergeure produite par la premiere ; on voit fur les chevilles *A*, *B*, les deux fils *a*, *b*, envergés, qui fuppofent une braffe entiere ; *C*, eft une main gauche qui tient la féparation de la feconde envergeure ouverte après en avoir fait fauter le fil *D*, & la main droite qui va prendre fur le doigt index & fur le pouce les ouvertures de cette envergeure *E*, pour la placer fur les chevilles *A*, *B*, dans la même pofition où elle fe préfente : on peut remarquer que cette envergeure placée telle qu'elle eft, ne peut point former de feulere ; parce que la direction du fil *c*, eft oppofée à celle du fil *b*, avec lequel il doit fe croifer en le joignant ; par la même raifon, celle du fil *d*, eft oppofée à celle de celui *c*, étant égale à la direction de celui *b*.

J'ai dit que pour réuffir dans la feconde opération on avoit fait fauter le fil, c'eft ce qu'on peut voir clairement en comparant la direction de ces fils avec ceux de la Figure 2 ; le repliement des fils de cette figure, en plaçant les deux envergeures telles qu'elles font, produit un feulere à la jonction des deux premiers fils : mais ici, après avoir fait fauter le premier fil de maniere à le faire devenir le dernier, on n'a plus à craindre le même inconvénient ; en effet fi l'on fait attention que le fil *a*, eft le même que le fil *c*, qu'il devroit dans l'ordre naturel de la premiere envergeure fe trouver devant le fil *d*, & que comme on le change de place, il fe trouve derriere, de forte que de dernier qu'il étoit, il eft devenu le premier, & que néanmoins en le changeant de place, il n'a pas changé de direction.

Le fil qu'on fait fauter enveloppe la braffe par un demi-tour qu'il fait fur elle, ainfi qu'on peut le voir fi l'on prend la peine de faire remonter l'ouverture *e* de la derniere envergeure pour la faire rejoindre à celle *f* de la premiere ; on verra qu'à leur rencontre fur la cheville *E*, le fil qu'on a fait fauter empêchera que ces deux ouvertures n'en faffent une nette ; & les deux fils

repréfentés

repréfentés fur cette figure produiront un effet femblable à celui de la Figure 8 ;
cependant dans une braffe où il y a une bien plus grande quantité de fils , ces
deux ouvertures n'en produiront qu'une fi on prend foin d'en écarter le fil
qu'on a tranfpofé.

La Figure 7 repréfente l'envergeage lorfqu'on ourdit une chaîne avec un
nombre de rochets impair ; dans ce cas, on doit prendre des précautions particulieres, non-feulement pour profiter de la feconde envergeure produite par l'effet
de la premiere , mais encore en envergeant chaque portée.

On voit ici, de même qu'à la Figure 2 , qu'en repliant la braffe fur la ligne
C , D , on aura inévitablement un feulere à la jonction de l'envergeure *A , B ,*
avec celle *E , F ,* fi on fait fauter le fil *a ,* pour le placer à côté de celui *c ,*
où qu'on tranfporte ce dernier à côté du premier , on aura encore un feulere , à
moins qu'on ne change la direction du fil qu'on tranfportera , de maniere que fi
après avoir placé l'envergeure *A , B ,* fur les chevilles de l'ourdiffoir , on veut
profiter de celle *E , F ,* on donnera à ce fil une direction oppofée à celle qu'elle
tient ; & fi l'on veut ne pas fe donner le foin de faire le tranfport d'aucun fil ,
il faut après avoir placé la premiere envergeure fur les chevilles , tourner la
main pour placer la feconde , c'eft-à-dire, tourner la braffe de maniere que les
fils de la divifion fupérieure foient par-deffous , & ceux de la divifion inférieure
par-deffus. Cela entordra néceffairement la mufette d'un demi tour , mais on
préviendra cet inconvénient, fi on veut prendre la peine en envergeant toujours comme il eft repréfenté par cette figure , de tourner la main en plaçant la
premiere envergeure , & de placer la feconde telle qu'elle fe trouvera.

Jufqu'ici on peut opérer de cette maniere pour les chaînes unies ; mais comme
pour les chaînes rayées , il faut abfolument enverger de nouveau , ainfi qu'on
l'a vu , voici la précaution qu'on doit prendre.

On fera la premiere envergeure comme celle *A , B* ; mais pour la feconde
au lieu de faire paffer le fil *a* deffous , il faut le faire paffer deffus , en le prenant dans un fens contraire à celui par où on l'a envergé la premiere fois.

On doit voir que lorfqu'on a formé l'envergeure *A , B ,* on a fait paffer le fil
a fous le doigt index & fur le pouce ; il faudra en formant la feconde , faire
paffer ce même fil fur le doigt index & fous le pouce ; par ce moyen la direction de ce même fil deviendra contraire à fa premiere pofition , & conféquemment plus de feulere : c'eft ainfi qu'il faut en ufer à toutes les portées de la
chaîne ; alors la premiere mufette fera toujours dans un fens contraire à la feconde par la direction de fes fils.

Toutes les fois qu'on ourdira avec un nombre de fils impair , on commencera
d'enverger par le premier fil de la divifion qui contiendra le plus grand nombre de
rochets, fans quoi à la fin de la braffe, il fe trouveroit deux fils de la même divifion
a enverger ; ce qui ne manqueroit pas d'induire à erreur une Ourdiffeufe peu

intelligente, & même quelquefois de faire prendre par inadvertence ces deux fils pour un feul.

La Figure 9 repréfente fix fils envergés tels que tous ceux d'une chaîne doivent l'être ; ils font roulés d'un côté fur une efpece d'enfuple *A*, & de l'autre ils font retenus par une baguette *B*; les verges *C*, *D*, font placées dans les féparations de l'envergeure, afin que les croix que ces fils forment entr'elles puiffent être apperçues.

Le fil 1 paffe fur la verge *C* & fous celle *D*, le fil 2 paffe fous la verge *C* & fur celle *D*, de forte que par leur direction oppofée ces deux fils forment une croix entre ces deux verges ; le fil 2 en forme une avec le fil 3, ce dernier en forme auffi une avec le fil 4, qui en forme un avec celui 5, & enfin celui-ci en forme une avec le fil 6. Toutes ces croix ne peuvent être formées que parce qu'un des deux fils paffe deffus une verge & fous l'autre, & que par une direction contraire, l'autre fil fe croife avec le premier ; ainfi tous les fils dont une chaîne eft compofée doivent être dirigés moitié comme ceux 1, 3 & 5, & moitié comme ceux 2, 4 & 6.

Par l'effet de cette envergeure il eft facile de concevoir qu'on ne peut faire fortir le fil 2 de deffus les verges, fans auparavant en avoir retiré le fil 1, en fuppofant qu'on voulût le faire fortir du côté *a*, car pour le faire fortir du côté *b*, il faudroit avant en avoir retiré ceux 3, 4, 5 & 6 ; cela prouve que l'envergeage eft un moyen infaillible pour que les fils reftent à la place qu'on leur a donnée, tout le temps que l'on met pour faire d'une chaîne une étoffe. On voit auffi par cette même opération, qu'on peut facilement prendre les fils les uns après les autres dans l'ordre exact qu'on leur a donné en ourdiffant, fans craindre que le fecond, fe préfente avant le premier, ni que le quatrieme puiffe prendre la place du fecond quoiqu'en même direction, parce que le troifieme a qui on a donné une direction oppofée fe trouve placé entr'eux, & ne leur permet pas de fe joindre, à moins qu'on ne le caffe ; dans ce cas ces deux fils formeroient un feulere, qu'on détruira en remettant le fil caffé à fa place.

La Figure 10 repréfente encore 6 fils envergés, & retenus par une efpece de rouleau *A*, d'un côté, & par une baguette *B*, de l'autre ; l'envergeure eft confervée par les verges *C*, *D* : on voit par ces fils l'effet des chaînes où en envergeant on a fait des feuleres ; on y voit auffi comment un feulere, produit par l'envergeage, en occafionne inévitablement un autre, en joignant la braffe mal envergée à une mufette déja ourdie, &c.

Le fil 1, eft bien envergé avec le fil 2, puifqu'ils forment enfemble une croix entre les deux verges *C*, *D* ; ce dernier avec le fil 3 font encore bien dans leur direction ; mais le fil 3 & celui 4 ont tous deux la même direction, ce qui forme le feulere ; car il eft facile de faire paffer le 3e devant le 4e, comme de laiffer le 4e devant le 3e, pour que rien ne s'oppofe entr'eux, ainfi qu'on peut l'éprouver par les fils 1, 2 & 3 ; en effet il eſt impoſſible ſans déranger l'ordre naturel de l'envergeage, qu'on faſſe joindre les fils 1 & 3, à moins de caſſer celui 2 ; & de même on ne ſauroit joindre le fil 4 avec celui 6, ſans retirer le fil 5. Il eſt évident qu'un ſeulere eſt une faute qu'on ne ſauroit trop prévenir ; la ſoie eſt une matiere ſi fine, qu'on peut bien ſans s'en apper-cevoir prendre les deux fils qui le forment pour un ſeul, ce qui fait qu'à la fin du nombre de fils qu'on croit avoir ourdis, il en faut ajouter autant qu'on a formé de ſeuleres. Ce défaut eſt moins conſidérable pour les chaînes unies que pour les rayées.

Si en envergeant on a fait un ſeulere, il en produit un ſecond ; qu'on ſe ſouvienne que le dernier fil d'une braſſe bien envergée a ſa direction oppoſée à celle du premier, ainſi qu'on peut le voir par la Figure 9 ; mais lorſqu'en envergeant on a fait un ſeulere, le dernier fil envergé prend la même direction que le premier, ce qui ſe voit par le fil 1, & le fil 6 de cette figure ; & ſi on veut prendre la peine de réenverger depuis le fil 4 juſqu'à celui 6, on corri-gera les deux ſeuleres qui ſe trouvent ſur cette même figure, parce qu'on leur fera prendre à chacun une direction oppoſée à celle qu'ils tiennent ; ainſi lorſ-qu'en ourdiſſant on s'apperçoit qu'on a mal envergé, on doit ou recommencer l'envergeage, ou du moins le reprendre au ſecond fil du ſeulere.

Un ſeulere induit ſouvent un *Tordeur* ou un *Remetteur* en erreur, ou pour le moins en doute, parce qu'ils ne peuvent pas déterminer ſi c'eſt une faute d'envergeage, un fil qui manque, ou un fil double, & qu'un fil qui ſe trouve caſſé par quelqu'accident produit un ſeulere, ce qu'on peut voir ſi l'on retire le fil 2 de la Figure 9 ; le fil 1, formera un ſeulere avec celui 3 ; alors on n'a d'autre reſſource pour ſçavoir ſi c'eſt un fil qui manque ou un ſeulere produit par une faute d'envergeage, que de compter exactement tous les fils de la mu-ſette dans laquelle ce ſeulere ſe rencontre ; avec cette précaution on ne peut pas ſe tromper, parce que ſi c'eſt un fil qui manque on trouvera un impair dans le nombre de ceux qui compoſent la muſette ; ſi c'eſt une faute d'envergeage le nombre des fils l'indique ; & ſi par hazard ce qu'on prend pour un fil manquant ou pour un ſeulere, eſt un fil doublé par le devidage, on le reconnoît par la même opération, parce que le nombre des fils qu'on trouvera excédera celui de la muſet-te : il eſt vrai qu'il faut ſçavoir à combien de fils les muſettes ſont ourdies, ce qu'il eſt facile d'appercevoir en en comptant une ou deux de celles où on n'a point trouvé de fautes, ou en comptant le nombre des portées dont une chaîne eſt compoſée.

EXPLICATION DE LA VINGT-CINQUIEME PLANCHE.

La Figure 1 repréſente un des rochets ſur leſquels on devide le filé or ou argent qu'on emploie dans l'ourdiſſage des chaînes ou des poils pour les étoffes de ſoie.

La Figure 2 eft un rochet pareil au précédent, mais il eft vu en plan.

La Figure 3 eft encore un rochet, tel que les deux précédents, vu plein de dorure; ces trois rochets font dans leur grandeur naturelle.

La Figure 4 repréfente la maniere dont on fufpend les contre-poids pour donner aux fils d'or & d'argent la tenfion néceffaire; *a*, eft une boucle de gros fil de fer ou de ficelle qu'on adapte par le bas au contre-poids *c*, & par le haut à la corde *b*; cette corde repréfente par le double contour qu'elle forme, la maniere dont elle embraffe les efpeces de poulies *A*, qui font aux rochets Figures 1, 2 & 3.

La Figure 5 repréfente une cantre droite dont la bafe eft fupprimée, & où font encantrés dix rochets pour ourdir une chaîne en or; on voit à chacun un contre-poids tel qu'on doit le placer; afin que celui de deffus ne touche pas à celui de deffous.

La Figure 6 eft la coupe d'une cantre à la Lyonnoife vue de profil où font deux rochets de dorure, tels qu'ils doivent être encantrés avec leur contre-poids.

La Figure 7 eft un contre-poids de forme quarrée.

La Figure 8 eft un autre contre-poids dont la forme le rend propre à la cantre droite, parce qu'elle eft moins longue que les autres, & conféquemment moins fujette à toucher les rochets qui font par-deffous.

Tous ces contre-poids peuvent être de plomb, ou de fer, ou de pierre; mais il eft plus à propos de les faire en plomb à caufe de leur peu de volume.

La Figure 9 eft une broche de fer fur laquelle font attachés deux petits refforts qui effuyent un frottement affez fort dans le trou du rochet, pour donner aux fils d'or une tenfion néceffaire pour les ourdir.

EXPLICATION DE LA VINGT-SIXIEME PLANCHE.

Concernant les différentes rayûres dont on a parlé dans cette feconde Partie, & les échantillons dont on a détaillé l'ourdiffage.

LA Figure 1 repréfente un échantillon d'étoffe ou un deffein de rayûre à une couleur fur un fond; il eft compofé de fept baguettes, & de fix parties de fond. 1, 1, 1, &c. font les baguettes, & 2, 2, &c. compofent le fond; cette rayûre peut fervir à toute forte d'étoffes, & on peut l'ourdir dans les couleurs qu'on défire; *a*, *a*, font les deux extrêmités de l'échantillon, qu'on doit regarder comme les deux lifieres, parce que pour quelqu'étoffe qu'on veuille employer cette rayûre, les deux bagüettes *a*, toucheront toujours les bords de l'étoffe, quelque nombre de fois qu'on la répete dans fa largeur.

La Figure 2 eft un deffein de rayûre à deux couleurs fans le fond; il eft compofé de huit baguettes & de fept parties de fond, les quatre baguettes fous le n°. 1,

font

font d'une même couleur, les quatre autres sous le n°. 2, font d'une couleur
oppofée, & les fept parties marquées 3, font celles qui compofent le fond ;
cette rayûre peut auffi fervir à toutes fortes d'étoffes, & on peut lui donner
les couleurs qu'on jugera à propos, *b*, *b*, en fuppofent les deux lifieres.

La Figure 3 eft une rayûre de deux couleurs en plufieurs nuances fur un fond
à volonté, convenable à une étoffe quelconque; elle eft compofée de neuf baguettes, & de dix parties de fond : les quatre baguettes marquées 1, font toutes
d'une même couleur, celle cotée 2, eft une baguette d'une couleur oppofée,
& les quatre cotées 3, font nuancées; ces dernieres peuvent être prifes dans
une feule des huit nuances dont j'ai parlé dans le cours de cet Ouvrage; elles
peuvent auffi être prifes dans deux; c'eft-à-dire, que pour conferver un ordre
fymétrique dans cette rayûre, on pourroit faire les deux baguettes nuancées
dont une eft à chaque bout de la rayûre d'une nuance, & celles qui font à
côté de la baguette 2, d'une autre : les dix parties cotées 4, compofent le fond :
C, *C*, font les deux lifieres.

La Figure 4 eft encore un deffein de rayûre pour l'étoffe à laquelle on jugera
à propos de l'employer; il repréfente ce qu'on appelle *nuances fermées*, &
nuances ouvertes, il eft compofée de cinq baguettes, dont deux d'une feule
couleur, & les autres à nuances, & de deux parties de fond ; les deux baguettes 1, 1, font d'une feule couleur; celles 2, 2, font celles qu'on nomme
nuances ouvertes; parce que le brun de chacune de ces deux nuances eft adoffé
l'un contre l'autre, & que le clair de chacune fuit à droite & à gauche ; ainfi
chacune de ces deux baguettes eft appellée *baguette à deux nuances ouvertes*.
La baguette 3, eft à quatre nuances fermées, parce que les deux nuances du
milieu ont leur teintes claires qui fe joignent, & les deux autres font tournées
dans le même fens que les premieres, c'eft-à-dire, de façon que le clair fe
joindroit fi les nuances du milieu ne les en empêchoient. On peut mettre dans
des rayûres, des baguettes compofées de fix, huit, nuances fermées & davantage,
en les rangeant dans l'ordre de celle qu'on vient de voir, comme auffi on pourroit en compofer de huit, dix nuances ouvertes en les rangeant dans un ordre
inverfe. Il fuffit de fçavoir que dans la compofition de ces baguettes, le
Deffinateur n'eft pas afservi à donner la même largeur à toutes les nuances
qui compofent une baguette, ni à les exécuter dans la même couleur; car une
nuance fermée ou ouverte dans les teintes rofes peut être fuivie d'un autre
dans les teintes vertes, ou dans un autre couleur, &c. Cette obfervation peut
fervir pour le Fabriquant qui, fans changer l'ordre de fa rayûre, veut faire quelque changement dans celui des couleurs qui en compofent les baguettes : 4, 4,
font les deux parties de fond de la rayûre ; *d*, *d*, font les lifieres.

La Figure 5 eft un autre deffein de rayûre à nuances ouvertes différentes
de celles du précédent : il eft compofé de cinq baguettes, dont une à une
feule couleur, & les autres à nuances, & de quatre parties de fond; la baguette

1, est d'une seule couleur; les deux baguettes 2, 2, sont composées chacune de deux nuances où l'on voit que le clair de chacune va se perdre dans le fond, & l'obscur de l'une est adossée à celui de l'autre; ainsi toutes les fois qu'on trouvera dans les rayûres des nuances qui tiendront cet ordre, quand même il y en auroit dix, on les nomme *baguettes à tant de nuances ouvertes*: les deux baguettes 3, 3, sont aussi des nuances ouvertes par la même raison; e, e, sont les baguettes qui touchent aux lisieres. Toutes les parties du fond de cette rayûre sont cotées 4.

La Figure 6 est un dessein de rayûre dont les baguettes sont les unes à nuances & les autres paonnées, c'est-à-dire *Pas d'un, Pas d'autre*. Cette rayûre est composée de sept baguettes, quatre à nuances & trois paonnées, & de deux parties de fond. Les quatre baguettes 1, 1, 1, 1, sont à nuances ouvertes, deux étroites & deux plus larges; les trois baguettes 2, 2, 2, sont celles qu'on nomme *paonnées*, parce qu'elles sont ourdies à deux couleurs opposées, dont l'une forme un pas, & l'autre forme l'autre: on fait marquer des petits carreaux à ces baguettes pour les rendre plus distinctes des autres; cependant on leur fait quelquefois faire cannelé. Dans le dessein dont il est ici question, les carreaux sont marqués plus grands qu'ils ne le sont ordinairement dans les baguettes de cette espece; mais je les ai ainsi représentés afin qu'on en apperçoive plus facilement l'effet. Ces baguettes sont toujours ourdies doubles, par ce moyen elles sont plus marquantes, & rendent mieux l'effet qu'on en attend, il s'agit seulement d'employer deux couleurs qui s'opposent bien l'une à l'autre. L'ourdissage de ces baguettes est ce qu'on nomme *doubleté*: 3, 3 font les deux parties de fond de la rayûre dont il s'agit; *f, f*, font les côtés des lisieres.

Les six rayûres que je viens d'expliquer doivent suffire pour donner une idée nette de toutes celles qu'on peut faire & ourdir. Sur celles-là on peut en composer à l'infini, en ajoutant ou diminuant la largeur des baguettes ou leur nombre, de même que les différentes nuances, en les renversant selon qu'on pense que leur position deviendra agréable.

Suite de l'explication de la même Planche, concernant les Desseins des différentes rayûres dont l'ourdissage est rapporté dans cet Ouvrage.

LA Figure 7 est le dessein de la rayûre supposée dans la troisieme Section du treizieme Chapitre; ce dessein est composé de sept baguettes & de six parties de fond; les baguettes sont toutes supposées de la même couleur; il a été déterminé pour un taffetas ourdi en blanc, & les baguettes cramoisies: les deux baguettes 2, 2, sont de six dents chacune, celles 3, 3, sont de deux dents, celles 4, 4, sont de quatre dents, & celle 5 est de trente dents; les deux grandes parties de fond 6, 6, sont de 93 dents chacune; les deux parties

7, 7, font de deux dents, & les deux 8, 8, font de trois dents: la largeur de cette rayûre du point *a*, au point *b* eft de cinq pouces, ce qui produit le quart de l'étoffe pour laquelle elle eft deftinée ; le nombre de dents qu'elle doit occuper au peigne eft de 250, qui font le quart de mille que doit avoir ce même peigne.

La Figure 8 eft le deffein de la rayûre fuppofée à la neuvième Section du Chapitre treizième ; fa difpofition eft faite pour un fatin de 20 pouces de large fur un 1000 de peigne, dont la rayûre prend le quart de cette largeur & du nombre des dents, ce qui nous donne 5 pouces ; & 250 dents qu'on a déterminées à cinq fils pour chacune : la largeur des baguettes eft la même que dans la huitième Section du même Chapitre. Cette rayûre eft compofée de fix baguettes & de cinq parties de fond ; la largeur des deux baguettes 1, 1, eft de quatre lignes, & contient dix-fept dents ; celle des deux parties 5, 5, qui fuivent ces deux baguettes font d'une ligne chacune, & elle comprend quatre dents ; la largeur des deux baguettes 2, 2 eft de deux lignes chaque, elle elle comprend neuf dents; la largeur des deux parties de fond 4, 4, font de dix-huit lignes, elles comprennent foixante-quinze dents chaque ; la largeur des baguettes 3, 3 eft de quatre lignes & comprend feize dents ; la largeur du fond 6, eft de deux lignes, & comprend huit dents. J'ai donné ces largeurs & le nombre de dents que chacune contient, pour faire voir l'exactitude qu'on doit apporter à ces fortes de combinaifons : quoique cette rayûre foit détermi-née pour un fatin, elle peut-être employée à tout autre étoffe, en en faifant une combinaifon convenable. La largeur de cette rayûre eft le quart de celle du peigne pour laquelle elle eft deftinée ; ainfi du point *c*, au point *d*, elle a cinq pouces ; elle eft fuppofée à fon ourdiffage pour un fond blanc, & les baguettes bleues.

La Figure 9 eft la rayûre fuppofée à la onzieme Section du même Chapitre: parmi les neuf baguettes qui la compofent, il y en a d'une feule couleur, & d'autres à nuances ; elle eft fuppofée pour un *Pekin* à trente pouces de largeur, dont le peigne eft de 1500 dents ; elle doit être répétée cinq fois dans la lar-geur de l'étoffe, ainfi elle aura fix pouces du point *e* au point *f*, ce qui eft le cinquieme de cette largeur.

Les deux baguettes 1, 1, qui forment les extrêmités de la rayûre font fup-pofées nuances rofes ; les deux baguettes 2, 2, font vertes ; les deux baguettes 3, 3, font nuances lila ; les deux baguettes 4, font rofes d'une feule teinte, & la baguette 5 eft en deux nuances vertes & ouvertes ; les fonds 6, 6, 7, 7, 8, 8 & 9, 9, font fuppofés blancs.

La Figure 10, eft le deffein de la rayûre fuppofée à la treizieme Section du même Chapitre : elle eft compofée de vingt-neuf baguettes & de vingt-deux parties de fond ; les baguettes font de plufieurs couleurs, & paonnées, mais fans nuances. Celles 1, 3, 9 & 13, font fuppofées couleur de rofe premiere teinte ; celles 2, 5, 8, 10, 11 & 12, font vertes quatrieme teinte ; celles 4, 6 & 14, font violettes fixieme teinte ; celles 7 & 15, font mor-doré & chamois par leur doubleté. Les parties 16, 17, 18, 19, 20, 21, 22, 23, 24 & 25, font celles qui compofent tout le fond. Les baguettes doubletées font nommées *paonnées*, *canelées*, parce que chaque couleur eft dans toute la largeur de la rayûre. Ce deffein a été encore deftiné pour un *Pekin* large de vingt-fept pouces, ou autrement dit en cinq huitiemes d'aune. Le peigne de cette étoffe eft un 1600 dents, à quatre fils doubles par dents : la largeur de la rayûre prend le quart de celle de l'étoffe, ainfi elle doit être répétée quatre fois dans cette même largeur, ce qui lui donne fix pouces & neuf lignes, du point *g* au point *h* : l'écartement qui fe trouve dans les deux couleurs qui fuppofent le paonné, eft plus grand de plus de la moitié de ce qu'il doit être ; il eft ainfi repréfenté pour en mieux faire fentir l'effet : les deux baguettes 1, 1 font de deux dents chacune, celles 2, 2 font de fix dents, celles 3, 3, font de deux dents, les deux baguettes 4 font de fix dents, celles 5, 5, font d'une dent, celles 6, 6, font de deux dents, celles 7, 7, font de dix dents & paonnées, celles 8, 8, font de deux dents, celles 14, 14, font de trois dents, & celle 15, eft de quatorze dents doubletées.

Les deux parties de fond 16, 16, font de fix dents chaque, celles 17, 17 font de foixante dents, celles 18, 18, font de trois dents, les quatre 19, 19, 19, 19, font d'une dent ; 20, 20, font deux parties de fond de foixante-douze dents chaque ; les parties 21, 23 & 24, font de deux dents, & celles 25, 25, font d'une dent.

J'ai cru devoir donner le détail exact du nombre de dents dont toutes les parties de la rayûre font compofées, afin qu'on puiffe d'un coup d'œil en connoître toute la valeur, pour en faire l'application à telle étoffe qu'on voudra.

La Figure 11 eft un deffein de rayûre dont l'effet eft produit par un poil qui forme un cannelé continuel de chaque baguette ; le fond de la chaîne eft d'une feule couleur, excepté l'endroit fur lequel le poil fe place, qui eft ordinairement de fa couleur : fi l'on ne prenoit pas cette précaution, la couleur de la chaîne, jointe à celle de la trame, abforberoit beaucoup celle du cannelé ; ainfi fi l'on veut enrichir une étoffe par un poil qui lui eft abfolument étranger, à moins que ce ne foit pour lui donner un agrément de plus, il faut que ce poil rende tout fon effet, autant qu'il eft poffible ; c'eft cette raifon qui détermine à former fur la chaîne les mêmes bandes ou baguettes que le poil doit enrichir quand il eft placé deffus.

Ce deffein préfente cinq baguettes & fix parties de fond ; les cinq baguettes font toutes canelées ; celles 1, 1, forment chacune une bande de vingt-quatre dents cramoifi ; la bande 2, eft compofée de quarante-fix dents auffi cramoifi, & les deux bandes 3, 3, font compofées chacune de neuf dents

vertes

vertes de la quatrieme teinte, les six parties de fond ne font point détermi-nées dans la fixième Section du quatorzieme Chapitre, où cette rayûre eft fuppofée, parce que l'ourdiffage de la chaîne n'y eft pas rapporté ; cependant comme j'ai déterminé le genre d'étoffe pour lequel ce poil eft ourdi, j'ajouterai que les parties de fond 4, 4, font de fept dents chacune, que celles 5, 5, font de quatre-vingt-dix-huit dents chaque, & que celles 6, 6, font de vingt-cinq dents ; cette rayûre eft difpofée de maniere à prendre le tiers de la largeur de l'étoffe, de forte que du point *i*, au point *k*, elle a fix pouces & huit lignes.

La Figure 12 eft une rayûre pour un poil doubleté & fimpleté à bande cannelée, dont on a parlé dans la feptieme Section du même Chapitre ; elle comprend treize bandes cannelées entre lefquelles il y en a trois doubletées ; le fond eft de dix parties. Les deux bandes 1, 1, font de quatre dents chacune, elles font fuppofées vertes de la cinquieme teinte ; les bandes 2, 2, font de vingt-quatre dents chacune, & font rofes de la troifieme teinte ; les bandes 3, 3, font de feize dents toutes vertes, de la cinquieme teinte ; les bandes 4, 4, font de douze dents doubletées, elles font chamois & mor-doré ; c'eft-à-dire, *un Pas d'une couleur, & un Pas d'un autre* ; les bandes 5, 5, font de huit dents, elles font rofes de la troifieme teinte ; les bandes 6, 6, font de quatre dents chacune & toutes vertes, de la quatrieme teinte ; la bande 7, eft de foixante dents, elle eft doubletée par un *Pas mor-doré* & un *Pas chamois* ; la rayûre produit deux couleurs l'une fur l'autre dans les bandes doubletées qui s'oppofent l'une à l'autre ; de forte que dans ces bandes, on voit un cannelé d'une couleur furmonté par un d'un autre alternativement ; tel eft l'ordre que fuivent ordinairement les doubletés cannelés : dans les bandes vertes & rofes qui com-pofent celles qui ne font pas doubletées, on a le foin d'ourdir à la chaîne, des baguettes de la même couleur pofitivement à l'endroit de cette chaîne où ces bandes doivent être placées ; mais fous celles qui font doubletées, on ne fau-roit placer deux couleurs qui puiffent s'accorder avec les deux du poil qui doivent les couvrir, ainfi on laiffe fubfifter dans cette place la couleur du fond de la chaîne, à moins qu'on ne veuille y mettre celle des deux couleurs du poil qu'on veut faire dominer.

Quoique dans l'ourdiffage du poil dont il eft queftion je n'aye donné que la combinaifon des bandes dont la rayûre eft compofée, fans marquer les diftan-ces qu'elles doivent avoir de l'une à l'autre, parce que j'ai fuppofé la chaîne ourdie, on pourroit en mefurant la largeur de chaque partie de fond, favoir non-feulement quelle eft la diftance d'une baguette à l'autre, mais on fauroit auffi combien cette même diftance occupe de dents dans le peigne ; je fais cette obfervation, non pas par rapport à la rayûre fuppofée, mais pour que dans toute autre rayûre, on fache de quelle maniere il faut s'y prendre pour connoî-tre l'étendue des fonds à raifon des étoffes pour lefquelles on veut ourdir ; ainfi les deux parties de fond 8 , 8 , qui féparent chacune une des bandes 1 , 1 , d'avec une des bandes 2 , 2 , font de douze dents ; les fonds 9 , 9 , font de quatorze dents ; ceux 10 , 10 , font de foixante-feize dents ; les deux 11 , 11 , font de quarante-fix dents , & les deux 12 , 12 , font de huit dents ; par ce moyen on peut voir que le nombre des dents comprifes dans les différentes parties du fond , avec celles qui font comprifes dans les bandes , font la fomme de cinq-cents dents formant la moitié du peigne pour lequel la rayûre a été fuppofée. La diftance du point *l* au point *m* , eft de dix pouces , qui eft la moitié de la largeur de l'étoffe.

La Figure 13 eft un deffein pour un taffetas brillanté dont l'ourdiffage du poil eft donné dans la huitieme Section du même Chapitre ; ce poil fur le deffein eft divifé en dix bandes , dont les féparations donnent onze parties de fond ; les deux bandes 1 , 1 , font fuppofées blanches , & prennent fix dents ; celles 2 , 2 , font violettes à nuance ouverte , elles font de deux dents ; les bandes 3 , 3 , font rofes fans nuance , elles font de douze dents ; celles 4 , 4 , font aurores nuances ouvertes , & occupent trente-deux dents ; & celles 5 , 5 , font de foixante dents nuances vertes , fermées & doubletées blanc. Dans l'ourdiffage du poil , il n'eft pas fait mention de la largeur des parties du fond qui en féparent les bandes , par la même raifon que ci-deffus , & cependant voici le nombre de dents qu'elles employent ; les parties de fond 6 , 6 , font de huit dents ; celles 7 , 7 , font de dix dents ; celles 8 , 8 , font de foixante dents ; celles 9 , 9 , font de dix-huit dents ; celles 10 , 10 , font de douze dents , & celle 11 , eft de quatorze dents. Dans les bandes 5 , 5 , on doit appercevoir une couleur qui s'oppofe à l'autre , c'eft ce qui marque le doubleté. Ces fortes de deffeins peuvent être enrichis par des raies à la chaîne qui accompagnent les bandes du poil ; les taffetas cannelés en font auffi fufceptibles.

J'ai donné un exemple de taffetas brillantés , quoiqu'ils foient à-peu-près du même genre des cannelés , parce que l'on pourroit croire fur les deffeins ou fur les échantillons que l'ourdiffage en eft plus difficile ; cependant , comme on peut le voir , l'un eft égal à l'autre , la différence confifte dans l'ordre du deffein feulement , & la difficulté eft pour celui qui monte le métier qui doit en faire l'étoffe , & pour l'Ouvrier qui la fabrique , mais non dans l'ourdiffage.

Le deffein dont il s'agit ici , eft pour un taffetas de vingt-fept pouces de largeur à trois chemins , de forte qu'il a neuf pouces de largeur en le mefurant du point *n* au point *o* : je dois obferver qu'il y a des brillantés fous plufieurs deffeins ; on peut en varier le goût à l'infini , de même que ceux des autres rayûres.

La Figure 14 eft un deffein pour un taffetas brillanté enrichi par des bandes ou baguettes fatinées ; ce deffein n'eft aucunement déterminé pour fa largeur , l'ourdiffage qui en eft rapporté n'eft que pour le poil feulement ; ce n'eft pas que l'on ne puiffe l'employer pour quelques taffetas ; mais je ne le rapporte que pour faire voir qu'on peut faire accorder des raies fatinées avec des raies cannelées dans toutes fortes de taffetas ; il s'agit feulement que les parties qui compofent les cannelés qui forment le deffein du brillanté foient d'accord avec *l'armure* du fatin, ainfi que celles qui compofent les cannelés ordinaires. (On verra la maniere de faire cet accord dans le traité de la Fabrication de cette Etoffe.) L'ourdiffage du poil qui forme les baguettes ou bandes de ce deffein, eft celui qui eft rapporté à la dixieme Section du Chapitre quatorzieme ; les deux bandes 1, 1, font fatinées, elles font chacune de huit dents en les comparant à un taffetas de vingt pouces de largeur en mille dents de peigne ; la bande 2, eft fatinée auffi, elle eft de vingt-cinq dents ; les deux bandes 3, 3, font brillantées, elles font de quinze dents ; quant aux parties du fond, on peut les apprécier en les comparant aux bandes en proportion de la largeur du peigne, tel qu'il vient d'être fuppofé : cette rayûre a du point *p* au point *q*, trois pouces de largeur.

La Figure 15 eft un deffein de rayûre pour le poil d'un cannelé à bandes tripletées : ce deffein eft compofé de quatre bandes, & de cinq parties de fond ; chacune de ces bandes eft tripletée, c'eft-à-dire, qu'elles produifent dans le fens de la longueur de l'étoffe trois couleurs différentes, fans y comprendre celle du fond ; c'eft pour montrer à-peu-près l'effet des tripletés dont il eft parlé dans la neuvieme Section du quatorzieme Chapitre, que je rapporte ce deffein ; on doit remarquer que chaque bande produit trois couleurs les unes fur les autres ; celles 1, 1, 1, 1, marquent une couleur claire ; celles 2, 2, marquent une couleur moyenne, & celles 3, 3, marquent une couleur foncée : ces trois couleurs ne font pas ordinairement de la même nuance, au contraire elles font très-oppofées ; les parties 4, 4, 4, 4, font celles qui compofent le fond.

Quoique je préfente ce deffein fous des bandes cannelées, ce n'eft pas qu'ordinairement on faffe des étoffes dont les bandes cannelées foient tripletées, c'eft feulement pour faire voir la différence qu'il doit y avoir d'une couleur à l'autre ; car on ne fait ces fortes de taffetas qu'avec des deffeins à fleurs. Je ne donne point de proportion pour les bandes qui compofent la rayûre de ce deffein, ni la quantité des dents que chacune peut occuper dans un peigne, parce que cela eft indéterminé.

La Figure 16 eft un deffein de rayûre pour le poil d'un taffetas quadrupleté ; ce deffein eft compofé de trois bandes toutes quadrupletées, ainfi qu'on peut le voir par l'effet que produit chacune d'elles : ces effets font déterminés par quatre couleurs différentes qui ne doivent pas être, non plus que celles du tripleté, de la même nuance ; les mêmes raifons qui fubfiftent pour le tripleté, m'ont fait donner ce deffein fous des bandes cannelées, quoique l'on ne faffe jamais de taffetas dont les bandes foient à quatre couleurs les unes fur les autres, ces fortes de taffetas font ordinairement fous des deffeins à fleurs, mais ils font rares; je ne les ai rapportés que pour prouver la poſſibilité de l'ourdiſſage: les parties 1, 1, 1, des bandes déſignent une couleur claire; celles 2, 2, 2, en marquent une plus foncée que la premiere; celles 3, 3, 3, marquent une couleur qu'on diſtingue des deux précédentes; & celles 4, 4, 4, en marquent une qui eſt oppoſée à toutes les autres.

Les tripletés & quadrupletés peuvent être faits à pluſieurs nuances pour chacune de ces bandes, ainſi que par des couleurs différentes ſans nuances; l'attention la plus grande qu'on puiſſe y apporter, c'eſt d'avoir ſoin que non-ſeulement les couleurs qu'on y emploie, ne ſoient pas de la même nuance; mais que chacune de ces couleurs ne ſoit pas dans leur genre au même dé-gré de teinte; parce que les rapports que les couleurs ont entr'elles dans l'é-galité de leur teinte, rend les couleurs mornes & ne leur donne aucun jeu, attendu que l'une abſorbe l'autre; au lieu que lorſqu'on donnera dans les trois couleurs des tripletés, ou dans les quatre des quadrupletés des teintes qui ſeront ſenſiblement oppoſées les unes aux autres, on eſt ſûr du ſuccès de ſes deſſeins par le jeu différent de chacune des couleurs, ainſi qu'on peut le voir en com-parant les teintes d'une couleur à celles d'une autre: je ſuppoſe qu'on em-ployât pour un tripleté le verd, le lilas & l'aurore, & qu'on prît la troiſieme teinte de chacune, il eſt certain que ces trois couleurs produiroient un effet très-égal entr'elles, parce qu'aucune ne céderoit à l'autre, étant toutes les trois au même dégré; mais ſi des mêmes couleurs on employoit la premiere teinte du verd, la quatrieme du lilas & la huitieme de l'aurore, on trouveroit un effet bien différent, parce que l'une feroit valoir l'autre. La même raiſon exiſte pour les quadrupletés; quand pour des deſſeins tels que ceux dont il s'agit ici, on employera des nuances pour chacune des couleurs, on pourra, ſi on veut voir un effet flatteur, ne point employer la nuance entiere de chacune, on ſe contentera de cinq teintes en mettant d'une des nuances depuis la premiere juſqu'à la cinquieme, de l'autre depuis la quatrieme juſqu'à la huitieme, & en variant ainſi, on trouvera que les effets ſeront plus animés que ſi des unes & des autres on employoit les nuances entieres.

Ces obſervations ne regardent pas l'ourdiſſage directement, mais elles inté-reſſent les Fabriquants qui cherchent à répandre de la fraîcheur dans leurs étoffes, elle ne peut s'y rencontrer que par l'ordre que l'ourdiſſage donne aux couleurs par ſa diſtribution.

On peut appliquer ces mêmes obſervations à toute ſorte de rayûre, tant pour le jeu des couleurs que pour la largeur des baguettes dont elles ſont compo-ſées, ainſi, ſoit pour l'Ourdiſſeur, ſoit pour le Fabriquant & pour le Deſſina-teur, on ne fera rien de bien qu'en ſuivant cette maxime, qui eſt connue de tous ceux qui ſe piquent de faire du beau.

La Figure 17 eſt un deſſein de rayûre qu'on ſuppoſe pour un taffetas de dix-huit pouces de largeur en 960 dents de peigne; c'eſt de cette rayûre

qu'on

qu'on a parlé à la quatrieme Section du quinzieme Chapitre , où l'ourdissage en est rapporté ; elle prend un tiers de la largeur de l'étoffe , & conséquemment un tiers des dents du peigne , qui montera à 320 dents : elle est composée de dix-sept baguettes , entre lesquelles il y en a d'une seule couleur , d'autres à plusieurs , & d'autres à nuance ; elle contient aussi quatorze parties de fond ; les baguettes 1, 1, sont de quatre dents de largeur chacune, elles sont vertes ; les baguettes 2, 2, sont de huit dents couleur de rose ; les baguettes 3 , 3, sont de deux dents vertes : ces trois baguettes dans le véritable ordre de la composition n'en forment qu'une, qu'on pourroit nommer *baguette à deux couleurs,* mais dans celui de l'ourdissage il faut la distinguer par trois à cause de la distribution des couleurs : les baguettes 4 , 4, sont de deux dents en lilas ; celles 5 , 5, sont vertes & de huit dents ; celles 6 , 6 , sont de deux dents , elles sont lilas ; celles 7 , 7 , sont de huit dents couleur de rose nuances ouvertes ; celles 8 , 8 , sont de neuf dents , elles sont vertes ; la baguette 9 , est de quarante dents , & toute couleur de rose en deux nuances fermées ; les fonds 10, 10 , sont de deux dents ; les fonds 11 , sont de six dents ; ceux 12 , 12 , sont de deux dents ; ceux 13 , 13 , sont de deux dents aussi ; les fonds 14 , 14 , sont de quatre-vingt dents chacun ; les fonds 15 , 15 , sont de deux dents , & ceux 16 , 16 , sont de trois dents.

L'ourdissage de cette rayûre est celui qu'on a rapporté suivant la méthode de Nîmes, Avignon, & des Manufactures qui tiennent à leurs usages.

Je donne exactement le détail de la quantité des dents qu'occupent les baguettes de chaque rayûre que je rapporte , ainsi que la quantité qu'en occupent les parties de fond, non-seulement pour prouver l'accord qui se trouve avec l'ourdissage que j'en ai donné, mais encore pour fournir un exemple de la nécessité de cette même exactitude, dans toutes les opérations qui en dépendent ; car si dans les parties de fond qui doivent être de deux dents , on en met trois , cette grandeur sera trop forte , eu égard à l'effet qu'elle doit produire , puisque c'est une moitié de plus que ce qu'il doit y avoir : ce défaut est aussi sensible dans les baguettes, sur-tout lorsqu'elles sont petites, & qu'il faut qu'elles cédent à d'autres ; on ne sauroit y apporter trop de précautions, principalement quand on veut assortir la rayûre à un échantillon ou à un dessein, puisqu'il arrive très-souvent qu'on a des commissions sur des échantillons , auxquels il faut se conformer , tant en couleurs qu'en baguettes , pour assortir des ameublements ou autres choses de cette nature.

La Figure 18 est un dessein pour un taffetas façonné , doubleté ; ces sortes de desseins sur les taffetas sont formés au moyen d'un poil qui porte les nuances & couleurs convenables aux sujets qui les composent ; l'ordre de ces couleurs & nuances dépend de celui de l'ourdissage , on le fait comme celui des poils précédents , quant aux combinaisons & ordonnances , ainsi qu'on peut le voir dans la quatrieme Section du quinzieme Chapitre , où cet ourdissage est rapporté, & dans ce même Chapitre, on voit aussi qu'on suit la méthode de *Nîmes*, *d'Avignon*, &c. Dans le reste de l'ourdissage le dessein dont il s'agit est composé de neuf bandes ; on peut remarquer que leur ordre est symétrique, de même que celui des rayûres en général.

Les deux bandes 1, 1, sont chamois & de six dents chacune ; la partie du poil qui les compose forme des especes de petits pois séparés les uns des autres par un petit point ; les deux bandes 2, 2, sont vertes & de trois dents chacune, les parties de poil qui les composent, forment de petits quarrés longs, séparés aussi les uns des autres par un petit point. Ces deux bandes n'en forment qu'une à cause de leur jonction ; car elles ne sont séparées l'une de l'autre que par la différence des couleurs, & par le différent effet que produit le dessein, & non par aucune partie du fond : les deux bandes 3, 3, sont aurores en deux nuances ouvertes, elles sont de vingt-quatre dents chacune, leur effet sur le dessein est de produire chacune une bande en cannelé, dont les deux bords forment un feston tout au long ; 4, 4, sont deux bandes doubletées, dont une partie est bleue en deux nuances fermées, & l'autre doubletée blanc ; l'effet que produit le poil sur chacune de ces deux bandes dans le dessein, est de former de petits bouquets soutenus par un espece de ruban qui montent en serpentant tout au long de l'étoffe ; ce ruban est formé par le *Pas* blanc du poil, & les bouquets sont formés par les deux nuances bleues de l'autre *Pas* ; de sorte que chaque bande par ces deux couleurs produit deux effets, un dans le ruban & l'autre dans les bouquets ; la largeur de chacune de ces bandes est de quarante dents : 5 est la bande qui compose le milieu du dessein ; elle est doubletée sous deux nuances ouvertes, & deux nuances fermées ; les deux nuances ouvertes sont vertes, & c'est la partie de cette bande qui forme les tiges & les feuilles des branches de la guirlande, & même les cœurs des plus grandes fleurs de cette même guirlande, & les deux nuances fermées forment les fleurs qui composent cette partie ; la largeur de cette bande comprend cent dents ; ce dessein, ainsi qu'on peut le voir, a huit parties de fond qui ne sont point déterminées dans l'article de l'ourdissage qui le concerne, mais que l'on peut déterminer en les mesurant ; ainsi on peut regarder les deux parties de fond 6, 6, comme ayant cinq dents chacune ; celles 7, 7, sont de quatre dents ; celles 8, 8, sont de douze dents, & celles 9, 9, sont de six dents ; ainsi le nombre de dents qui est occupé par les huit parties de fond, & celui qui est occupé par les neuf bandes du dessein doivent en produire un égal au tiers du peigne qui sert à fabriquer l'étoffe ; il est donc de 320 dents, puisque celui du peigne est de 960.

Il n'y a presque que les genres de taffetas auxquels on donne des poils pour former les desseins qui les enrichissent ; car on n'en donne jamais aux serges n'y aux satins, à moins que la partie des dents que chaque bande du poil occupe ne fasse taffetas *par-dessous* ; c'est-à-dire, à moins que le fond de ces mêmes bandes ne soit taffetas.

Il est possible de concilier tous les genres d'étoffes dans une seule, ainsi on peut par ce moyen mettre un poil doubleté ou simpleté dans un satin comme dans une serge, en observant ce que je viens de dire; par-là on peut conserver le genre d'étoffe auquel on donne le poil, parce que le fond qui en est la partie dominante le lui donne; ainsi quand le fond sera taffetas & que l'étoffe aura un poil qui formera le dessein, cette étoffe sera nommée *taffetas*, & quand le fond sera satin, elle sera nommée *satin*.

Je dois avertir qu'on trouvera beaucoup d'étoffes dont le dessein est formé par un poil, & qui ne portent néanmoins aucun des noms que je viens de désigner, par la raison que chacun de ceux qui font fabriquer donnent un nom à leurs étoffes qu'ils croyent leur être le plus avantageux pour la vente; ainsi si l'on veut connoître de quel genre d'étoffe est un échantillon, c'est le fond qui doit décider.

Je fais ces observations pour que dans l'ourdissage on ne soit pas arrêté par le nom des étoffes dont le dessein sera formé par un poil quelconque.

L'on connoîtra si le dessein dans une étoffe est produit par un poil, lorsqu'on verra que la soie qui le forme est dans le sens de la longueur de l'étoffe, c'est-à-dire, dans le sens de la chaîne; mais si la soie qui rend le dessein, s'étend dans le sens de la trame, ce n'est point un poil qui forme ce dessein, c'est au contraire la trame, ou une soie brochée qui en rend l'effet.

Je dois prévenir encore que dans une étoffe, on peut trouver l'un & l'autre; c'est-à-dire, qu'il peut se trouver qu'une partie du dessein soit formée par un poil, & l'autre partie par la trame ou par une soie brochée; la raison de cela sera donnée dans le Traité des étoffes; mais je me suis cru obligé de faire faire ces remarques pour qu'on ne confonde pas sur une étoffe, l'effet d'un dessein produit par un poil, avec celui que produit la trame ou une soie brochée, & qu'on ne fasse point d'erreurs dans les calculs des combinaisons qu'on est obligé de faire pour l'ourdissage.

Fin de l'Explication des Planches & de la seconde Partie.

TABLE DES MATIERES
DE LA PREMIERE SECTION
DE L'ART
DU FABRIQUANT D'ETOFFES DE SOIE.

PREMIERE PARTIE. *Devidage.*

CHAPITRE I. *Description du premier Devidoir; maniere de s'en servir.* Page 2.

Section I. Des différents pieds des devidoirs. *ibid.*

Section II. Description du Guindre. *ibid.*

Section III. Maniere de se servir du Devidoir ou Guindre. 3

Section IV. Description du Rouet à devider. 4

CHAPITRE II. *Description d'un second Devidoir; maniere de s'en servir.* 5

CHAPITRE III. *Description d'un troisieme Devidoir; maniere de s'en servir.* 6

Observation sur les anciens Devidoirs. 7

CHAPITRE IV. *Description du Rouet à quatre Guindres.* 8

Section I. Développement du Rouet. *ibid.*

Section II. Du Banc & des Roues. 11

Section III. Description des nouveaux Guindres; maniere de s'en servir. 15

Section IV. Des Rochets & Bobines propres à devider la soie. 16

CHAPITRE V. *Description des Trafusoirs.* 17

Section I. Du Trafusoir à la Lyonnoise. *ibid.*

Section II. Du Trafusoir à la Nimoise. 18

CHAPITRE VI. *Maniere de devider & de se servir du Trafusoir soit de Lyon, soit de Nîmes.* 19

CHAPITRE VII. *Usage qu'on doit faire des* anciens Devidoirs décrits dans le premier Chapitre. Page 23

Section I. Raison de préférence des uns sur les autres. *ibid.*

Section II. Description du Guindre ci-dessus. 24

Section III. Description de l'Escouladou, & de la maniere de s'en servir. 25

CHAPITRE VIII. *Explication des Planches concernant les trois anciens Devidoirs.* 28

Section I. Explication de la premiere Planche. *ibid.*

Section II. Explication de la seconde Planche. *ibid.*

Section III. Explication de la troisieme Planche. 29

Section IV. Explication de la quatrieme Planche. 30

CHAPITRE IX. *Suite de l'explication des Planches, de celles du Rouet à quatre Guindres.* 31

Section I. Explication de la cinquieme Planche. *ibid.*

Section II. Explication de la sixieme Planche. *ibid.*

Section III. Explication de la septieme Planche. 32

Section IV. Explication de la huitieme Planche. 33

Section V. Explication de la neuvieme & derniere Planche concernant le devidage des Soies. *ibid.*

SECONDE PARTIE. *L'Art de l'Ourdisseur.*

INTRODUCTION. 35

CHAPITRE I. *Description de l'Ourdissoir long.* 39

CHAPITRE II. *Description de la Cantre couchée propre à l'Ourdissoir long.* 40

CHAPITRE III. *Maniere d'ourdir avec l'Ourdissoir long en se servant de la Cantre précédente.* 42

CHAPITRE IV. *Description de l'Ourdissoir rond, & des différentes pieces qui le composent.* 50

Section I. De la cage de l'Ourdissoir. *ibid.*

Section II. Description de l'Ourdissoir rond. 51

Section III. Description des différents Plots qu'on employe avec l'Ourdissoir rond. 54

Section IV. Maniere de se servir du Plot. 57

Section V. Observation sur les différents Ourdissoirs. 59

CHAPITRE

CHAPITRE V. *Description du Banc à Roue.* 61

CHAPITRE VI. *Description des Cantres droites.* 62

Section I. De la Cantre droite simple. *ibid.*
Section II. De la Cantre double en largeur. 63
Section III. De la Cantre à deux faces simples. *ibid.*
Section IV. De la Cantre double à deux faces. *ibid.*
Section V. Observation sur une Cantre à trois divisions comparée à celle qui n'en a que deux. 64
Section VI. Description des Jets simples. 65
Section VII. Description du Jet double *ibid.*
Section VIII. Description des Jets quadruples. 66
Section IX. Observation sur la multiplicité & la variété des Cantres & des Jets. *ibid.*
Section X. Description d'une nouvelle Cantre quadruple. 67
Observation sur les propriétés de la Cantre précédente. 68

CHAPITRE VII. 69

Section I. De la maniere d'Ourdir les Chaînes & Poils simples, unis ou à une seule couleur, avec l'Ourdissoir rond & la Cantre droite ou le Jet. *ibid.*
Section II. Maniere de reprendre les fils cassés en ourdissant avec la Cantre droite ou le Jet. 73
Section III. Maniere de lever les Chaînes ou Poils de dessus l'Ourdissoir rond. 75

CHAPITRE VIII. 77

Section I. Maniere d'ourdir les Chaînes ou Poils doubles, les Chaînes doubles & simples, doubles & triples, &c. & la différence qu'il y a dans cet ourdissage entre l'usage de la Cantre droite & celui de la Cantre couchée. *ibid.*
Section II. Maniere d'encantrer les Chaînes qu'on vient de voir en se servant de la Cantre couchée. 80
Section III. Observation sur les deux especes de Cantres droite & couchée, par rapport aux ourdissages. 81

CHAPITRE IX. *Description de la Cantre couchée à la Lyonnoise propre à l'Ourdissoir rond.* 82

CHAPITRE X. 84

Section I. Maniere d'ourdir les Chaînes à une couleur avec l'Ourdissoir rond en se servant de la Cantre à la Lyonnoise. *ibid.*
Section II. Maniere d'encantrer les Chaînes à deux couleurs qu'on nomme *Pas d'un & Pas d'autre.* 85
Section III. Méthode dont on se sert à Lyon pour lever les Chaînes ou Poils de dessus l'Ourdissoir rond. *ibid.*

CHAPITRE XI. *Comparaison des-différentes méthodes qu'on emploie pour ourdir les Chaînes & Poils, & particuliérement celles qui sont rayées.* 87

CHAPITRE XII. *Description de la Cantre à Tiroirs, & de tout ce qui la compose.* 89

Section I. De la carcasse de la cantre à Tiroirs. *ibid.*
Section II. Description des Tiroirs. 90
Section III. Description de la carcasse de la cantre sans Tiroirs. *ibid.*

CHAPITRE XIII. 92

Section I. Explication de l'ordre que tiennent les rayûres, & de leur diversité ; pourquoi il faut plusieurs Cantres pour les ourdir ; la maniere de les combiner sur les échantillons, sur les Esquisses & sur les Desseins, & d'en encantrer certaines en employant la Cantre droite où le Jet, & de les ourdir. *ibid.*
Section II. De la maniere de combiner les Esquisses, Echantillons & Desseins des rayûres. 94
Section III. Supposition d'un échantillon pour un Taffetas rayé à une couleur, & combinaison de la rayûre avec les ordonnances. 97, & suiv.
Section IV. Maniere d'encantrer les Rochets pour distribuer les couleurs à propos en employant la Cantre droite ou le Jet suivant la la méthode de Paris, Lyon, &c. 101
Section V. Maniere d'ourdir la Rayûre qu'on vient d'encantrer. 102
Section VI. Observation sur la maniere d'enverger, de couper les brasses & de les placer sur les chevilles lors de la mutation des Cantres. *ibid.*
Section VII. De la maniere de combiner les Rayûres sur les échantillons. 104
Section VIII. Largeur des parties qui doivent composer la Rayûre à ourdir. 106
Section IX. De la maniere d'encantrer & d'ourdir quand il se trouve des nombres impairs dans les baguettes ou dans les parties de fond qui composent une Rayûre pour une Etoffe quelconque. 109
Section X. De la maniere d'encantrer les Rayûres ombrées, & de les ourdir. 113
Section XI. Supposition d'un échantillon à Rayûre nuée. 114
Section XII. Maniere d'encantrer l'Echantillon qu'on vient de voir suivant l'ordonnance d'ourdissage qui en a été donnée. 117
Section XIII. Maniere d'encantrer & d'ourdir les Rayûres à plusieurs couleurs, & à double Pas, sans nuance. 123
Section XIV. Maniere d'encantrer & d'ourdir les Chaînes paonnées. 130

CHAPITRE XIV. *De la maniere d'Ourdir à Lyon.* 132

Section I. Pour les Chaînes à une seule couleur. *ibid.*
Section II. Différence de l'usage des Cantres droites & des Jets avec celui de la Cantre couchée. *ibid.*
Section III. Moyen de connoître par quel bout de la Cantre on doit commencer les encantrages. 134
Section IV. Observation sur l'ordre qu'on doit faire tenir aux Cantres en ourdissant. 135
Section V. De la maniere de se servir des Cantres à Tiroirs pour l'ourdissage des Chaînes rayées. 136
Observation sur les Chaînes appellées *Poils.* *ibid.*
Des Poils à bande. 137
Section VI. De la combinaison, encantrage & ourdissage des Poils à plusieurs couleurs, & des Poils ombrés. 139
Ordre qu'on doit faire tenir aux Tiroirs. 141
Section VII. De l'ourdissage des Poils à plusieurs couleurs sans nuance doubletés & à bande. 142
Section VIII. Des Poils ombrés & doubletés

pour les Taffetas brillantés. 146
Détail de toutes les opérations. 147, & *suiv.*
Section IX. Observation sur les genres de Poils doubletés, & sur les Poils tripletés. 154
Détail des opérations. 155, & *suiv.*
Section X. Des Poils brillantés & satinés. 158.
Opérations. *ibid.* & *suiv.*
CHAPITRE XV. *De la méthode d'Ourdir à Nîmes, à Avignon & dans les Manufactures qui ont tiré leur origine de ces deux Villes.* 160
Section I. *ibid.*
Section II. Supposition d'une Rayûre pour un Taffetas en dix-huit pouces de largeur dont le Peigne est un 960 dents. 161
Détail des Opérations. 162, & *suiv.*

Section III. Remarque. 168
Section IV. Supposition d'un Dessein pour un Taffetas façonné à poil, dont les bandes sont à simples couleurs ombrées & doubletées. 169
Détail des Opérations. 170, & *suiv.*
CHAPITRE XVI. *Observation sur les différents Ourdissoirs.* 182
Section I. De l'Ourdissoir long. *ibid.*
Section II. De l'Ourdissoir rond. 183
CHAPITRE XVII.
Section I. De la méthode d'ourdir les Chaînes ou les poils en or & en argent. 185
Section II. Observation sur les Poils en or & en argent filé, ou or & argent lame. 187
Section III. Des précautions qu'il faut prendre pour ourdir les Poils en or & en argent. 188

Explication des Planches.

CHAPITRE XVIII. *Explication des Planches de l'Ourdissoir long, de sa Cantre & de différentes opérations qui y sont représentées.* 191
Planche premiere. *ibid.*
Planche seconde. 192
Planche troisieme. 192
Planche quatrieme. *ibid.*
Planche cinquieme. 194
CHAPITRE XIX & dernier. *Explication des Planches concernant l'Ourdissoir rond, les Cantres, & toutes ses opérations.* 194
Planche sixieme. *ibid.*
Planche septieme. 195
Planche huitieme. 196
Planche neuvieme. *ibid.*
Planche dixieme. 198
Planche onzieme. 199

Planche douzieme. 200
Planche treizieme. *ibid.*
Planche quatorzieme. 201
Planche quinzieme. 202
Planche seizieme. *ibid.*
Planche dix-septieme. 203
Planche dix-huitieme. 204
Planche dix-neuvieme. 205
Planche vingtieme. 206
Planche vingt-unieme. 207
Planche vingt-deuxieme. 208
Planche vingt-troisieme. 209
Planche vingt-quatrieme. 210
Planche vingt-cinquieme. 215
Planche vingt-sixieme & derniere, concernant les différentes Rayûres dont on a parlé dans cette seconde Partie, & les échantillons dont on a détaillé l'Ourdissage. 216, & *suiv.*

Fin de la Table des Matieres.

DE L'IMPRIMERIE DE L. F. DELATOUR. 1773.

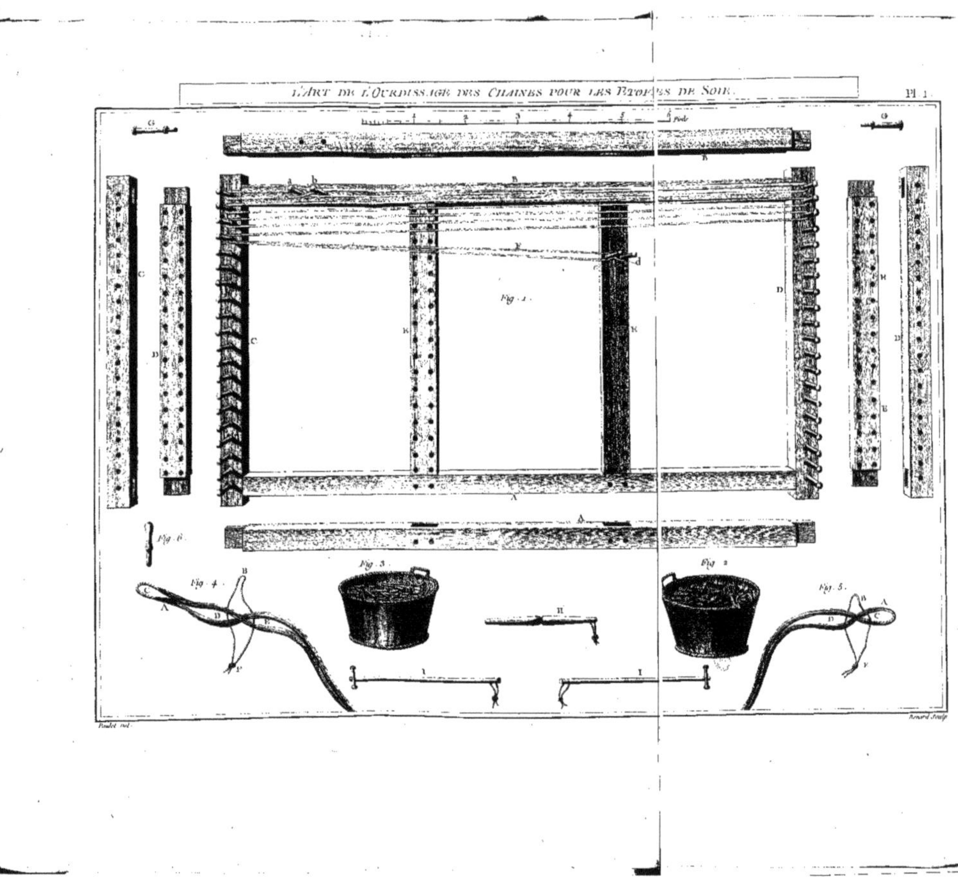

Pl. 1.
Fig. 1.
Fig. 2.
Fig. 3.
Fig. 4.
Fig. 5.
Fig. 6.
Poulet del.
Benard Sculp.

Pl. 2.

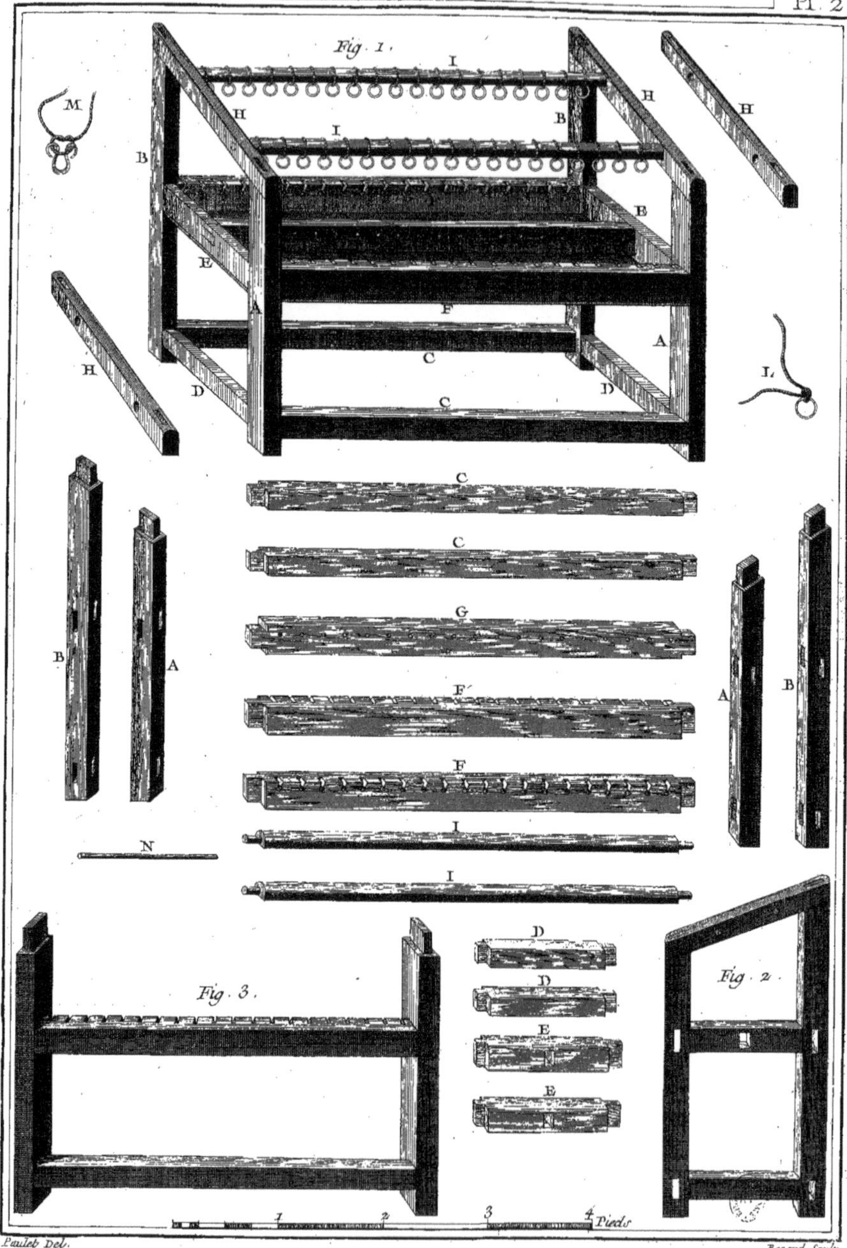

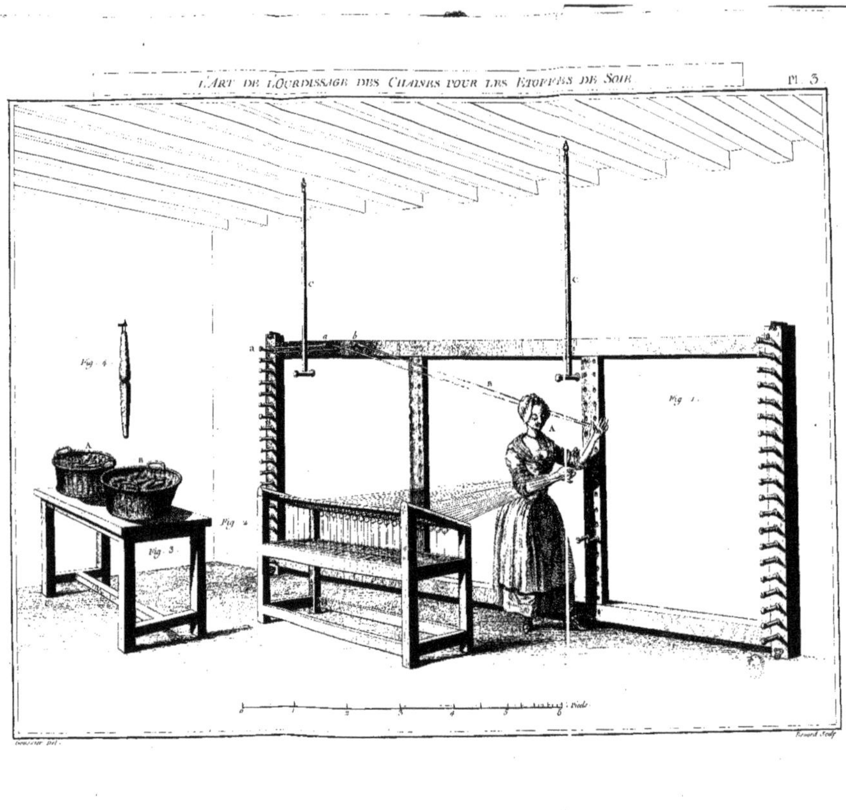

L'ART DE L'OURDISSAGE DES CHAINES POUR LES ETOFFES DE SOIE
Pl. 3
Fig. 4
Fig. 3
Fig. 2
Fig. 1
Goussier Del.
Benard Sculp.
Pieds

Fig. 1.
Fig. 3.
Fig. 4.
Fig. 2.
Goussier Del.
Benard Sculp.

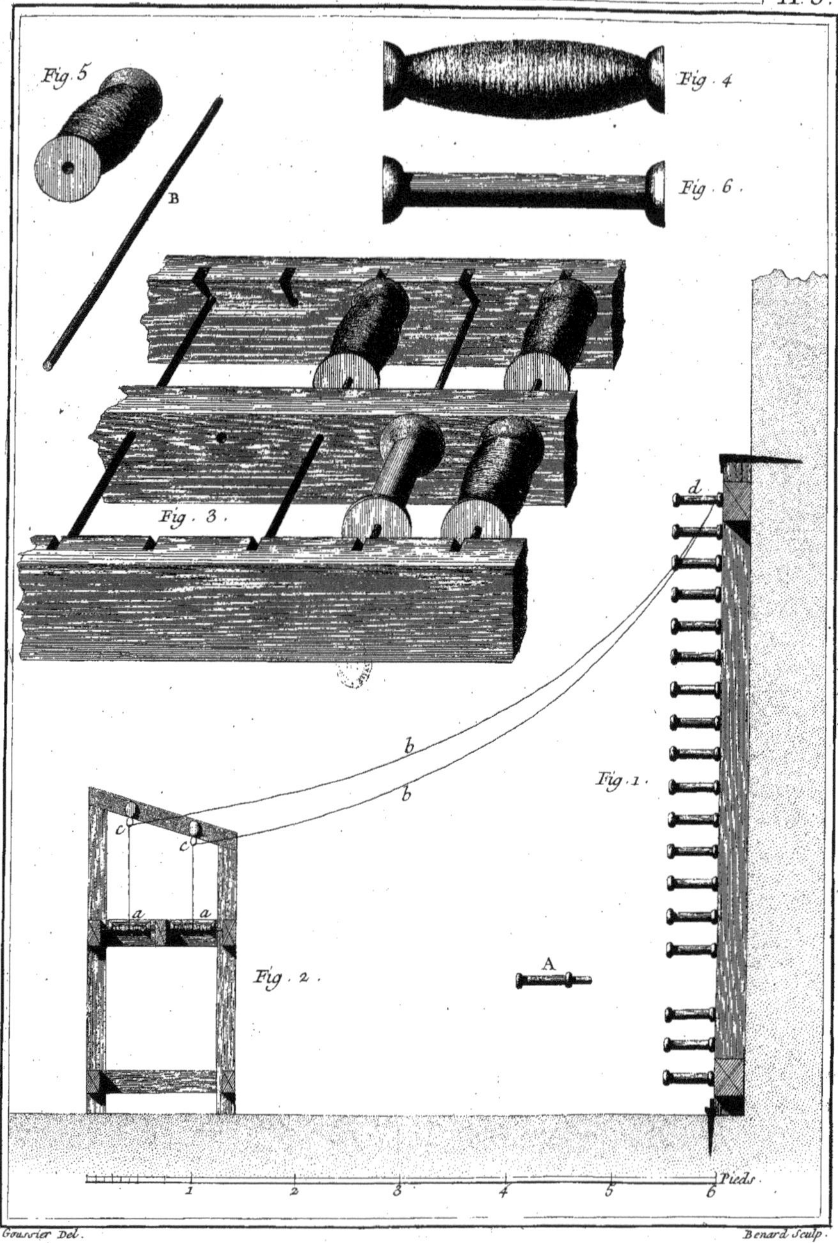
Fig. 5
B
Fig. 4
Fig. 6
Fig. 3
d
b
b
Fig. 1
c
c
a
a
Fig. 2
A
1   2   3   4   5   6 Pieds.
Goussier Del.
Benard Sculp.

 Pl. 6.

H
G
Fig. 1ᵉ
b
a
c
c
d
G
F
E
E
E
E
I
b
A
b
D
e
A
B
Paulet Del.
Benard Sculp.
1 2 3 4 5 6
Pieds

Pl. 7.

Fig. 1.

Pieds

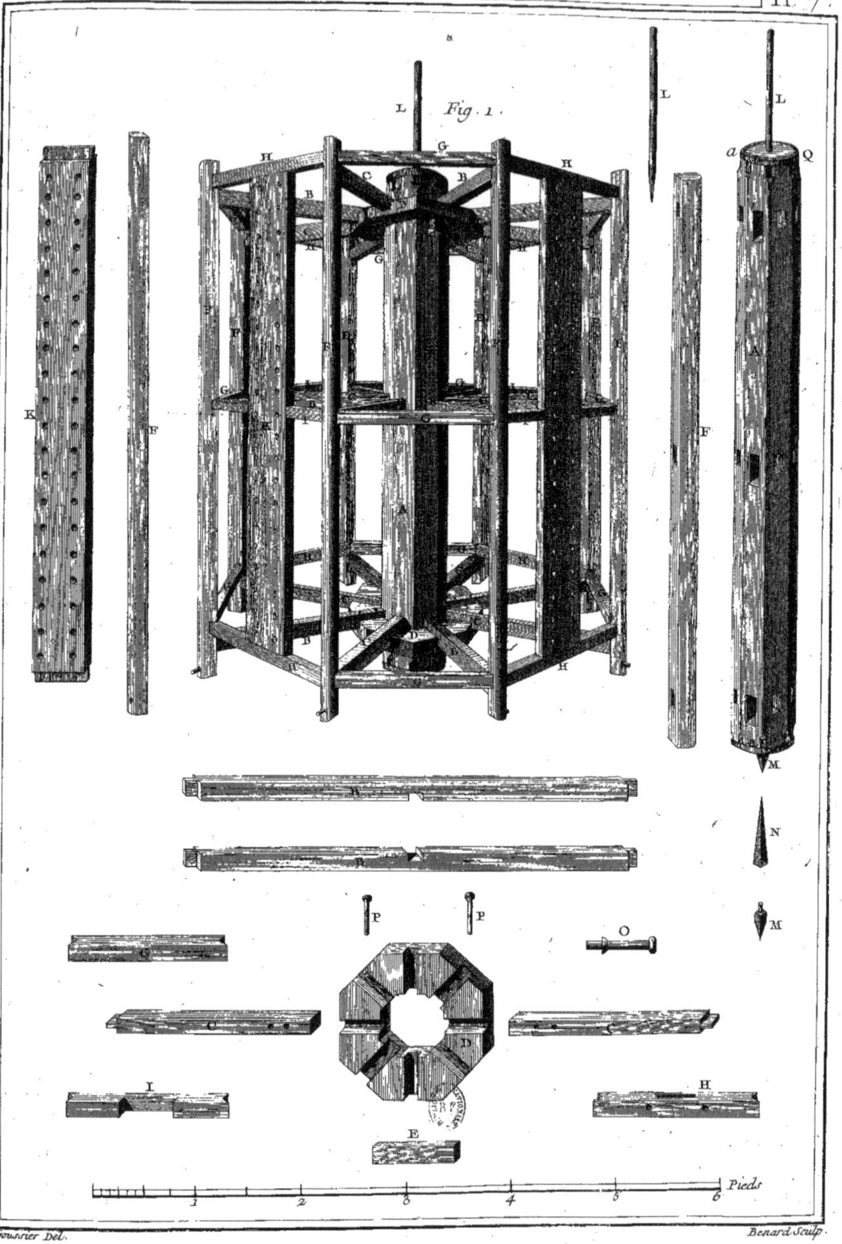

Goussier Del.

Benard Sculp.

L'ART DE L'OURDISSAGE DES CHAINES POUR LES ETOFFES DE SOIE

Pl. 8

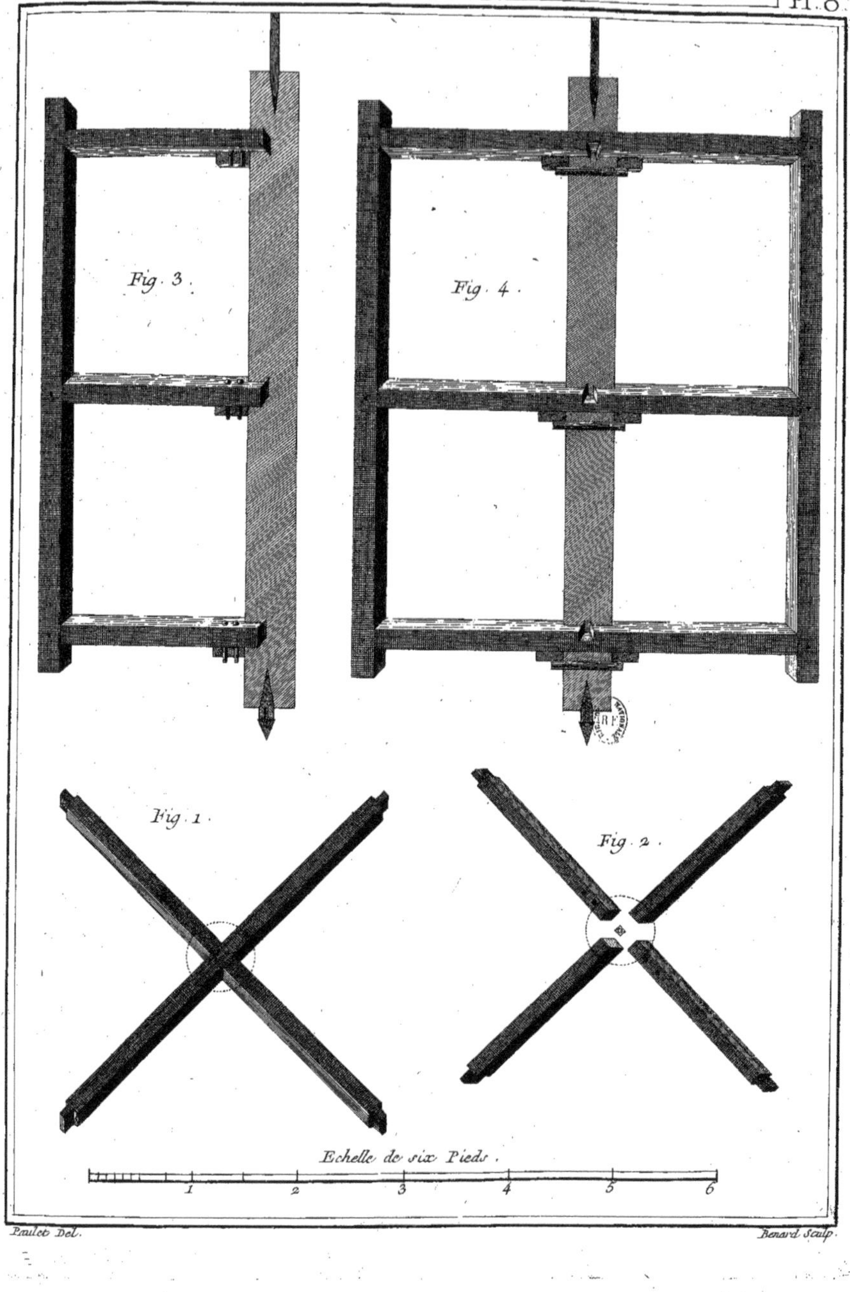
Fig. 3
Fig. 4
Fig. 1
Fig. 2
Echelle de six Pieds
1
2
3
4
5
6

Paulet Del.

Benard Sculp.

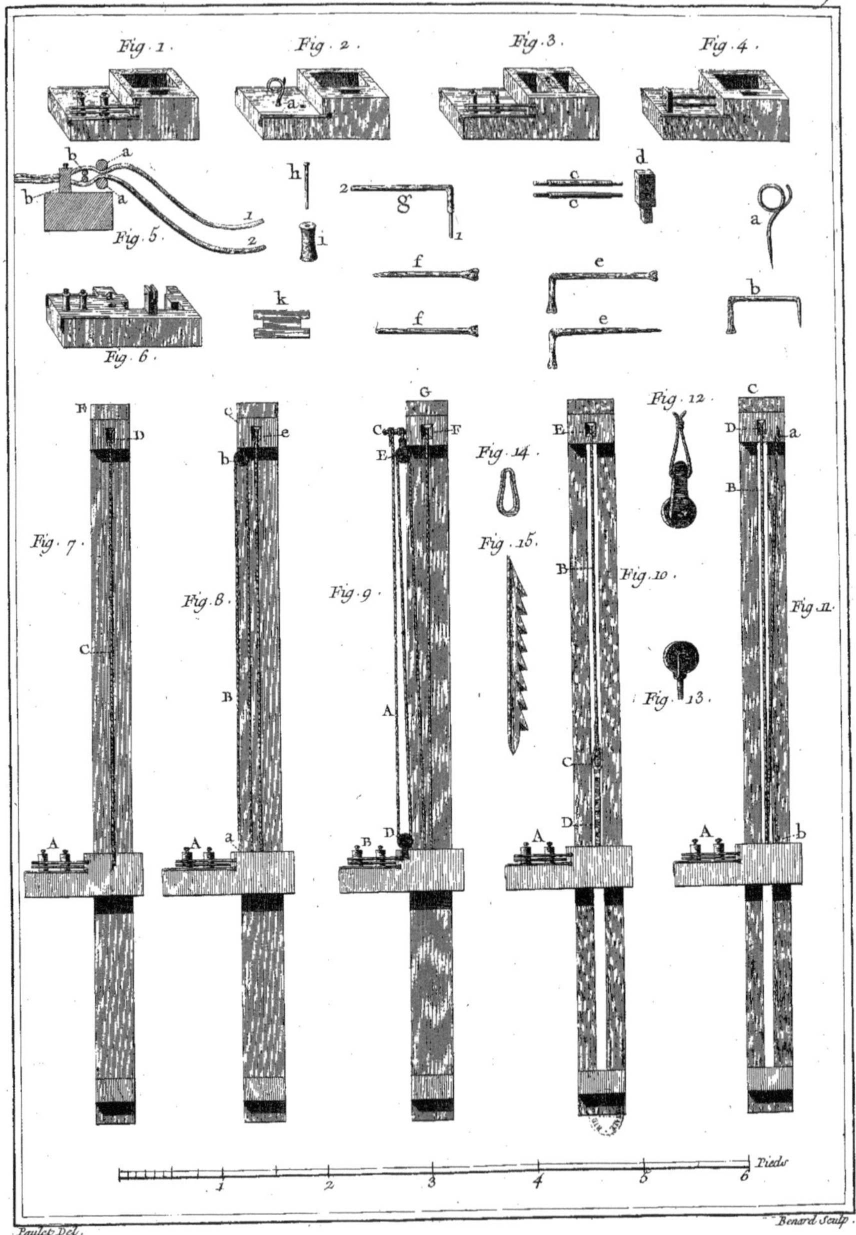

Paulet Del.   Benard Sculp.

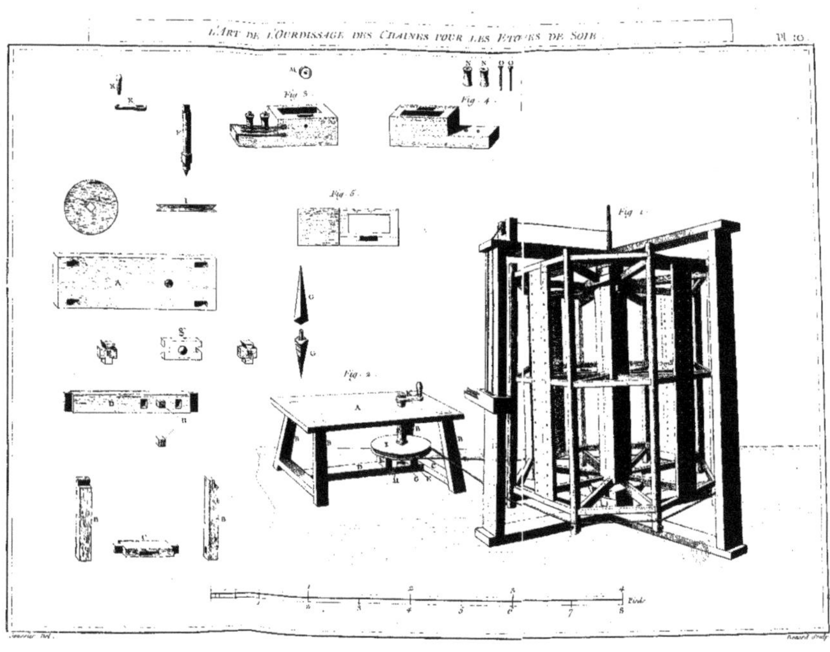
Fig. 3.
Fig. 4.
Fig. 5.
Fig. 1.
Fig. 2.
Pieds.

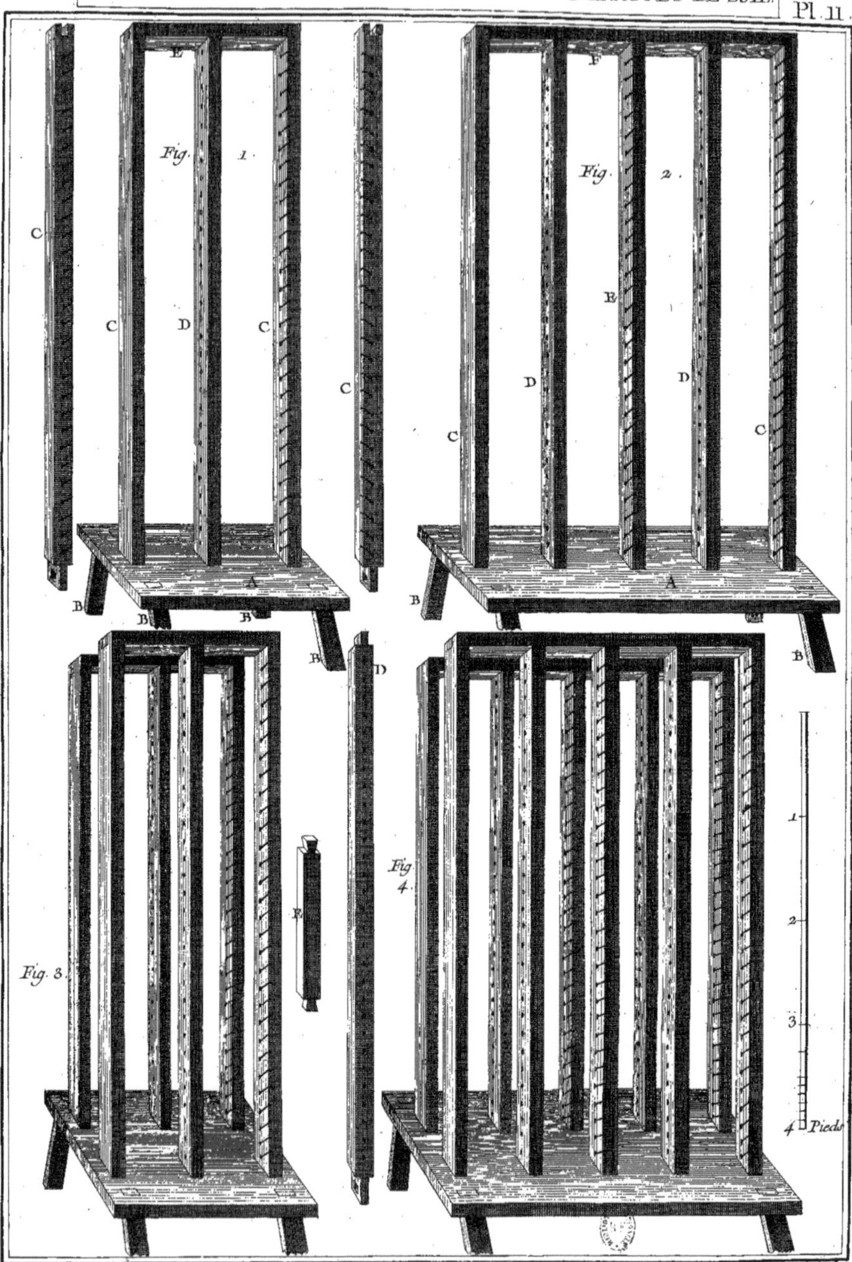

L'ART DE L'OURDISSAGE DES CHAINES POUR LES ETOFFES DE SOIE.
Pl. 11.
Fig. 1.
Fig. 2.
Fig. 3.
Fig. 4.
Paulet Del.
Renard Sculp.
1
2
3
4 Pieds

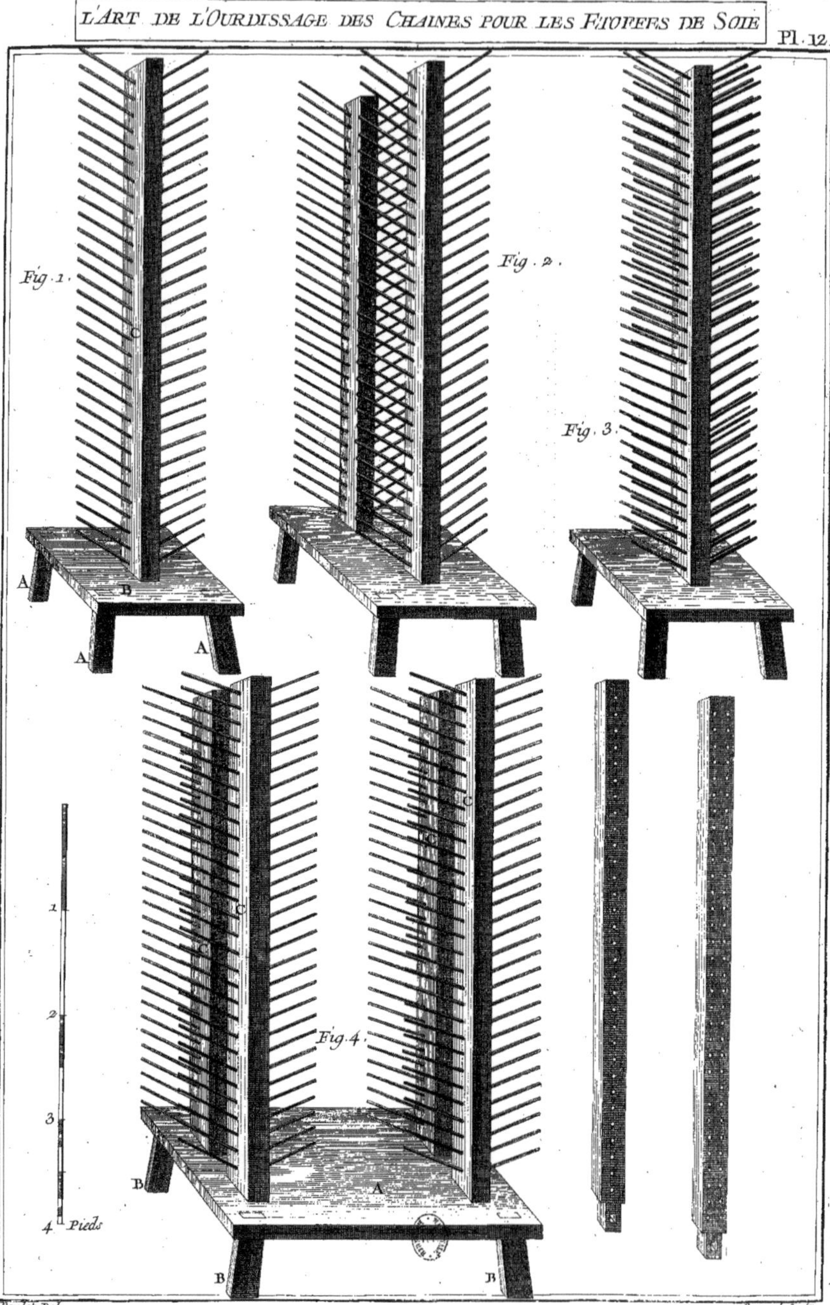
Fig. 1.
A
B
A
A
Fig. 2.
Fig. 3.
Fig. 4.
C
C
C
C
B
A
B
B
1
2
3
4 Pieds
Paulet Del.
Benard Sculp.

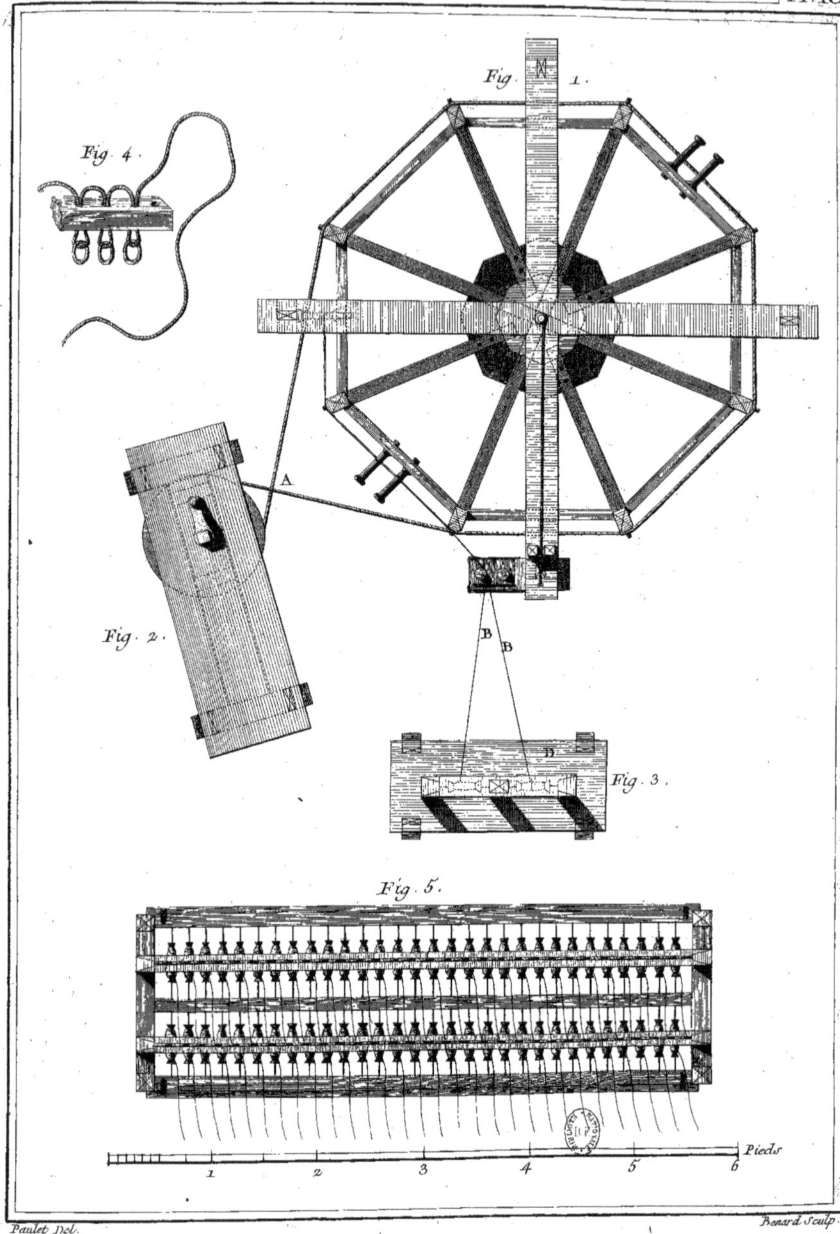

Paulet Del.

Benard Sculp.

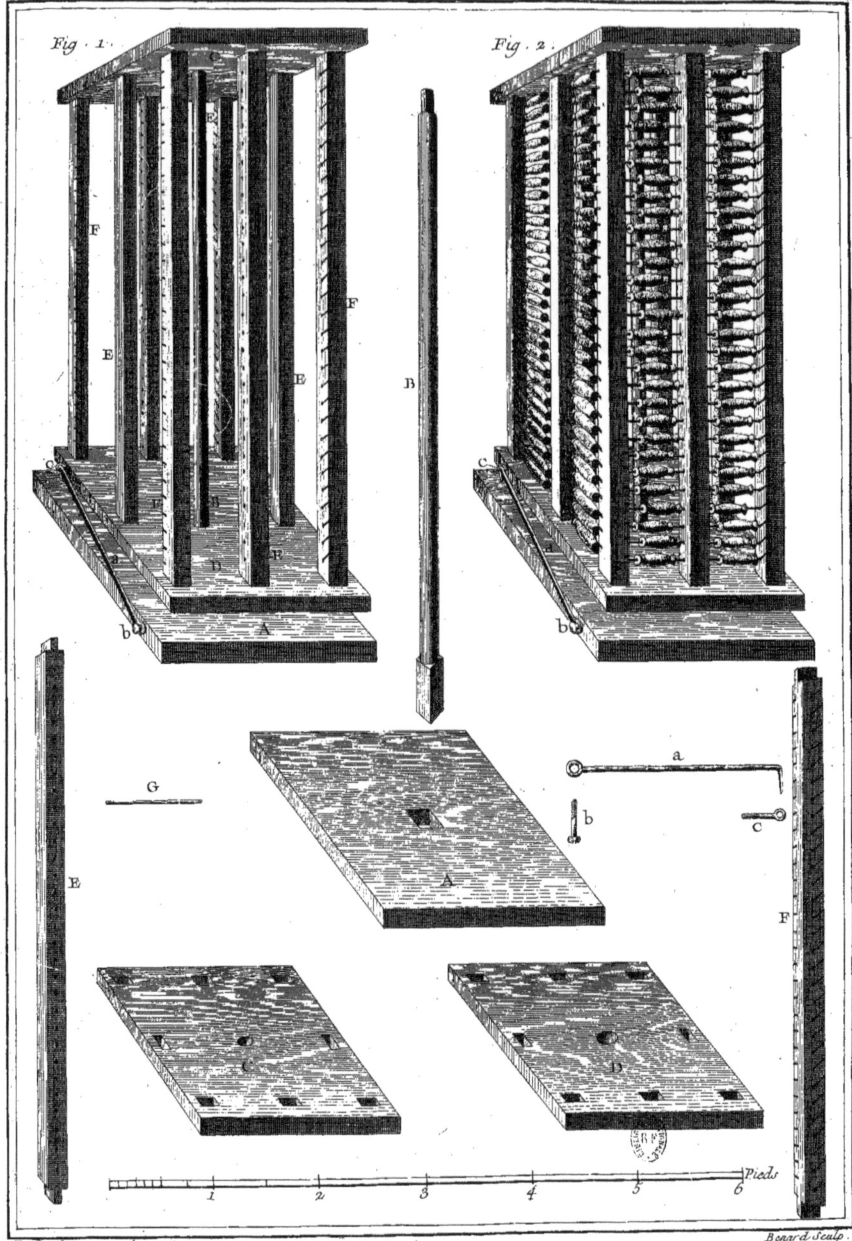

Paulet Inven. et Del.

Benard Sculp.

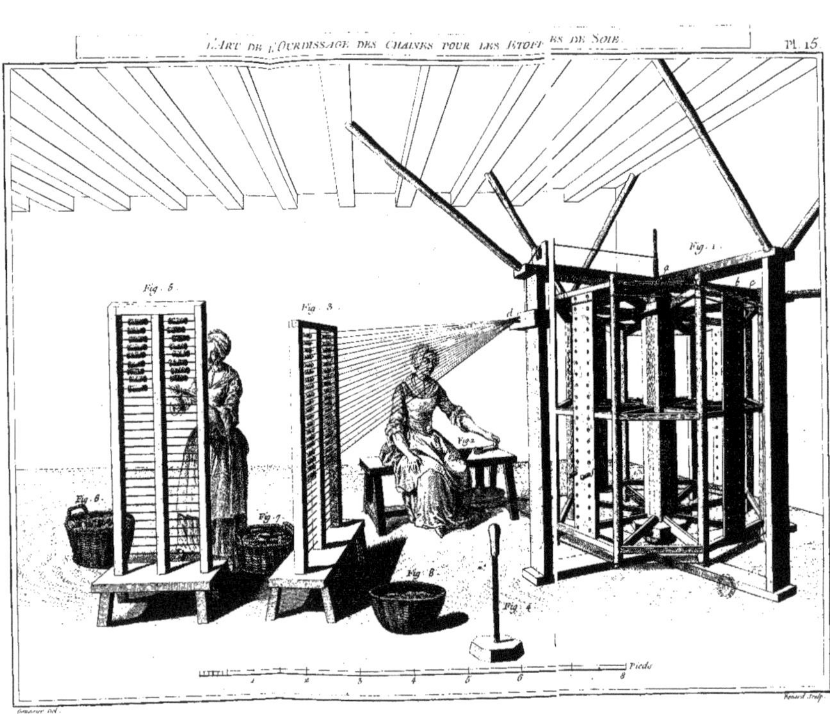
Fig. 5.
Fig. 3.
Fig. 1.
Fig. 2.
Fig. 6.
Fig. 7.
Fig. 8.
Fig. 4.
Pieds
Gonnard Del.
Benard Sculp.

L'ART DE L'OURDISSAGE DES CHAINES POUR LES ETOFFES DE SOIE. Pl. 16.

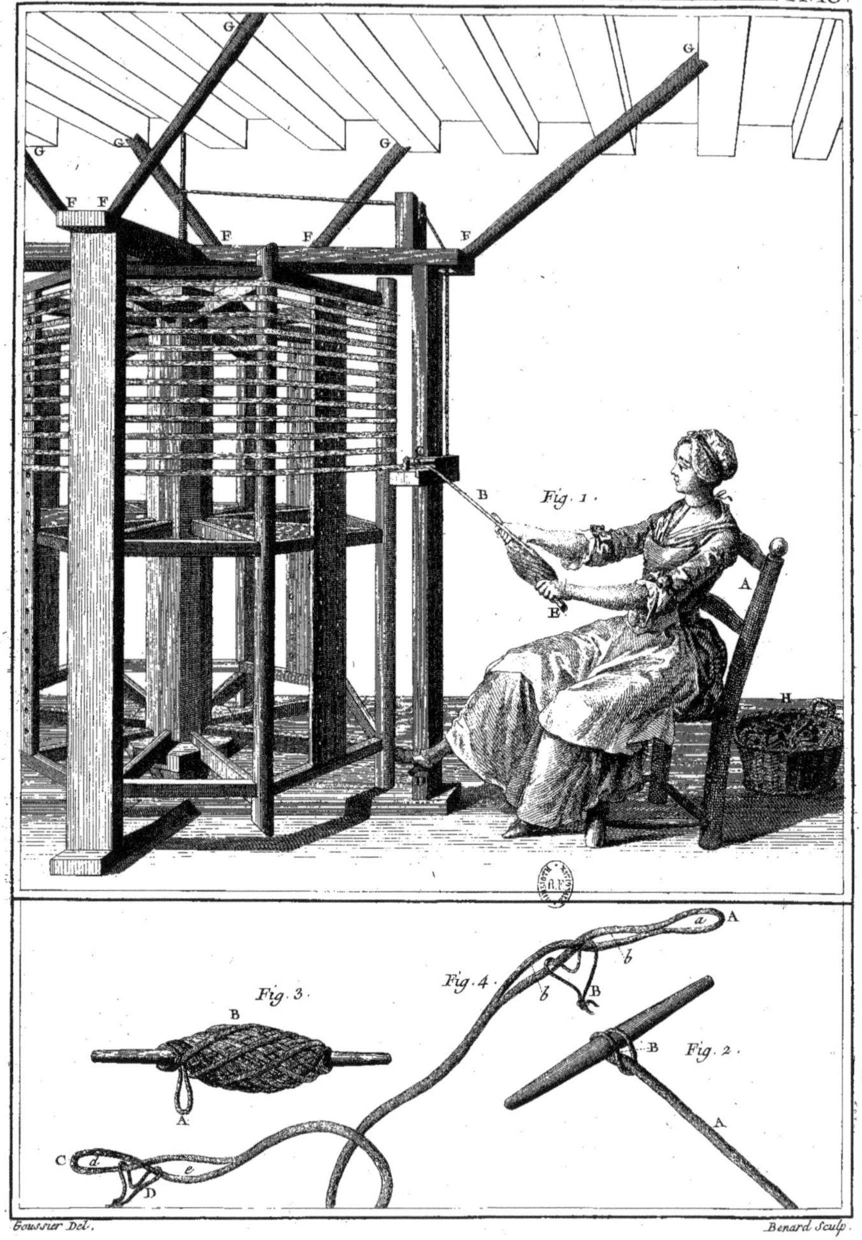

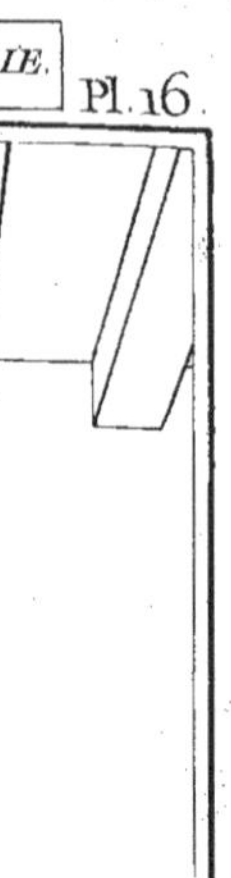

Goussier Del. Benard Sculp.

L'ART DE L'OURDISSAGE DES CHAINES POUR LES ETOFFES DE SOIE.
Pie, sans aucunes regles de Perspective, des differens Vincantrages droits et à la Lyonnoise, avec les Envergeures qu'on execute à chacun de ces Vincantrages.
Pl. VI.
Fig. 1.
Fig. 2.
Fig. 3.
Fig. 4.
Fig. 5.
Fig. 6.
Fig. 7.
Fig. 8.
Fig. 9.
Fig. 10.
Fig. 11.
Fig. 12.
Fig. 13.
Fig. 14.
Fig. 15.

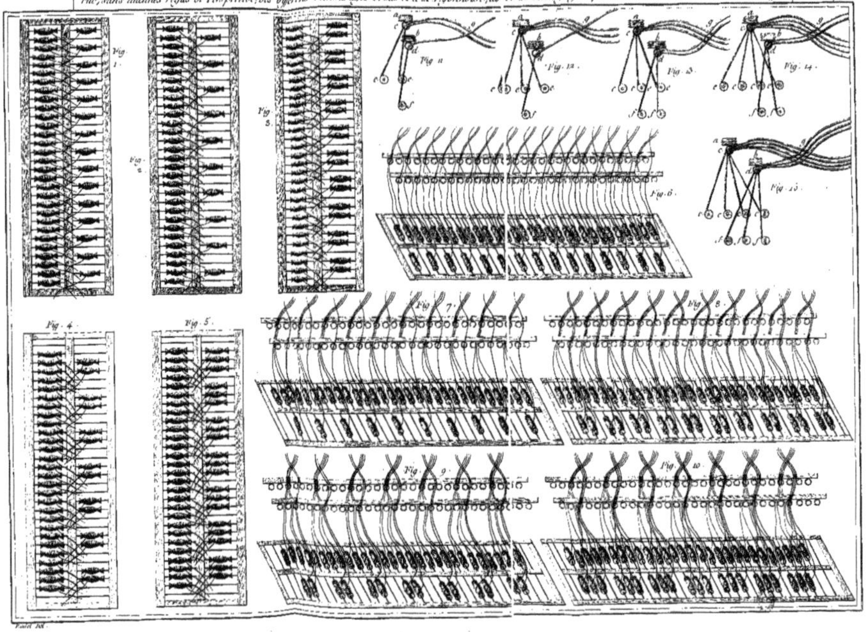

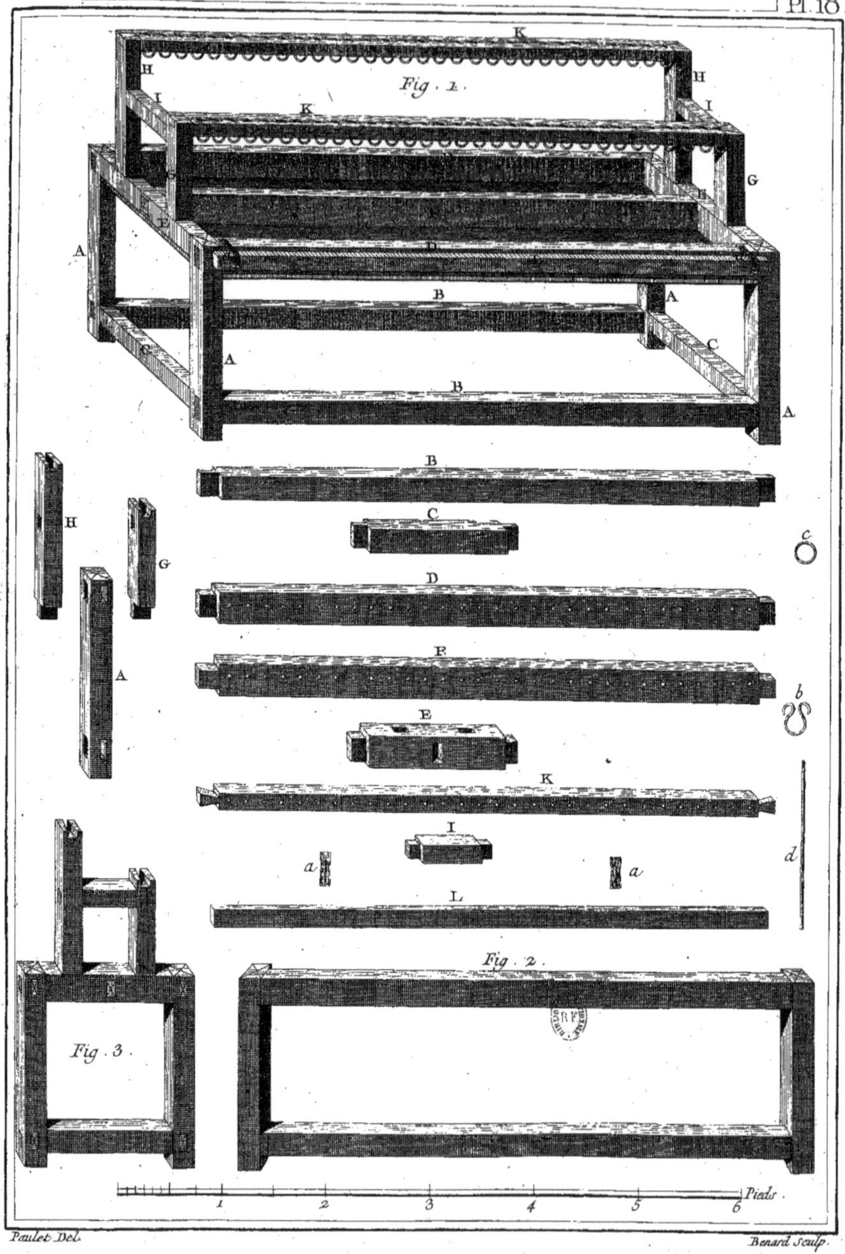

Paulet Del.

Benard Sculp.

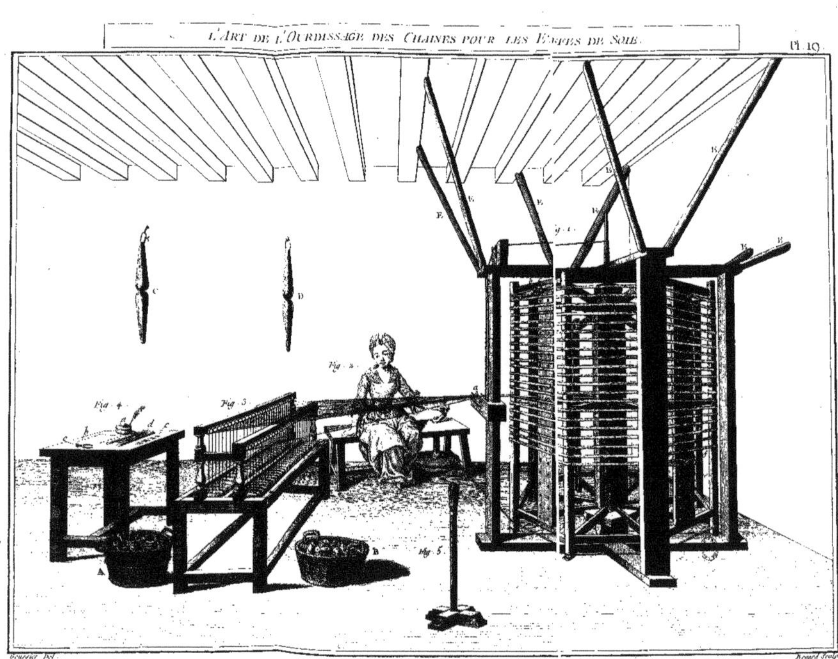

L'ART DE L'OURDISSAGE DES CHAINES POUR LES ETOFFES DE SOIE.
Pl. 10

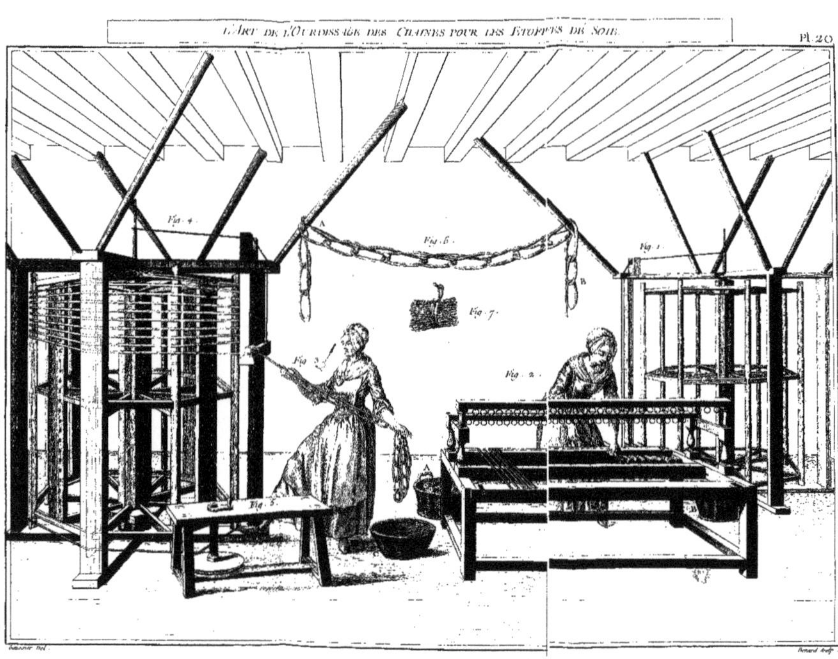
L'ART DE L'OURDISSAGE DES CHAINES POUR LES ÉTOFFES DE SOIE.
Pl. 20
Fig. 4.
Fig. 6.
A
B
Fig. 7.
Fig. 3.
Fig. 1.
Fig. 2.
Fig. 5.
A

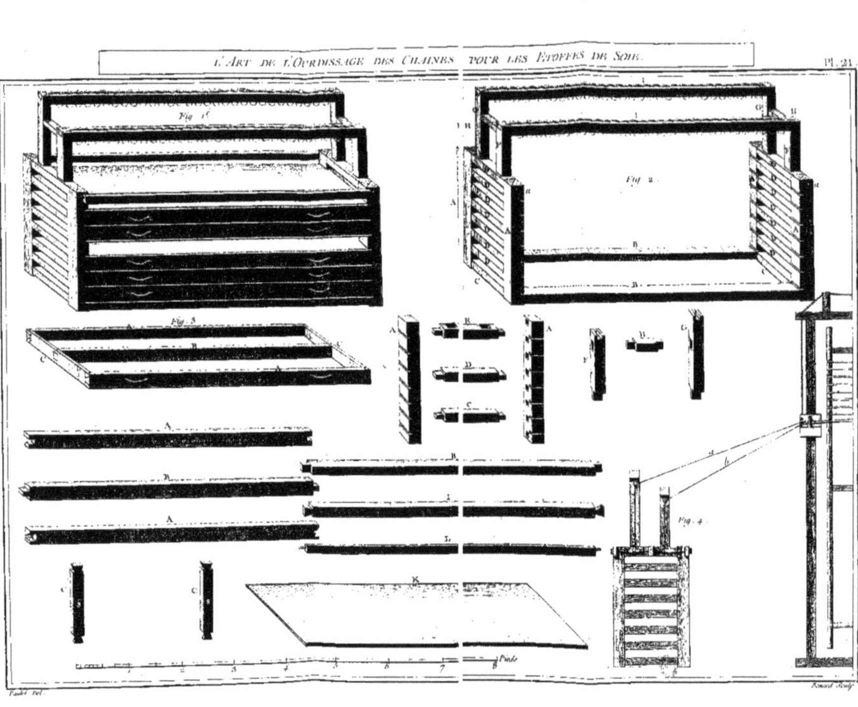

Fig. 1.
Fig. 2.
Fig. 3.
Fig. 4.
Pieds
Taudet Del.
Benard Sculp.

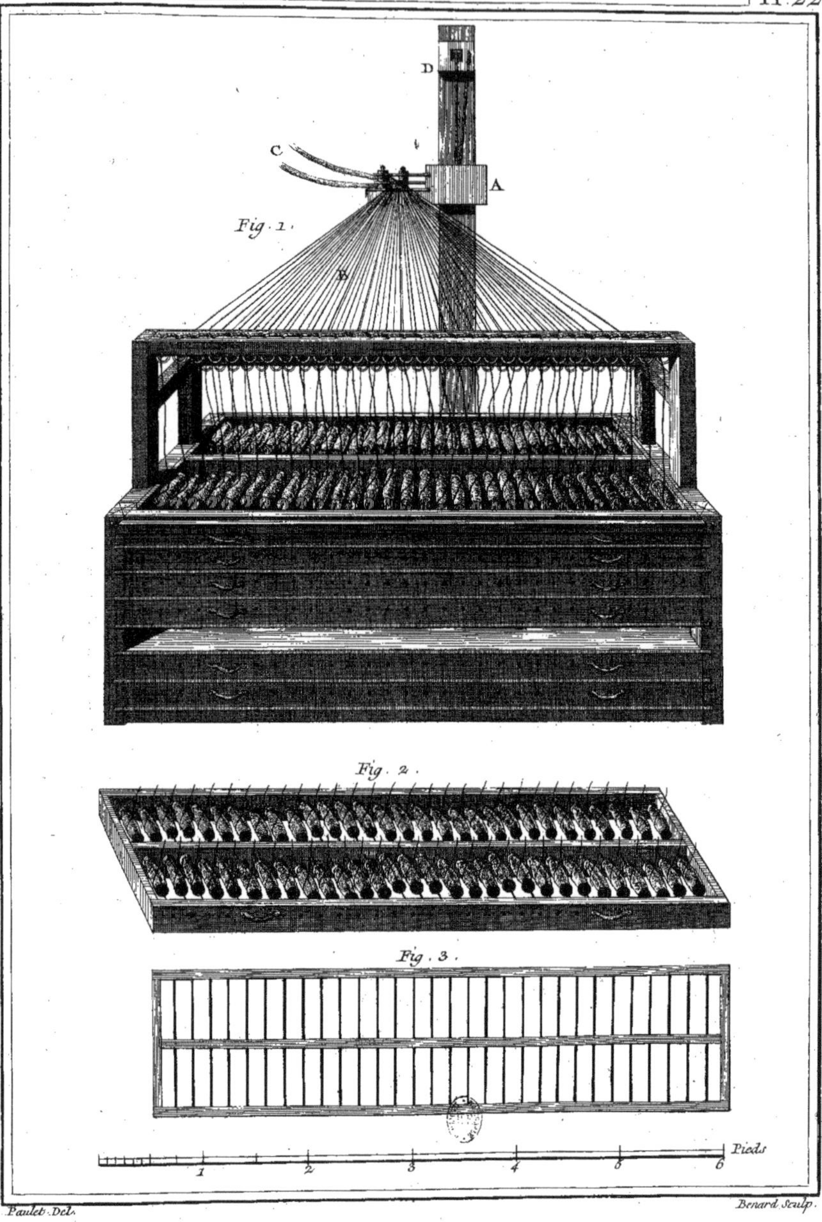

Paulet Del.
Benard Sculp.

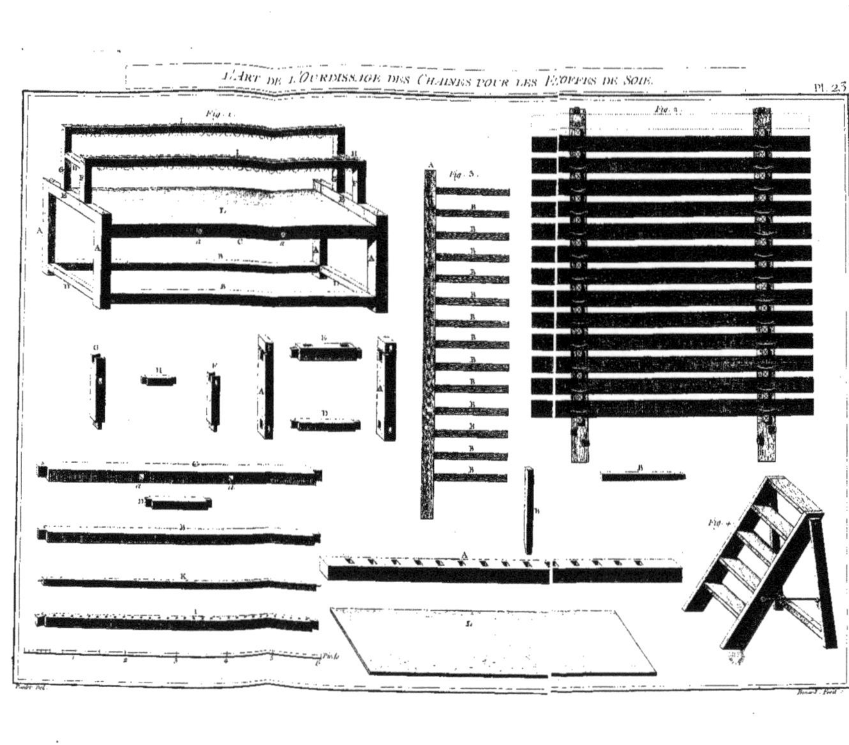

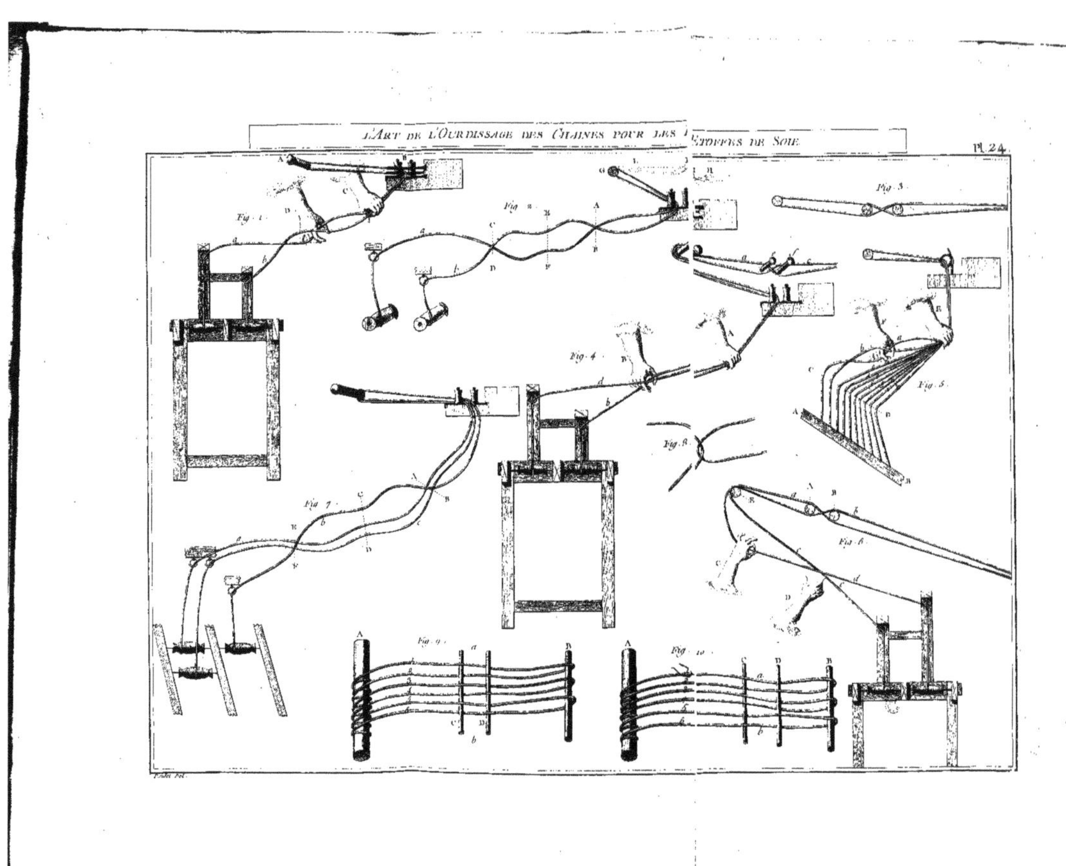
Fig. 1.
Fig. 2.
Fig. 3.
Fig. 4.
Fig. 5.
Fig. 6.
Fig. 7.
Fig. 8.
Fig. 9.
Fig. 10.

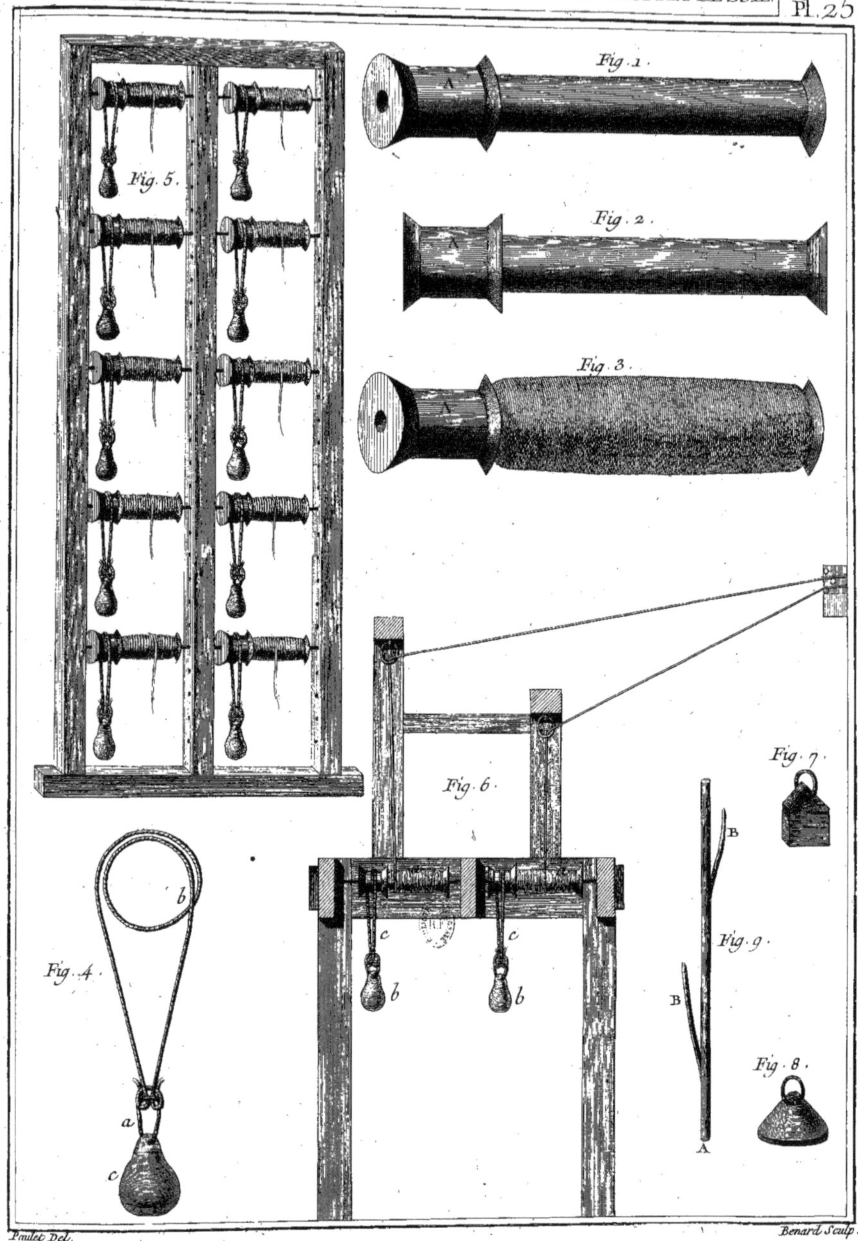
Fig. 1.
A
Fig. 2.
A
Fig. 3.
A
Fig. 5.
Fig. 6.
Fig. 4.
b
a
c
c
b
c
b
Fig. 7.
B
Fig. 9.
B
A
Fig. 8.
Pmilet Del.
Benard Sculp.

L'ART DE L'OURDISSAGE DES CHAINES POUR LES ETOFFES DE SOIE.

Pl. 26.

Fig. 1.
Fig. 2.
Fig. 3.
Fig. 4.
Fig. 5.
Fig. 6.
Fig. 7.
Fig. 8.
Fig. 9.
Fig. 10.
Fig. 11.
Fig. 12.
Fig. 13.
Fig. 14.
Fig. 15.
Fig. 16.
Fig. 17.
Fig. 18.

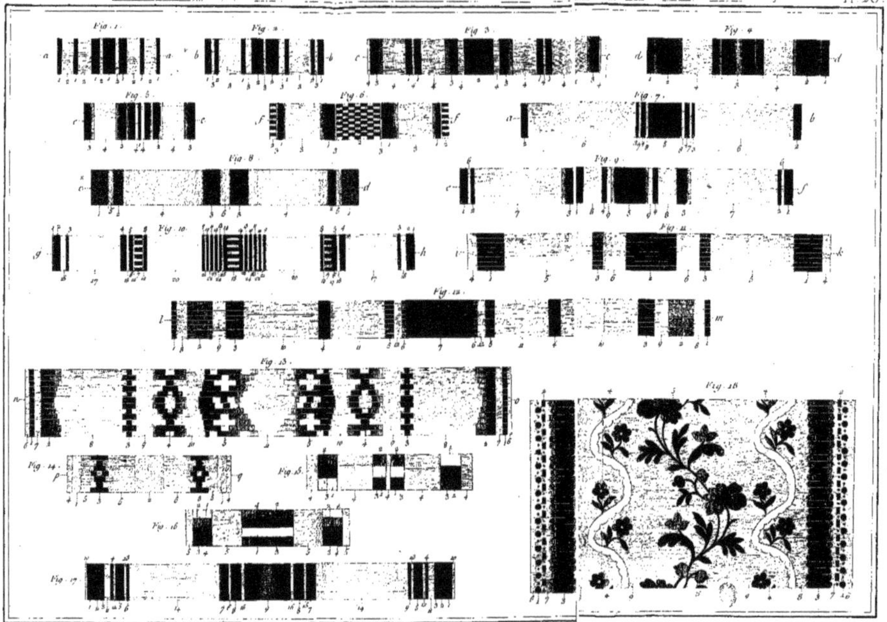

Paulet Del.